사화기 사화 기록

『설학소문(雪壑謏聞)』

사화기 사화 기록 『설학소문(雪壑謏聞)』

저 자 오승환
발행일 2022년 4월 15일 **발행인** 이진숙
발행처 충남대학교출판문화원 **주소** 대전광역시 유성구 대학로 99
전화 042-821-6045 **홈페이지** http://www.cnupress.co.kr **E-mail** cnupress@cnu.ac.kr

ISBN 979-11-6503-158-9 93910
정가 25,000원

사화기 사화 기록
『설학소문(雪壑謏聞)』

오승환

충남대학교출판문화원

책을내며

조선 역사에서 단종조부터 명종조까지를 사화기(士禍期)로 보는데 이 시기에 발생한 첫 사화를 무오사화(戊午士禍)로 보는 것이 일반적인 시각이다. 무오사화는 세조의 불의한 찬위(簒位)를 비유적으로 드러낸 점필재(佔畢齋) 김종직(金宗直)의 「조의제문(弔義帝文)」을 그의 문인 탁영(濯纓) 김일손(金馹孫)이 사초에 실은 일이 빌미가 되어 발생하였다. 단종이 12세의 어린 나이로 즉위하자 숙부였던 수양대군(首陽大君)은 단종 원년(1453)에 신권의 강대를 빌미로 계유정난(癸酉靖難)을 일으킨 다음 단종 3년에 양위(讓位)의 형식을 빌려 왕위를 찬탈하였다. 세조는 쿠데타를 일으킨 뒤에 자신을 성현으로 추앙받는 주공(周公)에 견주곤 했으나 실상 그의 행위는 정치적 야욕에 의한 것이었다.[1] 세조의 불의(不義)는 유교정치에 있어 명분·정통과 도덕성에 큰 흠이 되었고, 이에 반발한 사육신(死六臣)이 단종의 복위를 시도했으나 실패하고 참혹한 화를 당하였다.[2]

세조의 불의한 찬탈이 중심에 있는 계유정난과 단종복위운동 이 두 사건이 갖는 상징성은 의(義)·선(善)·충(忠)이 불의·불선(不善)·불충(不忠)에 의해 짓밟힌 것에 있다. 이 때문에 세조의 찬위가 그 중심에 있는 사화기 동안 의·선·충에 해당하는 의사(義士)·제현(諸賢) 또는 사림관료(士林官僚)들이 불의·불선·불충에 해당하는 익대삼신(翊戴三臣)·흉(兇)·간(奸)·사(邪) 또는 척신(戚臣)·간신(奸臣)·권신(權臣)에 의해 화를 당하는 양상이 지속되게 된다. 따라서 계유정난과 단종복위운동을 사화와 유기적 연결성을 갖는 가치가 개입되어 있는 시각으로 보면 각각 계유사화(癸酉士禍)와 병

---

1) 중국 역사에서 주(周)나라를 세운 문왕(文王)과 무왕(武王)의 사후에 무왕의 아들 성왕(成王)이 어린 나이로 즉위하자 성왕의 숙부였던 주공(周公)은 성왕을 보필하여 반란을 진압하고 예악문물을 제정하는 등 나라를 안정시켰다.

2) 사육신은 자살하거나 거열형(車裂刑)을 당했고, 형제와 자식들을 포함한 모든 남자가 죽임을 당했으며, 여성들은 노비가 되고, 가산은 몰수되었다.

자사화(丙子士禍)로 칭할 수 있다. 세조는 불의하였지만 신민의 입장에서 군왕의 비리(非理)와 불의를 드러내는 것도 불의이자 불충이었고 또 화를 당할 수도 있었다. 이 때문에 당대는 물론 이후에도 세조와 관련된 사실을 공공연하게 이야기한다거나 기술(記述)로 드러내지 못하게 되는데 이것이 사화기 역사 기술의 한계로 작용하게 된다.

조선조는 물론 현재에도 사대사화(四大士禍)를 다루거나 사대사화를 개별적으로 다룬 저술이 있는 정도에 불과하고 사화기를 세조의 불의한 찬위를 중심으로 유기적으로 파악하여 종합적이고 체계적으로 다룬 저술은 없는 실정이다. 그런데 남명학파(南冥學派) 중북(中北)의 선비 설학(雪壑) 이대기(李大期, 1551~1628)는 사화기를 세조의 불의를 중심으로 유기적으로 파악하여 이 시기에 발생한 계유사화(계유정난), 병자사화(단종복위운동·사육신사건), 무오사화, 갑자사화, 기묘사화, 신사사화(신사무옥), 을사사화, 정미사화(양재역벽서사건), 기유사화(기유옥사) 9대 사화를 다룬 사화록(士禍錄) 『설학소문(雪壑謏聞)』을 1623년경에 완성했다. 저자는 사화기 역사 기술의 한계를 정의(精義)·우의(寓意)·포폄(褒貶)·찬주(贊誅)·감계(鑑戒)·권선징악(勸善懲惡)이 가미된 공교로운 기술 방법과 성리학 이기론(理氣論)의 접목 및 응용으로 극복하였다. 『설학소문』은 세조조의 역사적 사실을 기록한 부담 때문이었는지 대개 서문과 발문이 없는 상태로 저자가 누구인지도 알려지지 않은 채 수백 년간 필사본으로 전해져 내려왔다.

필자는 2013년 성균관대학교 한문고전번역협동과정에 입학하였고, 이듬해 중반기부터 지도교수인 안대회 교수님의 지도하에 『설학소문』과 저자 이대기에 대해서 연구하기 시작했다.[3] 각지에 흩어져 있는 판본을 조

3) 안대회 교수님은 이대기가 유배되었던 서해 최북단에 위치해 있는 백령도를 답사하고 이에 대한 글을 쓰신 적이 있었고, 『설학소문』 필사본도 1부 소장하고 계셨다.(이종묵·

사하여 확보하고, 원문을 입력하고, 교감(校勘)하고, 번역하고, 이대기가 살던 마을과 묘소도 답사하고,[4] 부산에 살고 있는 후손도 찾아뵈었다.[5] 연구 초기에는 과연 이 저술이 가치가 있을까하는 회의가 들기도 했다. 그러나 저자와 『설학소문』에 대한 연구가 깊어질수록 이런 의심은 싹 사라지고 '운이 좋구나.'하는 안도감이 들었다. 이대기라는 인물과 『설학소문』이 금옥(金玉)과 같은 의의와 가치를 갖고 있지만 발굴되지도 연구되지도 않았기 때문이었다.

사람들은 세상에 희귀하고 가치가 있는 것을 보물이라고 하여 보존하고 소중하게 여기는데 이러한 보물을 발견하였다면 얼마나 행운이겠는가. 필자는 희열에 차고 감사한 마음으로 고되게 박사 논문을 쓰면서 한편으로 이대기의 문집 『설학집(雪壑集)』에서 서문과 발문 및 임진왜란, 유배기, 은거기 등 중요한 시기에 지은 시문을 직접 번역하여 연구의 충실도와 완성도를 높였다.[6] 그리고 보물 제1045호 지정되어 있는 「신해생갑회지도(辛亥生甲會之圖)」[7]와 『설학소문』에 대한 학술 논문을 한 편씩 발표

안대회, 『절해고도에 위리안치하라』, 북스코프, 2011, pp. 166~187. 참조.) 현재 안대회 교수님은 『설학소문』 필사본을 2부 소장하고 있다.

4) 필자는 2015년 7월에 이대기가 태어난 현 경남 합천군 쌍책면 성산리를 답사하였다. 쌍책면사무소 관계자의 도움으로 합천박물관 문화관광해설사 김종탁씨를 소개받았는데, 이 분의 도움으로 묘소를 수소문하여 현 합천군 청덕면 대부리 소부마을 인근에 위치해 있는 이대기의 묘소도 답사하였고 후손의 연락처도 알 수 있었다.

5) 설학 이대기의 11대손 이준호(李俊鎬)씨가 현재 부산 진구 양정동에 거주하고 있다. 이준호씨는 필자에게 전의이씨세보(全義李氏世譜)와 묘소 사진을 제공해 주었다. 이대기와 관련된 유물 「신해생갑회지도(辛亥生甲會之圖)」가 현재 보물로 지정되어 있는데, 가문에서 소장하고 있던 것을 1970년대에 분실하였다고 한다.

6) 필자는 『설학집』의 약 4분의 1 가량을 번역해 둔 상태에 있다.

7) 「신해생갑회지도」는 이대기가 동갑생인 정인준(鄭仁濬), 홍순각(洪純慤)과 맺었던 갑계(甲契)를 기념하기 위하여 제작한 동경계축도(同庚契軸圖)로, 1990년에 보물로 지정되었다. 「신해생갑회지도」는 상 ·중 ·하 3단에 하단이 좌목(座目)·서문(序文)·7언 율시(律

한 뒤 2018년 '雪壑 李大期의 『雪壑謏聞』 硏究와 譯註'라는 제목으로 박사학위를 취득하였고, 2021년 2월에는 '설학(雪壑) 이대기(李大期)의 학통과 학문'이라는 논문을 발표했다.[8)] 필자는 연구하기 시작한 2014년부터 현재까지 모두 4편의 학위·학술 논문을 발표하면서 점차 이대기와 『설학소문』에 대한 전문적인 지식을 쌓아 왔다.

『설학소문』은 사화기 9대 사화를 종합적이고 체계적으로 다룬 조선 유일의 사화기 사화 전문 저술이라는 점에서, 세조의 불의한 찬위를 중심으로 사화기를 유기적으로 파악하여 짜임새 있게 집필된 저술이라는 점에서, 사화기 역사 기술의 한계를 극복하여 집필된 저술이라는 점에서, 성리학 이기론의 응용 및 접목을 확인할 수 있는 저술이라는 점에서, 중정하고 정대한 역사 인식과 통찰이 녹아 있는 저술이라는 점에서, 정의·우의·포폄·찬주·직필·권선징악·감계(鑑戒)의 성격적 특징을 갖는 『춘추』와 『자치통감강목』의 맥을 잇는 저술이라는 점에서 독보적이고 특수한 위상과 의의 및 가치를 갖는다. 물론 『설학소문』은 전체적인 체제와 내용면에서 한계와 미흡점이 있고, 또 필자의 연구가 의의와 가치를 밝히는데 역점을 두었기 때문에 여러 면에서 부족한 점이 없지 않다. 그러나 『설학소문』은 학술적인 가치가 두드러지는데다 후세에 교육이 되고 모범이 되는 측면이 강하여 일반 대중이 경계와 귀감을 삼을 수 있는 역사 교양서로서 기능하기에도 무리가 없다.

詩) 2수로 되어 있는데, 이것은 이대기가 지은 것이다.

8) 시기 순으로 필자의 연구 논문을 제시하면 다음과 같다.
졸고, 「〈辛亥生甲會之圖〉 연구 - 연구검토 및 下段의 座目 · 序文 · 7言 律詩 2首를 중심으로 -」, 『美術史學硏究』 292, 한국미술사학회, 2016
졸고, 「士禍期의 士禍錄 『雪壑謏聞』」, 『고전번역연구』 제8집, 한국고전번역학회, 2017
졸고, 「雪壑 李大期의 『雪壑謏聞』 硏究와 譯註」,성균관대학교 박사학위논문, 2018
졸고, 「설학(雪壑) 이대기(李大期)의 학통과 학문」, 『儒學硏究』제54집, 충남대학교 유학연구소, 2021

필자는 박사학위를 취득하고 2018년 말부터 세종시 조려역사공원 갈산서원(葛山書院)에서 한학자 아당(峨堂) 이성우(李性雨) 선생 문하에서 한학을 공부했는데 이때 동문인 대행(大行) 노태천(盧泰天) 선생께서 박사학위논문 출간을 권유하셨다. 그동안 『설학소문』을 연구해 오면서 가치가 있는 저술인데 학계와 세상에 제대로 알려지지 않은 것이 다소 안타까웠다. 그런데 이렇게 여러 인연과 하늘의 도움으로 세상에 빛을 보게 되는 것 같아 참으로 다행스럽고 감사한 마음이 한이 없다. 설학 이대기가 『설학소문』을 완성한 이후로 400여년이 지난 지금에 이르러서야 비로소 그의 학문과 사상이 빛을 보게 되는 것이 아닌가 싶다. 본서는 필자의 박사학위논문을 토대로 그동안의 연구 성과를 종합하여 핵심만 간추려 요약한 것임을 밝혀 둔다.

끝으로 지금까지도 뒷바라지 해주고 계신 부모님, 가르쳐 주시고 지도해 주신 여러 선생님들, 성현들께 감사드린다.

2022년 춘분에 보성(寶城) 오승환(吳承奐)은 씀.

범례

1. 본서는 필자의 박사학위논문 「雪壑 李大期의 『雪壑謏聞』 硏究와 譯註」를 토대로 그동안의 연구 성과를 종합하여 핵심을 위주로 정리한 것이다.

2. 본서는 크게 '제1편 『설학소문』에 대하여', '제2편 『설학소문』 역주', '제3편 『설학소문』 원문'으로 되어 있다.

3. '제2편 『설학소문』 역주'와 '제3편 『설학소문』 원문'의 번역문과 원문에 일련번호를 부여하여 독자가 찾아보기 쉽도록 하였다.

   예) 03(개요)-01(무오사화) : 권3 「무오록」 개요의 무오사화를 설명한 부분
   예) 03(제현)-02(김일손) : 권3 「무오록」 제현의 두 번째 인물 김일손의 전기

4. '제3편 『설학소문』 원문'은 번잡함을 피하기 위해 교감기(校勘記 교감주석)를 모두 삭제하고 교감을 통해 확정된 원문만을 실었다. 또한 원문에 교감기 부호([], {})도 모두 삭제하였다.('[]'는 보충, '{}'는 삭제)

목차

표 차례

그림 차례

제1편
『설학소문』에 대하여

I. 머리말

조선왕조 500년 동안 양반관료의 분열을 전후기로 구분해서 볼 수 있는데 전기를 사화기(士禍期)로 보며, 사화기는 세조의 찬위(簒位)에서 명종말년으로 본다.[9] 세조의 찬위가 중심에 있는 계유정난(癸酉靖難)과 사육신사건(死六臣事件 단종복위운동)은 무오사화(戊午士禍) 발생의 빌미를 제공했고,[10] 이후 갑자사화(甲子士禍)·기묘사화(己卯士禍)·을사사화(乙巳士禍)가 이어졌다. 그러므로 계유정난과 사육신사건을 사화와 유기적 연결성을 갖는 시각으로 바라보면 각각 계유사화(癸酉士禍), 병자사화(丙子士禍)로 칭할 수 있다.[11] 두 사건 외에 명종조까지 발생한 사건 가운데 신사무옥(辛巳誣獄), 양재역벽서사건(良才驛壁書事件), 기유옥사(己酉獄事)도 사화와 유기적 연결성을 갖는 시각으로 바라보면 각각 신사사화(辛巳士禍), 정미사화(丁未士禍), 기유사화(己酉士禍)로 칭할 수 있다. 기묘사화의 여파로 신사사화가 발생하였고, 을사사화의 여파로 정미사화가 발생하였다.[12] 그리고 기유사화를 끝으로 사화기는 종결되고, 선조조 당쟁기(黨爭期)로 전환되게 된다.

『설학소문』은 단종조부터 명종조까지의 사화기에 발생한 계유사화(계유정난), 병자사화(단종복위운동·사육신사건), 무오사화, 갑자사화, 기묘사화, 신사사화(신사무옥), 을사사화, 정미사화(양재역벽서사건), 기유사화(기유옥사) 9대 사화를 세조의 불의한 찬위를 중심으로 유기적으로 파악하여 집필된 사화기 사화의 역사 기록물이다. 저자인 남명학파(南冥學派) 중북(中北)의 선비 설학(雪壑) 이대기(李大期)는 벼슬살이하던 사환기와 유배되어 있던 유배기에 2차에 걸쳐서 『설학소문』을 집필하였다.[13] 『설학소문』

9) 국사편찬위원회, 『한국사』12, 탐구당, 1984, p. 226. 참조.

10) 무오사화는 단종을 죽인 세조를 의제(義帝)를 죽인 항우(項羽)에 비유한 「조의제문(弔義帝文)」이 빌미가 되어 발생하였다.

11) 사육신사건(단종복위운동)은 병자년인 1456년(세조2)에 발생하였기 때문에 병자사화라고 한다.

12) 국사편찬위원회, 위의 책, p. 227. 참조.

은 1623년경 최종적으로 완성된 이후 대개 서문과 발문이 없는 상태로 현재까지 필사본으로 전해져왔다.

『설학소문』은 저자의 학문과 사상이 집약되어 있는 저술이다. 그러므로 먼저 저자의 생애 및 학문과 사상의 대략을 살펴본 뒤 『설학소문』의 판본과 교감, 체제와 성격적 특징, 의의와 가치 등에 대해 논해보고자 한다.

---

13) 『설학소문(雪壑謏聞)』에서 설학(雪壑)은 저자의 호이고, 소문(謏聞)은 '보잘것없는 견문'이라는 뜻이다. 곧 『설학소문』은 '저자의 보잘것없는 견문을 기록한 사화록'이라는 의미이다.

II. 저자의 생애와 학문

1. 생애

이대기는 자가 임중(任重), 호는 설학(雪壑), 본관은 전의(全義)이다. 이대기의 선대는 전의에서 토착적 기반을 이어가다가 중세에 영남의 진주(晉州)로 이거하였고, 부친 열고재(閱古齋) 이득분(李得蕡, ?~1591)이 초계(草溪)의 학자 황강(黃江) 이희안(李希顔, 1504~1559)의 딸과 혼인을 하게 됨으로써 진주에서 처가가 있는 초계군 북쪽 성산리(城山里)로 이주하였다. 이득분은 슬하에 두 아들을 두었는데, 맏이가 이대기이고 차남은 임진왜란 때 함께 의병을 이끌기도 했고 『설학소문』의 서문 「수문록서(搜聞錄序)」를 짓기도 했던 성고(省皐) 이대약(李大約, 1560~1614)이다. 이대기는 진주 강씨(晉州姜氏) 강심(姜深)의 딸에게 장가들어 2남 5녀를 두었는데 아들은 모두 요절하였고, 후배(後配) 합천 이씨(陜川李氏) 사이에서 아들 이뇌(李磊, 1601~1663)를 두었다.

이대기의 생애는 7~40세의 수학기(修學期), 42~64세의 사환기(仕宦期), 64~73세의 세한기(歲寒期 은거기와 유배기)로 나누어 살펴볼 수 있다.

1) 수학기

이대기는 황강 이희안, 남명(南冥) 조식(曺植, 1501~1572), 수우당(守愚堂) 최영경(崔永慶, 1529~1590)의 문인이다.[14] 이대기는 7세 때부터 외조 이희안에게 수학하기 시작한 뒤로 스승 최영경을 모시며 조식의 학문을 배웠고, 최영경이 정여립옥사(鄭汝立事件)에 연루되어 옥사한 1590년(선조23) 40세 때까지 강학활동을 지속하였다.

이대기는 1551년 3월 3일에 초계군 성산리에서 태어나 7세 때부터 9세 때까지 이희안에게 수학하였다. 이후 부친을 따라 1563년 13세 때 처음으

14) 이대기의 학통에 대해서는 오승환(2021), 위의 논문에서 상세하게 다루었다.

로 조식을 배알하였고,[15] 16세 때 최영경의 문하에 들어가 최영경을 모시면서 조식의 학문을 배웠다. 조식은 이희안과 도의(道義)로 사귀었던 사이였기 때문에 이대기를 자신의 손주처럼 여겨 특별히 지도해 주었고 이로 말미암아 성리학(性理學)을 배울 수 있었다. 조식은 주돈이(周敦頤), 장재(張載), 정호(程顥)·정이(程頤), 주희(朱熹)로 이어지는 송대(宋代) 성리학을 본체로 삼아 학자를 가르치고 인재를 양성하여 당대 명성이 드높았다. 조식은 이대기에게 학문의 지향점과 같은 존재였으나 이대기의 나이 22세 때인 1572년(선조5)에 운명하고 만다.

수학기 때 이대기는 대체로 이희안, 조식, 최영경의 문인들과 교유하면서 『중용』·『심경(心經)』·『성리대전(性理大全)』·『춘추(春秋)』·『주례(周禮)』 등을 강학하였다. 수학기에 교유한 인물로는 동강(東岡) 김우옹(金宇顒), 도촌(陶村) 조응인(曺應仁), 역양(嶧陽) 문경호(文景虎), 탁계(濯溪) 전치원(全致遠), 개석정(介石亭) 이천수(李天受), 수족당(睡足堂) 전우(全雨), 뇌곡(磊谷) 안극가(安克家), 영수(英叟) 전제(全霽), 매죽와(梅竹窩) 노극성(盧克誠), 부사(浮査) 성여신(成汝信), 망우당(忘憂堂) 곽재우(郭再祐), 지수(芝叟) 이종영(李宗榮), 한강(寒岡) 정구(鄭逑), 송정(松亭) 하수일(河受一), 모헌(暮軒) 하혼(河渾), 도촌(陶村) 조응인(曺應仁), 덕탄(德灘) 김두남(金斗南), 당암(戇庵) 강익문(姜翼文), 구담(龜潭) 정인준(鄭仁濬), 금월헌(琴月軒) 정인함(鄭仁涵), 조계(釣溪) 박수종(朴壽宗) 등이다. 이 가운데 전치원은 이대기와 임진왜란 때 함께 초계의 의병을 이끌었던 인물이다. 그리고 조응인과 강익문, 강익문의 아들 강대수(姜大遂, 1591～1658), 문경호는 이대기와 함께 광해군조 때 동계(桐溪) 정온(鄭蘊)을 구제하기에 힘쓰고 내암(來庵) 정인홍(鄭仁弘, 1536～1623)과 갈라져 중북(中北)으로 분류되는 인물이다.[16]

사제 간의 분의를 이루었던 이대기의 스승 최영경은 1590년 6월 정여립무옥(鄭汝立誣獄)에 연루되어 경사로 압송되었고, 이해 9월에 옥사하였

15) 李大期, 『雪壑集』 권3, 「年譜」; 장원철·전병철 역주, 『남명선생편년』, 景仁文化社, 2011, p. 78 ; 82. 참조.

16) 申炳周, 「『嶧陽集』 解題」, 『남명학연구』14, 남명학연구소, 2002, p. 451. 참조. 조응인은 이대기의 매부이고, 강대수는 이대기의 외손서(外孫壻)이다.

다. 최영경이 옥사에 연루되어 나포된 데에는 정대성(鄭大成)이라는 자의 낭설이 빌미가 되었다. 정대성이 최영경에게 원한을 품고 있다가 역옥 사건의 모주인 길삼봉(吉三峯)의 용모가 최영경과 비슷하다는 헛소문을 퍼뜨렸던 것이다.[17]

2) 사환기

최영경이 옥사한 이듬해 1591년 2월 이대기는 부친의 상을 당하였다. 그리고 이듬해 1592년에 임진왜란이 발발하자 이대기는 탁계 전치원과 초계에서 창의(倡義)하였다.[18] 학적·족적·경제적 기반을 바탕으로 이대기는 탁계 전치원과 초계 의병군을 조직적으로 구성하여 김면(金沔), 정인홍을 중심으로 경상우도 의병장들과 연합함으로써 초계와 경상우도를 성공적으로 방어하였다. 이대기는 의병장 활동으로 인한 공으로 42세이던 1592년 8월에 장원서 별제(掌苑署別提)에 제수되는 것을 시작으로 1614년 64세 때까지 약 22년간 벼슬살이를 하였다.

표 1 설학 이대기의 관직 이력(『설학집』「연보」에 의거함)

왕력	서기	연령	직명	비고
선조25	1592	42	장원서 별제(掌苑署別提)	8월 제수.
선조26	1593	43	가수(假守) 지례현(知禮縣)	5월 본도 감사에 의해 차임.
선조27	1594	44	황산도 찰방(黃山道察訪)	
선조28	1595	45	의흥 현감(義興縣監)	
선조32	1599	49	형조 좌랑, 형조 정랑	
선조33	1600	50	영덕 현령(盈德縣令)	2월 영덕 현령에 제수되고, 경상우도 식과 차비관(差備官)에 차출.
선조41	1608	58	청풍 군수(淸風郡守)	6월 제수.
광해군5	1613	63	제용감 판관(濟用監判官)	4월 영창대군이 수감되었다는 소식을 듣고 청풍 군수의 인끈을 풀고 귀향. 10월 제용감 판관에 제수.
광해군6	1614	64	사도시 첨정(司導寺僉正)	1월 사도시 첨정에 제수되었다가

17) 최영경의 정여립 역옥사건의 연루 배경에 대해서는 오승환(2021), 위의 논문, pp. 132~135. 참조.

18) 이대기의 의병장 활동과 관련해서는 김덕진의 논문에 상세하다. 金德珍, 「雪壑 李大期와 濯溪 全致遠의 義兵活動」, 『南冥學硏究』2, 慶尙大學校 南冥學硏究所, 1992.

			함양 군수(咸陽郡守)	이윽고 외임으로 함양 군수가 되고, 또 얼마 후 일로 인해 벼슬을 버리고 돌아옴.
인조1	1623	73	간성 군수(杆城郡守)	3월 제수되었으나 취임하지 않고 고향으로 돌아옴.

이대기의 문집 『설학집』에는 사환기 관직 생활과 관련한 기록을 거의 찾아볼 수 없다. 그런데 중요한 것은 이대기가 이 시기에 사화 관련 자료를 수집하여 사화기 사화를 종합적으로 다룬 사화록을 집필하고 있었다는 것이다. 『설학소문』은 2차에 걸쳐 집필되는데 1차는 사환기이고 2차는 유배기이다. 『설학집』「연보」를 보면 이대기의 나이 63세 때인 1613년에 '『수문록(搜聞錄)』이 완성되었다.'라는 기록이 있고, 이대기의 아우 이대약이 지은 「수문록서(搜聞錄序)」에 "나의 형님은 만년에 몸은 산림으로 물러났으나 뜻은 조정에 있으셨다. 그러므로 날마다 세상에 떠도는 자료를 수집하여 끝내 다섯 편을 완성하였다."라고 하였다. 『설학소문』이 1차로 완성된 시기에는 그 표제가 '수문록'이었고 권수도 5권이었던 것으로 추정된다. 그리고 '만년에 몸은 산림으로 물러났다.'라는 것은 관직에서 완전히 물러난 것이 아니라 조정에서 재야로 물러났음을 뜻한다. 왜냐하면 이대기는 1613년까지 계속 관직에 있었기 때문이다. 조정에 있다가 재야로 물러난 것으로 추정되는 시기는 1600년 영덕 현령에 제수되었을 때이다. 이대기는 1599년 형조 좌랑과 형조 정랑에 제수되어 조정에 있었던 듯하다. 이렇게 보면 『설학소문』은 1600년부터 1613년까지 약 13년간에 걸쳐 1차로 완성되었고 당시 표제는 사화 관련 자료를 수집하여 견문을 기록했다는 뜻으로 '수문록(搜聞錄)'이라고 지었던 것으로 추정된다.

3) 세한기(歲寒期 은거기와 유배기)

공자는 "날씨가 추워진 뒤에야〔歲寒然後〕 소나무와 잣나무가 늦게 시드는 것을 알 수 있다."라고 하였다. 이처럼 그 인물은 곤경과 역경에 처했을 때 본래 면목이 드러나는 법인데 광해군조 때 남명학파에게도 이런 시기가 도래하였다. 이대기는 영창대군이 죽임을 당하자 관직에서 완전히 물러난 1614년 64세 때부터 귀양에서 풀려난 1623년 73세 때까지 혼란한 정국이 지속되던 가운데 은거하거나 유배됨으로써 고난에 처해 절의를 세웠는데 이 시기를 그의 생애에서 세한기로 볼 수 있다.

조식과 최영경이 사망한 뒤 임진왜란이 발발하자 경상우도 남명학파는 조식의 선두 문인이었던 정인홍을 중심으로 똘똘 뭉쳐 서로 협력함으로써 국난극복에 공을 세웠다. 왜란에 혁혁한 공을 세운 남명학파는 자연스럽게 정인홍을 중심으로 조정에 진출하였다. 그러나 광해군조 때 광해군의 이복 동생인 영창대군(永昌大君)이 옥에 갇히고 죽임을 당하면서 남명학파는 분열하기 시작했다. 정인홍은 이이첨(李爾瞻)과 더불어 선조 말년에 광해군을 적극 지지하다가 광해군이 보위에 오른 뒤 소북(小北)을 몰아내고 대북(大北) 정권을 수립하여 영수의 지위에 올라 있었다. 그런데 1613년 영창대군이 수감되자 정인홍의 문인인 동계 정온이 영창대군을 구호하기 위해 상소를 올렸다가 붙잡혀갔고, 이에 이대기와 사호(思湖) 오장(吳長, 1565~1617), 한사 강대수는 상소를 올려 정온을 신구하였다. 정인홍의 문인이었던 역양 문경호도 정온을 적극적으로 구호하는 한편 정인홍을 찾아가 이이첨과 관계를 단절할 것을 요구하기도 하였다.[19]

이대기는 1613년 영창대군이 수감되었다는 소식을 듣고서 곧바로 청풍군수에서 물러났고, 이듬해 함양 군수로 나갔다가 영창대군이 죽임을 당한 뒤로는 관직에서 완전히 물러나 고향 초계에 안지당(安知堂)을 짓고 은거하였다.[20] 「갑인봉사(甲寅封事)」를 올려 폐륜에 대한 반대 의사를 극력 주장했던 정온은 제주에 위리안치되었고, 오장과 강대수도 귀양을 가거나 삭탈되었으나 이대기만이 화를 면하고 있었다. 문경호는 정온을 구호하다가 사판에서 이름이 삭제되고 1619년에 세상을 떠났다. 그런데 정인홍의 종질(從姪)·생질(甥姪)인 정결(鄭潔)·한회(韓會)는 '문경호는 역적을 비호한 무리이고 스승을 저버린 도적이다.'라고 하면서 그의 가산을 적몰하려고 하였다. 이에 이대기가 성고(省皐) 곽재기(郭再祺), 사촌(沙村)

19) 이이첨은 광해군조 폐정에 주된 역할을 했던 인물이다. 광해군이 등극한 뒤 소북을 숙청하였고, 1613년 계축옥사(癸丑獄事)를 일으켜 영창대군을 죽게 하였다. 1617년 폐모론을 주장하여 이듬해 인목대비를 유폐시켰다.

20) 안지당(安知堂)은 북송 때 학자 강절(康節) 소옹(邵雍)의 안분음(安分吟) 시에서 다음의 첫째구와 둘째구의 앞 글자를 따서 지은 것이다. "분수를 편안하게 여기면 몸에 욕됨이 없고〔安分身無辱〕, 기미를 알면 마음 절로 한가롭다네〔知機心自閑〕"

김욱(金頊)과 도내에 통문을 돌렸는데, 이 일이 빌미가 되어 1620년 73세 때 서해 절도 백령도(白翎島)로 유배되었다.

그림 1 보물 제1045호 「신해생갑회지도(辛亥生甲會之圖)」, 1622년, 견본담채(絹本淡彩), 88.9×57.0cm, 국립중앙박물관소장

이대기는 유배지에서 『설학소문』을 2차로 최종 집필하였다. 고려대학교에 소장되어 있는 『설학소문(雪壑謏聞)』(고대본1)의 「소문록발(謏聞錄跋)」에 "내가 귀양살이를 하는 가운데 밤낮으로 아무 일이 없어서 5년 동안 화패(禍敗)의 전말에 관한 기록을 수집하여 혹은 선인의 말로 기술하기도 하고 혹은 나의 견해로 참작하기도 해서 이 기록을 완성하고 이름붙이기를 '설학소문(雪壑謏聞)'이라고 하였다."라는 기록이 있다. 이대기는 1620년 정월 귀양을 가서 1623년 3월 해배되어 만 3년 2개월 정도 귀양살이를 하였다. 그러므로 유배된 기간을 포함하여 전후로 5년에 걸쳐 사화

록이 2차로 최종 집필되고 표제도 '설학소문'으로 최종 확정되었다는 것을 이 기록을 통해서 알 수 있다. 『설학소문』은 사환기인 1613년 1차로 집필되고, 유배기인 1623년 5년여에 걸쳐 2차로 최종 집필되었던 것이다.

이대기는 1623년 3월 인조반정이 일어나 방면을 받음과 동시에 간성군수(杆城郡守)에 임명되었으나 취임하지 않고 고향으로 돌아왔고, 이후 향천서원(香川書院)의 원규(院規)를 완성하고 청계서원(淸溪書院)의 원록(院錄)을 수정하는 등 향촌활동을 하다가 1628년 향년 78세에 병으로 자리에 누워 눈을 감았다. 묘소는 현 합천군 청덕면 대부리 소부마을 인근에 있다.[21)]

그림 2 이대기의 묘와 제기

21) 사진은 부산 진구 양정동에 거주하고 있는 이대기의 11대손 이준호(李俊鎬)씨가 제공해 준 것이다. 비석 앞에 진열되어 있는 제기는 임진왜란 때 의병장 활동의 공으로 나라에서 하사받은 것인데 현재는 분실되었다고 한다.

2. 학문과 사상

이대기의 학문과 사상은 은거기와 유배기에 지은 시문과 저술에 잘 드러나 있다.[22)]

임진왜란 때 초계의 의병군을 이끌었던 것은 의(義)와 실천을 중시한 남명학파에서 공통적으로 나타나는 현상으로, 이대기는 남명학파와 협력하면서 국난극복에 공을 세웠다. 의병장 활동의 공으로 관직에 진출하여 벼슬살이 하던 가운데 이대기는 광해군조 정인홍을 영수로 하는 대북정권에서 영창대군이 옥에 갇히자 관직에서 곧바로 물러나 불의한 처사에 반대하는 입장을 분명히 했다. 그리고 영창대군이 죽임을 당하자 완전히 관직에서 물러났고 자신과 입장을 같이 했던 정온, 문경호, 오장, 강대수 등과 독자적인 노선을 걸음으로써 대북에서 탈피하였다. 영창대군의 수감과 사사는 남명학파가 갈등하고 분열하는 분기점이 되는 중요한 사건이다. 영창대군의 사사와 인목대비의 유폐는 인조반정의 빌미를 제공했고 반정이 성공함으로써 정인홍과 이이첨을 비롯한 대북은 모조리 죽임을 당하거나 화를 입었다. 영창대군의 사사는 패륜(悖倫)이면서 폐정이었고 이 일에 대한 입장 차이는 이후 생사존망이 엇갈리는 갈림길이 되고 만다.

혼란한 정국이 이어져 바른 도리가 거꾸러지고 파국으로 치닫는 상황을 겪게 되었을 때 초연하지 못하면 성정을 잃어 실성할 수도 있고 자살할 수도 있고 실의(失意)에 빠져 단명할 수도 있다. 세상은 혼탁한데 홀로 깨끗했던 전국시대 초(楚)나라의 굴원(屈原)은 당대를 탄식하여 멱라수(汨羅水)에 투신자살하였고, 문명(文名)이 높았으나 고관들의 시기를 받았던 한(漢)나라 문제(文帝) 때 가의(賈誼)는 양회왕(梁懷王)의 태부가 되었는데 양회왕이 낙마하여 급서하자 애도한 나머지 요절하였다. 아무리 재능이 걸출하다고 하더라도 분의에 편안하지 못하고 마음이 감정에 어지럽혀지면 성정의 올바름을 잃게 되어 함부로 행동하게 된다. 이대기가 처한 당대 현실은 같은 스승에게서 배운 남명학파가 분열·갈등하고 정치적 파

---

22) 이대기는 초계에 은거할 때 안지당(安知堂)을 지어 거하면서 시 「안지당원운(安知堂原韻)」과 문 「안지당기(安知堂記)」를 남겼고, 백령도에 유배되었을 때 시 「허와(虛窩)」, 「허와기(虛窩記)」, 「무회옹(無懷翁)」, 「무회옹자서(無懷翁自序)」를 남겼다.

국이 이어지던 혼란한 시국으로 굴원과 가의가 처했던 상황과 유사했으나 심리 상태와 출처, 모습은 이들과 달랐다. 이대기는 감정에 심성이 어지럽혀지지 않았고 출처의 의리를 잃지도 않았으며 과격한 모습을 보이지도 않았다.

이대기는 관직에서 물러나 초계에 은거하면서 북송 때 도학자 강절(康節) 소옹(邵雍)의 시 「안분음(安分吟)」의 첫째구와 둘째구의 첫 글자를 따서 안지당(安知堂)을 지어 거하였다. 안지당은 '분수를 편안하게 여기고 기미를 안다'는 뜻으로 이대기는 현실을 분명하게 인식한 상태에서 이치를 추산하여 분의에 따라 기미를 보고 낙향한 것이었다. 자신이 죽거나 패망하는 길을 가면서도 알지 못하는 것은 어리석은 것이고, 의리를 무시하고 인륜을 저버리는 행위에 동참하는 것은 양심도 수치심도 없는 것이며, 현실을 제대로 파악하지 못하고 사리를 제대로 분별하지 못하는 것은 권력과 탐욕에 눈이 먼 것이나 마찬가지이다. 그러나 이대기는 유가 수양론의 요체라고 할 수 있는 '경(敬)' 공부와 도의(道義)를 일삼되 조장한다거나 미리 효과를 기대하지도 않는 맹자(孟子)의 양기론(養氣論)을 통해서 당시에 이미 터득한 바가 있었다.[23] 오랜 수학기 동안의 본질에 대한 탐구와 평소의 수양으로 실상을 꿰뚫어 보고 외물에 마음을 빼앗기지 않는 확고한 체(體)가 확립되어 있었던 것이다.

이대기는 탄압을 받던 역양 문경호를 구호하다가 결국 백령도로 유배를 갔다. 과거 간신과 권신에게 배척받았던 굴원은 「회사부(懷沙賦)」를 지었고 가의는 「복조부(鵩鳥賦)」를 지어 사물에 우의하여 소회를 잊지 못하였다. 그러나 이대기는 '천명(天命)을 알아 소회가 없다'라는 뜻으로 유배지의 거처를 허와(虛窩)라고 이름하고, '분수와 천명을 아는 소회가 없는 늙은이'라는 뜻으로 무회옹(無懷翁)이라고 스스로 호를 지었다. 결과적으로 유배는 이대기의 절의를 세상에 환하게 드러내고 학술적 업적을 쌓는

---

23) '경(敬)'은 생각이나 헤아림이 멈춘 상태에서 마음을 보존하여 기르고 성찰하는 것이다. 감정이나 생각, 외물에 이끌리거나 동요되면 있는 그대로의 실상을 제대로 인식하지 못하게 되고 이성적인 판단이 흐릿해지며 마음이 혼란스러워지게 된다. '경'은 곧 마음을 곧고 깨끗하게 하는 것이라고 할 수 있다. 또 맹자는 호연지기(浩然之氣)를 말하면서 지극히 크고 지극히 굳센 기운을 곧음으로 길러서 해치지 않으면 천지 사이에 가득 차게 할 수 있다고 하였다. 오승환(2018), 위의 논문, pp. 34~37. 참조.

결정적인 사건이 된다. 이후 인조반정으로 해배되어 신원되고 천수를 누릴 뿐만 아니라 유배지에서 보물 제1045호 「신해생갑회지도」가 제작되고, 『설학소문』이 최종적으로 집필되고, 유배지 백령도의 역사와 행정 등등을 상세하게 기술하여 학술적 가치가 높은 「백령도지」가 지어지기 때문이다.[24] 위기가 기회가 되고 군자는 곤궁에 처해 도(道)가 더욱 형통한다고 했던가. 이대기가 그러했다.

제주에 위리안치되어 있던 정온이 이대기의 유배 소식을 듣고 보낸 서한에서 '조물주가 어르신을 옥처럼 아름답게 이루어 주려는 것입니까. [抑或造物者 欲玉吾丈于成耶] '라고 하였고,[25] 만 3년 정도 유배되어 있는 사이에 이대기의 수염과 머리털은 오히려 그전보다 더욱 좋아지는 기이한 현상이 일어났다.[26] 이대기는 이치를 미루어 헤아릴 줄 아는 인물이었으므로 유배가 자신에게 유익한 일이 되리라는 것을 분명히 알았을 것이다. 실제로 유배기에 지은 시문(詩文)을 보면 근심과 걱정은커녕 도리어 현실을 달가워하고 세상일과 현실에 초연하여 마음이 어느 때 보다 고요한 상태에 있었다는 것을 알 수 있다. 이대기는 자못 일을 생각한다거나 일어나는 생각을 일부러 물리치지도 않았고, 마음을 잘 보존하여 관조(觀照)함으로써 천명에 관계되는 바와 분수가 귀의되는 바를 헤아렸다. 이런 심리상태가 그의 신체 모습까지 더욱 좋아지도록 만들었던 듯하다.

이대기는 임진왜란이라는 국난과 광해군조 폐정이라는 두 번의 큰 절개가 요구되는 시대적 상황에서 의병장 활동으로 공을 세우고 유학자의 본분을 지켜 절의를 세운 남명학의 본질을 계승한 남명학파 중북의 선비였다. 그의 학문과 사상은 성리학에 바탕을 둔 수양과 실천 곧 성리학에 바탕을 둔 '경의(敬義)'로 요약할 수 있다.

---

24) 「백령도지」에 대해서는 이종묵·안대회, 위의 책, pp. 181~186. 참조.

25) 鄭蘊, 『桐溪集』 권2, 「與李丈大期書」

26) 정온은 『동계집(桐溪集)』 「형조정랑이공묘갈명(刑曹正郎李公墓碣銘)」에서 "유배 생활 4년에 수염과 머리털이 그전보다 나아졌다. [在圍四年 髭髮勝昔] "라고 하였고, 장상학(張相學)은 「설학집발(雪壑集跋)」에서 "백령도에 귀양 갔으나 수염과 머리털이 예전보다 나아졌던 것은 곤궁에 처하여 형통해서 군자의 바름을 잃지 않은 것이다. [白翎禦魅 髭髮勝昔 則其處困而亨 不失君子正也] "라고 하였다.

III. 『설학소문』의 판본과 교감(校勘)

1. 판본

『설학소문』은 모두 10본의 필사본(筆寫本)이 있는 것으로 확인된다.

① 고대본1(저본) : 고려대학교 한적실 소장 『설학소문(雪壑謏聞)』
② 고대본2 : 고려대학교 한적실 소장 『국조역년사화록(國朝歷年士禍錄)』
③ 국립본 : 국립중앙도서관 소장 『설학소문(雪壑謏聞【全】)』[27)]
④ 국학본 : 한국국학진흥원 도서관 소장 『설학소문기(雪壑謏聞記)』
⑤ 부대본 : 부산대학교 고문헌자료실 소눌문고 소장 『설학수문(雪壑搜聞)』
⑥ 성대본 : 성균관대학교 존경각 소장 『설학수문(雪壑搜聞【全】)』
⑦ 안본 : 성균관대학교 한문학과 안대회 교수 소장 『설학수문(雪壑废聞【合抄】)』
⑧ 연대본 : 연세대학교 국학자료실 소장 『설학소문(雪壑謏聞【全】)』
⑨ 영대본 : 영남대학교 고문헌실 소장 『국조실록(國朝實錄)』
⑩ 최씨본 : 왕실도서관 장서각 디지털 아카이브 경주 최씨(慶州崔氏) 소장 『▨▨문습▨(▨▨文拾▨)』

각 필사본의 서지사항을 항목별로 간략하게 제시하면 다음과 같다.[28)]

표 2 『설학소문』의 필사본과 서지사항

필사본	표제	권책수와 장수	자체	행자수	크기
고대본1	雪壑謏聞	1책 78장	해서에 행초	12행 27자	26.5cm(종) x

27) 국립중앙도서관 홈페이지에는 '雪壑瘦聞(설학수문)'으로 되어 있는데 이는 '謏(소)'를 '瘦(수)'로 잘못 탈초한 것이다.

28) 표지와 본문 사진 및 자세한 서지사항은 오승환(2018), 위의 논문, pp. 44~57을 참조하기 바람. 표는 오승환(2017), 위의 논문, p. 166. 참조. 표 가운데 '【】'는 원문의 소자(小字)를 나타낸다. 아래도 이와 같다.

			혼용		16.5 cm(횡)
고대본2	國朝歷年士禍錄	1책 83장	해서에 행초 혼용	12행 글자 수 일정하지 않음(24~34자 등 다양함)	26.5cm(종) x 15.5cm(횡)
국립본	雪壑謏聞【全】	4권 1책 98장	해서	11행 26자	30.5cm(종) x 18.4cm(횡)
국학본	雪壑謏聞記	1책 총 93장. 『雪壑謏聞記』 43장	해서에 행초 혼용	16행 글자 수 일정하지 않음	32cm(종) x 22cm(횡)
부대본	雪壑搜聞	1책 29장	해서. 간혹 초서 혼용	12행 글자 수 일정하지 않음(27~33자 등 다양함)	30.1cm(종) × 19.9㎝(횡)
성대본	雪壑搜聞【全】	3권 1책 62장	해서에 행초 혼용	14행 글자 수 일정하지 않음(27~32자 등 다양함)	28.7cm(종) x 18.5cm(횡)
안본	雪壑廋聞【合抄】	4권 1책 69장	해행 혼용	14행 글자 수 일정하지 않음(23~26자 등 다양함)	23.3cm(종좌)·24.1cm(종우) x 21.5cm(횡)
연대본	雪壑謏聞【全】	6권 1책 54장	해서	14행 36자	34cm(종) x 22.8cm(횡)
영대본	國朝實錄	1책 45장	해서에 행초 혼용	13행 30자	31.5cm(종) x 19.4cm(횡)
최씨본	▨▨文拾▨	1책 35장	해서	20행 32자	27.1cm(종) × 18.3cm(횡)

2. 교감(校勘)

『설학소문』은 필사본이라는 한계로 인하여 표제에서부터 권수·편명과 내용에 이르기까지 상이한 부분이 매우 많다. 이에 10개의 필사본을 저본(底本), 주 참교본(參校本), 간접 참교본으로 나누어 교감하였다. 저본 및 참교본 설정의 대략을 간략히 정리해 보면 아래의 표와 같다.[29)]

---

29) 이외에 표제·권수·편명 및 서발문 교감, 저본 및 참교본의 설정, 교감의 방식, 교감에 활용된 타서 자료 등 교감과 관련된 자세한 내용은 오승환(2018), 위의 논문, pp. 57~68을 참조하기 바람. 표는 오승환(2018), 위의 논문, p. 63. 참조.

표 3 『설학소문』 필사본의 저본 및 참교본 설정과 그 근거

저본 및 참교본	필사본	설정의 근거
저본	고대본1	• 표제·편명이 완정하고, 『설학소문』 필사본 중 유일하게 이대기가 지은 「소문록발(謏聞錄跋)」이 실려 있으며, 뒤표지 뒷장에 "후손에게 은혜를 베풂. 〔惠下乎宅家旅〕"이라고 적혀 있어 조본(祖本)으로 추정됨.
주 참교본	국립본	• 결격사유 없음.
	성대본	• 결격사유 없음.
	안본	• 결격사유 없음.
	연대본	• 표제·권수·편명이 가장 완정하고, 내용이 가장 풍부함.
간접 참교본	고대본2	• 후인에 의한 원형의 변경·손상.
	국학본	• 『설학소문』과 『부계기문상(涪溪記聞上)』, 『부계기문하(涪溪記聞下)』, 『자해필담(紫海筆談)』, 『하담파적(荷潭破寂)』이 함께 한 책으로 필사되어 있음. • 네 모퉁이가 마모되어 판독 불가능한 부분이 있고, 기재상태가 좋지 않음.
	부대본	• 앞뒤 표지 상실 및 「을사록(乙巳錄)」 이하 낙질.
	영대본	• 소장처의 관내 규정으로 인해 전질 복사 불가. • 후인에 의한 원형의 변경·손상·축소.
	최씨본	• 후인에 의한 원형의 변경·손상·축소 및 내용의 산삭.

『설학소문』은 필사본으로 수백 년간 필사되어 전승되는 과정에서 대체로 후인(後人)에 의해 원형의 변경·축소·수정·보완·첨삭이 이루어졌다. 따라서 판각본(板刻本)에 비해 한자 오류가 상당히 많은 편이고, 각 본마다 동이(同異)도 있으며, 착간(錯簡)도 있다.

『설학소문』은 필사본으로 전래되어 왔기 때문에 이러한 점을 고려하여 변경·축소·삭제된 것은 그 원형을 복원하고 수정·보완·첨가된 것은 그 성과를 교감을 통해 흡수함으로써 저본의 미흡점은 보완하고 오류는 시정하며 이본(異本)의 성과는 취합하는 교감 방법을 채택하여 교감하였다.

교감은 모두 3차례에 걸쳐 이루어졌다. 1차는 『설학소문』을 연구하기 시작한 2014년에 국립본, 국학본, 성대본, 안본 4본이 있는 것을 확인하여 안본을 저본으로 삼아 교감하였다. 2차는 2015년에 『설학소문』 필사본 10본이 있는 것을 추가로 확인하여 재차 선본인 연대본을 저본으로 삼아 교감하였다. 3차는 2017년 고대본1이 조본(祖本)인 것으로 추정되어 고대본1

을 저본으로 삼아 교감하였다.[30)]

30) 안본·연대본·고대본1을 저본으로 삼아 각각 교감해본 결과 안본은 교감기가 대략 1700여개에 달하였고, 연대본은 1200여개에 달하였고, 고대본1은 620여개에 달하였다. 교감기는 중복된 오류 사항은 처음에만 교감기를 달고 이후에는 달지 않았고, 필사 과정에서 흔히 발생하는 오자(誤字)나 유사한 모양의 부수를 통용하는 관행에서 비롯된 오자(誤字)는 정자(正字)로 바로 수정하였으며, 약자(略字)·속자(俗字)·본자(本字) 등의 이체자는 대표자로 고치고 교감기를 달지 않는 교감 원칙을 적용하였다. 따라서 안본·연대본·고대본1 3본의 실제 오류는 교감기 수보다 많다. 그럼에도 오류가 가장 적은 고대본1의 교감기가 600여개에 달하니, 이것을 통해 각 필사본의 오류 수치가 얼마나 큰지를 대략 짐작할 수 있을 것이다.

IV. 『설학소문』의 체제와 성격적 특징

1. 『설학소문』의 체제

1) 목록 권1의 체제와 특징[31)]

『설학소문』은 권1부터 권6까지 있는데 각각의 편명은 다음과 같다. 권1 「국조역년사화록목록(國朝歷年士禍錄目錄)」, 권2 「계유록(癸酉錄)」, 권3 「무오록(戊午錄)」, 권4 「기묘록(己卯錄)」, 권5 「을사록(乙巳錄)」, 권6 「기유록(己酉錄)」이다. 이 가운데 권1 「국조역년사화록목록」은 권2~권6 본문의 목차에 해당하고, 나머지 권2~권6은 본문에 해당한다. 본문 권2는 계유·병자사화를, 권3은 무오·갑자사화를, 권4는 기묘·신사사화를, 권5는 을사·정미사화를, 권6은 기유사화를 각각 다루고 있다.

『설학소문』 필사본을 교감하면 권1은 아래 표와 같은 구도를 갖추고 있는 것으로 파악된다.

표 4 교감본 『설학소문』 권1 「국조역년사화록목록」의 체제와 구도

<table>
<tr><th></th><th colspan="2">구성</th><th colspan="2">내용</th></tr>
<tr><td rowspan="6">계유록</td><td colspan="2">개요 부분</td><td colspan="2">계유노산원년(癸酉魯山元年)……</td></tr>
<tr><td colspan="2">익대삼신(翊戴三臣)</td><td colspan="2">권람, 한명회, 정인지.</td></tr>
<tr><td rowspan="3">의사 17인</td><td></td><td>김종서, 황보인, 조극관, 허후, 정분, 안평대군 이용.</td><td>【이상 계유】</td></tr>
<tr><td></td><td>박팽년, 성삼문, 이개, 유성원, 하위지, 유응부, 성승, 금성대군 이유, 이보흠, 이징옥.</td><td rowspan="2">【이상 병자】</td></tr>
<tr><td>별전</td><td>김시습</td></tr>
<tr><td colspan="2">요약 부분</td><td colspan="2">계유【광묘정난주용(光廟靖難誅瑢)】
병자【광묘수선육신등모복상왕(光廟受禪六臣等謀復上王)】</td></tr>
<tr><td>무</td><td colspan="2">개요 부분</td><td colspan="2">무오연산4년(戊午燕山四年)……</td></tr>
</table>

31) 이 부분은 오승환(2017), 위의 논문, pp. 167~171 ; 오승환(2018), 위의 논문, pp. 69~74. 참조.

<table>
<tr><td rowspan="6">오록</td><td colspan="2">2흉(二兇)</td><td colspan="2">유자광, 이극돈.</td></tr>
<tr><td colspan="2">3간(三奸)</td><td colspan="2">윤필상, 노사신, 한치형.</td></tr>
<tr><td colspan="2" rowspan="2">제현 27인</td><td>김종직, 김일손, 정여창, 정희량, 권경유, 이목, 권오복, 허반, 강겸, 표연말, 홍한, 무풍부정 이총, 강경서, 정승조, 이종준, 임희재, 이계맹, 강혼.</td><td>【이상무오】</td></tr>
<tr><td>김굉필, 조위, 강백진, 이원, 조지서, 이수공, 이주, 박한주, 최부.</td><td>【이상갑자】</td></tr>
<tr><td colspan="2">요약 부분</td><td colspan="2">갑자【연산갱발광폭가죄김굉필등십인(燕山更發狂暴加罪金宏弼等十人)】</td></tr>
<tr><td rowspan="6">기묘록</td><td colspan="2">개요 부분</td><td colspan="2">기묘중종14년(己卯中宗十四年)……</td></tr>
<tr><td colspan="2">1흉(一兇)</td><td colspan="2">남곤</td></tr>
<tr><td colspan="2">2간(二奸)</td><td colspan="2">심정, 홍경주.</td></tr>
<tr><td colspan="2">제현 27인</td><td>조광조, 김정, 김식, 성세창, 김구, 윤자임, 박세희, 공서린, 기준, 안정, 이구, 심달원, 정광필, 안당, 이장곤, 숭선부정 이총, 정완, 신명인, 이약빙, 이약수, 성수종, 김대유, 신잠, 이희민, 안처겸·안처근, 이윤검.</td><td>【이상기묘】</td></tr>
<tr><td colspan="2"></td><td>이정숙, 권전, 한충, 이충건, 봉천상.</td><td>【이상신사】</td></tr>
<tr><td colspan="2">요약 부분</td><td colspan="2">신사【안처겸욕제군측지악송사련고변(安處謙欲除君側之惡宋祀連告變)】</td></tr>
<tr><td rowspan="8">을사록</td><td colspan="2">개요 부분</td><td colspan="2">을사인종원년(乙巳仁宗元年)……</td></tr>
<tr><td colspan="2">2흉(二兇)</td><td colspan="2">윤원형, 이기.</td></tr>
<tr><td colspan="2">3간(三奸)</td><td colspan="2">정순붕, 임백령, 정언각.</td></tr>
<tr><td colspan="2">2사(二邪)</td><td>김명윤, 안세우.</td><td>【을사오간(乙巳五奸)……】</td></tr>
<tr><td rowspan="4">제현 73인</td><td></td><td>유관, 유인숙, 곽순, 백인걸, 노수신, 정황, 권발, 이언적, 박광우, 이림·이진, 이약해, 나식·나숙, 성세창, 이황, 안명세, 심령, 구수담, 정자, 김저, 윤결, 한숙·한주, 정원, 이준경, 이문건, 이염, 신거관, 이수경, 황박, 정희등, 김홍도, 안경우, 성우, 윤홍의, 이원록, 정렴.</td><td rowspan="3">【이상을사】</td></tr>
<tr><td>외전</td><td>봉성군 이완·계림군 이류</td></tr>
<tr><td></td><td>윤임, 정욱, 이중열, 허자, 이휘, 민제인, 이덕응, 양윤온, 성자택.</td></tr>
<tr><td></td><td>송인수, 김난상, 유희춘, 이약빙, 김진종, 안함, 임형수, 송희규, 이언침, 민기문, 권물, 권응정·권응</td><td>【이상정미】</td></tr>
</table>

			창, 윤강원, 조박, 손홍적, 윤충원, 허충길, 김희년, 김충갑, 박승임, 이담, 유경심, 이천계.	
	요약 부분		정미 【정언각상벽서가죄송인수등24인(鄭彦慤上壁書加罪宋麟壽等二十四人)】	
기유록	개요 부분		기유명종4년(己酉明宗四年)……	
	3흉(三兇)		이홍남, 이기, 윤원형.	
	제현 10인		유정·이윤경·이연경·강유선·송순·박민헌·이해·이치·유창문·최개국.	【이상 기유】

위 표를 통해서 권1이 일관되면서도 짜임새 있는 체제와 구도를 갖추고 있음을 한눈에 파악할 수 있다. 권1은 대체로 각 사화록이 개요 부분, 인물구분 부분, 요약 부분 3부분으로 간략히 정리되어 있다. 3부분을 차례로 살펴보면 다음과 같다.

개요 부분은 각 사화록에서 다루고 있는 사화의 대략이 간략하게 기술되어 있다.

인물구분 부분은, 「계유록」은 '익대삼신(翊戴三臣)'과 '의사(義士)'로 구분되어 있고, 나머지 사화록은 대체로 '흉(兇)'·'간(奸)'·'사(邪)'와 '제현(諸賢)'으로 구분되어 있다. 여기에서 '익대삼신'과 '의사'는 각각 불의(不義)와 의(義)를 나타내고, '흉'·'간'·'사'와 '제현'은 각각 악(惡)과 선(善)을 나타낸다. '흉'·'간'·'사'를 사람의 신체에 비유하면 '흉'은 머리, '간'은 몸통, '사'는 수족으로 볼 수 있다. 곧 '흉'은 악의 정도가 가장 심한 이를, '간'은 '흉' 다음에 해당하는 이를, '사'는 '간' 다음에 해당하는 이를 가리킨다.

요약 부분은 저자가 구도를 달리함으로써 『설학소문』 본문이 사화기 사화 발생의 단서를 제공하는 사건을 다룬 권2, 사화기에 구체적으로 발생한 사화를 다룬 권3·권4·권5, 사화기의 마지막 사건을 다룬 권6으로 구성되어 있음을 우의(寓意)하였다. 첫 번째 사화록인 권2 「계유록」은 계유사화·병자사화를 다루고 있는데, 이 두 사건은 사화기에 구체적으로 발생한 사화가 아니라 사화 발생의 단서(빌미)를 제공하는 사건이다. 중간의 권3 「무오록」·권4 「기묘록」·권5 「을사록」에서 다루고 있는 무오·갑자사화,

기묘·신사사화), 을사·정미사화는 사화기에 구체적으로 발생한 사화이다. 그리고 마지막 권6 「기유록」에서 다루고 있는 기유사화는 사화기 사화의 종결을 의미하는 사건이다. 곧 『설학소문』은 시작 부분, 중간 부분, 끝 부분으로 짜임새 있게 이루어져 있는데 이대기는 이러한 시각을 권1 목록에서 권2, 권3·권4·권5, 권6의 요약 부분을 각각 달리하여 우의한 것이다. 권1 요약 부분을 주의해서 보면 첫 사화록인 권2 「계유록」은 요약이 두 개이고, 중간의 사화록인 권3 「무오록」· 권4 「기묘록」· 권5 「을사록」은 두 개의 사화 가운데 두 번째 사화의 요약이 1개씩이고, 마지막 사화록인 권6 「기유록」은 없다. 가령 저자가 이러한 뜻을 구도를 통해 우의한 것이 아니라면, 「계유록」 요약 부분이 2개이듯 「무오록」·「기묘록」·「을사록」의 요약 부분도 2개여야 하며, 「기유록」은 1개여야 한다. 그런데 권1에서 각 사화록의 요약 부분이 일관되게 차등이 있는 것이다.[32]

『설학소문』의 체제와 구도를 정밀하게 살피지 않으면 저자가 일부러 이렇게 설정하였다는 것을 알아채기가 쉽지 않다. 그렇다면 이대기는 왜 이런 구성과 구도를 마련한 것일까. 이는 『설학소문』의 각 사화록이 어떤 의미를 내포하고 있는지 표면적으로 드러나게 되면 세조의 불의한 찬위를 중심으로 사화기를 유기적으로 파악하는 실상이 적나라하게 표출된다는 점에서 그 이유를 찾을 수 있다. 본문 첫 사화록 권2에서 다루고 있는 계유·병자사화의 중심에는 세조의 불의한 찬탈이 이면에 자리하고 있다. 권2의 인물 구분은 다른 사화록과는 달리 표면적으로 의·불의가 드러나 있지 않다. 권2를 제외한 나머지 본문의 사화록은 그 인물이 '흉'·'간'·'사'와 '제현'으로 구분되어 있어 악(불선)·선에 의한 인물 구분임이 표면적으로 드러나 있으나, 권2는 '익대삼신'과 '의사'로 구분되어 있어 표면적으로 불의·의에 의한 인물 구분임을 알아채기 어렵다. 권2의 '익대삼신'

32) 이대기의 이런 구도 설정은 본문에서도 확인된다. 본문의 편명과 기재 형식을 살펴보면, 권2는 '「계유록」', 권3은 '「무오록」【홍치연산4년(弘治燕山四年)】', 권4는 '「기묘록」【정덕중묘14년(正德中廟十四年)】', 권5는 '「을사록」【가정인묘원년(嘉靖仁廟元年)】', 권6은 '「기유록」'이다. 목록에서 요약 부분을 통해 권2, 권3·권4·권5, 권6이 각각 구분되듯 본문의 편명과 기재상태를 통해서도 권2, 권3·권4·권5, 권6이 각각 구분된다. 이대기는 권1 목록과 본문이 유기적으로 연결되면서도 호응하는 짜임새 있는 구도를 설정해 놓은 것이다.

은 세조를 보익하고 추대한 3인의 신하라는 뜻으로, 그 인물에 조선조 군왕인 세조가 관련되어 있기 때문에 이대기는 이들이 불의를 상징함에도 불구하고 표면적으로 불의의 개념을 적용시켜 인물을 구분하지 않은 것이다. 그러나 이면적으로 '익대삼신'은 불의를 상징하는데 이는 다음 장에서 살펴보겠지만 본문에 '익대삼신'과 '흉'·'간'·'사'가 동일한 구도로 되어 있고, '의사'와 '제현'이 동일한 구도로 되어 있음을 통해 알 수 있다. 세조는 계유정난을 성공시킨 다음 왕위를 찬탈하였고 단종복위운동을 진압하여 무단정치를 통해 왕위를 견고하게 유지하였다. 그리고 그의 후손들이 대를 이어 왕위에 올랐다. 이대기는 선조조와 광해군조에서 벼슬살이한 조선의 신민이었다. 군왕인 세조의 불의를 직접적·표면적으로 드러내는 것은 죽임을 당하는 등의 화를 취할 수 있을 뿐만 아니라 조선조 신민의 입장에서 군왕에 대한 불의·불충으로 그 도리에 위배되는 것이었다. 이에 이대기는 첫 사화록에 계유·병자사화를 실어서 사화기 및 사화가 세조의 찬위로 비롯되었음을 우의하되 표면적으로 드러내지 않고 이면적으로 구도를 통해 나타냄으로써 역사적 사실을 직필(直筆)했던 것이다.

권1은 일관되면서도 짜임새 있는 구성과 구도를 갖추고 있는데, 이밖에도 각 사화록에 적합한 예외적인 구성을 갖추고 있기도 하다. 위 표를 보면 「계유록」에 '【별전】'이, 「을사록」에 '【외전】'이 있다. '【별전】'에 해당하는 인물은 김시습인데, 김시습은 생육신(生六臣) 가운데 한 명으로 단종복위운동으로 화를 당하여 사망한 사육신(死六臣)과는 그 성격이 다르다. 곧 저자는 김시습이 「계유록」 의사들과는 성격적 차이가 있으므로 '【별전】'의 형식을 적용한 것이다. 그리고 '【외전】'에 해당하는 인물은 봉성군과 계림군으로, 이들은 종친으로서 을사사화와 정미사화에 연루되어 화를 당한 사림관료들과는 그 성격이 다르다. 곧 저자는 「을사록」 제현의 사림관료들과는 성격적 차이가 있으므로 '【외전】'의 형식을 적용한 것이다.

2) 본문 권2~권6의 체제와 특징[33)]

---

33) 이 부분은 오승환(2017), 위의 논문, pp. 172~174 ; 오승환(2018), 위의 논문, pp. 74~77. 참조.

권1과 같이 『설학소문』 10부의 필사본을 비교 대조해보면 본문 권2~권6이 아래와 같은 구성을 하고 있음을 파악할 수 있다.

표 5 교감본 『설학소문』 본문 권2~권6의 체제와 구도

<table>
<tr><th>권수</th><th>편명</th><th colspan="2">구성</th><th colspan="2">기재내용 및 기재인물</th></tr>
<tr><td rowspan="6">권2</td><td rowspan="6">계유록</td><td colspan="2">개요 부분</td><td colspan="2">노산휘홍위(魯山諱弘暐)…….</td></tr>
<tr><td rowspan="3">의사 13인</td><td rowspan="2"></td><td>김종서, 허후, 정분, 안평대군 이용.</td><td>【이상계유】</td></tr>
<tr><td>박팽년, 성삼문, 이개, 유성원, 하위지, 유응부, 금성대군 이유, 이징옥.</td><td rowspan="2">【이상병자】</td></tr>
<tr><td>별전</td><td>김시습.</td></tr>
<tr><td colspan="2">첨부 부분</td><td colspan="2">수양대군봉공신교서(首陽大君封功臣敎書).</td></tr>
<tr><td colspan="2">안설</td><td colspan="2">우안(愚按)…….</td></tr>
<tr><td rowspan="3">권3</td><td rowspan="3">무오록</td><td colspan="2">개요 부분</td><td colspan="2">유자광(柳子光)……, 홍치무오(弘治戊午)……, 이극돈(李克墩)……, 갑자9월(甲子九月)……, 정묘6월(丁卯六月)…….</td></tr>
<tr><td colspan="2" rowspan="2">제현 27인</td><td>김종직, 김일손, 정여창, 정희량, 권경유, 이목, 권오복, 허반, 강겸, 표연말, 홍한, 무풍부정 이총, 강경서, 정승조, 이종준, 임희재, 이계맹, 강혼.</td><td>【이상무오】</td></tr>
<tr><td>김굉필, 조위, 강백진, 이원, 조지서, 이수공, 이주, 박한주, 최부.</td><td>【이상갑자】</td></tr>
<tr><td rowspan="4">권4</td><td rowspan="4">기묘록</td><td colspan="2">개요 부분</td><td colspan="2">중묘승폐조(中廟承廢朝)…….</td></tr>
<tr><td colspan="2">제현 23인</td><td>조광조, 김정, 김식, 성세창, 김구, 윤자임, 기준, 안정, 심달원, 정광필, 안당, 이장곤, 숭선부정 이총, 정완, 신명인, 이약빙, 이약수, 성수종, 김대유, 신잠, 이희민, 안처겸, 이윤검.</td><td>【이상기묘】</td></tr>
<tr><td colspan="2"></td><td>이정숙, 권전, 한충, 이충건, 봉천상.</td><td>【이상신사】</td></tr>
<tr><td colspan="2">첨부 부분</td><td colspan="2">피죄폐고인(被罪廢錮人), 향약인신원소두(鄉約人伸寃疏頭)…….</td></tr>
<tr><td rowspan="3">권5</td><td rowspan="3">을사록</td><td colspan="2">개요 부분</td><td colspan="2">중묘말년(中廟末年)…….</td></tr>
<tr><td rowspan="2">제현 73인</td><td></td><td>유관, 유인숙, 곽순, 백인걸, 노수신, 정황, 권발, 이언적, 박광우, 이림·이진, 이약해, 나식·나숙, 성세창, 이황, 안명세, 심령, 구수담, 정자, 김저, 윤결, 한숙·한주, 정원, 이준경, 이문건, 이섬, 신거관, 이수경, 황박, 정희등, 김홍도, 안경우, 성우, 윤홍의, 이원록, 정렴.</td><td rowspan="2">【이상을사】</td></tr>
<tr><td>외</td><td>봉성군 이완·계림군 이류.</td></tr>
</table>

<table>
<tr><td></td><td></td><td></td><td>전</td><td></td><td rowspan="3">【이상정미】</td></tr>
<tr><td></td><td></td><td></td><td></td><td>윤임, 정욱, 이중열, 허자, 이휘, 민제인, 이덕응, 양윤온, 성자택.</td></tr>
<tr><td></td><td></td><td></td><td></td><td>송인수, 김난상, 유희춘, 이약빙, 김진종, 안함, 임형수, 송희규, 이언침, 민기문, 권물, 권응정·권응창, 윤강원, 조박, 손홍적, 윤충원, 허충길, 김희년, 김충갑, 박승임, 이담, 유경심, 이천계.</td></tr>
<tr><td rowspan="3">권6</td><td rowspan="3">기유록</td><td colspan="2">개요 부분</td><td colspan="2">이홍남(李洪男)…….</td></tr>
<tr><td colspan="2">제현 10인</td><td>유정, 이윤경, 이연경, 강유선, 송순, 박민헌, 이해, 이치, 유창문, 최개국.</td><td>【이상기유】</td></tr>
<tr><td colspan="2">첨부 부분</td><td colspan="2">정미9월(丁未九月)……, 노수신(盧守愼)……, 삭훈전지교왈(削勳傳旨敎曰)……, 정순붕상소왈(鄭順朋上疏曰)…….</td></tr>
</table>

권1 목록이 개요 부분, 인물구분 부분, 요약 부분 3부분으로 구성되어 있듯이 본문 권2~권6도 이와 유사하게 대체로 개요 부분, '의사'와 '제현'의 전기 부분, 첨부 부분 3부분으로 구성되어 있다. 본문의 체제는 권1 목록과 서로 호응이 되도록 체계적이면서도 짜임새 있는 구도를 갖추고 있음을 알 수 있고, 유독 권2 말미에만 저자의 '안설〔愚按〕'이 실려 있다. 세 부분을 차례대로 살펴보면 다음과 같다.

먼저 개요 부분은 각 사화록에서 다루고 있는 사화와 관련된 자료를 취합하여 역사적 사실과 의리를 중심으로 해당 사화에 대한 대략이 기술되어 있는데, 한 편으로 종합적으로 기술되어 있는 것도 있고 여러 부분으로 나뉘어 기술되어 있는 것도 있다.

'의사'와 '제현'의 전기 부분은 대체로 해당 인물의 자, 호, 본관, 가계, 급제이력, 관력, 사화와 관련한 내용, 피화 행적, 사망 연대 등이 기록되어 있다. 중요한 점은 전기 부분에 '익대삼신'과 '흉'·'간'·'사'에 해당하는 인물의 전기는 없고 '의사'와 '제현'에 해당하는 인물의 전기만이 개별적으로 기술되어 있다는 것이다. 권1 목록에는 각 사화록에서 다루고 있는 사화와 관련된 인물이 대체로 '익대삼신'과 '의사', '흉'·'간'·'사'와 '제현'으로 구분되어 있는데, 본문에 '의사'와 '제현'에 해당하는 인물의 전기만이 개별적으로 기술되고 '익대삼신'과 '흉'·'간'·'사'에 해당하는 인물의 전기는 없는 것이다. 이로써 『설학소문』은 자연스럽게 의(義)·선(善)을 앞세우고 불의(不義)·불선(不善)을 뒤로하는 구도를 갖추게 된다. 이는 저자가 정의(精義)로 우의하여 '의사'와 '제현'을 포(褒)·찬(贊)하고 '익대삼신'과 '흉'·'간'·'사'를 폄(貶)·주(誅)하는 구도를 마련한 것으로 이해할 수 있다. 곧 본문의 전기 부분에서 의·선을 포·찬하고 불의·불선을 폄·주하였다는 것을 알 수 있는데 이로써 『설학소문』은 권선징악(勸善懲惡)의 성격을 갖게 된다.

특히 '익대삼신'은 그 용어에 표면적으로 불의의 의미가 드러나 있지는 않지만 본문에서 불선을 나타내는 '흉'·'간'·'사'와 동일한 구도를 갖추고 있음으로써 이면적으로 불의가 내재해 있다는 것을 알 수 있다. 세조의 불의와 비리(非理)를 비난하고 드러냈다가 사화기에 사림관료들은 큰 화를 당하였다. 이대기는 계유사화·병자사화에서 세조와 관련된 인물의 용어에 표면적으로는 불의·비리를 감추고 이면적으로 불의·비리가 내재하게 함으로써 자칫 기휘를 촉범한다든지 혹은 사실을 왜곡할 수 있는 문제를 극복하였다.[34)]

『설학소문』 본문에는 '익대삼신'과 '흉'·'간'·'사'에 해당하는 인물의 개별적인 전기는 없지만 이들의 행적이 '의사'와 '제현'의 전기 및 개요 부분, 첨부 부분에 들어가 있다. 그리고 본문에 '의사'와 '제현'의 전기만 있다고 하더라도 그 내용을 읽어보면 '익대삼신'과 '흉'·'간'·'사'의 악행이 기록되어 있으면서됴 '의사'와 '제현'의 지나친 행적도 그대로 기술되어 있다. 가치적으로는 '의사'와 '제현'을 높이고 있지만 사필의 중립성이 어긋난 것은 아닌 것이다.[35)] 가치적으로는 의(義)·선(善)·이(理)가 불의(不義)·불선(不善)·기(氣)에 앞서지만 양자가 균형을 유지하고 있는 것이다.

마지막 첨부 부분은 각 사화록에서 다루고 있는 사화를 이해하는데 도움이 되는 자료가 첨부되어 있다.

---

34) 가령 세조를 보익하고 추대한 '익대삼신'을 표면적으로 폄·주하거나 그들의 불의를 드러내게 되면 이는 세조의 불의를 드러내는 것과 같아지므로 기휘를 촉범하는 것이며, 그렇다고 '익대삼신'의 불의를 드러내지 않는다면 이는 직필이 아니다. 때문에 저자는 표면적으로는 불의를 감추면서 이면적으로는 불의가 내재되도록 한 것이다.

35) '익대삼신'과 '의사', '흉'·'간'·'사'와 '제현' 양자가 균형을 이루는 가운데 가치적으로 불평등한 차등관계를 갖는다고 보는 것이 타당하다. 혹은 차등이 있는 가운데 평등을 이룬다고 하겠다.

3) 전체 구성의 특징과 한계[36)]

『설학소문』 본문의 전체적인 구도를 표로 나타내면 아래와 같다.[37)]

표 6 『설학소문』 본문의 전체 구성과 구도

권수	편명	구도의 의미	사화	발생연도	전기	합계
권2	계유록	사화기의 발단이 되는 사건을 다룬 사화록	계유사화(계유정난)	1453년(단종 1)	4	151
			병자사화(사육신사건·단종복위운동)	1456년(세조 2)	9	
권3	무오록	사화기에 구체적으로 발생한 사화를 다룬 사화록	무오사화	1498년(연산군 4)	18	
			갑자사화	1504년(연산군 10)	9	
권4	기묘록		기묘사화	1519년(중종 14)	23	
			신사사화(신사무옥)	1521년(중종 16)	5	
권5	을사록		을사사화	1545년(인종 1)	49	
			정미사화(양재역벽서사건)	1547년(명종 2)	24	
권6	기유록	사화기의 마지막 사건을 다룬 사화록	기유사화(기유옥사)	1549년(명종 4)	10	

『설학소문』에서 다루고 있는 첫 사건과 마지막 사건의 시간적 격차는 약 백년으로, 『설학소문』은 단종조부터 명종조까지 약 백년간 이어진 사화기에 발생한 사화(사건)를 총체적으로 다루고 있다. 저자는 사화기를 시작·중간·끝 3단계로 나누어 파악하였고, 이러한 인식을 권1 목록 요약 부분과 본문 각 사화록의 편명 및 그 기재에 차별을 둠으로써 우의하였다. 체제·구성·구도를 통해 『설학소문』이 세조의 찬위를 기점으로 사화기를 유기적으로 파악하여 집필되었다는 것을 알 수 있다.

---

36) 이 부분은 오승환(2017), 위의 논문, pp. 175~176 ; 오승환(2018), 위의 논문, pp. 77~79. 참조.

37) 표에서 '전기'는 앞서 살펴봤듯이 의사·제현의 전기이며, '합계'는 『설학소문』 본문에 전기로 기술되어 있는 의사·제현의 총 인명수이다. 권4 「기묘록」에서 신사사화의 인물인 이정숙, 권전, 한충, 이충건, 봉천상 5인은 본문에 직함과 성명만 기록되어 있으나 우선 전기의 수에 포함시켰음을 밝혀 둔다.

『설학소문』의 체제·구성을 꼼꼼히 살펴보면 목록과 본문에서 각각 한계(미흡점)가 발견된다.

목록에서는 한가지의 미흡점이 발견된다. 권1에서 「기묘록」 '제현'에는 신사사화(辛巳士禍)에 해당하는 인물인 이정숙, 권전, 한충, 이충건, 봉천상 5인이 그 수에는 포함되지 않은 채 기재되어 있는 것이다. 권1 기묘록 개요 부분에 신사사화(신사무옥)에 대한 내용이 없고, 본문 권4 「기묘록」 개요 부분에도 신사사화에 대한 내용과 설명이 없다.[38] 그리고 권4 「기묘록」 전기 부분을 살펴보면 이정숙, 권전, 한충, 이충건, 봉천상 5인은 단지 이름만 나열되어 있을 뿐 인물과 관련한 내용이 기술되어 있지 않다.[39] 그렇다면 저자는 왜 목록에서 신사사화 인물 5인을 '제현'의 수에 포함시키지 않았으면서도 '제현'과 함께 나열한 것일까. 본문 권3·권4·권5는 사화기에 구체적으로 발생한 사화를 각각 2개씩 다루고 있는데, 권4에서 신사사화가 빠지게 되면 전체적인 구도가 어긋나게 된다. 이 때문에 신사사화와 신사사화 인물 5인과 관련한 자료를 수집하여 기술하지 못하였음에도 그 인물 5인을 목록 '제현'과 함께 나열함으로써 구색을 갖추고자 했던 것으로 보인다.

본문 권2~권6에서 발견되는 미흡점은 두 가지이다. 첫째, 권2 「계유록」 '의사'가 권1 목록에는 17인이 기재되어 있지만 권2 본문에는 13인만이 기재되어 있어 황보인·조극관·성승·이보흠 4인의 인물기록이 누락되어 있다. 둘째, 권4 「기묘록」에서 기묘사화의 '제현'이 권1 목록에는 26인이 기재되어 있지만 권4 본문에는 23인만이 기재되어 있어 박세희·공서린·이구 3인의 인물기록이 누락되어 있다. 본문 '의사'와 '제현'의 전기 부분에 모두 7인의 전기가 누락되어 있다.

---

38) 저자가 신사사화와 관련한 자료를 수집하지 못하여 기록이 누락된 것으로 추측된다.

39) 10부의 『설학소문』 필사본 가운데 오직 연대본에만 이정숙을 제외한 권전, 한충, 이충건, 봉천상의 인물 기록이 간략히 기술되어 있다. 다른 본에는 없고 연대본에만 4인의 인물 기록이 기술되어 있는 것으로 볼 때, 연대본의 4인 인물 기록은 후인이 첨가한 것으로 추정된다.

2. 『설학소문』의 성격적 특징

『설학소문』의 체제와 구도에서 정의(精義)·우의(寓意)·포폄(褒貶)·찬주(贊誅)·직필(直筆)·권선징악(勸善懲惡) 등의 특징을 파악할 수 있는데, 이런 점을 이대기의 아우 이대약(李大約), 영조조 청남(清南) 세력의 정치적 지도자로 활동했던 오광운(吳光運, 1689~1745), 조선 말기의 학자 송준필(宋浚弼, 1869~1943), 근대의 성리학자 장상학(張相學, 1872~1940), 이대기의 9대손 이정로(李政魯, 1879~1952)의 논평에서도 확인할 수 있다.

이대약은 「수문록서(搜聞錄序)」에서 다음과 같이 기술하였다.

> 아, 선과 악의 구분과 기리고 주벌한〔贊誅〕 실체는 모두 국가 사관의 기록이면서 또한 바로 여러 군자의 가승(家乘)이니, 어찌 사사로운 뜻으로 필묵사이에서 취사할 수 있겠는가.……의는 족히 사람을 창도할 수 있고 사실은 후세를 징계할 수 있으니, 어찌 위대하지 않겠는가.[40]

이대약의 논평은 국가 사관의 기록과 같은 역사서, 찬주, 직필, 의(義)의 창도와 후세의 징계로 요약된다.

오광운은 『설학소문』을 본 뒤 저자가 누구인지도 모르는 상태에서 단지 감흥에 젖어 스스로 「설학소문서(雪壑謏聞序)」를 지었는데, 여기에서 다음과 같이 기술하였다.

> 공자께서 말씀하기를 "도가 행해지지 못함을 내가 알겠노라. 어진 자는 지나치고 불초한 자는 미치지 못한다."라고 하였으니, 저 소인의 화는 아마도 현자가 또한 너무 지나쳐서 소인들을 격발시켰던 것이 아니겠는가. 이 기록은 또한 족히 군자의 귀감이 될 만하다.……
>
> 소인들로 하여금 그 이름이 동호(董狐)의 직필에 실리게 되면 만세가 지나도 사면 받지 못하게 됨을 스스로 알게 하고자 함이니, 그렇다면 소인들의 악이 행여 줄어들지 않겠는가. 그런즉 이 기록은 또한 소인의 약석(藥石)이 될 만하

---

40) 李大期, 『雪壑集』 권4, 「搜聞錄序(李大約)」, "噫 善惡之分 贊誅之實 盡是國史官之載局 而亦乃諸君子之家乘也 則豈能取舍於硯墨間私意哉……義足以倡於人 事可以懲於後 豈不偉哉"

> 다.……
>
> 생각건대 이 기록은 중세이전에 출현하여 소리는 사그라지고 기운은 다하여 애증(愛憎)이 이미 비었고 말에 서글픔이 없다.……그리고 설학이 어떤 사람의 호인지 알지 못하나, 그 신근(辛勤)하게 기술한 뜻을 관찰해 보면 세도를 위하여 우려함이 지극하다. 이는 필시 중세의 어진 사대부〔賢士大〕가 저술한 것으로서 세상에 반드시 그 사람을 아는 자가 있을 것이지만 나는 고루하여 알지 못한다.[41]

오광운은 『설학소문』을 동호의 직필에 비유하였고, 또 군자의 귀감과 소인의 약석이 될 만한 저술임을 밝혔는데 이는 감계(鑑戒)로 요약된다. 따라서 오광운의 논평은 직필, 감계로 정리할 수 있다.

송준필은 『설학집』 서문에서 다음과 같이 기술하였다.

> 다만 저 『수문록(搜聞錄)』은 선생의 정의(精義)가 담겨 있는 저술이다. 국조의 사화를 평론하여 우의(寓意)하고 포폄(褒貶)하니, 실로 한 부의 돈후한 역사 기록〔敦史〕인데 지금 아울러 함께 간행하지 못하는 것이 한스럽다.[42]

송준필의 논평은 정의, 우의, 포폄, '돈후한 역사 기록〔敦史〕'으로 요약된다.

장상학은 『설학집』 발문에서 다음과 같이 기술하였다.

> 『수문록』 두 권은 동호의 직필과 같은 기록으로 자양(紫陽 주희)의 『자치통감강목』에 우익(羽翼)이 될 만하지만 우선 상황이 여의치 않아 함께 간행하지 못한다.[43]

---

41) 吳光運, 『藥山漫稿』 권15, 「雪壑謏聞序」, "孔子曰 道之不行也 我知之矣 賢者過之 不肖者不及 彼小人之禍也 其無乃賢者亦太過而有以激之耶 斯錄也 亦足爲君子之龜鑑也……欲使小人者 自知其名載董狐之筆 萬世不赦 則其惡庶有瘳乎 然則斯錄也 亦可爲小人之惡石也……惟斯錄也 出於中世以前 聲銷氣歇 愛憎已空 言之無傷也……且雪壑未知何人號也 觀其所以辛勤敍述之意 其爲世道憂也摯矣 是必中世賢士大夫所著 世必有知其人者 特余孤陋而不之知爾"

42) 李大期, 『雪壑集』(재간본), 「雪壑先生文集序(宋浚弼)」. "獨恨夫搜聞錄 先生精義之所在也 評論國朝士禍 寓意褒貶 實爲一部敦史而今不得幷刊也"

43) 李大期, 『雪壑集』(재간본), 「雪壑先生文集跋(張相學)」. "若搜聞二卷 則董史之直 可羽翼

장상학의 논평은 직필, 『자치통감강목』에 우익이 될 만한 역사서로 요약된다.

이정로는 『설학집』 발문에서 다음과 같이 기술하였다.

> 『수문록』 두 권은 실로 선조의 정의(精義)가 있는 바로서 읽는 자로 하여금 징계하고 권면할 바를 알게 함인즉 그 세상에 교육이 되고 보탬이 됨이 마땅히 어떠하겠는가.[44]

이정로의 논평은 정의·권선징악·감계로 요약되고, 후세에 교육이 되고 보탬이 되는 측면에 대해서도 언급하였다.

5인의 논평을 종합하면 『설학소문』은 정의, 우의, 포폄, 찬주, 직필, 감계, 권선징악의 특징을 갖는 것으로 요약된다. 그리고 이대약, 오광운, 송준필, 장상학은 공통적으로 『설학소문』이 역사 기록임을 밝히고 있다.

공자는 '나를 알아주는 것도 오직 『춘추』 때문일 것이며, 나를 죄주는 것도 오직 『춘추』 때문일 것이다.'라고 한 바 있다.[45] 그런데 이대기는 「소문록발」에서 "나를 알아주는 것도 이 사화록 때문일 것이며, 나를 죄주는 것도 이 사화록 때문일 것이다."라고 기술하였다.[46] 공자가 엮은 역사서 『춘추』는 명분을 바로잡는 정명(正名)과 권선징악, 포폄 등 유학적 이념이 중심에 있는 역사서이다. 그리고 성리학을 집대성한 주희의 『자치통감강목』도 춘추필법이 가해져 있고 성리학의 정통론과 의리론에 입각하여 쓰인 저술이다.[47] 제가들이 언급한 정의, 우의, 포폄, 찬주, 직필, 감계, 권선징악은 『춘추』와 『자치통감강목』의 특징과 연계되며, 또한 이대기는 남명학파 중북의 절의 있는 선비로서 성리학의 본질을 탐구하고 그 실천방

紫陽綱目而姑力屈不能幷刊云"

44) 李大期, 『雪壑集』(재간본), 「雪壑先生文集跋(李政魯)」. "搜聞二卷 實先子精義攸在 而使讀者 知所懲勸 則其爲世敎補當何如哉"

45) 『孟子』 「滕文公章句下」, "孔子曰 知我者 其惟春秋乎 罪我者 其惟春秋乎"

46) 李大期, 『雪壑謏聞』(고대본1), 「謏聞錄跋」, "知我者此錄 罪我者此錄"

47) 오정환, 「조선시대 『資治通鑑』과 『資治通鑑綱目』의 간행과 유통에 관한 연구」, 중앙대학교 석사학위논문, 2012, pp. 15~16. 참조.

향을 찾는데 심혈을 기울였던 인물이기도 하다. 따라서 『설학소문』을 유학적 가치가 중심에 있는 『춘추』와 『자치통감강목』의 맥을 잇는 역사서 또는 야사(野史)라고 정의할 수 있을 듯하다.

V. 『설학소문』의 의의와 가치

1. 사화기의 사화를 다룬 조선 유일의 사화록

조선왕조 500년 동안 양반관료의 분열을 전후기로 구분해서 볼 수 있는데 전기를 사화기(士禍期)로 보며, 후기를 당쟁기(黨爭期)로 본다.[48] 사화기는 단종조부터 명종조까지 혹은 세조의 찬위(簒位)로부터 명종말년까지의 시기에 해당한다. 이 시기는 조선의 정치사를 집권한 정치 세력을 중심으로 구분했을 때 훈신정치기·권신정치기, 정치 주체를 중심으로 구분했을 때 훈신정치시기와 정확히 부합한다.[49] 이렇게 볼 때 사화는 이 시기에 정치적 사건으로 인해 사림관료들이 죽임을 당하는 등의 큰 화를 입은 사건을 가리키는 용어가 된다.

조선시대 사화기에 발생한 사화를 다룬 저술을 조사해 보면, 기묘사화를 다룬 「기묘당적(己卯黨籍)」·『기묘록별집(己卯錄別集)』·『기묘록보유(己卯錄補遺)』·『기묘제현전(己卯諸賢傳)』·『기묘록속집(己卯錄續集)』·『기묘유적(己卯遺蹟)』과 을사사화를 다룬 『을사전문록(乙巳傳聞錄)』 등이 있는 것으로 확인된다.[50] 이외에 『아아록(我我錄)』[51]과 『족징록(足徵錄)』[52]이

48) 국사편찬위원회, 위의 책, p. 226. 참조.

49) 조선의 정치사는 집권한 정치 세력을 중심으로 사대부정치기·훈신정치기·권신정치기·사림정치기·탕평정치기·외척세도정치기로 구분되며, 정치 주체를 중심으로 사대부정치시대·훈신정치시대·사림정치시대·탕평정치시대·외척세도정치시대로 구분된다.(이성무, 『조선시대 당쟁사』1, 아름다운날, 2007, pp. 73~94 ; 107. 참조) 훈신정치기·권신정치기, 그리고 훈신정치시기는 단종조부터 명종조까지를 그 범위로 하는데, 『설학소문』은 이 사화기의 역사를 다루되 사화라는 정치 사건을 중심으로 하고 있다.

50) 각 사화 관련 저술을 간략히 소개하면 다음과 같다. 「기묘당적」은 사재(思齋) 김정국(金正國)의 『사재집(思齋集)』에 실려 있으며, 기묘명현 94인의 자·호·생몰년·피화 행적·최종 관직만이 간략하게 기록되어 있다. 『기묘록별집』은 저자 미상으로, '제현봉사(諸賢封事)'라 하여 기묘사화와 관련된 6편의 소장이 실려 있다. 『기묘록보유』는 「기묘당적」을 보완한 책으로, 127인의 모습·재능·인격·과거이력·관직이력·친척관계·사망 연도 등 일생에 관한 것이 자세하게 기술되어 있다. 『기묘제현전』은 『기묘록(己卯錄)』이라고도 하는데 김식(金湜)의 현손 김육(金堉)이 「기묘당적」과 『기묘록보유』를 바탕으로 기묘사화 때 화를 입거나 삭직된 인물 218인의 사적을 모아 간행한 책이다. 『기묘록속집』

있다. 그러나 『아아록』과 『족징록』은 사화기를 포함하여 당쟁기에 발생한 사건도 사화로 규정하고 있고 또 일부 사건이 빠져있는 등 사화기에 한정하여 이 시기에 발생한 사건을 세조의 불의한 찬위를 중심으로 유기적으로 파악하여 종합적이고 체계적으로 다루었다고 보기 어렵다.[53]

이처럼 사화 관련 저술은 기묘사화와 을사사화를 개별적으로 다룬 것

은 저자 미상으로, '별과시천거인(別科試薦擧人)'·'좌당인원(坐黨人員)'·구화사적('構禍事蹟)'·'화매(禍媒)'·'신원소장(伸冤疏章)'과 백인걸(白仁傑)의 상소로 이루어져 있다. 『기묘유적』은 조광조의 5세손 조창현(趙昌賢)이 초본을 정리하려다 완성하지 못한 것을 인조 때 안방준(安邦俊)이 편집한 것으로, 기묘사화로 조광조가 축척(逐斥)된 일을 모아 기록한 책이다. 『을사전문록』은 이중열(李中悅)의 저술로, 관련 인물 99명의 전기와 4명의 상변서(上變書), 1명의 상소, 2개의 전지(傳旨)가 실려 있다.

51) 『아아록』은 영조 때 노론계 인물 남기제(南紀濟, 1747~1813)가 당쟁·사화·왜란·호란 등에 관한 전말을 기록한 책이다. 권3에는 계유사화, 병자사화, 무오사화, 갑자사화, 기묘사화, 신사사화, 을사사화, 정미사화, 을축사화(명종20), 임자사화(광해군4), 기사사화(숙종15), 신축사화(경종1) 등 사화의 전말이 수록되어 있다. 이 저술은 권3에 단종조부터 경종조까지 발생한 중요 사건을 사화로 규정하여 싣고 있으나, 사화기 이후의 사건도 포함하고 있다. 『아아록』은 남기제의 생몰년을 보면 알 수 있지만 『설학소문』이 저술되고 100년이 훨씬 지나서 집필된 것이다. 『아아록』은 계유정난과 단종복위운동을 사화로 규정하고 있으나 이 이전에 『설학소문』을 제외하면 두 사건을 사화로 규정한 문헌이 확인되지 않는 것으로 볼 때 이는 『설학소문』에 담긴 이대기의 시각을 따른 것으로 추측된다.

52) 『족징록』은 조선 후기 송근수(宋近洙, 1818~1902)가 조선시대 주요한 정치적 사건들을 모아 놓은 책이다. 병자사화인 「병자육신사화(丙子六臣士禍)」를 비롯하여 무오·갑자·기묘·신사·을사·정미·기유사화와 당쟁기에 발생한 사건을 포함하여 53건의 사건을 기록하고 있다. 이 저술은 사화기와 당쟁기에 발생한 사건을 다루고 있으며, 단종복위운동을 사화로 규정하고 있는 것은 『아아록』과 같이 『설학소문』에 담긴 이대기의 시각을 따른 것으로 추측된다. 이 저술은 사화기의 사건 가운데 계유사화가 빠져있다. 『족징록』은 국립중앙도서관에 필사본이 소장되어 있다.

53) 현대에도 단종조부터 명종조까지의 사화기에 발생한 사건을 세조의 불의한 찬위를 중심으로 유기적으로 파악하여 종합적이고 체계적으로 다룬 저술은 없으며, 사대사화를 다루거나 사대사화를 개별적으로 다룬 것 등이 확인된다. 사화 관련 서적을 차례대로 나열하면 다음과 같다.
김범, 『사화와 반정의 시대』, 역사비평사, 2007
김인숙, 『조선 4대 사화』, 느낌이 있는 책, 2009
이덕일, 『사화로 보는 조선 역사』, 석필, 2005
한국인물사연구원, 『甲子史禍』, 타오름, 2011
한국인물사연구원, 『戊午史禍』, 타오름, 2010
한국인물사연구원, 『己卯史禍』, 타오름, 2011
한국인물사연구원, 『을사사화』, 타오름, 2011

이거나 혹은 당쟁기에 발생한 사건까지 함께 다루고 있는 것이 전부이다. 『아아록』과 『족징록』은 『설학소문』보다 1~2세기가 지난 이후에 나온 저술로, 계유정난과 단종복위운동 등을 사화로 규정하고 있는 것은 『설학소문』에 담긴 이대기의 시각을 따랐을 개연성이 높다. 또한 당쟁기의 사건까지 함께 다루거나 당쟁기의 사건도 사화로 규정하고 있는 데에서 알 수 있듯이 사화기에 발생한 사화를 체계적이고 전문적으로 다룬 저술로 보기 어렵다. 이를 통해서 『설학소문』이 사화기를 세조의 불의한 찬위를 중심으로 유기적으로 파악하여 이 시기에 발생한 사건을 사화로 규정하여 집필된 조선 유일의 사화기 사화 전문 저술이라는 것을 알 수 있으며, 이런 측면에서 독보적인 위상과 의의를 갖는다.

2. 사화기 역사서 집필의 한계와 그 극복

그런데 무슨 까닭으로 이대기의 『설학소문』을 제외하면 사화기에 한정하여 이 시기의 사건(사화)을 종합적으로 다룬 저술이 없는 것일까.[54] 이 의문의 실마리는 어린 조카 단종의 왕위를 불의하게 찬탈하여 사화기의 문호를 개방한 세조에게로 소급된다.

문종의 뒤를 이어 어린 단종이 즉위하자 단종의 숙부 수양대군은 쿠데타(계유정난)를 일으켜 정권을 탈취한 뒤 끝내 선위의 형식을 빌려 왕위를 찬탈하였다. 세조의 행위는 불의하여 유학을 국치로 삼은 조선왕조에 있어서 명분(名分)·정통(正統)과 도덕성(道德性)에 흠이 되었다. 이에 사육신은 단종의 복위를 시도하였으나 실패하였고 세조에 의해 처참한 화를

---

54) 앞에서 제시한 기묘·을사사화 관련 저술과 『아아록』·『족징록』 이외에 비교적 사화 관련 자료를 많이 싣고 있는 저술로 『연려실기술(燃藜室記述)』, 『해동야언(海東野言)』, 『해동잡록(海東雜錄)』이 있다. 『연려실기술』에 「기묘당적(己卯黨籍)」, 「무오당적(戊午黨籍)」이 실려 있고, 『해동야언』에 「무오당적(戊午黨籍)」·「무오사화사적(戊午史禍事跡)」·「성종(成宗)」·「세종기(世宗紀)」·「연산군(燕山君)」·「중종상(中宗上)」이 실려 있고, 『해동잡록』에 「유성원(柳誠源)」·「조광조(趙光祖)」 등 사화 관련 인물의 전기가 실려 있다. 이외에 생육신의 한 사람인 추강(秋江) 남효온(南孝溫)의 『추강집(秋江集)』에 「사우명행록(師友名行錄)」과 「육신전(六臣傳)」이 실려 있다.

당하였다.[55] 세조에 의해 계유정난과 단종 복위운동의 의사가 짓밟힘에 따라 불의(不義)·불선(不善)에 의해 의(義)·선(善)이 짓밟히는 양상이 태동되어 이런 양상이 명종조까지 지속되고, 선조조 사림정치시대에 들어서 이런 양상은 변화하게 된다.

사화기에 구체적으로 발생한 첫 사화인 무오사화는 세조의 불의한 찬위를 비유적으로 표현한 「조의제문(弔義帝文)」을 김종직(金宗直)의 제자 김일손(金馹孫)이 사초에 실음으로써 사화 발생의 빌미를 훈구파에게 제공하여 일어났다. 세조의 행위는 명분·정통과 도덕성의 결여로 왕위의 취약성을 내포하고 있었으므로 그의 불의를 문제 삼는 것은 조선왕조의 근간을 흔드는 것과 마찬가지였기 때문에 훈구파가 이를 이용한 것이다. 또한 세조의 불의는 반유교적 행위였으나 유학 이념에 투철했던 사림과 사림관료들이 군왕의 불의를 드러내는 것도 자기 모순적인 반유교적 행위로서 불의·불충이었다. 이에 사화기 동안 훈구파와 척신(戚臣)·간신(奸臣)·권신(權臣)은 이점을 빌미로 사림관료와 의사(義士)·제현(諸賢)을 화에 빠뜨리는데 악용하여 많은 사림이 화를 당하였던 것이다.

세조의 찬위로부터 비롯된 사화기의 중심에는 군왕의 불의가 있었으나 아이러니하게도 유학자이자 신민의 입장에서 군왕의 불의·비리를 기록하거나 드러내는 것도 불의·불충이었고 또 참담한 화를 당할 수 있었는데, 『설학소문』을 제외하면 사화기를 세조를 중심으로 유기적으로 파악하여 이 시기에 발생한 사건을 총체적으로 다룬 저술이 없는 이유를 여기에서 찾을 수 있다. 사림을 포함한 당시의 누구나가 모두 세조의 불의한 찬위가 사화기 사화 발생의 기인이 되었음을 알고 있었으나 그의 불의를 드러내는 것 또한 불의로서 신민·유학자의 도리에 위배되는 것이었으며, 정통성의 문제가 결부되어 있어 이것을 건드릴 경우 화를 취할 수 있었던 것이다. 그러나 역사적 사실을 기술하기 위해서는 사가(史家)의 입장에서 세조의 불의를 드러내지 않을 수도 없다. 이것이 사화기 역사를 기술함에 있어 난해한 문제 또는 한계로 작용했고, 세조를 중심으로 사화기를 유기적으로 파악한 저술이 없는 실정을 통해 이 문제 및 한계를 극복한 이가

---

55) 국사편찬위원회, 『신편한국사』22, 탐구당문화사, 1995, p. 6 ; 국사편찬위원회, 『신편한국사』1, 탐구당문화사, 2002, pp. 263~264. 참조.

없었음을 추정해 볼 수 있다.

그렇다면 이대기는 이러한 한계를 극복하여 『설학소문』을 집필한 것일까. 이에 대한 단서는 표제와 편명, 체제와 구도, 권1의 인물구분, 그리고 내용에서 찾을 수 있다.

먼저 표제를 보도록 하자. 『설학소문』의 표제는 '설학소문(雪壑謏聞)'으로, '소문(謏聞)'은 '보잘 것 없는 견문'이라는 뜻이다. 곧 표제에는 '저자 설학의 보잘 것 없는 견문을 수록한 책'이라는 의미가 담겨 있다. 그리고 권1의 편명은 '국조역년사화록목록(國朝歷年士禍錄目錄)'으로, 이는 '조선시대 사화기에 발생한 사화를 수록한 사화록의 목록'이라는 의미이다. 표제와 권1 편명의 의미를 연결하면, 『설학소문』은 '조선시대 사화기에 발생한 사화를 저자 설학이 보잘 것 없는 견문으로 수록한 사화록'이 된다. 따라서 『설학소문』에서 다루고 있는 모든 사건은 사화와 유기적 연결성을 갖는다는 것을 알 수 있는데, 그 첫 사화록에서 세조의 불의한 찬위와 의사의 의로운 행적이 중심에 있는 계유정난과 단종복위운동을 다루고 있다. 계유정난과 단종복위운동이라고 하면 개별적인 사건을 나타내지만, 『설학소문』의 첫 사화록에 실려 있음을 통해 두 사건이 사화와 유기적인 연결성을 갖는 시각에서 사화로 규정되고 있다는 것을 알 수 있다. 따라서 『설학소문』에 담긴 가치가 개입되어 있는 이대기의 시각을 따를 때 두 사건은 계유사화와 ·병자사화로 칭할 수 있다.

이대기는 사화기를 세조의 불의한 찬위를 중심으로 유기적으로 파악하였으며, 계유사화·병자사화 두 사건을 사화기의 시발이 된 사건으로 인식하여 그 인식을 구도를 통해 우의하였다. 앞서 살펴봤듯 권1에서 저자는 각 사화록의 요약 부분을 달리함으로써 권2는 구체적인 사화 발생의 빌미가 되는 사건을 다룬 사화록임을, 권3·권4·권5는 사화기에 구체적으로 발생한 사화를 다룬 사화록임을, 권6은 사화기의 마지막 사건을 다룬 사화록임을 우의하였다. 권2, 권3·권4·권5, 권6으로 구분되는 구도는 목록뿐만 아니라 본문에서 각 사화록의 편명과 기술 형식에서도 드러난다. 이대기는 독자가 알기 쉽도록 직접적·표면적으로 권2가 세조의 찬위가 중심에 있는 계유사화·병자사화를 다루고 있다고 기술하지 않고, 간접적·이면적으로 구도를 통해 우의하였다. 직접적으로 드러낼 경우 유학자·신민의 입장에서 불의·불충이 될 수 있고 화를 취할 수도 있었기 때문에 이대기는 세조의 불의가 사화기의 시발이 되었음을 구도를 통해 간접적·이면적으로 드러낸 것이다. 이대기가 당대 사화기 역사서를 집필하는데 장애가 되는 요소를 극복하여 『설학소문』을 집필했음은 권1의 인물 구분에서도 알 수 있다.

저자는 권1 목록에서 각 사화록의 인물을 '익대삼신(翊戴三臣)'과 '의사(義士)', '흉(兇)'·'간(奸)'·'사(邪)'와 '제현(諸賢)'으로 구분하였고, 본문에는 '의사'·'제현'에 해당하는 인물의 전기만을 실어놓아 '의사'·'제현'을 포(褒)·찬(贊)하고 '익대삼신'·'흉'·'간'·'사'를 폄(貶)·주(誅)하는 구도를 마련하였다. 계유사화의 인물인 '익대삼신'은 세조를 보익하여 추대한 3인의 신하로서 그 용어에 불의의 의미가 표면적으로 드러나 있지는 않다. 그러나 『설학소문』 내에서 '익대삼신'과 '흉'·'간'·'사'가 동일한 구도로 되어 있음을 통해 '흉'·'간'·'사'가 불선을 의미하듯 '익대삼신'에 불의의 의미가 이면적으로 내재하게 된다. 저자는 직접적·표면적으로 적시하지 않고 간접적·이면적으로 구도를 통해 세조와 세조의 편에서 불의를 저지른 신하들을 폄·주한 것이다. 이로써 세조의 명분·정통과 도덕성의 문제를 직접적·표면적으로 건드리지 않으면서도 그 실상은 간접적·이면적으로 드러나게 된다. 저자는 정밀한 의리〔精義〕로 재단하고 우의하여 포폄·찬주하되, 유학자·신민의 입장에서 그 도리와 의리에 어긋나지도 않게 하였으며, 사가의 입장에서 실상을 직필한 것이다.

사화기 역사서 집필의 한계 극복은 본문 기록에서도 확인된다. 권1 목록의 '계유록' 개요 부분 앞머리에 다음과 같은 기록이 있다.

> 노산군 원년(1453년) 세조가 수양대군을 수상(首相 영의정)으로 삼아 은밀히 권람·한명회 등과 계책을 정하여 김종서를 그의 집에서 베고, 황보인을 대궐 문에서 죽이고, 허후를 외방에 귀양보냈다가 교살하였다.[56]

여기에서 '세조가 수양대군을 수상(首相 영의정)으로 삼았다.'라는 부분

56) 李大期, 『雪壑謏聞』(교감본) 권1, 「國朝歷年士禍錄目錄」, "癸酉魯山元年 光廟以首陽大君爲首相 密與權擥韓明澮等定謀 誅金宗瑞於其第 殺皇甫仁於闕門 竄許詡於外 縊殺之"

이 있는데 이는 표면적으로는 말이 되지 않는다. 왜냐하면 세조는 계유정난을 일으키기 전에 수양대군으로 있었고, 계유정난이 성공한 이후 영의정에 제수되기 때문이다. 그리고 관직 제수는 왕의 권한으로, 당시 단종이 왕위에 있었다. 저자가 이렇게 기술한 것은 애초에 수양대군이 야욕으로 계유정난을 일으킨 것이고 군주를 무시하는 마음이 본디부터 있었던 사실을 우의적으로 표현하기 위한 것이다. 사실 그대로 직접적으로 기술하면 기휘를 촉범하고 죽음을 당할 수도 있기 때문에 공교한 방법으로 우의하여 사실을 직필한 것이다.

본문 기록에서 사화기 역사서 집필의 한계 극복은 권2 말미에 있는 저자의 '안설〔愚按〕'에서도 확인할 수 있다.

우안(愚按): 계유년에 화를 당한 사람들은 천명이 이미 떠나간 뒤를 당하여 한 가닥 터럭의 작은 힘으로 해가 저무는 곳에서 태양을 취하고자 하였으니, 그 마음은 진실로 슬퍼할 만하고 그 일은 참으로 매우 어려웠다. 결국 집안사람들은 노륙당하고 자신은 죽임을 당하여 당시의 상황을 구제하지 못했던 것이 마땅하다. 무릇 대위는 사람이 엿보는 바이면서 하늘이 명하는 바이다. 우리 세조대왕께서는 요(堯) 임금이 선양하고 순(舜) 임금이 전해 받듯〔堯禪舜受〕 성신(聖神)이 계승하여 지금 8종(八宗)에 이르도록 본지(本支)가 서로 전해졌으니, 하늘이 명한 것이 아니고서야 이와 같을 수 있겠는가. 천명이 이미 문종의 시대에 바뀌었으니, 이 당시를 당하여 17인과 같은 신하가 있었다 하나 또한 그 사이에서 무엇을 할 수 있었겠는가. 그렇다면 17인을 일러 비록 천명을 알지 못하였다고〔不知天〕 해도 가하다.

어떤 이가 나에게 이르기를 "정말로 그대의 말과 같다면 저 계유년 병자년의 의사는 과연 모두 천명이 귀의한 바를 알지 못하고서 무익하게 헛되이 죽은 것인가?"라고 하였다. 내가 응하기를 "그렇지 않다. 예부터 충신과 열사가 국가의 위태로운 시기를 당하여 천명이 이미 끊어진 줄을 알지 못한 것은 아니었다. 그런데도 오히려 격렬하게 분발하여 죽은 이후에야 그만두었던 것은 단지 신하된 직분을 다하고자 한 것이지 명이 바뀜과 바뀌지 않음은 근심했던 바가 아니었다. 만약 하늘의 뜻과 인사(人事)의 거취를 따져 이를 따라 진퇴하였다면 과연 그들을 충렬이라고 할 수 있겠는가. 800의 제후들이 약속하지 않았는데도 맹진(孟津)에 모여 목야(牧野)에서 은(殷)나라 주왕(紂王)과 전투할 때에 고죽군(孤竹君)의 두 아들 백이(伯夷)와 숙제(叔齊)가 홀로 분발하여 만고의 하늘 아래

강상을 붙들려 하였으니, 어찌 주왕의 악이 스스로 천명을 끊어서 인심이 이미 떠나갔음을 알지 못하였겠는가."라고 하였다.

이대기는 안설 첫머리에서 세조를 '천명(天命)'·'요순 선양〔堯禪舜受〕'으로 수식하고 의사를 '천명을 모름〔不知天〕'으로 수식하였다. '천명'의 본원적 의미는 『중용』에 '하늘이 명한 것을 성(性)이라고 한다.〔天命之謂性〕'라고 할 때의 '성(性)'을 뜻하지만, 세조를 수식한 '천명'은 용어가 갖는 본원적 의미와는 반대로 역사적 대세 또는 흐름을 뜻하며, '요순 선양'은 역사적 대세에 따라 세조가 집권하였음을 수식한 것이다.[57] 또 '천명을 모름'의 본원적 의미는 본성대로 행하지 않았음을 뜻하지만, 의사를 수식한 '천명을 모름'은 용어가 갖는 본원적 의미와는 반대로 역사적 대세에 관계없이 인간의 본성대로 행했음을 뜻한다.[58] 곧 현실적 측면에서 기술하여 세조의 정통성을 인정하되 본성(本性)과 반대되는 세조를 본성의 의미를 갖는 용어로 수식하여 표면적으로 포(褒)·찬(贊)하면서 이면적으로 폄(貶)·주(誅)하고,[59] 본성대로 행한 의사를 본성과 반대되는 의미

57) '천명'의 본원적 의미는 『중용』에 '하늘이 명한 것을 성(性)이라고 한다.〔天命之謂性〕'라고 할 때의 '성(性)'이며, 의(義)는 성(性)의 한 측면이다. 따라서 불의하게 찬위한 세조를 그 용어가 갖는 본원적 의미에서 '천명'과 '성(性)'으로 결코 수식할 수 없다. 곧 저자가 세조를 '천명'과 '요순 선양'이라고 한 것은 그가 현실적으로 쿠데타를 성공하여 현실적인 힘, 역사적 대세에 의해 집권하였음을 수식한 것에 지나지 않음을 알 수 있다. 세조를 수식한 '천명'과 '요순 선양'은 그 용어가 갖는 본래 의미와 반대되는 의미를 갖는 것이다.

58) 저자는 의사를 '천명을 모름〔不知天〕'이라 해도 가하다고 했는데, 의사의 의로움은 성(性)의 한 측면으로서 곧 천명(天命)이다. 따라서 의롭게 단종의 복위운동을 시도하여 패망한 의사를 그 용어가 갖는 본원적 의미에서 '천명을 모름'으로 결코 수식할 수 없다. 곧 저자가 의사를 '천명을 모름'이라고 한 것은 의사가 역사적 대세에 관계없이 인간의 성품대로 행했음을 수식한 것임을 알 수 있다. 의사를 수식한 '천명을 모름'은 그 용어가 갖는 본래 의미와 반대되는 의미를 갖는 것이다.

59) 저자는 세조를 세조의 행위와 반대되는 '천명'·'요순 선양'으로 수식했는데 이는 표면적으로 세조를 포·찬한 것이면서 동시에 이면적으로 폄·주한 것이다. 그 행위와 정반대되는 극대화된 용어를 사용함으로써 표면적으로 세조의 집권을 인정함과 동시에 이면적으로 폄하하고 주벌하는 의미가 내재하는 구도를 갖춘 것이다. 조선왕조는 쿠데타로 왕위에 오른 세조 이후에도 면면히 이어졌고, 또 이대기는 선조조와 광해군조에서 벼슬살이를 한 조선의 신민이었다. 그러므로 조선왕조의 군왕 세조를 부정할 수도 없고 부정해서도 안 된다. 이대기가 세조를 부정하는 것은, 김종직이 조선조에서 벼슬살이한

를 갖는 용어로 수식하여 표면적으로 폄·주하면서 이면적으로 포·찬한 것이다.[60]

계유·병자사화 두 사건을 현실/가치 두 측면 가운데 한 측면만으로 바라보면, 세조와 의사 양자는 각각 한쪽은 긍정되고 다른 쪽은 부정되어 균형성이 상실된다. 현실적 측면에서 세조는 긍정되고 의사는 부정되며, 가치적 측면에서 세조는 부정되고 의사는 긍정되기 때문이다. 현실/가치 양 측면에서 세조와 의사는 각각 긍정/부정이 동일하게 존재하지만, 가치적 측면에서 바라보고 기술하게 되면 세조가 부정되고 정통성이 부정되며 불의가 표면적으로 드러나게 된다. 이 때문에 저자는 가치적 측면이 아닌 현실적 측면에서 기술하여 세조의 정통성을 인정하되, 가치적 측면에서의 부정이 내재되도록 세조의 행위와 반대되는 용어로 수식한 것이다. 곧 저자의 기술과 수사를 통해 세조는 표면적으로 현실적 측면에서 긍정되면서 이면적으로 가치적 측면에서 부정되고, 의사는 표면적으로 현실적 측면에서 부정되면서 이면적으로 가치적 측면에서 긍정된다.

신민으로서 군왕인 세조의 비리를 비유하여 드러내서 결국 세조를 부정한 것과 같아진다. 이는 세조를 부정하는 것이자 또한 조선왕조를 부정하는 것이 되면서 동시에 조선왕조에서 벼슬살이한 자신을 부정하는 것이 되고 마는 모순에 빠지게 된다.

60) 저자는 의사를 '천명을 모름'으로 수식했는데 이는 표면적으로 의사를 폄·주한 것이면서 동시에 이면적으로 포·찬한 것이다. 의사의 행위와 정반대되는 용어를 사용함으로써 그들이 단종을 수호하고자 했던 행위와 단종 복위운동이 실패하였음을 인정함과 동시에 그들을 이면적으로 기리고 칭찬하는 의미가 내재하는 구도를 갖춘 것이다. 계유정난으로 화를 당하고 단종 복위운동을 시도하다 패망한 의사는 이념적으로 가치를 중시한 것이지만 반대로 바라보면 현실적 권력과 힘을 경시하다가 참혹한 화를 당한 것이었다. 그러므로 현실적 측면과 역사적 사실로서 의사의 패망을 부정할 수도 없고 부정해서도 안 된다. 가치를 중시하고 현실을 무시하게 되면 자칫 나이와 지위가 아래임에도 나이와 지위가 위에 있는 이를 능멸하여 화를 취하는 우를 범하게 된다. 사화기에 발생한 사화의 발생 과정을 들여다보면 유학적 가치를 중시한 사림관료들이 가치를 중시한 나머지 훈신과 권신을 능멸하여 끝내 화를 당하게 됨을 살필 수 있다. 예컨대 『설학소문』 권3에 무오사화의 제현 가운데 한 명인 이목(李穆)의 전기에 다음과 같은 기록이 있다. "이목이 가뭄이 듦으로 인해 상소하기를 '윤필상을 삶아 죽여야 비로소 비가 내릴 것입니다.'라고 하였다. 윤필상이 길에서 만나 '공이 늙은이의 고기를 꼭 먹어야겠는가?'라고 말하였는데, 이목은 의기양양하게 돌아보지 않고 갔다. 연산군 초에 장원으로 발탁되었다. 무오사화가 일어나자 윤필상이 이전의 사감을 품고 이목이 김종직에게 수업하였다는 것으로 죄를 씌워 죽였다. 〔穆因天旱上疏曰 烹弼商 天乃雨 弼商遇諸道曰 公必欲食老夫之肉耶 穆昂然不顧而去 燕山初 擢壯元科 及戊午禍起 尹挾前憾以穆受業佔畢 搆殺之〕"

저자는 현실적 측면에서 세조/의사를 기술하여 세조의 정통성을 인정함으로써 신민·유학자의 도리와 의를 어기지 않는 한편 세조의 행위와 반대되는 용어로 수식하여 이면적으로 폄·주함으로써 그의 행위가 불의함을 직필하였다. 곧 사가의 도리와 의리에도 위배되지 않게 한 것이다.

사화기의 문호가 열리게 된 근원에는 조선왕조 군왕 세조의 불의가 자리하고 있어 군왕의 불의를 드러낼 경우 유학자·신민의 입장에서 또한 불의·불충이 될 수 있었고 화를 취할 수도 있었다. 이 때문에 그 누구도 감히 세조의 불의를 역사 기술로 드러낸다거나 사화기를 세조를 중심으로 유기적으로 파악하여 역사를 기술할 엄두를 내지 못했는데, 이대기는 이런 한계를 정의·우의·포폄·찬주가 가미된 체제·구성·구도, 인물 구분, 그리고 공교로운 기술 방법으로 극복하여 사화록 『설학소문』을 집필했다. 앞서 살펴봤듯 사화기에 발생한 사화를 전문적으로 다룬 저술은 기묘사화와 을사사화를 개별적으로 다룬 것이 거의 전부이고, 세조를 중심으로 사화기를 유기적으로 파악한 저술은 『설학소문』을 제외하면 확인되지 않는다. 『설학소문』은 사화기에 발생한 9대 사화를 종합적으로 다룬 조선 유일의 사화기 역사 기록이면서, 또한 사화기 역사 기술의 한계를 극복하여 집필된 조선 유일의 저술로서 독보적이면서도 특수한 위상과 의의를 갖는 것이다.

3. 사화기 한계와 그 극복의 묘해(妙解)

의(義)는 성(性)의 한 측면이며, 성(性)은 선(善)하고, 성(性)은 이(理)이다.[61] 그러므로 계유·병자사화의 이념을 중시한 의사는 의(義)·선(善)·이(理)에 대입되고, 세조는 불의(不義)·불선(不善)·기(氣)에 대입된다. 세조는 불의하였지만 현실적으로 찬위를 성공하였고 반대편의 의사를 반역으로 규정함으로써 의사의 이념적 가치를 부정하였다. 계유·병자사화가 갖는 상징성은 세조가 의사를 이기고 집권함에 따라 현실적 가치가 이념적 가

61) 맹자는 성품이 선하다는 성선설(性善說)을 주장하였고, 송나라 때 정이(程頤)는 성즉리(性卽理)를 제창했다.

치를 이기는 현상과 이념적 가치가 현실적 가치에 의해 부정되는 현상이 태동되었다는 데에 있다. 이로써 사화기 동안 이념적 가치를 대변하는 의사·제현 또는 사림·사림관료들은 현실적 가치를 대변하는 익대삼신·흉·간·사 또는 척신(戚臣)·간신(奸臣)·권신(權臣)에 의해 음모와 모함으로 부당하게 죄를 얻어 화를 당하는 양상이 지속되었던 것이다.

기(氣)/이(理)에 대입되는 세조/의사, 익대삼신/의사, 흉·간·사/제현, 척신·간신·권신/사림·사림관료 양자는 시공간적으로 함께 존재하면서도 각각 기(氣)와 이(理)라는 독자적 영역을 갖고 있었지만, 각각 상대를 부정함에 따라 조화하지 못하고 균형을 이루지 못하였다. 곧 사화기는 함께 존재하면서도 독자적 영역을 갖는 양자의 부정·부조화·불균형의 양상과 한계를 갖는 것이다. 그러므로 이런 사화기 한계를 극복하기 위해서는 양자의 긍정·조화·균형을 모색하면 된다. 그런데 그 한계 극복의 선후관계에 있어서 군왕인 세조가 먼저 긍정되어야 신민인 의사가 긍정될 수 있다. 때문에 저자는 현실적 측면에서 기술하여 표면적으로 세조의 현실적 가치(氣)를 긍정(褒·贊)하되 그의 행위와 반대되는 용어로 수식하여 이면적으로 이념적 측면에서의 부정(貶·誅)이 내재하도록 하였고, 현실적 측면에서 기술하여 표면적으로 의사의 현실적 가치(氣)를 부정(貶·誅)하되 의사의 행위와 반대되는 용어로 수식하여 이면적으로 이념적 측면에서의 긍정(褒·贊)이 내재하도록 하였다. 곧 저자의 기술과 수사를 통해 세조/의사 양자는 현실적/이념적 측면에서 표면적/이면적으로 동시에 긍정·포·찬되고 부정·폄·주되면서도 조화하고 균형을 이루게 되는데, 이것은 마치 과(過)/불급(不及)이 있던 양자가 저자에 의해서 중정(中正)한 상태를 유지하게 되는 것과 같다. 저자는 절묘한 방법으로 사화기 한계를 극복한 것이다.

저자는 현실적 측면에서 기술하여 기(氣)를 대변하는 세조를 긍정하고, 이(理)를 대변하는 의사를 부정하였는데, 이것은 사화기 양자의 한계를 극복하기 위한 방편일 뿐 저자가 기(氣)를 이(理)에 앞세운 것은 아니다. 『설학소문』 권1 목록에는 각 사화록의 인물이 '익대삼신'과 '의사', '흉'·'간'·'사'와 '제현'으로 구분되어 있으나, 본문에는 이(理 의·선)를 대변하는 '의사'·'제현'의 전기만이 개별적으로 기술되어 있고 기(氣 불의·불선)를 대변하는 '익대삼신'·'훙'·'간'·'사'의 전기는 없다. '익대삼신'은 세조를 보익하고 추대한 3인의 신하인데, 저자의 입장이 이(理)를 앞세우고 기(氣)를 뒤로 하는 '이선기후(理先氣後)'가 아니라고 한다면 '익대삼신'에 해당하는 인물의 전기가 본문에 기술되어 있어야 마땅하다. 그렇지만 저자가 이(理)를 앞세우고 기(氣)를 뒤로하였다고 하여 이기(理氣) 양자의 무게 중심이 한 쪽으로 치우친 것도 아니다. 세조는 기(氣)를 대변하므로 저자는 세조의 기(氣)를 긍정하되, 이(理)를 뜻하는 '천명'·'요순 선양'로 수식하였다. 의사는 이(理)를 대변하므로 저자는 의사의 이(理)를 긍정하되, 기(氣)를 뜻하는 '천명을 모름'으로 수식하였다. 세조/의사를 기(氣)/이(理)에 대입하여 봤을 때, 세조가 기(氣)를 대변한다고 하여 세조에게 이(理)가 없는 것은 아니며, 의사가 이(理)를 대변한다고 하여 의사에게 기(氣)가 없는 것은 아니다. 단지 세조는 기(氣)에 치중하여 이(理)를 부정하였을 뿐이고 의사는 이(理)에 치중하여 기(氣)를 부정하였을 뿐이지, 세조와 의사가 각각 이(理)와 기(氣)를 부정한다고 하여 이기(理氣)가 서로에게서 떨어질 수도 없고 그렇다고 섞일 수도 없는 것이다.[62] 그러므로 저자는 기(氣)를 대변하는 세조가 이(理)와 동시존재의 관계에 있고, 이(理)를 대변하는 의사가 기(氣)와 동시존재의 관계에 있을 수 있도록 만들었던 것이다.

세조와 의사 양자는 서로 '떨어지지 않으면서도 섞이지 않는 관계〔不離而不雜〕'에 있었다. 양자는 '시공간적으로 동시존재의 관계에 있으면서〔理氣無先後〕' 각각 '절대적 가치와 상대적 가치라는 독자적 가치를 가졌지만〔理先氣後〕'[63], 각자의 가치를 중시하고 상대의 가치를 무시하여 균형성이 상실되었다. 그러므로 저자는 '서로가 공존하면서도〔不離〕' '서로의 가치를 침해하지 않는〔不雜〕' 방법으로 양자의 조화와 균형을 모색한 것이다. 『설학소문』에 대해 성리학자 장상학은 송대(宋代) 성리학을 집대성한 '주희의 『자치통감강목』에 우익이 될 만하다.'라고 논평한 바 있

---

62) 성리학에서 이기(理氣)는 서로 떨어지지 않으면서도 섞이지도 않는 '불상리(不相離)', '불상잡(不相雜)'의 관계에 있는 것으로 본다. 이상익, 「朱子 理氣論의 二重構造」, 『철학』 44, 한국철학회, 1995, pp. 34~35 ; 임헌규, 「朱熹의 理氣論」, 『동방학』3권, 한서대학교 동양고전연구소, 1997, pp. 220~223. 참조.

63) 이기(理氣)는 형이상과 형이하, 절대적 가치와 상대적 가치라는 각각의 독자적 영역을 갖는다. 최영진 외, 『한국철학사』, 새문사, 2013, p. 180. 참조.

다. 성리학에서는 세계를 이기(理氣) 이중구조로 파악하며,[64] 이기(理氣)의 관계를 '불리이불잡(不離而不雜)' 곧 '이기무선후(理氣無先後)'와 '이선기후(理先氣後)'로 표현한다.[65] 『설학소문』의 저자 이대기는 성리학의 본질을 탐구하는데 매달렸고 성리학의 실천방향을 찾는데 심혈을 기울였던 인물이다.[66] 그런 그의 저술에서 이기론(理氣論)의 접목 또는 응용에 의한 사화기 한계 극복은 매우 주목되는 점이 아닐 수 없다.[67]

4. 정대한 역사 통찰

이대기의 한쪽으로 치우치지 않은 중정한 역사 기술은 역사의 흐름과 부합하는 정대한 역사 통찰로서 또한 드러난다. 이대기는 세조의 행위를 '천명'과 '요순 선양'으로 수식하여 극대화된 표현을 씀으로써 그의 정통성을 인정하면서 한편으론 폄(貶)하는 의미를 부쳤다. 세조의 정통성이 인정되었으면 남는 것은 의사의 현창이다. 의사는 당시 모반의 역명을 쓰고

---

64) 최영진 외, 위의 책, p. 177~179. 참조.

65) 이기(理氣)는 '불리이불잡(不離而不雜)'의 관계에 있는데, '불리(不離)'는 이기가 시공간적으로 분리되지 않는 관계에 있음을 뜻하고, '불잡(不雜)'은 이기가 절대적 가치와 상대적 가치라는 각각의 독자적 영역을 가짐을 뜻한다. 곧 이기는 상호 의존적인 동시존재의 관계를 가짐과 동시에 형이상/형이하 또는 절대적/상대적 가치라는 차등적 관계를 갖는데 이것을 '이기무선후(理氣無先後)'와 '이선기후(理先氣後)'로 표현한다. 그리고 '불잡(不雜)'과 '이선기후(理先氣後)'는 기(氣)의 상대적 가치가 이(理)의 순수한 절대적 가치를 침해하지 않는다는 뜻이 내포되어 있다. 최영진, 『퇴계 이황』, 살림출판사, 2012, p. 55~56 ; 최영진 외, 위의 책, p. 180. 참조.

66) 설석규, 「남명문도를 찾아서 : 남명학파의 정치적 지조를 지킨 선비 -설학(雪壑) 이대기(李大期)- 」, 『선비문화』 13, 남명학연구원, 2008, p. 104. 참조.

67) 이대기의 사화기 한계 극복을 제가가 논평한 『설학소문』의 구체적인 성격적 특징인 정의(精義)·우의(寓意)·포폄(褒貶)·찬주(贊誅)·권선징악·감계 등으로 설명하거나 혹은 공정하고 중정한 기술로 설명할 수 있다. 그런데 성리학의 이기론에서 이기(理氣)의 관계를 가지고 이대기의 기술을 바라보면 절묘하게 그 양상이 파악된다. 이기의 관계는 자신의 가치만을 인정하고 상대의 가치를 부정한다거나 나는 옳고 너는 틀리다는 식의 이분법적인 조악한 시각에서 탈피하게 만들며, 대립적인 관계에 있는 양자가 조화하고 균형을 이루는 시각을 형성하도록 만든다. 『설학소문』을 제가가 직필이라 하고 공정하다고 한 것도 이 때문인 듯하다.

죽었고, 저자가 『설학소문』을 집필하던 당시까지도 신원되지 않고 있었다. 저자는 '어떤 이〔或〕'의 설정을 통해 의사의 충절을 표창하는 문제를 논의한다. 다음은 앞서 살펴본 안설에 이어지는 내용이다.

> 어떤 이가 또 나에게 이르기를 "17인의 의사를 당시의 관점으로 보면 충이라고 해도 가하지만 오늘날의 관점에서 말하면 앞 조정에 대한 충성은 뒤 조정에 대한 반역에 해당한다. 지금의 뭇 신하는 17인의 의사를 마땅히 어떻게 말해야 또한 그들의 충절을 드러낼 수 있겠는가?"라고 하였다. 내가 응답하기를 "예부터 제왕이 충절을 포상한 것이 본래 앞뒤로 다름이 없었다. 그러므로 무왕이 기자(箕子)를 봉하고 송태조(宋太祖 조광윤(趙匡胤))가 한통(韓通)의 절의를 표창하였던 것이니, 은나라의 신하가 어찌 주나라에 충의가 되며 후주(後周)의 신하가 어찌 송(宋)나라에 충절이 되겠는가. 저 17인의 의사가 세조에게는 비록 불충이 되지만 그 군주를 위하여 죽은 절의가 밝은 태양과 더불어 빛을 다투니, 비록 오늘날에도 그들을 불충이라 할 수 없으며 또한 그들의 충절을 표창하지 않을 수 없다. 이것을 열성(列聖)이 행한 경우가 있으니, 중종이 육신의 후손을 수용(收用)한 것이나 선조가 유신 율곡(栗谷) 이이(李珥)에게 명하여 「김시습전」을 짓도록 한 것이 그것이다. 아, 무릇 어찌 불의한데도 두 성군이 이런 일을 하였겠는가."[68]

의사의 행위가 단종의 입장에서는 충이지만 세조의 입장에서는 불충과 반역이다. 이대기는 현실적 가치를 대변하는 세조를 그의 행위와 반대되는 용어로 수식함으로써 조선조 군왕으로서의 정통성을 인정함(褒·贊)과 동시에 불의하게 찬위한 그의 이념적 가치를 부정(貶·誅)하였는데, 이로써 의사의 충절을 표창할 수 있는 근거가 마련되었다. 이념적으로 계유·병자사화의 의사에 의해 부정되었던 세조의 현실적 측면(정통성)이 긍정되었으면, 현실적으로 역도(逆徒)로 규정되어 세조에 의해 부정되었던 의사의

68) 李大期, 『雪壑謏聞』(교감본) 권2, 「癸酉錄」, "或又謂余曰 十七士在當時 則謂之忠可也 在今日言之 則前朝之忠 後朝之叛也 今之臣庶 謂十七士當如何而其忠節 亦得以表出之耶 余應之曰 自古帝王之褒忠賞節 本無前後之異 故武王封箕子 宋祖褒韓通 殷之臣 何義於周 周之臣 何節於宋 彼十七士在光廟 雖不忠而其爲主死節 有與白日爭光 雖在今日 亦不可謂之不忠 亦不可不爲之旌美也 是則列聖有行之者 中廟收用六臣之後 宣祖命儒臣撰金時習傳 吁 夫豈不義而二聖爲之"

가치적 측면도 긍정될 수 있기 때문이다. 이대기는 공교로운 기술 방법으로 세조와 의사 양자의 대립을 해소시키고, 이를 통해 의사의 충절을 현창할 수 있는 발판도 마련한 것이다.

저자는 중국 역사에서 주 무왕이 기자를 봉하고[69] 송 태조가 한통을 표창[70]했던 예를 들어 이전 왕조의 절의 있는 신하를 다음 왕조에서 표창하였음을 밝혔고, 또 중종이 사육신의 후손을 수용(收用)하고[71] 선조가 율곡 이이에게 명해 「김시습전」을 짓도록 했던 예를 들어 17인 의사의 충의를 표창하지 않을 수 없음을 밝혔다. 의사가 세조에게는 불충이 되지만 군주를 위해 죽은 충절을 후세의 군주가 표창하지 않을 수도 없다는 것이다.

지금까지의 기술을 통해 세조의 정통성을 인정해주면서도 의사의 충절을 표창하는 논리적 한계가 극복되고, 의사를 표창하지 않을 수 없는 논리적 당위성이 마련되었다. 의사의 현창 문제가 제기되었으면, 계유·병자 사화 두 사건과 관련하여 바로잡혀야 할 것은 단종과 관련한 것만이 남는다. 단종은 당시까지도 추봉되거나 복위가 이루어지지 않은 상태였다.[72]

---

69) 기자는 은(殷)나라 주왕(紂王)의 친척이다. 주왕이 황음무도하자 기자가 간하였으나 듣지 않았다. 이에 머리를 풀어헤치고 미친 척하다가 잡혀서 노예가 되었다. 주(周)나라 무왕(武王)이 은 왕조를 멸망시킨 이후, 기자를 방문하였다. 기자가 홍범구주를 전해주니, 무왕은 기자를 조선(朝鮮)에 봉하고 그를 신하의 신분으로 대하지 않았다. 『史記 宋微子世家』

70) 한통은 오대(五代) 시대 주나라의 장군이다. 주나라 공제(恭帝) 때 송나라 태조가 진교(陳橋)에서 여러 군사들의 추대에 의해 황제의 자리에 오르자, 한통은 전각에 있다가 갑자기 집으로 돌아갔는데, 도중에 군교(軍校) 왕언승(王彦昇)을 만나 죽임을 당하였다. 태조는 황제가 된 뒤 왕언승이 함부로 죽인 죄를 꾸짖고 한통의 절의를 표창하여 관작을 추증하였다.

71) 중종이 사육신의 후손을 수용했다는 것은 박호(朴壕)가 중종조에 벼슬했던 일을 가리키는 것으로 보인다. 박호는 성삼문의 외손으로 연산군조에 급제하였고, 중종조에 많은 관직을 역임하였다. 중종 9년(1514) 대간은 박호가 대간과 시종에 합당하지만 성삼문의 외손으로 장령직에 있는 것이 적당하지 않다고 하여 체직하기를 청하기도 하였다.(『중종실록』 9년 6월 23일 기사 참조) 또한 신진사류에 의해 성삼문의 외손이라서 거부되는 경우가 많았으나 중종의 두터운 신임을 받아 1518년에 홍문관 부제학에 제수 되는 등 여러 관직을 역임하였다.

72) 단종은 1681년(숙종7)에 노산대군으로 추봉되고 1698년 전 현감 신규(申奎)의 상소에 의해 복위가 결정되었다.

저자의 논의를 따라가 보자.

어떤 이가 또 나에게 이르기를 “노산군이 재위에 있으면서 세조에게 실덕한 것이 없고 선위한 아름다움이 있으며 임금 노릇 한 것이 3년이고 상왕으로 있었던 해가 2년이다. 그런데 지금에 이르도록 폐위되고 강등되어 종실과 같은 작호로 있으니, 생각건대 그 사이에 이론이 없는 것인가?”라고 하였다. 내가 즉시 응답하기를 “그대의 말이 훌륭하다. 당시에는 일의 형편상 그렇지 못함이 있어서 비록 서로 용납할 수 없었으나 그 죽음에 미쳐서는 왕호를 회복시키고 종묘 문종실(文宗室)에 신위(神位)가 바루어진 일도 당시에 오히려 가능했는데, 하물며 후대의 임금에 있어서이겠는가. 그러나 지금까지 침륜해 있는 것은 대저 발의하여 임금에게 상주하는 명신(名臣)과 의사가 없기 때문이다. 열성이 스스로 결단할 수 없었던 것은 혹 고치지 말아야 한다고 주장하는 신하가 있어서였다. 진실로 명신과 의사가 혹은 경연하는 자리에서 진언하거나 혹은 소장을 통해 건의하여 이것으로 뜻을 받들어 성취시킨다면 이것이 어찌 제왕의 성대한 덕이 아니겠는가. 이런 일을 또한 열성 중에 행한 경우가 있다. 소릉(昭陵)의 일은 추강(秋江) 남효온(南孝溫)이 참담한 화를 받은 이후로 다시 입을 여는 사람이 없다가 중종 때에 이르러 사론이 아래에서 격발하고 상신(相臣)이 위에서 힘껏 찬조하여-안당(安瑭)- 중종이 이에 1513년(중종8)에 소릉을 추복하여 현릉(顯陵) 동쪽에 이장하였다. 무릇 소릉을 추복할 수 있다면 노산군도 역시 추복할 수 있다. 앞의 조정에서 이미 행한 자취가 있어서 일에 혐의될 만한 것이 없으니, 이것인즉 지금의 군자 중에 또한 반드시 정민공(貞愍公 안당)이나 추강과 같은 소견을 가진 자가 있을 것이다. 내가 일찍이 『국조보감(國朝寶鑑)』을 본 적이 있는데 태종 때에 고려의 사헌 장령(司憲掌令) 서견(徐甄)이 우리 조정에서 벼슬하지 않고 금천(衿川)에 은거하여 시를 짓기를 ‘천년의 신성한 도읍지 한양에 격해있는데, 충량한 수많은 인재 현철한 군왕 보좌했네. 가련하구나, 통합의 공은 어디에 있는가, 이전 왕조의 왕업이 장구하지 못함이 한스럽네.’라고 하였다. 조정에서 그의 죄를 청하는 신하가 있자 공정대왕(恭靖大王 태종)이 기뻐하지 않으며 ‘신하는 각각 그 군주를 위할 뿐이니 서견은 고려의 신하이다. 비록 우리 이씨 조선이라 할지라도 어찌 천지와 더불어 무궁하게 지속되겠는가. 가령 우리 조정의 신하 중에 이와 같은 사람이 있다고 한다면 어찌 아름답지 않겠는가. 죄를 주지 않아야 할 뿐만 아니라 도리어 표창하여 권장해야 할 것이다.’라고 하였다. 아, 태종의 이 마음은 곧 주 무왕이 기자를 봉했던 마음이고, 송 태조가 한통을 표창했던 의리이다. 거룩한 황제와 현명한 왕이 시대는 다르지만 일은 똑같이

부합하니, 어찌 뒤 임금의 밝은 거울이 되지 못하겠는가."라고 하였다.[73]

문종비이자 단종의 모후인 현덕왕후(顯德王后)의 능인 소릉(昭陵)은 세조의 즉위과정에서 단종의 폐위와 함께 폐릉된 바 있는데, 남효온은 일개 유생으로 시무팔조(時務八條)를 상서하는 가운데 소릉을 추복(追復)할 것을 주장하여 파문을 일으켰다.[74] 남효온의 상소는 세조대 정치의 부당성을 내포한 것으로 그 정치적 유산의 극복을 의미한 것이었다.[75] 이 주장은 신자(臣子)로서 감히 발설할 수 없는 것이며 또한 유생이 정치에 간섭하는 것은 불가하다는 훈구파의 주장에 의해 실현되지 못하였는데,[76] 연산군 10년(1504)에 갑자사화 때 추복을 주장한 것을 난신(亂臣)의 예로 규정하여 남효온은 결국 부관참시 당하였다. 이후 소릉은 중종대 복위 여건이 조성되어 중종 8년(1513)에 추복되고 종묘에도 부묘되었다.[77]

이대기는 소릉이 이미 복위되었으니 일에 혐의될만한 것이 없음을 논하는 한편, 노산군의 추봉과 복위가 이루어지지 않는 것을 발의하여 임금에게 상주하는 명신과 의사가 없기 때문인 것으로 진단하였다. 그러면서도 소릉의 복위를 건의했던 남효온이나 복위를 찬조했던 상신 안당과 같

---

73) 李大期, 『雪壑謏聞』(교감본) 권2, 「癸酉錄」, "或又謂余曰 魯陵在位 無失德於光廟 有遜位之美 爲王者三年 爲上王者二年 而至今位廢降同宗室 顧無一議於其間耶 余卽應之曰 子之言善矣 當時有事勢不然者 雖有不能相容 而及其死也 則復其王號 正位廟室 在當時猶可爲之 況於後之王乎 然而至今沈淪者 蓋無名臣義士發一言 以徹於冕旒 而列聖之不能自斷者 或以無改爲道 苟有名臣義士 或陳於經席之間 或發於疏章之上 以之將順而成就之 則斯豈非帝王之盛德也哉 是亦列聖有行之者 昭陵之事 自秋江慘禍之後 人不復開喙 至中廟朝 士論激發於下 相臣力贊於上【安瑭】 中廟乃迺於嘉靖癸酉 追復移安 夫昭陵可復 則魯陵亦可復 先朝有已行之跡而事無可嫌者 此則今之君子 亦必有貞愍秋江之所見者矣 余嘗見國朝寶鑑 獻廟朝高麗掌令徐甄不仕我朝 隱處衿川 有詩曰 千載神都隔漢陽 忠良濟濟佐明王 可憐統合功安在 却恨前朝業未長 廷臣有請罪者 恭定大王不悅曰 臣各爲其主 甄高麗之臣也 雖我李氏 豈能與天地無窮 若使我朝之臣有如此人者 豈不韙歟 不但不罪 反加褒奬 吁 獻廟是心 卽周武封箕子之心 宋祖褒韓通之義 而聖帝明王異世而同符 豈不足爲後王之明鑑乎"

74) 국사편찬위원회, 『신편한국사』28, 탐구당문화사, 2002, p. 237. 참조.

75) 이현진, 「조선전기 昭陵復位論의 추이와 그 의미」, 『조선시대사학보』23권, 조선시대사학회, 2002, p. 13. 참조.

76) 국사편찬위원회(2002), 『신편한국사』28, p. 237. 참조.

77) 이현진, 위의 논문, pp. 17~30. 참조.

은 소견을 가진 자가 있을 것으로 보고 있다.[78)]

고려의 신하 서견은 조선왕조가 수립되자 벼슬하지 않고 은거하였고 고려를 그리워하는 시를 지었는데 신하 중에 그의 죄를 청하는 이가 있자 태종은 오히려 그의 절의를 표창하여 권장해야 한다고 하였다. 이대기는 이 일화를 들어 태종의 마음이 곧 주 무왕이 기자를 봉했던 마음이고 송 태조가 한통을 표창했던 의리라고 논하며, 노산군을 추봉하고 복위하는 것이 제왕의 성대한 덕이 됨을 밝혔다.

단종은 1452년에 즉위하여 1455년 윤 6월 선위하였고, 상왕으로 있다가 세조 3년(1457) 노산군으로 강봉되었다. 이후 2백여 년이 지난 숙종 7년(1681)에 이르러서야 노산군은 노산대군으로 추봉되고, 숙종 24년(1698) 단종으로 복위되었다.[79)] 『설학소문』은 1623년경 최종 완성되었으니, 이대기가 살던 당시까지도 단종은 종실에게 주던 작호인 '군'으로 있었다. 이대기는, 노산군이 노산대군으로 추봉되고 단종으로 복위되기 60~80년 이전에 일이 마땅히 그렇게 되어야함을 사리를 들어 논증했던 것이다.

이상으로 안설을 살펴봤다. 이대기는 안설의 첫 부분에서 공교로운 기술 방법 및 이기론의 접목을 통해 세조와 의사 양자의 어긋난 균형을 중정하게 만들었다. 세조의 정통성을 인정함과 동시에 의사를 현창하고 단종을 추봉 및 복위할 수 있는 논리적 토대를 마련한 저자는 일이 마땅히 그렇게 되어야 함을 사리를 들어 논증하였다. 그의 통찰과 같이 60~80년이 지나서야 노산군은 노산대군으로 추봉되고 단종으로 복위되었으며, 계유년과 병자년의 의사는 70~100년이 지나서야 복관되었다.[80)] 유학적 가

78) 율곡 이이(李珥)가 지은 안당의 「좌의정정민안공신도비명(左議政貞愍安公神道碑銘)」에 "조정에 서서 정사를 밝게 돌본 것이 많았다. 예를 들면 소릉의 복위, 문충공 정몽주의 문묘종사, 문경공 김굉필·문헌공 정여창의 추증, 천거과를 설치하는 등의 일을 주장하기도 하고 찬조하기도 하였으니, 공의 힘이 컸다. [立朝多建明 如復昭陵 從祀鄭文忠 追贈金文敬鄭文獻 設薦擧科等事 或主或贊 公力居多]"라는 내용이 있는데, 이 기록으로 보아 안당이 소릉의 추복을 주장하거나 찬조하였던 것으로 보인다.

79) 노산군의 추복에 대해서 윤정은 추복 논의의 연원과 실행 과정, 추복의 배경 등에 대해 상론하였고, 이현진은 단종 복위의 전개 과정을 상술하였다. 윤정, 「숙종대 단종 추복의 정치사적 의미」, 『한국사상사학』 22권. 한국사상사학회, 2004 ; 이현진, 「조선후기 단종 복위와 충신 현창」, 『사학연구』 제98호, 한국사학회, 2010, pp. 8~57. 참조.

80) 『설학소문』에 기재되어 있는 계유사화의 의사는 김종서(金宗瑞)·허후(許詡)·정분(鄭苯)·

치와 의리를 중심으로 전개되는 이대기의 역사 통찰과 인식이 역사의 도도한 흐름 또는 맥락과 부합한다는 점에서 그의 정대한 역사 인식이 입증되는데, 주목되는 것은 이대기가 세조의 정통성을 인정함으로써 단종과 계유·병자년의 의사를 추복하는 논리적 토대를 마련하였듯 이후의 현창과 복권과정에서 그가 제시한 논리적 기제가 적용되었다는 것에 있다.

세조의 불의한 찬위는 조선왕조의 정통성 문제와 결부되어 있었기 때문에 노산군의 추복과 사육신의 복권 등에 있어 항상 세조가 걸림돌이 되었다. 이씨 조선이 망하지 않는 이상 세조의 불의를 인정함으로써 단종 및 소릉, 육신 등의 복권은 불가능했던 것이다.[81] 이에 숙종대의 노산군과 육신의 복권과정을 보면 이들의 죄를 씻는 것이 세조의 뜻을 '계술(繼述)'하는 것이라는 명분이 등장함으로써 추진된다.[82] 노산군과 육신 등의 복권에 있어 근본적으로 세조의 불의를 건드릴 수 없었던 것인데, 이는 이대기가 안설의 첫머리에 현실적 측면에서 세조를 인정하고 긍정한 뒤 단종과 의사의 현창을 후술한 것과 양상이 다르지 않다. 이대기는 안설에서 의사가 세조에게는 불충이 되지만 단종을 위해 죽은 절의를 표창하지 않을 수 없음을 기술한 바 있는데, 이런 '군신지의(君臣之義)'는 숙종대 왕권의 안정과 강화를 위해 육신을 복권하고 단종을 복위함으로써 적절히 활용되었고 영·정조대에는 더욱 강조된 측면이 컸다.[83]

안평대군(安平大君) 이용(李瑢)이고, 병자사화의 의사는 박팽년(朴彭年)·성삼문(成三問)·이개(李塏)·유성원(柳誠源)·하위지(河緯地)·유응부(兪應孚)·금성대군(錦城大君) 이유(李瑜)·이징옥(李澄玉)·김시습(金時習)이다. 이 가운데 김종서와 정분은 1746년(영조22)에 관작이 추복되었고, 허후와 안평대군은 1747년에 복관되었다. 병자사화의 의사 사육신은 1691년(숙종17)에 복관되었고, 금성대군은 1737년에 복관되었다. 육신과 삼상(三相) 황보인·김종서·정분은 1758년 '충(忠)'자 시호가 내려지기도 하였다. 계유, 병자사화와 관련된 의사의 복관 과정과 현창에 대해서는 다음의 논문에 상세하다. 이현진(2010), 위의 논문 ; 李根浩, 「16~18세기 '단종복위운동' 참여자의 복권 과정 연구」, 『史學硏究』 第83號, 한국사학회, 2006.

81) 사화기 직후인 선조대에도 사육신의 추복 문제는 제대로 논의조차 되기 못했는데, 이는 세조의 후손인 국왕의 입장에서 세조의 위상을 건드릴 수 없었던 점에 기인한다. 사육신은 세조의 왕위를 부정한 것으로 간주되었기 때문이다. 중종대 노산군의 묘에 치제한 것이 전례가 되어 선조대에도 치제가 이루어지지만 이는 왕통에 저촉되지 않는 범위에서 휼전이 시행된 것이었고, 그 이상 논의가 진전되지 못했다. 윤정, 위의 논문, pp. 215~217. 참조.

82) 이현진(2010), 위의 논문, pp. 51~59. 참조.

남효온은 「육신전」을 지어 육신의 절의를 드러냈는데 성종대에 소릉 복위를 건의하였다가 갑자사화 때 이 일이 난신의 예로 규정되어 부관참시당하였다. 중종대에 소릉이 추복되고 노산군의 묘에 치제가 이루어지지만 이대기가 살던 당시까지도 그 이상 논의가 진전되지 못하였다. 단종·사육신·삼상(三相)의 추복과 복관 및 현창은 숙종조에 본격화되어 영조대를 걸쳐 정조대에 집대성되었다. 이대기는 후대에 일이 마땅히 그렇게 되어야 함을 의리로써 설파하였는데 그 주장과 논리가 역사의 전개와 맥이 닿아있는 것이 특기할만한 점이다.

83) '군신지의'는 왕권 강화에 활용될 소지가 컸다. 이에 숙종대 단종이 복위되고 육신이 복관된 뒤 영조대에는 삼상(三相)이 추복되면서 단종 관련 사적이 정비되고 현창 대상이 확대되었다. 정조대에는 숙종·영조대 보다 현창 사업이 한층 확대 발전되어 즉위 후 단종 제신들을 현창해 갔으며 1791년 장릉에 배식단(配食壇)을 건립하여 선대부터 지속적으로 시행되었던 충신 현창 작업을 집대성했다. 이현진(2010), 위의 논문, pp. 51~88. 참조.

VI. 맺음말

본질적으로 접근했을 때 유학(儒學)을 전공하는 유학자(儒學者)의 궁극적인 목표는 성인(聖人)이 되는 것이고, 다음으로 군자(君子)가 되고 현인(賢人)이 되는 것이다. 공자(孔子)로부터 비롯된 유학은 그의 제자인 증자(曾子)와 손자인 자사(子思)에게 계승되고, 맹자(孟子)에게 전해졌다. 맹자 이후 유학의 도(道)는 약 1,300여 년간 끊어졌다가 송나라 때 북송오자(北宋五子)인 주돈이(周敦頤), 장재(張載), 소옹(邵雍), 정호(程顥), 정이(程頤)에게 전해졌고, 주희(朱熹)에 의해 그 학문이 집대성되게 된다. 이것을 이른바 정주학(程朱學) 곧 성리학(性理學)이라고 하는데, 그 학문이 우리나라에 전해져 퇴계(退溪) 이황(李滉)과 율곡(栗谷) 이이(李珥)에 의해 더욱 계승 발전되었다. 이황과 이이가 이론과 실천을 겸비했다고 한다면 당대 이황과 더불어 영남에서 양대 산맥을 이루었던 남명 조식은 수양과 실천을 특별히 중시하였다. 조식의 학문은 수양을 의미하는 '경(敬)'과 실천을 의미하는 '의(義)'가 합쳐져 '경의(敬義)'로 대표되는데 이러한 특징은 고스란히 그의 문인들 곧 남명학파에게 전해졌다.

조식과 그의 제자 최영경의 문인이었던 『설학소문』의 저자 설학 이대기는 공자·맹자의 학문 및 송대 성리학을 본체로 삼은 조식의 학풍을 그대로 계승하였다. 이대기는 본질적인 학문을 추구한 인물로, 성리학을 깊이 궁구하고 수양에 힘써서 학문과 수양에서 모두 일정한 성취를 이루었다. 이러한 성취는 은거기와 유배기에 지은 시문에 드러나 있으며, 또한 그의 생애에서 크게 두 가지로 나누어 살펴 볼 수 있다. 하나는 임진왜란으로, 이대기는 국난이 발발하자 곧바로 의리에 따라 상복을 벗고 창의하여 의병장으로 활동함으로써 국난 극복에 일정한 공을 세웠다. 또 하나는 광해군조 때 패륜과 폐정이 일어났을 때로, 이대기는 영창대군이 옥에 갇히자 곧바로 관직에서 물러났고 영창대군이 사사된 뒤로는 관직에서 완전히 물러나 고향 초계에 은거하였다. 은거하면서 정인홍이 영수로 있던 대북(大北)의 폐정에 반대한 동계 정온, 역양 문경호 등을 힘써 구호하면서 이들과 중북(中北)으로서 독자적인 노선을 걸었고, 끝내 대북에 의해 백령도로 유배를 갔다. 만약 이대기가 광해군조 때 이이첨과 정인홍을 위시한 대북의 폐정에 동참하였다면 결코 그를 수양과 실천, 학문과 사상적으로 높이 평가할 수 없을 것이다. 대북은 인륜과 도의를 저버림으로써 결국 패망을 자초했기 때문이다.

그 인물의 행적이 아름답지 못하면 저술도 따라서 가치가 없어지지만 이대기의 경우는 당대 행적이 정신적·사상적으로 역사에 충분히 조명할 만하여 그가 남긴 저술이 더욱 빛을 발한다. 『설학소문』은 신사사화(신사무옥)에 대한 개요와 해당 인물의 전기가 빠져 있고, 본문에 '의사'와 '제현' 7인의 전기도 누락되어 있는 등 한계와 미흡점이 분명 존재한다. 그러나 『설학소문』은 다음의 측면에서 독보적이고 특수한 위상과 의의 및 가치를 갖는 저술임에 분명하다. 첫째 사화기 9대 사화를 종합적이고 체계적으로 다룬 조선 유일의 사화기 사화 전문 저술이며, 둘째 세조의 불의한 찬위를 중심으로 사화기를 유기적으로 파악하여 짜임새 있게 집필된 저술이며, 셋째 사화기 한계 및 사화기 역사 기술의 한계를 극복하여 집필된 저술이며, 넷째 유학적 이념과 성리학 이기론이 접목되어 있는 저술이며, 다섯째 중정하고 정대한 역사 인식과 통찰이 녹아 있는 저술이며, 여섯째 정의(精義)·우의(寓意)·포폄(褒貶)·찬주(贊誅)·직필(直筆)·권선징악(勸善懲惡)·감계(鑑戒)의 성격적 특징을 갖는 『춘추』와 『자치통감강목』의 맥을 잇는 의리와 가치가 중심에 있는 저술이다.

세상에 과학이 고도화되고 물질이 풍요로워질수록 그 문명을 누리고 사는 사람들의 인성(人性)과 도덕성도 따라서 더욱 요구되어진다. 아무리 출세한다 하더라도 도덕성이 결여되면 결국 망신당하고 수치를 남기며, 도덕성이 좋더라도 지식과 능력이 좋지 못하면 성공하기 어렵다. 지식과 능력을 갖추는 것은 두루 배우고 익히는 데에 있고 인성과 도덕성을 갖추는 것은 몸과 마음을 수양하는 데에 있다. 이대기는 학식과 도덕성을 두루 겸비했던 인물로 후세에 모범이 되고 교육이 될 만하다. 그리고 그가 남긴 저술 『설학소문』은 편향되지 않은 중정하고 정대한 역사 인식과 유학적 가치가 녹아있다. 그러므로 본서가 전문 연구자에게는 참고 자료가 되고, 일반 독자에게는 역사 교양서는 물론 올바른 성품과 인식을 형성하는 데에도 기여할 수 있으리라 생각된다.

제2편

『설학소문』 역주

「수문록서(搜聞錄序)」[84] 아우 이대약(李大約)

나의 형님은 만년에 몸은 산림으로 물러났으나 뜻은 조정에 있으셨다. 그러므로 날마다 세상에 떠도는 자료를 수집하여 마침내 다섯 편을 완성하였다. 편 가운데 실려 있는 것은 바로 역대 사화의 실록으로서 당시에 의(義)를 품고 원통하게 죽은 선한 부류와 농간하고 위훈(僞勳)된 추악한 무리들을 전일하게 분석하였다. 그러나 한 터럭만치도 숨기거나 은폐한 것이 없고, 도리어 공명정대한 법도는 자못 사국(史局)보다 밑돌지 않는다. 어째서인가. 예컨대 임금이 임금다운 도리를 하지 못한 경우에는 폐조(廢朝 연산군)의 일에 대하여 조금도 주저하고 꺼림이 없는 것이 이것이고, 신하가 신하다운 직책을 수행하지 못한 경우에는 뭇 간흉의 자취를 대부분 물리치고 배척한 것이 이것이다. 조정의 기강이 해이해짐으로서 여러 악한 문호가 개벽되어 흉악한 기세가 가득차고 선량한 부류들이 휘청휘청 거렸으니, 어찌 이리도 국운에 간난함이 많고 천리를 믿기 어려운 것인가.

세조(世祖) 때의 사실로 말하면 바로 천명이 존재했던 바로서 자못 인력으로 미칠 수 있는 바가 아니었다. 그러므로 사직을 호위하고 임금(세조)을 추대한 훈신(勳臣)[85]과 군주(단종)를 위해 죽은 의사(義士)[86]를 각각 그 행적을 상세히 실었으며, 그 밖에 살을 에는 듯이 간절한 참언과 뜻밖에 재앙을 당한 화를 소상하게 채록하여 군자의 풍도를 성대하게 세상에 볼만하게 하고 소인의 은택을 축연히 사람들에게 감개함이 있도록 하였다. 아, 선(善)과 악(惡)의 구분과 기리고〔贊〕 주벌한〔誅〕 실체는

---

84) 「수문록서(搜聞錄序)」: 저본 및 참교본에는 없다. 『설학집(雪壑集)』에 근거하여 보충하였다.

85) 사직을……훈신(勳臣): 반대 세력을 축출하고 세조의 즉위에 공을 세운 훈신은 1453년 정난공신(靖難功臣)과 1455년 좌익공신(佐翼功臣)에 책정된 바 있다. 여기서의 훈신은 『설학소문』에 실려 있는 '익대삼신(翊戴三臣)' 즉 권람, 한명회, 정인지 3인을 가리킨다.

86) 군주(단종)를……의사(義士): 『설학소문』에는 계유사화에 김종서·황보인·조극관·허후·정분·안평대군 6인, 병자사화에 박팽년·성삼문·이개·유성원·하위지·유응부·성승·금성대군·이보흠·이징옥과 김시습 11인 도합 17인의 의사가 실려 있다.

모두 국가 사관의 기록이면서 또한 바로 여러 군자의 가승(家乘)이니, 어찌 사사로운 뜻으로 연묵(硯墨) 사이에서 취하고 버릴 수 있겠는가. 대개 국조의 일과 사류의 변고를 누구인들 목도하고 귀로 듣지 않았으랴마는 이처럼 완성된 기록이 하나도 없단 말인가.

아, 슬프다. 나의 형님은 또한 일망타진된 사람 중에 한 사람으로 조금도 움츠러들지 않고 이 기록을 엮었는데 의는 사람을 창도할 만하고 사실은 후세를 징계할 만하니, 어찌 위대하지 않겠는가. 나는 감히 고루함을 잊어버리고서 그 전말을 이와 같이 기록한다.

「설학소문서(雪壑謏聞序)」[87] 오광운(吳光運)

『설학소문』은 국조(國朝) 사화록(士禍錄)으로, 단종 원년 계유년(1453)에서 시작하여 명종 기유년(1549, 명종4)에 그친다. 계유년의 화(계유정난)는 권람(權擥)에게서 시작되고 정인지(鄭麟趾)에게서 이루어졌으니, 죽은 사람은 김종서(金宗瑞) 등 17명이다. 연산군 때에 발생한 무오사화에는 제현 점필재(佔畢齋) 김종직(金宗直) 선생과 일두(一蠹) 정여창(鄭汝昌) 선생 이하 28명이 화를 당하였는데,[88] 2흉(二兇)은 유자광(柳子光)·이극돈(李克墩)이고 3간(三奸)은 윤필상(尹弼商)·노사신(盧思愼)·한치형(韓致亨)이다. 갑자사화에는 한훤당(寒暄堂) 김굉필(金宏弼) 선생 이하 10인이 화를 입었다. 중종 때에 발생한 기묘사화에는 정암(精菴) 조광조(趙光祖) 선생 이하 26인이 화를 당하였는데, 1흉은 남곤(南袞)이고 흉인은 홍경주(洪景舟)이다.[89] 명종 때에 발생한 을사사화에는 제현 유관(柳灌) 등 74인이 화를 입었는데, 2흉은 윤원형(尹元衡)·이기(李芑)이고 3간은 정순붕(鄭順朋)·임백령(林百齡)·정언각(鄭彦慤)이고 2사(二邪)는 김명윤(金明胤)·안세우(安世遇)이다. 정미사화에는 송인수(宋麟壽) 등 24인이 화를 입었고 기유사화에는 제현 유정(柳貞) 등 10인이 화를 입었는데, 흉인은 이홍남(李洪男)이다.[90]

아, 천리를 가야만이 한 선비와 어깨를 나란히 하여 설 수 있고 천세

---

87) 「설학소문서(雪壑謏聞序)」: 저본 및 참교본에는 없다. 『약산만고(藥山漫稿)』 「설학소문서(雪壑謏聞序)」에 근거하여 보충하였다.

88) 연산군……당하였는데 : 『설학소문』 권1 무오록(戊午錄)에는 제현이 27인으로 되어 있다.

89) 흉인은 홍경주(洪景舟)이다 : 오류가 있는 듯하다. 『설학소문』 권1 「국조역년사화록목록(國朝歷年士禍錄目錄)」에는 '二奸 沈貞 洪景舟'라고 되어 있으므로 이 부분은 마땅히 '2간(二奸)은 심정(沈貞)과 홍경주(洪景舟)이다.'가 되어야 할 듯하다.

90) 흉인은 이홍남(李洪男)이다 : 원문은 '兇有李洪男'으로, 이 부분이 『설학소문』 권1 「국조역년사화록목록」에는 "3흉은 이홍남(李洪男), 이기(李芑), 윤원형(尹元衡)이다. [三兇 李洪男 李芑 尹元衡]"라고 되어 있다. 오광운이 「설학소문서」를 기록하면서 이기와 윤원형을 빼놓은 것은 바로 앞부분 을사사화의 2흉에 윤원형과 이기가 언급되었기 때문에 여기에서는 생략하고 중첩하여 기록하지 않은 것으로 보인다.

가 지나야만이 한 선비가 나와서 이전 성인의 자취를 따라 이르는 법이니,[91] 인재를 얻기 어렵다 함이 진실로 그러하지 아니한가. 백여 년 사이에 무성하게 흥기한 제현이 170여명이나 되니, 어찌 그리도 성대하였단 말인가. 인재의 성대함이 이전 시대를 뛰어넘었고 화가 자주 발생한 것도 또한 이전 시대에 있지 않았던 일이다. 우리 조종에서 인재를 양성하여 인심이 귀의한 교화가 저 창성하는 시운, 삼광(三光)·오악(五岳)의 정기와 더불어 섞이고 교합하여 성대하게 일어나서 이런 훌륭한 많은 선비들이 태어난 것이니, 하늘이 이 시대에 아무런 뜻이 없었다고 하면 옳지 않다. 그런데 하늘이 이미 내고서 또 많은 선비들을 죽게 한 것은 무엇 때문인가. 아니면 선비들을 낸 것은 하늘이 한 것이고 선비들을 죽인 것은 사람이 한 것인가. 사람과 사람은 기운이 같은 동류이다. 선인(善人)과 군자(君子)는 사람들이 사랑하고 사모하는 바인데 여기에 그러한 사람이 있되 기필코 그를 죽이려 하는 것은 또한 무슨 마음이란 말인가. 어찌 그 죽인 사람의 마음이, 사람의 마음이 아니겠는가. 그러나 군자는 하늘을 원망하지 않고 사람을 탓하지 않으며 자신에게서 돌이켜 찾을 뿐이다. 공자(孔子)께서는 "도가 행해지지 못함을 내가 알겠노라. 어진 자는 지나치고 불초(不肖)한 자는 미치지 못한다."라고 하셨으니, 저 소인의 화는 아마도 현자가 또한 너무 지나쳐서 소인들을 격발시켰던 것이 아니겠는가. 이 기록은 또한 족히 군자의 귀감이 될 만하다.

역(易)은 군자를 위하여 꾀한 것이고, 소인을 위하여 꾀한 것이 아니다.[92] 그러나 군자는 어진 마음으로 사랑하고 가엾게 여겨 슬퍼해서 비록 미물인 곤충과 초목이라 하더라도 모두 군자의 인애(仁愛)하고 가엾어 하는 마음이 미치는 법이니, 저 소인도 사람인데 유독 군자의 애써 비호해

---

91) 천리를……법이니 : 인재를 만나기 어려움을 표현한 말이다. 『여씨춘추(呂氏春秋)』 관세(觀世)에 "천리를 가야 겨우 한 명의 선비를 만나서 어깨를 나란히 할 수가 있고, 몇 세대를 지나야만 겨우 성인 한 분이 나와서 전성의 자취를 잇는다.[千里而有一士 比肩也 累世而有一聖人 繼踵也]"라고 하였다.

92) 역(易)은……아니다 : 북송 때 학자 장재(張載)가 한 말이다. 이 말은 역은 정(貞), 즉 바르면 이롭고 바르지 않으면 이롭지 않음을 말하며 또한 바른 마음을 가진 군자를 위하여 만든 것이고 소인과 도적들이 절취해서 쓸 수 있는 것이 아님을 말한다.『周易傳義上 易說綱領』

줌을 받지 못했다는 것을 나는 믿지 않는다. 군자의 대서특필(大書特筆)이 사람들이 보고 듣는 일에 영향을 주어서 가령 거리의 아동들은 지금까지도 상말로 잘못을 들추어 욕하기를, "유자광! 이기! 남곤!"이라고 하며, 또 나라의 풍속이 선대의 죄과를 무겁게 여겨 그 소인의 자손들로 하여금 감히 인류와 나란히 끼지 못하게 하는 것이 어찌 그 마음에 미워하여 그리할 뿐이겠는가. 소인들로 하여금 그 이름이 동호(董狐)의 직필[93]에 실리면 만세가 지나도 사면 받지 못하게 됨을 스스로 알게 하고자 함이니, 그렇다면 소인들의 악이 행여 줄어들지 않겠는가. 그러한즉 이 기록은 또한 소인의 약석(藥石)이 될 만하다.

또한 나는 이 사화록에 대해 감개가 있다. 무릇 중세(中世)로부터 이후로 붕당의 화가 일어나고 사화는 그쳤다. 그런데 사화가 일어나던 당시에는 선악이 흑백처럼 분명했지만 붕당의 화가 일어난 뒤로는 어지러워져서 의로운 다툼이 없어졌으니, 이 기록은 아마도 세도(世道)가 한 단계 내려간 큰 한계점일 것이다. 아, 사화에 죽은 이들은 하늘을 우러르고 땅을 굽어보아도 부끄러움이 없어서 현철한 선비들이 오히려 혹 안타까워했는데, 저 지조를 버리고 붕당을 좇다가 화를 입어 죽은 자들은 또한 무엇이란 말인가. 당화에 죽은 자들은 대저 모두 공의(公義)를 저버리고 당파를 위해 죽어서 권력을 탐하고 세도(勢道)를 즐긴 무리로서 비록 원통한 자가 간혹 그 사이에 끼어있다 하더라도 또한 압사되거나 익사된 자의 부류이니,[94] 어찌 사화에 화를 입은 여러 군자와 더불어 균등하게 말할 수 있겠는가. 저 당인은 각각 성벽(城壁)과 성루(城壘)를 세우니, 비록 정암 조광조가 다시 나온다 하더라도 반드시 사방 한 치의 발을 용납할 자리도 얻지 못하고 꼿꼿하게 홀로 선 채 당인이 말살(抹殺)하는 대로 내버려두고 그들을 배척하여 멀리하는 데에 불과할 것이고 화를 받아도 죽음에는 이

---

93) 동호(董狐)의 직필 : 동호는 춘추 시대 진(晉)나라의 태사(太史)로 직필을 하고 숨기지 않은 인물로 유명하다. 공자는 동호에 대해 "동호는 옛날에 훌륭한 사관이었기에 법에 의거해 직서하고 숨기지 않았다."라고 평하였다. 『春秋左氏傳 魯宣公 2年』

94) 압사되거나……부류이니 : 『예기(禮記)』 「단궁상(檀弓上)」에 "사람이 죽어도 조문하지 않는 경우가 세 가지 있으니, 겁이 나서 자살한 경우와 압사한 경우와 익사한 경우가 그것이다. [死而不弔者三 畏厭溺]"라고 하였다. 이는 효와 정명(正命)이 아니기 때문에 선왕의 제례(制禮)에 조문하지 않는 바가 있는 것이다.

르지 않을 것이니, 군자 된 자에게 또한 다행일 것이다. 〈반대로〉 소인은 당파에 의지하여 명성과 위세를 더욱 확장하고 사서를 문식하여 훌륭한 신하에 견주며 그 자손들이 비록 선대(先代)의 큰 죄과를 짊어졌다 하더라도 관디를 차고 갓끈을 치렁거려 세상에 기세가 등등하되 이것을 수치로 여기는 이가 없다. 이러하니 가령 유자광과 이기·남곤의 귀신에게 지각이 있다면 반드시 당론이 주도하는 세상에 태어나지 못한 것을 한스러워 할 것이니, 소인된 자에게 또한 다행일 것이다.

아, 천하의 화는 선악이 분명하지 않은 것보다 큰 것이 없고 사화는 그 다음이다. 사화가 죽인 것은 수십 명의 군자일 뿐이지만 당화가 죽인 것은 인심과 세도이다. 인심과 세도가 이미 죽어버리면 군자와 소인을 막론하고 장차 무엇에 의지하여 살 수 있겠는가. 무릇 어찌 세도에는 불행이지만 일신(一身)에는 다행이 되겠는가. 뜻있는 선비와 어진 사람이 어찌 홀로 온전함을 스스로 다행스럽게 여기겠는가마는 그러나 저 소인은 아, 또한 생각하지 못하는 것일 뿐이다. 당화가 세상에 파고든지 오래 되었다. 문생(門生)과 고리(故吏 노련한 아전)의 눈과 귀가 포진해 있어 한마디의 말에 원수와 재앙이 곧장 이르므로 군자는 이것을 안타까워하고 애통해할 뿐이고, 또한 감히 사람이 빼곡히 모인 자리에서 공공(公共)의 말을 못하는 것이다. 생각건대 이 기록은 중세이전에 출현하여 소리는 사그라지고 기운은 다하여 애증(愛憎)이 이미 비었고 말에 서글픔이 없다.[95] 내가 그러므로 여기에 감회를 기록하여 저 천하 후세에 사람과 국가에 화를 끼치고 끝내는 자신도 화를 당하는 자를 경계하노라. 그리고 '설학(雪壑)'이 어떤 이의 호(號)인지 알지 못하나, 그 고되게 서술한 뜻을 관찰해 보면 세도를 위하여 우려함이 지극하다. 이는 필시 중세의 어진 사대부가 저술한 것으로 세상에 반드시 그 사람을 아는 자가 있을 것이지만 나는 고루하여 알지 못한다. 우선 아는 자를 기다리고 구양수(歐陽修)처럼 독서를 많이 못했음을 드러낸다.[96]

---

95) 생각건대……없다 : 어느 한 쪽에 편중되지 않고 애증을 초탈한 시선에서 중정하게 기술되었음을 말한 것이다.

96) 구양수(歐陽修)처럼……드러낸다 : 오광운이 독서를 많이 하지 못하여 이 사화록의 저자가 누가인지 모른다는 것을 표현한 것이다. 송나라 때 문장가 구양수는 배행(輩行)이 아홉 번째에 해당하였는데, 유분(劉費)이 일찍이 "아름다운 구구가 글을 많이 못 읽은

것이 한스러운 일이다."라고 평하였다.

『설학소문』 권1

「국조역년사화록목록(國朝歷年士禍錄目錄)」[97]

01-01(계유록)

노산군(魯山君)[98] 원년(1453) 세조가 수양대군을 수상(首相 영의정)으로 삼아[99] 은밀히 권람·한명회 등과 계책을 정하여 김종서를 그의 집에서

---

97) 「국조역년사화록목록(國朝歷年士禍錄目錄)」: 『설학소문』은 권1부터 권6까지 있는데, 권1은 『설학소문』의 목차에 해당하는 부분이고 권5~권6은 본문에 해당한다. 권1 「국조역년사화록목록」에서 '01-01(계유록)'에는 계유사화와 병자사화의 개요, 관련 인물이 간략히 기술되어 있다. '01-02(무오록)'에는 무오사화와 갑자사화의 개요와 관련 인물이 간략히 기술되어 있다. '01-03(기묘록)'에는 기묘사화와 신사사화의 개요와 관련 인물이 간략히 기술되어 있다. '01-04(을사록)'에는 을사사화와 정미사화의 개요와 관련 인물이 간략히 기술되어 있다. '01-05(기유록)'에는 기유사화의 개요와 관련 인물이 간략히 기술되어 있다.

98) 노산군(魯山君): 노산은 단종의 봉호이다. 단종은 문종(文宗)의 장자로 태어나 1448년(세종30)에 왕세손으로 책봉되고, 문종이 즉위한 1450년 왕세자로 책봉되었다. 문종의 뒤를 이어 왕위에 올랐으나 곧 세조에게 왕위를 물려주고 상왕이 되었다가 2년 뒤에 궁 밖으로 쫓겨나면서 군(君)으로 강봉되었다. 노산은 이때 받은 봉호이다.

99) 세조가……삼아: 세조 자신이 자신인 수양대군을 영의정으로 삼았다는 것은 상식적인 시각에서는 이해가 되지 않는다. 관직 제수는 왕의 권한이므로 당시의 군왕이었던 단종이 제수해야 하며, 또한 수양대군이 영의정에 제수되는 것은 계유정난이 성공한 뒤의 일이기 때문이다. 저자 이대기의 이 기술에서 몇 가지 의미를 추출해 볼 수 있다. 하나는 수양대군이 대군의 위치에 있으면서 계유정난을 기획했다는 것이고 또 하나는 수양대군이 애당초 임금이 되려는 야욕을 가지고서 정난을 계획하였고 임금이었던 단종을 무시하는 마음이 있었다는 것이다. 수양대군은 왕권 강화를 명분으로 고명대신이었던 김종서 등을 제거했지만 실상은 권력 장악과 왕권 쟁취에 장애가 되는 반대 세력을 제거하기 위한 것이었다.(국사편찬위원회, 『신편한국사』22, 탐구당문화사, 1995, p. 6. 참조) 수양대군이 권력에 대한 야욕을 가지고 정난을 일으킨 뒤 단종에게 선위의 형식을 빌어 왕위를 찬탈하였는데 이는 명분과 정통성을 중시하는 유교 정치에 있어서 큰 결함이 되었다. 그러나 결국 왕위를 차지하였고 반대 세력은 죽거나 그들의 처자식은 노비로 전락하고 가산이 적몰되는 등의 화를 당하였다. 세조의 왕위 찬탈은 가치적으로 봤을 때 선(善)·의(義)·충(忠)·이(理)가 불선(不善)·불의(不義)·불충·비리(非理)에 의해 짓밟힌 것으로 당시 신민들은 이러한 사실을 모두 알고 있었다. 그러나 세조의 반대 세력이 정치적 보복과 숙청을 당하였고, 또 세조의 후손이 대대로 왕위를 계승했으며, 또 세조를 비난하는 것은 군왕에 대한 신민으로서의 불의·불충이면서 큰

베고, 황보인을 대궐 문에서 죽이고, 허후(許詡)를 지방에 귀양보냈다가 교살하였다. 세조가 선위를 받자 병자년(1456, 세조2)에 박팽년(朴彭年)·성삼문(成三問)·성승(成勝)·유응부(兪應孚)·하위지(河緯地)·이개(李塏)·유성원(柳誠源)·권자신(權自愼)·김질(金礩) 등이 노산군의 복위를 도모하였는데, 김질이 정창손(鄭昌孫)과 고변하여 김질은 죄를 면하였고 나머지는 모두 같은 날에 죽었다. 계유년의 화는 권람에게서 시작되었고 정인지에게서 이루어졌다.100)

익대삼신(翊戴三臣) : 권람, 한명회, 정인지.

의사 17인 : 김종서, 황보인, 조극관(趙克寬), 허후, 정분(鄭苯), 안평대군(安平大君) 이용(李瑢). -이상 계유- 박팽년, 성삼문, 이개, 유성원, 하위지, 유응부, 성승, 금성대군 이유(李瑜), 이보흠(李甫欽), 이징옥(李澄玉). 별전 : 김시습(金時習). -이상 병자-

계유(계유사화) -세조가 난을 평정하고 안평대군 이용을 주살함.-

병자(병자사화, 단종복위운동) -세조가 선위를 받자 육신(六臣) 등이 상왕(단종)의 복위를 모의함.-

01-02(무오록)

무오년(1498) 연산군 4년에 이극돈이 사국(실록청)을 열었을 때 김일손(金馹孫)의 사초에 자신의 죄악이 남김없이 적혀있는 것과 또 조종조

화를 당할 수도 있었다. 이런 여러 요인으로 인해 이대기는 직접적으로 있는 그대로를 기술하는 대신 역사적 사실이 들어갈 수 있도록 은미하게 기술한 것이다. 이것은 가치가 중심이 되는 역사 기술로서 공자의 『춘추(春秋)』 필법과 주자의 『자치통감강목(資治通鑑綱目)』의 필법을 계승한 것이다. 오승환(2017), 위의 논문, pp. 176~187. 참조.

100) 노산군(魯山君)……이루어졌다 : 이 부분은 『설학소문』 권2 「계유록」에서 다루고 있는 계유사화(계유정난)와 병자사화(단종복위운동, 사육신사건)를 짤막하게 요약한 부분이다. 앞머리에서 세조가 자신을 수상으로 삼았다고 기술함으로써 그가 정권 찬탈의 야욕을 품고 계유정난을 일으켰음을 직필했듯이 역사적 사실 관계보다는 의리적인 기술의 성격을 다분히 갖고 있다. 문종이 죽고 단종이 어린 나이로 즉위하자 단종의 숙부인 수양대군은 계유년(1453, 단종1)에 쿠데타를 일으켰고, 그 뒤 1455년(단종3)에 양위의 형식을 취하여 왕위를 찬탈하였다. 세조의 찬위는 성공하였으나 그의 불의는 조선왕조의 유교정치에 있어 명분·정통과 도덕성의 흠이 되었다. 이에 병자년(1456, 세조2)에 사육신이 주동이 되어 유학 이념에 반하는 세조를 폐하고 단종 복위운동을 꾀하였으나 끝내 실패하였고, 세조는 정치보복과 숙청공작을 통해 왕권을 강화하였다.

(祖宗朝)의 일[101]이 기록되어 있는 것을 보고 이로 인하여 자신의 원한을 갚고자 해서 어세겸(魚世謙)에게 말하자 어세겸이 답하지 않았다. 유자광에게 상의하니, 유자광이 팔을 걷어 부치고 즉시 가서 노사신·윤필상·한치형 등을 만나 동모하여 김일손의 스승 점필재 김종직(金宗直)의 문집 가운데 「조의제문(弔義帝文)」을 뽑아내어 구마다 주석을 달아 세조를 지척(指斥)하였다 하여 대역죄로 논죄하였다. 점필재는 부관참시 당하고 탁영(濯纓 김일손)은 능지처참 당하였다. 갑자년(1504, 연산군10)에 이르러 화가 다시 일어나 한훤당 김굉필(金宏弼)·강백진(康伯珍)등이 참형을 당하였으며, 그 나머지 전후로 법에 연좌된 사관이 매우 많았다.[102]

2흉(兇) : 유자광, 이극돈.

3간(奸) : 윤필상, 노사신, 한치형.

제현 27인 : 김종직, 김일손, 정여창(鄭汝昌), 정희량(鄭希良), 권경유(權景裕), 이목(李穆), 권오복(權五福), 허반(許磐), 강겸(姜謙), 표연말(表沿沫), 홍한(洪澣), 무풍부정(茂豊副正) 이총(李摠), 강경서(姜景敍), 정승조(鄭承祖), 이종준(李宗準), 임희재(任熙載), 이계맹(李繼孟), 강혼(姜渾). -이상 무오- 김굉필, 조위(曺偉), 강백진, 이원(李黿), 조지서(趙之瑞), 이수공(李守恭), 이주(李胄), 박한주(朴漢柱), 최부(崔溥). -이상 갑자-

갑자(갑자사화) -연산군이 다시 광폭(狂暴)이 발하여 김굉필 등 10인에게

---

101) 조종조(祖宗朝)의 일 : 세조조의 일을 가리킨다.

102) 무오년(1498)……많았다 : 이 부분은 『설학소문』 권3 「무오록」에서 다루고 있는 무오사화와 갑자사화를 간략히 요약한 것으로, 여기에 요약된 내용은 「무오록」에 기술되어 있는 것을 토대로 이루어진 것이다. 「무오록」을 보면 무오사화에 대한 내용은 비교적 상세하지만 갑자사화에 대한 것은 소략한데 이런 특징을 여기에서도 확인할 수 있다. 이는 『설학소문』이 사화기에 발생한 9대 사화를 다루되, 각 사화의 전말을 사건 자체에 중심을 두어 정리하기보다는 사림이 화를 당한 측면과 의리에 중점을 둔 이대기의 저술 태도에서 기인하는 것으로 생각된다. 사학계에서는 보편적으로 무오사화와 갑자사화를 성종대의 기성세력인 훈구파와 신진세력인 신진파 양파의 대립이 연산군대에 정쟁(政爭)으로 진전되어 사림파 관료들이 훈구파에 의해 두 차례에 걸쳐 박해를 받은 것으로 본다.(국사편찬위원회, 『한국사』12, 탐구당, 1984, p. 169. 참조) 무오사화는 사초 문제가 직접적 계기가 되어 훈구파가 사림파를 공격함으로써 일어난 정쟁이며, 갑자사화는 연산군의 생모 윤비(尹妃)가 폐위·사사된 사실이 연산군에게 전해진 것을 직접적 동기로 하여 일어났다. 그러나 갑자사화의 보다 근본적인 요인은 궁중과 결탁한 조신(朝臣)과 부중(府中)의 조신(朝臣)이 서로 마찰을 일으켜 반목이 생겼기 때문이었다.(국사편찬위원회, 위의 책, pp. 169~176. 참조)

죄를 가하였다.-

01-03(기묘록)

기묘년(1519) 중종 14년에, 정암(靜庵) 조광조(趙光祖)가 지치(至治)를 일으키고자 하여 제현을 끌어들여 마음을 합쳐 협력하였다. 이에 선류(善類)가 조정에 포열(布列)하여 선한 자를 등용하고 악한 자를 물리쳤는데, 구신(舊臣) 중에 청의(淸議)에 어긋나 배척받은 자들이 모두 원한을 품었다. 남곤이 심정·홍경주 등과 동모하여 밤중에 몰래 신무문(神武門)을 열고 벌레가 파먹은 나뭇잎을 가지고 밀고하였다. 정암은 귀양을 당하였다가 이윽고 사사(賜死)되었으며, 일시의 청류들이 이 여파로 살아남은 이가 없었다. 대저 당시 사론(士論)이 과격하여 중도를 잡지 못해 이런 화가 초래되었다.[103)]

1흉 : 남곤.

2간 : 심정·홍경주.

제현 26인 : 조광조, 김정(金淨), 김식(金湜), 성세창(成世昌)[104)], 김구

---

103) 기묘년(1519)……초래되었다 : 이 부분은 『설학소문』 권4 「기묘록」에서 다루고 있는 기묘사화와 신사사화(신사무옥)를 요약한 부분인데, 신사사화와 관련된 내용은 없다. 기묘사화는 1519년 중종반정공신 위훈삭제사건을 직접적인 계기로 하여 발생하였으나 근본적인 요인은 중종조에 유교정치를 부흥하는 과정에서 다시 중앙정계에 대거 진출한 사림파 관료들과 중종반정공신을 주축으로 하는 훈구파 관료들 사이의 오랜 동안의 반목과 대립 때문이었다. 조광조 등 기묘사림이 실패한 이유는 너무나 이상주의적이고 또 그 실현을 위한 수단이 너무 과격하고 급진적이어서 훈구파의 반발을 받았기 때문이었으며, 근본적으로는 당시 조선왕조의 정치체제가 도학적 정치이념을 실현시킬 수 있을 만큼 성숙되어 있지 못한 점에서 그 원인을 찾기도 한다.(국사편찬위원회(1984), 『한국사』12, pp. 177~186. 참조) 기묘사화 이후 신사년(1521)에 안당(安瑭)의 아들 안처겸(安處謙)이 이정숙(李正淑)·권전(權磌) 등과 함께 기묘사화로 득세한 남곤·심정 등이 사림을 해치고 왕의 총명을 흐리게 한다 하여 이들을 제거하기로 모의하였는데, 이때 그 자리에 함께 있던 송사련(宋祀連)이 이러한 사실을 고변함으로써 신사사화가 발생했다. 신사사화로 기묘사화 이후 남아 있던 소수의 사림파가 다시 제거됨에 따라 이후의 정국은 훈구파 주도로 이루어지게 되고, 사림은 한동안 중앙정계의 진출을 단념하고 향리로 돌아가 성리학을 연구하고 후진을 양성하는데 주력하게 되었다.(국사편찬위원회, 『신편한국사』28, 탐구당문화사, 2002, p. 198 ; 국사편찬위원회(1984), 『한국사』12, p. 186. 참조)

104) 성세창(成世昌) : 성세창은 「기묘록」 제현 26인과 「을사록」 제현 73인에 모두 들어 있다.

(金絿), 윤자임(尹自任), 박세희(朴世熹), 공서린(孔瑞麟), 기준(奇遵), 안정(安珽), 이구(李構), 심달원(沈達源), 정광필(鄭光弼), 안당(安瑭), 이장곤(李長坤), 숭선부정(崇善副正) 이총(李叢), 정완(鄭浣), 신명인(申命仁), 이약빙(李若氷)[105], 이약수(李若水), 성수종(成守琮), 김대유(金大有), 신잠(申潛), 이희민(李希閔), 안처겸(安處謙), 이윤검(李允儉). -이상 기묘-

○이정숙(李正叔), 권전(權磌), 한충(韓忠), 이충건(李忠楗), 봉천상(奉天祥). -이상 신사-

신사 -안처겸이 임금 곁의 악인을 제거하려고 하였는데, 송사련이 고변하였다.-

01-04(을사록)

을사년(1545) 인종 원년에, 대윤(大尹)·소윤(小尹)으로 지목된 뒤로부터 윤원형이 윤임(尹任)과 틈이 벌어져서 밤낮으로 이를 갈고 악의로 함정에 밀어 넣어 해칠 것을 생각하였다. 인종이 병이 위독해졌을 때에 윤임이 입시하였는데, 윤원형이 이 일을 가지고 날조하고자 하여 이기(李芑)와 동모해서 윤임이 공의전(恭懿殿)[106]과 밀통해 계림군(桂林君) 이류(李瑠)와 봉성군(鳳城君) 이완(李岏)[107] 두 대군 중 한 명을 임금으로 추대하여 장차 명종에게 불리하게 하려 했다는 것으로 터무니없는 말을 조작해 문정왕후(文定王后)와 명종을 동요시켰다. 이에 정순붕·임백령이 서로 체결하여 혹은 고변하기도 하고 혹은 상소를 올리기도 하여 윤임을 '스스로 편안해하지 못한다.'라고 하고 유관·유인숙(柳仁淑)을 '조금 형적이 있다.'라고 하여 차츰차츰 없는 죄를 꾸며 만들어 끝내 큰 화를 이루었다. 윤임과

---

105) 이약빙(李若氷) : 이약빙은 「기묘록」 제현 26인과 「을사록」 제현 73인에 모두 들어 있다.

106) 공의전(恭懿殿) : 인종의 비 인성왕후(仁聖王后)의 존호이다. 소윤이 을사사화를 일으키면서 대비가 은밀히 윤임과 계림군 이류의 반역 음모를 주동하였다고 모함하였으므로, 30년간 한을 품고 있으면서 위훈(僞勳) 삭제와 윤임·이류의 복권을 주장하였다. 죽기 직전에서야 선조가 마음을 돌려 그의 소망을 들어주었다.

107) 계림군(桂林君)……이완(李岏) : 계림군 이류는 성종의 3남 계성군(桂城君) 순(恂)의 양자로 장경왕후(章敬王后)의 부친인 윤여필(尹汝弼)의 외손이고, 봉성군은 이완은 중종의 8번째 아들이다. 계림군은 을사사화에 연루되어 죽었고, 봉성군은 정미사화에 연루되어 역모의 빌미가 된다는 이유로 사사되었다.

유관·유인숙은 대역(大逆)으로 논죄되었으며, 계림군과 봉성군도 모두 주살당하였고 일시에 파급되어 죄를 받은 사류들도 많았다. 또 정미년(1547, 명종2)에 정언각 벽서사건(壁書事件)[108]의 화가 잇따라 일어나 선류들이 모두 죽임을 당하였다.[109]

2흉 : 윤원형, 이기.

3간 : 정순봉, 임백령, 정언각.

2사(邪) : 김명윤, 안세우. -을사5간을 율곡(栗谷) 이이(李珥)는 윤원형·이기·정순봉·임백령·허자(許磁)로 지목하였는데, 그 삭훈을 청한 「칠차(七箚)」[110]에 말하기를, "민제인(閔齊仁)·허자는 처음 간흉에게 붙었으나 위훈(僞勳)에 녹훈된 뒤에 스스로 소인으로 귀결됨을 면치 못한다는 것을 알고는 비로소 후회하여 점차 간흉과 불합함으로써 마침내 죄를 얻었다."라고 하였다. 처음에는 비록 아부

---

108) 정미년(1547, 명종2)에 정언각 벽서사건(壁書事件) : '정언각 벽서사건'은 '양재역 벽서사건'이라고도 하고 '정미사화'라고도 한다. 1547년 9월 부제학 정언각과 선전관 이로(李櫓)는 경기도 과천의 양재역에서 '위로는 여주(女主), 아래에는 간신 이기가 있어 권력을 휘두르니 나라가 곧 망할 것'이라는 내용으로 된 익명의 벽서를 발견해 임금에게 바쳤다. 윤원형을 중심으로 한 소윤은 을사사화를 일으켜 반대파인 대윤 세력을 숙청하였고, 다시 대윤의 잔존 인물들을 도태시키려고 정미사화를 일으킨 것이다.

109) 을사년(1545)……당하였다 : 이 부분은 『설학소문』 권5 「을사록」에서 다루고 있는 을사사화와 정미사화(양재역벽서사건)를 간략히 요약한 것이다. 을사사화는 명종 즉위년(1545)에 정권을 장악한 소윤 일파가 반대파인 대윤 일파를 그들이 역모를 꾀한다고 무고함으로써 일어난 정쟁으로, 그 근본적 원인은 중종의 이복형제간의 왕위계승문제를 둘러싸고 중종 말년부터 시작되어 심화된 두 외척, 즉 대윤과 소윤 사이의 대립·알력 때문이었다. 을사사화 이후 명종 2년(1547) 9월에는 문정대비의 수렴청정과 이기 등의 농권을 비방하는 뜻의 벽서가 전라도 양재역에서 발견된 사건을 계기로 당시 대윤의 여당(餘黨)으로 지목된 봉성군·송인수·이약수 등이 사형당하고, 권발·이언적·정자·노수신·유희춘·백인걸 등 20여 명이 유배당하는데, 이를 정미사화라고 한다. 이 사화는 벽서사건의 발생이 아직 을사옥의 뿌리가 존재해 있는 증거라고 이기·정순봉 등이 주장하여 그 여당을 처벌하자고 주장함으로써 일어난 것이다. 대국적으로 볼 때 무오·갑자·기묘·을사 사대사화는 훈구조신·외척·궁정측근 등의 기성 관료세력과 사림의 신진관료세력 간의 대립 투쟁에서 연유된 것이라 할 수 있는데, 그 주된 피해세력인 신진 사림출신의 관료들은 계속된 사화로 그 세력이 완전히 좌절되지 않고 오히려 재기를 위한 실력 배양을 게을리 하지 않음으로써 세력의 저변을 넓혀 갔다. 그 결과 명종 20년(1565)년 문정대비가 승하하고 소윤일파가 몰락한 이후로는 사림들이 대거 중앙정계에 진출하게 되었으며, 얼마 후에는 이들에 의해 장악되기에 이르렀다. 이후 이들 사림에 의해 붕당이 형성되어 관료간의 대립이 아닌 분열, 즉 당쟁(黨爭)이 전개되게 된다. 이상 국사편찬위원회(1984), 『한국사』12, pp. 189~196. 참조.

110) 「칠차(七箚)」 : 『율곡전서(栗谷全書)』 권4에 「칠차(七箚)」로 실려 있다.

하였으나 끝내는 뉘우쳤으니, 시종 한 덩어리였던 자들과 아울러 논하는 것은 온당치 않다. 마땅히 정언각을 〈을사5간의〉 수에 채우고 그(허자)의 뉘우침을 허여하는 것이 가하다.-

제현 73인 : 유관, 유인숙, 곽순(郭珣), 백인걸(白仁傑), 노수신(盧守愼), 정황(丁熿), 권발(權撥), 이언적(李彦迪), 박광우(朴光佑), 이림(李霖)·이진(李震), 이약해(李若海), 나식(羅湜)·나숙(羅淑), 성세창, 이황(李滉), 안명세(安名世), 심령(沈苓), 구수담(具壽聃), 정자(鄭滋), 김저(金䃴), 윤결(尹潔), 한숙(韓淑)·한주(韓澍), 정원(鄭源), 이준경(李浚慶), 이문건(李文楗), 이염(李爓), 신거관(愼居寬), 이수경(李首慶), 황박(黃博), 정희등(鄭希登), 김홍도(金弘度), 안경우(安景祐), 성우(成遇), 윤홍의(尹興義), 이원록(李元祿), 정렴(鄭磏), 외전 : 봉성군 이완·계림군 이류, 윤임, 정욱(鄭郁), 이중열(李中悅), 허자, 이휘(李煇), 민제인, 이덕응(李德應), 양윤온(梁允溫), 성자택(成子澤), -이상 을사- 송인수(宋麟壽), 김난상(金鸞祥), 유희춘(柳希春), 이약빙(李若氷), 김진종(金振宗), 안함(安馠), 임형수(林亨秀), 송희규(宋希奎), 이언침(李彦忱), 민기문(閔起文), 권물(權勿), 권응정(權應挺)·권응창(權應昌), 윤강원(尹剛元), 조박(趙璞), 손홍적(孫弘績), 윤충원(尹忠元), 허충길(許忠吉), 김희년(金禧年), 김충갑(金忠甲), 박승임(朴承任), 이담(李湛), 유경심(柳景深), 이천계(李天啓). -이상 정미-

정미 -정언각이 벽서를 올려 송인수 등 24명에게 죄가 더해졌다.-

01-05(기유록)

기유년(1549) 명종 4년에, 이홍남의 부친 이약빙이 정미사화에 죽자 이홍남의 아우 이홍윤(李洪胤)은 그의 부친이 원통하게 죽은 것을 분통해하여 때때로 원망하는 말을 발설하였다. 이홍남이 이홍윤과 틈이 있어서 고변하였는데, 이기·윤원형 등이 단련(鍛錬)하여 옥사를 만들어 이홍윤은 대역죄로 논죄되었다. 을사사화와 정미사화 때 법망에서 벗어났던 사람들이 또 이 옥사에 남김없이 걸려들었다.[111]

---

111) 기유년(1549)……걸려들었다 : 이 부분은 『설학소문』 권6 「기유록」에서 다루고 있는 기유사화를 요약한 것이다. 기유사화(기유옥사)는 『설학소문』의 마지막 사화록에서 다루고 있는 마지막 사화로, 세조의 찬위로부터 비롯된 사화기의 끝을 상징하는 사건이다. 이약빙은 정미사화 때 대윤파라 하여 사사되고, 그의 아들 이홍남은 연좌되어 영월

3흉 : 이홍남, 이기, 윤원형.

제현 10인 : 유정(柳貞), 이윤경(李潤慶), 이연경(李延慶), 강유선(康惟善), 송순(宋純), 박민헌(朴民獻), 이해(李瀣), 이치(李致), 유창문(柳昌門), 최개국(崔蓋國).

에 유배되었다. 이홍남은 그의 아우 이홍윤과 평소에 사이가 좋지 않았다. 이홍남은, 이홍윤이 부친(이약빙)이 억울하게 죽은 것을 원통하게 여겨 분개하는 말을 발설하는 것을 듣고 처형인 원호변과 동서 정유길에게 편지를 보내 이홍윤이 조정을 원망하고 비방하여 모반을 꾀한다고 무고하게 하였다. 이에 기유년 4월 이홍윤과 관계자들을 잡아들여 문초하였는데, 이에 연루되어 처형된 이가 이홍윤을 포함해 35명이었다.(본고 '06(개요)-01-02' 부분에 처형당한 이들의 성명이 기록되어 있음) 기유사화 이전에 을사사화와 정미사화로 옥사가 크게 일어난 뒤 인심이 불복하고 청의가 간간이 일어나자 윤원형 등이 위엄을 세워 억누르고자 하였는데, 이홍남의 고변이 마침 이런 시점에 간당의 환영을 받아 옥사가 이루어지게 되었다. 기유사화로 아무 관련이 없음에도 연루되어 죽은 사람도 있었으며 이로 인해 충주 전역이 거의 텅 비게 되었다고 한다.(『燃藜室記述 明宗朝故事本末』)

『설학소문』 권2

「계유록(癸酉錄)」

02(개요)-01(계유사화)-01

노산군은 휘가 홍위(弘暐)로 문종대왕(文宗大王)의 첫째 아들이다. 경태 임신년(1452)에 즉위하였고,[112] 단종 3년(1455) 을해년에 세조에게 전위하였다.[113] 상왕으로 있던 1457년에 노산군으로 강봉되어 영월군(寧越郡)으로 쫓겨났고 이 해 겨울에 사사되었다. 『추강냉화(秋江冷話)』에[114] "노산이 수강궁(壽康宮)으로 손위해서 가는데,[115] 어둡고 깊은 밤에 불을 든 이도 없고 다만 50여 명이 뒤를 따를 뿐이었다. 종루(鐘樓)[116]를 내려갈 때에 좌우 행랑에서 모두 곡하여 금하여도 그치지 않았다. 당시 윤훈(尹壎)이 사금(司禁)이었는데, 나에게 말해주었다.[117]"라고 하였고, 또 "노산군의 손위는 모신(謀臣) 권람에게서 시작하였고, 대신 정인지의 모의로 이루어졌다. 김자인(金自仁)은 당시 나이가 12세였는데 그 의논의 흉측함이 화염과 같았다고 한다."라고 하였다. 또 다음의 기록이 있다.

---

112) 경태 임신년(1452)에 즉위하였고 : 경태 임신은 명나라 경종 경태 3년으로 1452년이다. 단종은 이 해 5월 18일 근정문(勤政門)에서 즉위하였다.

113) 단종……전위하였다 : 단종은 1455년 윤6월 11일 세조에게 전위하였다.

114) 『추강냉화(秋江冷話)』에 : 『추강냉화』는 추강(秋江) 남효온(南孝溫)의 『추강집』「냉화」를 가리킨다. 그런데 여기에는 인용한 본문이 보이지 않는 것으로 보아 출전에 오류가 있는 듯하다. 『해동야언(海東野言)』「노산군」에 동일한 내용이 보인다.

115) 노산이……가는데 : 단종은 1452년 9월 수강궁으로 옮겨갔다. 이에 대한 기사가 『단종실록』 즉위년 9월 17일 기사에 보인다.

116) 종루(鐘樓) : 종루는 종로네거리 일대를 말한다. 종루는 조선 초부터 종로네거리에 도성을 여닫고 인정(人定)과 파루(罷漏)를 알리는 종을 매단 종루가 세워져 있던 데서 유래되었다.

117) 당시……말해주었다 : 윤훈(尹壎)은 남효온의 장인이다. 노산군이 수강궁으로 손위해서 갈 때 윤훈이 사금으로 있으면서 이 일을 목격한 것이다. 인용한 본문의 출전이 『추강냉화』가 맞을 경우 '나에게'는 남효온을 가리키게 된다.

“노산군이 영월로 유배 가서 스스로 다음의 노래를 불렀다.[118]

달은 지려하고 두견새 울제　月欲低蜀魄啾
서로 그리워하며 누 머리에 기대어 앉았어라　相思憶倚樓頭
네 울음 괴롭고 내 듣기 슬프노니　爾聲苦我聞哀
네 소리 없었던들 내 시름 없을 것을　無爾聲無我愁
천하의 괴로운 이에게 알리노니　爲報天下勞苦人
춘 3월 〈영월〉 자규루에는 오르지 마오　愼莫登春三月子規樓

나라 사람들이 듣고서 눈물을 흘리지 않는 자가 없었다. 변을 당했을 때에 춘추가 19세였는데, 즉시 뇌우(雷雨)가 크게 일어나 지척에서도 인물을 분간하지 못하였다고 한다. 가노(家奴) 석지(石池)의 부친이 영월에 행상(行商)을 가서 직접 그 변을 보았다고 나에게 이야기하였다.[119]” -『추강냉화』에 나온다.-

『노릉유사(魯陵遺事)』에 다음과 같은 기록이 있다.[120]

“노산군이 사사되던 날 머리에는 익선관(翼善冠)을 쓰고 곤룡포(袞龍袍)를 입고 나와 의자에 앉아서 의젓하게 낯빛을 변하지 않고 형관(刑官)에게 이르기를 ‘나는 교지를 받을 곳이 없으니 내가 뜰에 내려갈 수 없다. 너는 와서 나를 죽이라.’라고 하자 감형관(監刑官)이 부복하고 감히 올려다보지 못하였다. 한 통인(通引)이 자원하여 창문 틈을 통해 새끼줄을 빼

118) 노산군이……불렀다 : 단종이 지었다는 시의 번역은 박엽의 『국역장릉지』를 참조하였다.『국역장릉지』에는 단종이 관풍매죽루(觀風梅竹樓)에 올라 지은 것으로 되어 있다. 본문에 기록된 시구는 『국역장릉지』에 기록되어 있는 시구와 약간 다르다. 『국역장릉지』의 것을 소개하면 다음과 같다. “月白夜蜀魄啾 含愁情倚樓頭 爾啼悲我聞苦 無爾聲無我愁 寄語世上苦勞人 愼莫登春三月子規樓” 박엽, 『국역장릉지』, 세종대왕기념사업회, 1979, pp. 46~47.

119) 가노(家奴)……이야기하였다 : 본문에는 출전을 『추강냉화』로 밝히고 있으나, 『국역장릉지』에는 이 기록의 출전이 조신(曺伸)의 『소문쇄록(謏聞瑣錄)』으로 되어 있다. 『국역장릉지』를 따른다면 가노 석지는 조신의 집 가노이고, 석지가 조신에게 이야기한 것이 된다. 박엽, 위의 책, p. 50. 참조.

120) 『노릉유사(魯陵遺事)』에……있다 : 노릉은 노산대군(魯山大君) 즉 단종이다. 『노릉유사』는 단종에 관한 기록으로 보이나 현존여부는 미상이다.

서 목을 졸라 죽이자, 즉시 천둥과 비가 갑자기 일어났으며 통인은 아홉 구멍에서 피가 흘러 죽었다.”

02(개요)-01(계유사화)-02(부기)

부기 : 중종 11년(1516) 정덕(正德) 병자에 우승지 신상(申鏛)이 노릉(魯陵)에 치제(致祭)하고 돌아와서 말하기를,[121] “묘가 영월군 서쪽으로 5리쯤 되는 길가에 있는데 봉분이 허물어져 높이가 겨우 두 자쯤 됩니다. 여러 무덤이 곁에 널려 있는데 고을 사람들이 전하여 일컫기를 임금의 묘라고 합니다. 여러 무덤은 모두 돌이 곁에 벌려있으나, 유독 여기에만은 없습니다.”라고 하였다. 당초 노산이 죽던 날 진무사(鎭撫使)가 와서 감시하였을 때 핍박하여 스스로 죽게 한 뒤 시체를 밖에 버려두니, 고을의 수령 및 종인(從人)이 감히 시신을 수렴하지 못하였다. 고을 수리(首吏) 엄홍도(嚴興道)[122]라는 이가 즉시 가서 곡하고 관을 마련해 염습하고는 이론(異論)이 있을까 두려워 곧장 여기에 장사지냈다 한다. 이는 본전(本傳)에 통인이 창틈을 이용해 교살(絞殺)했다는 말과 상이하니, 무엇이 옳은지 자세히 알 수 없다. 역사 기록에 “노산군이 영월에 있다가 금성군(錦城君)이 패했다는 소식을 듣고 자진(自盡)하였다.”라고 하였는데, 이는 당시에 여우나 쥐 같은 무리들이 간사하게 아첨하느라고 지어낸 것이다. 대개 후일 실록을 편찬한 자들은 모두 당시에 아첨하던 자들이므로 『계병일록(癸丙日錄)』[123]에 이런 따위의 기사가 많다. 혹자는 “노산군의 묘는 충의가

---

121) 중종……말하기를 : 단종이 폐위되어 노산군에 봉해졌으므로 노릉이라고 한 것이며, 노산군은 1698년(숙종24)에 위호를 회복하여 묘호를 단종으로, 능호를 장릉(莊陵)이라 하였다. 『중종실록』 11년 12월 10일 기사에 우승지 신상을 보내 노산군의 묘에 치제하였다는 기록이 보인다.

122) 엄홍도(嚴興道) : 당시 영월 호장이었던 엄홍도는 귀양 온 단종이 죽기 전에 개인적인 친분을 가졌고, 단종이 죽자 신변의 위험을 무릅쓰고 단종의 시신을 수습하여 자신의 선산(先山)인 동을지산(冬乙旨山)에 안장하였고 그 무덤이 현재의 장릉(莊陵)이라고 한다. 김광순·강영숙·배계용, 「忠毅公 嚴興道의 삶과 墓所 眞僞에 關한 考察」, 『국학연구론총』3, 택민국학연구원, 2009, p. 65. 참조.

123) 『계병일록(癸丙日錄)』 : 『음애일기(陰崖日記)』와 『해동야언』 「중종상(中宗上)」에 본문의 내용이 보이는데, 출전이 『음애일기』에는 ‘계병일록(癸丙日錄)’으로, 『해동야언』 「중종상」에는 ‘계유일록(癸酉日錄)’으로 되어 있다. 『국역장릉지』에 본문과 동일한 기사가 보이는데, 여기에는 ‘개유실록(癸酉實錄)’으로 되어 있으며 이것을 단종실록으로 보았

있는 무리들이 몰래 시체를 파내어 법물(法物)에 의지해 이장한 것이다." 라고 하나, 역시 근거 없이 전하는 말이다. 다만 고을 사람들이 지금까지 애통해 하여 제물을 차려 제사지내고, 길흉화복에 모두 나아가서 제사하고 빈다. 〈비록 부녀자라 하더라도 오히려 분명히 전해〉[124] 말하기를, "정인지 같은 간사한 적신(賊臣)에게 격동되어 우리 임금으로 하여금 천수를 마치지 못하게 하였다."라고 한다. 아, 예부터 충절 있는 선비가 반드시 지체 높은 집안에서만 나온 것은 아니다. 당시에 군주를 팔고 이익을 꾀하여 반드시 그 임금을 심한 화에 몰아넣은 연후에야 마음이 유쾌했던 자들이 엄군(嚴君 엄홍도)에 견주어 어떠한가. 촌 부녀자와 마을의 아이들은 군신의 의리를 마음으로 알지 못하고 흉한 변고를 눈으로 목도하지 못했으나 지금까지 마음에 답답해하면서 그 말이 입에서 나오고 소리로 나옴을 깨닫지 못하니, 인심을 속이지 못한다는 것을 알 수 있다. -『음애잡기(陰崖雜記)』에 나온다.-

다.(박엽, 위의 책, p. 51. 참조)

124) 〈비록……전해〉 : 『음애일기』와 『해동야언』 「중종상」에 근거하여 보충 번역하였다.

02(의사)-01(김종서)

김종서(金宗瑞, 1383~1453)는 자가 국경(國卿)이다. 세종(世宗)이 김종서를 함길도 도절제사(咸吉道都節制使)로 삼아 사진(四鎭)을 설치할 때에[125] 조정의 의논이 분분하였으나 김종서가 힘껏 그 일을 주장하였다. 의논하는 자가 "김종서가 유한한 인력으로 이룰 수 없는 역사(役事)를 일으켰으니, 그 죄로 볼 때 죽여야 합니다."라고 하였으나, 세종이 "비록 과인이 있다고 하더라도 만일 김종서가 없다면 이 일을 해낼 수 없고, 비록 김종서가 있다고 하더라도 만일 과인이 없다면 이 일을 주장하지 못하였을 것이다."라고 하고는, 고집하고 굽히지 않았다. 김종서가 끝내 사진을 설치하여 남쪽의 백성을 이주시키고는 날마다 술자리를 벌이고 풍악을 울려 장사(將士)들에게 크게 잔치를 베푸니, 벼슬아치와 백성들이 괴롭게 여겼다. 어떤 이가 이렇게 해서는 안 된다고 말하자, 김종서가 "모래바람 부는 외딴 변방에서 장수와 병사들이 굶주리고 고생하는데, 내가 인색하게 시작하면 뒤에 반드시 잘 마무리되지 못할 것이다."라고 하였다.

하루는 저녁에 연회를 베푸는데 반목하는 무리가 술동이를 활로 쏘아 맞히자 좌우의 사람들이 놀라 소요하였으나, 김종서가 태연스럽게 "간사한 놈들이 나를 시험하는 것일 뿐이다. 저들이 어찌하겠느냐."라고 하였다. 뒤에 차례로 문종을 섬겨 충성과 근실함으로 평소 이름이 났다. 문종이 승하할 때에 임해서 세자가 나이가 어린데 종실이 강성함을 염려하여 특별히 김종서 및 황보인에게 명해 유조(遺詔)를 받들어 어린 군주를 보필하기를 주공(周公)과 곽광(霍光)의 고사(故事)[126]와 같이 하도록 하였다.

---

125) 세종(世宗)이……때에 : 세종은 1433년(세종15) 12월에 좌승지 김종서를 함길도 도관찰사(咸吉道都觀察使)에 임명하여 북경 개척의 대업을 맡겼고, 이래 김종서는 1440년(세종22) 12월에 형조판서에 임명될 때까지 만 7년 동안을 함길도 관찰사로서, 혹은 함길도 도절제사로서(세종 17년 3월 이래) 현지에 머무르면서 북경(北境) 개척에 몸을 바치었다.(국사편찬위원회, 『한국사』9, 탐구당, 1974, p. 159. 참조) 사진은 육진이 되어야 할 듯하다. 육진은 종성(鍾城)·온성(穩城)·회령(會寧)·경원(慶源)·경흥(慶興)·부령(富寧)의 여섯 진을 말한다.

126) 주공(周公)과 곽광(霍光)의 고사(故事) : 주공은 주(周)나라 때 무왕(武王)을 이어 즉위했던 어린 조카 성왕(成王)을 보필하여 반란을 제압하고 예악문물을 제정하는 등 기초를 확립한 인물이고, 곽광은 전한(前漢) 시기 무제(武帝)의 유조를 받들어 어린 소제(昭帝)를 보좌하였던 인물로, 이들은 모두 충신이었다. 문종은 김종서와 황보인이, 주공과 곽광이 어린 군주를 보필하였던 옛 일처럼 어린 단종을 보필하도록 유명(遺命)하였

계유년(1453, 단종1)에 세조가 은밀히 권람·한명회와 더불어 먼저 김종서를 그의 집에서 죽이고, 즉시 정종(鄭悰)의 집으로 달려가 이어소(移御所)에서 임금에게 아뢰기를,[127] "김종서가 난을 꾀하였으므로 일이 급하여 미처 아뢰지 못하고 주살하였습니다."라고 하니, 왕은 그때 나이가 어린지라 놀라 일어나서 "이 일을 어찌해야 합니까. 숙부는 나를 살려주십시오."라고 하였다. 세조가 "이는 어렵지 않습니다. 신이 처치하겠습니다."라고 하였다. 즉시 왕의 앞에서 여러 대신들을 궐 안으로 불러들이고, 무사로 하여금 궐문을 지키게 하여 들어오는 대로 자신과 뜻을 달리하는 자들을 가려 제거하니, 영의정 황보인과 이조 판서 조극관 등이 모두 죽임을 당하였다. 즉시 김종서와 황보인 등의 머리를 효수하도록 명하고 그들의 자손을 주살하게 하자, 좌참찬 허후가 "이 사람들이 무슨 큰 죄가 있어 효수하고 처자까지 살육한단 말입니까."라고 하니, 세조가 노하여 아울러 허후를 귀양보냈다가 죽였다.

02(의사)-02(허후)

허후(許詡, ?~1453)는 영의정 허조(許稠)의 아들이다. 집안 대대로 충효를 전승하였으며, 부친을 여의고 온화한 안색으로 모친의 뜻을 받들어 봉양하였다. 세종 때 20여 년간 몸을 삼가고 말을 조심하였다. 갑자년(1444, 세종26)과 을축년(1445) 연간에 허후가 경기도 관찰사로 있었는데, 당시 큰 흉년이 들어서 경기 지역에 곡식이 영글지 않아 백성이 굶어 죽는 지경인데도 수령이 구제하지 못하였다. 허후가 봉사(封事)를 올려 경창(京倉)의 곡식을 꺼내 구휼하자고 청하니, 왕이 윤허하지 않았다. 허후가 대궐 뜰에 엎드려 울부짖으며 애통해하자 좌우의 사람들이 감동하여 그의 의견을 따랐다.[128] 이에 경창의 곡식을 운반하여 들에 노적해 두고, 겸하

던 것이다.

127) 즉시……아뢰기를 : 정종(鄭悰)은 문종의 부마(駙馬)로 경혜공주(敬惠公主)의 남편인데, 단종이 정란이 일어난 당시에 정종의 집에 있었으므로 수양대군이 정종의 집으로 달려간 것이다.

128) 좌우의……따랐다 : 이와 관련된 기사가 『해동야언』 「무오당적(戊午黨籍)」에 상세하게 실려 있다. "옛 규례에 흉년이 들어 주현의 창고를 풀어 굶주린 백성에게 주려면 먼저 감사가 호조에 보고하고, 호조는 왕에게 알려서 윤허를 얻은 다음에야 곡식을 내줄 수

여 의창(義倉)의 곡식을 꺼내 죽을 쑤어 진휼하였다. 또한 상서하여 전라도와 충청도의 곡식을 옮겨다가 호구를 계산하고 농토를 헤아려 양식과 종자를 주어서 백성들이 이에 힘입어 농사에 힘쓰게 하자고 청하였다. 가을이 되어 과연 큰 풍년이 들자 백성들이 그의 공덕을 노래로 불러 칭송하였으며, 이 일이 알려지자 임금이 탄복하기를 마지않았다.

문종 때에 벼슬하여 관직에 따라 맡은 직책을 훌륭히 수행하였다. 문종이 훙서에 임하여 황보인과 김종서를 정승으로 삼아 어린 군주를 보필하라고 고명(顧命)하였다. 허후가 좌참찬으로 있을 때 세조가 수양대군으로서 명나라에 고명 사은사(誥命謝恩使)로 가려고 하였다.[129] 허후가 세조에게 청하기를, "지금 재궁(梓宮 관)이 빈소에 있는데다 어린 임금이 나라를 맡아 대신이 붙따르지 않고 백성들이 의심하는데, 공자(公子)께서는 나라의 종신으로 나라를 떠나 어디로 가려 하십니까."라고 하였다. 세조는 따르지 않았지만 속으로는 그의 말을 옳게 여겼다.

계유년에 세조가 몰래 권람, 한명회와 더불어 정란을 꾀하여 김종서를 그의 집에서 주살하였다. 당시 임금은 부마 정종의 집에 이어해 있었는데, 세조가 밤에 문밖에 이르러 임금에게 "김종서 등이 난을 꾀하기에 일이 급해 미처 아뢰지 못하고 삼가 죽였습니다."라고 아뢰었다. 임금이 나이가 어린지라, 놀라 일어나서 "이 일을 어찌해야 합니까. 숙부는 나를 살려주십시오."라고 하니, "이 일은 어렵지 않습니다. 신이 맡아 처리하겠습니다."라고 하고, 즉시 임금 앞에서 여러 대신들을 궐 안으로 불러들인 뒤에 무사로 하여금 궐문을 지키게 하고서 궐문을 들어오는 대로 그 당여(黨與)를 가려 제거하였다. 영의정 황보인, 이조 판서 조극관 등이 죽임을 당하였으나, 허후는 이전에 명나라에 사신 가는 것을 만류했던 일로 인하여

가 있었다. 그러나 발급의 명령을 기다리는 동안에 많은 백성이 아사하게 되는지라, 허후가 건의하기를 '감사나 호조는 모두 대신인데 반드시 호조에 공문으로 알리자면 백성이 그 은택을 입는 것이 더디니, 신은 호조에 알리지 않고 편리한 대로 창고를 열기를 청합니다.'라고 하니, 왕이 윤허하였다. [古例州縣倉 年凶發賑 則監司報戶曹 戶曹轉聞于上 得允 然後發粟 待命之間 民至餓死 詡建言監司戶曹俱是大臣 必待關白該曹 民遲於蒙澤 臣請無關戶曹 得以便宜發倉 上許之] "

129) 세조가……하였다 : 수양대군은 1452년(단종 즉위년) 고명 사은사로 명나라에 가기를 청하였다.(『端宗實錄 卽位年 9月 10日』) 고명(誥命)이란 중국의 황제가 보내준 임명장으로 즉, 단종의 사위(嗣位)를 허락하는 조서를 말한다.

화를 면하였다. 허후를 불러들여 앉도록 명하였는데, 술이 돌고 풍악이 연주되자 당시 재상 정인지와 한확 등은 손뼉을 치며 웃고 떠들었으나, 허후는 홀로 개연히 근심에 잠겨 즐거워하지 않고 또 고기도 먹지 않았다. 세조가 "무엇 때문에 그러는가?"하고 물으니, 허후가 조부의 기재일(忌齋日)이라고 칭탁하였는데 세조는 핑계하는 말인 줄을 알면서도 묻지 않았다.

이윽고 김종서와 황보인의 머리를 저자에 효수하고 그들의 자손을 주살하도록 명하자, 허후가 "이 사람들이 무슨 큰 죄를 지었기에 효수하고 처자를 살육한단 말입니까. 그리고 제가 김종서와는 교분이 깊지 않아 그의 마음을 알지 못하나, 황보인은 제가 평소에 그의 사람됨을 익히 아는데 결코 모반할 리가 없습니다."라고 하였다. 세조가 "네가 고기를 먹지 않은 뜻이 진실로 여기에 있는 것이었다."라고 하니, "그렇습니다. 조정의 원로들이 한날에 모두 죽었는데 제가 살아 있는 것도 족하거늘 또한 차마 고기를 먹을 수 있겠습니까."라고 답하고는, 곧 눈물을 흘렸다. 세조가 매우 진노하였으나, 그래도 그의 재덕을 아껴 죽이려고 하지는 않았다. 그러나 이계전(李季甸)이 힘껏 참소하여 허후를 외방으로 귀양보냈다가 끝내 교살(絞殺)하였다. 허후 등이 죽은 뒤로부터 조정은 모두 변하였다. 함길도 도절제사 이징옥[130]이 배반하여 여진(女眞)으로 들어가려다가 판관 정종(鄭種)에게 붙잡혔는데, 백성들에게 근거 없는 소문이 떠돌아 도성이 하루에도 네다섯 차례나 경동하였으나 관리가 금하지 못하였다. 이에 근거 없는 말을 지어내는 자를 주살하여 소문을 그치게 하고 와전하는 자를 나누어 귀양보낸 뒤에야 안정되었다.

허후가 승지에 임명되었을 때 사람들이 모두 와서 축하하였지만, 그의 부친 허조(許稠)는 홀로 근심하는 빛을 띠고서 밤새도록 잠을 이루지 못했다. 어떤 사람이 그 연유를 물으니, 허조가 "천도(天道)는 가득하면 손해를 부르는 법이다. 내가 세상에 공덕이 없는데 지위는 신하로서 극도에 이르렀고 아들이 또 승지가 되었으니, 허씨 집안의 화가 멀지 않았다."라

130) 함길도 도절제사 이징옥 : 원문에는 '咸吉道節度使'로 되어 있으나, 이징옥은 함길도 도절제사로 있다가 복주되었으므로, 도절제사로 바로잡아 번역하였다. 『端宗實錄 1年 10月 27日』

고 하였다. 허후가 죽고 그의 아들 수찬 허조(許慥)도 죽었으며, 허씨의 아우와 조카들이 모두 금고(禁錮)되었으니, 그 말이 과연 징험되었다.

02(의사)-03(정분)

우의정 정분(鄭苯, ? ~1454)은 본관이 진주(晉州)이다. 『수담(粹談)』[131]에 다음과 같이 말하였다.

"기국(器局)이 있었다. 계유정난 때에 바야흐로 영남에서 충주(忠州)로 돌아오는데,[132] 참형에 처한 죄인의 머리를 조리돌리는 것을 보았다. 길을 떠나 용안역(用安驛) 앞에 이르렀을 때 경관(京官)이 역말을 달려와서 큰 소리로 전지(傳旨)가 있다고 하였다. 공이 즉시 말에서 내려 두 번 절하고 경관에게 '노상에서 형을 받는 것은 상서롭지 못하니, 역관으로 가는 것이 어떻겠습니까.'고 물으니, 경관이 '그렇지 않습니다. 나는 다만 전지를 받들어 적소(謫所)로 압송해가려는 것입니다.'라고 하였다. 공이 또 두 번 절하고는 '나를 살려 주는 것이요?'라고 하고, 다시 말에 올라 함께 갔다. 경관이 공의 낭리(郎吏)로 있던 적이 있기에 공이 반드시 조정의 일을 물을 것이라 생각하여 응답을 곤란하게 여겼는데, 낙안군(樂安郡)[133]에 다다르는 10여 일 동안 아침저녁으로 같이 있었으나 한 번도 입을 열지 않았고, 적소에 와서 노고를 치하하고 작별할 뿐이었다. 공은 적소에 있으면서 항시 선조의 신주(神主)를 받들어 제사를 모셨는데, 어느 날 밤 잠에서 깨어 수행하던 중에게 '그대는 정결하게 밥을 갖추라. 내가 우리 조상에게 제사 지내겠다.'라고 하고, 제사지낸 뒤에 신주를 모두 불살랐다. 이윽고 관리가

---

131) 『수담(粹談)』: 무슨 저술인지 미상이다. 본문의 내용이 『해동야언』「노산군」에 보이는데, '『소문쇄록』에 나온다.〔出謏聞瑣錄〕'라고 출전을 밝히고 있다. 『소문쇄록』은 조신(曺伸)이 지은 잡록으로 현재 『대동야승(大東野乘)』에 편입되어 전해지고 있는데, 본문의 내용은 확인되지 않는다.

132) 계유정난……돌아오는데 : 정분은 당시 하삼도 도체찰사(下三道都體察使)로 순행 중에 충청도에 이르렀다. 『端宗實錄 1年 10月 11日』

133) 낙안군(樂安郡) : 수양대군이 주도한 계유정난으로 문종의 유명을 받아 단종을 보필하던 황보인·김종서 등이 주살되자 그도 낙안(樂安)에 안치되었다. 곧 고신(告身)을 추탈당한 뒤 낙안의 관노가 되었고, 이후 대신과 대간의 빈번한 청죄(請罪)가 계속되었지만 1년 여간 목숨을 보존하다가 1454년에 사사되었다. 낙안군은 현 전라남도 순천시 낙안면 일대의 옛 행정구역이다.

와서 사사되었다."

02(의사)-04(안평대군 이용)

안평대군(安平大君) 이용(李瑢, 1418~1453)은 세종대왕의 셋째 아들로, 호는 비해당(匪懈堂)이다. 계유년에 김종서·황보인의 당이라 하여 극형에 처해졌다. 『용재총화(慵齋叢話)』[134]에 다음의 기록이 있다.

"비해당은 왕자로서 학문을 좋아하였고 특히 시문에 뛰어났으며, 서법이 기이하고 빼어나 천하제일이었고, 또 그림을 잘 그리고 거문고를 잘 탔다. 성품이 또한 들뜨고 허황하였으며 옛것을 좋아하고 경승(景勝)을 탐해 북문(北門 창의문) 밖에다 무계정사(武溪情舍)를 짓고, 또 남호(南湖 용산강)에 임하여 담담정(淡淡亭)을 지었으며, 만권의 장서를 보관하였다. 문사(文士)를 불러 모아 12경시(十二景詩)를 짓고 또 48영(四十八詠)을 지었다. 혹은 등불을 돋우고 밤늦도록 담화하며 달밤에 배를 띄웠고, 혹은 연구(聯句)를 짓기도 하고, 혹은 바둑과 장기를 두었으며, 음악이 끊이지 않았고 실컷 술을 마셔 취하고 놀았다. 당시의 이름난 선비들과 교분을 맺지 않은 이가 없었고 무뢰배와 잡다한 업에 종사하는 이도 또한 많이 귀부하였다. 바둑판과 바둑알은 모두 옥을 사용하였고 또 이금(泥金 금가루)을 칠했으며, 또 사람을 시켜 고운 비단을 짜게 하여 붓을 휘둘러 해서와 초서로 휘갈겨서 요구하는 사람이 있으면 곧 주곤 하였으니, 일이 대부분 이와 같았다. 나의 중형이 -성간(成侃)- 유명하다는 소문을 듣고 사람을 보내 불렀다. 중형이 가서 뵙고는 정자 가운데 있는 여러 시에 화답하니, 시어가 고상하고 절묘하여 마침내 공경히 대접해서 전송하고 후일 재회하기로 기약하였다. 대부인(어머니)께서 중형에게 이르기를 '왕자의 도리는 마땅히 문을 닫고 손님을 물리쳐야 하는 것이니, 어찌 사람을 모아 벗을 삼는 이치가 있겠느냐. 머지않아 패망할 것이니, 너는 교유하지 말거라.'라고 하시므로, 그 뒤에 재삼 불렀으나 끝내 가지 않았다. 그런데

---

134) 『용재총화(慵齋叢話)』: 저본 및 참고본에는 '태평한화(太平閑話)'로 되어 있다. 『태평한화』는 서거정(徐居正)의 저술로 본문이 확인되지 않고, 성현(成俔)의 『용재총화(慵齋叢話)』에 본문이 실려 있다. 또한 본문에 성현의 중형 성간(成侃)의 일화가 기재되어 있고, '나의 중형 [吾仲氏] '이라고 되어 있으므로, 이는 『용재총화』의 기록임이 명백하다. 이에 '태평한화'를 '용재총화'로 바로잡아 번역하였다.

얼마 안 가서 사사되니 온 집안사람들이 모두 대부인의 사람을 알아보는 식견에 감복하였다." -이상 계유-

02(의사)-05(박팽년)

박팽년(朴彭年, 1417~1456)은 자가 인수(仁叟)이고 호는 취금헌(醉琴軒)이다. 세종조에 과거에 급제하여[135] 성삼문 등과 더불어 집현전의 관원이 되어 임금에게 아낌을 받았다. 1455년에 세조가 선위를 받자, 박팽년은 왕사(王事)가 끝내 이루어지지 못할 줄을 알고 경회루(慶會樓) 연못에 임해 스스로 빠져 죽으려 하였다. 성삼문이 한사코 "지금 신기(神器 왕위)가 비록 옮겨갔지만 상께서 상왕이 되셨으니, 우리들이 죽지 않으면 그래도 뒷일을 도모할 수 있고 도모하다가 이루지 못하고 죽어도 늦지 않다. 지금 죽는 것은 국가에 무익할 뿐이다."하고 말리니, 박팽년이 그의 말을 좇아 마침내 성삼문과 몰래 도모하였다. 오래지 않아 충청도 관찰사로 나갔는데, 세조에게 일을 아뢸 때에 '신(臣)'이라고 칭하지 않고 단지 '아무 관직의 박아무개'라고만 적었으나, 조정에서는 이를 알지 못하였다. 이듬해 조정에 들어와 형조 참판이 되었으며, 성삼문의 부친 성승, 무인 유응부, 문관 하위지·이개·유성원·김질, 상왕의 외숙 권자신[136] 등과 함께 상왕 복위를 도모하였다. 당시 명나라 사신이 와서 태평관에 머물고 있었는데 세조가 상왕과 함께 사신에게 청해 창덕궁에서 연회를 베풀려고 하였다. 박팽년 등이 모의하기를 "이날 성승과 유응부를 별운검(別雲劍)으로 삼았으니, 연회를 베푸는 청사에서 거사하여 성문을 닫고 우익을 제거하면 상왕을 복위시키는 것은 손바닥을 뒤집는 것과 같다."라고 하자, 유응부가 "왕과 세자는 내가 맡을 것이니, 나머지는 그대들이 처치하라." 하였다. 마침 그날 별운검을 파하여 들어오지 못하도록 명하였고 세자도 병 때문에 따라 나오지 못하였는데 유응부가 그래도 들어가 격살하고자 하니, 박팽년과 성삼문이 한사코 제지하며 "지금 세자가 본궁에 있고, 공의 별운검을

135) 세종조에 과거에 급제하여 : 박팽년은 1432(세종14) 생원시에 급제하였고,(『秋江集 六臣傳』) 1434년(세종16) 알성시(謁聖試)에, 1447년(세종29) 중시(重試)에 급제하였다.(『國朝文科榜目』)

136) 상왕의 외숙 권자신 : 권자신은 단종의 모후 현덕왕후(玄德王后)의 동생이다.

쓰지 못하게 한 것은 하늘의 뜻이다. 만약 이런 상황에서 거사하였다가 세자가 군사를 동원한다면 성패를 알 수 없으니, 다른 날을 기다려 거사하느니만 못하다."라고 하였다. 유응부가 "거사는 신속함을 귀하게 여기니, 만약 다른 날로 지체되면 일이 누설될까 두렵다. 세자가 비록 자리에 있지 않으나 그 우익이 모두 여기에 있다. 지금 모두 주살하고 상왕을 받들어 호령한 뒤에 무사로 하여금 저쪽으로 가서 세자를 제거하게 하면 될 것이니, 천재일시(天載一時)의 기회를 잃어서는 안 된다."라고 하였으나, 박팽년과 성삼문이 한사코 불가하다고 하며 "만전의 계책이 아니다."라고 하여, 드디어 멈추고 거사하지 않았다.

김질이 일이 이루어지지 못할 것을 알고 급히 달려가 그의 장인 정창손과 모의하기를 "오늘 세자가 어가를 수행하지 않았고 특별히 별운검을 파하여 박팽년과 성삼문이 그 모의를 중지하였으니, 이는 천명입니다. 먼저 고발하여 요행으로 살아나느니만 못합니다."라고 하였다. 정창손이 즉시 김질과 함께 달려서 대궐에 나아가 임금에게 고변하기를 "신은 실로 알지 못하였고 김질이 홀로 이 일에 참여하였으니, 죄는 만 번 죽어도 마땅합니다."라고 하니, 특별히 김질과 정창손을 용서하고 공신에 녹훈하였다.[137] 박팽년 등의 자백을 받았으나, 임금이 그의 재주를 아껴 은밀히 사람을 시켜서 박팽년에게 "네가 나에게 귀순하여 처음 도모한 일을 숨긴다면 살려주겠다."라고 말하니, 박팽년이 웃으며 대답하지 않고서 임금을 '나리〔進賜〕'[138]라고 일컬었다. 임금이 그의 입을 치게 하고서 "네가 이미 나에게 '신(臣)'이라고 칭하였으니, 지금 비록 칭하지 않는다 하더라도 무익하다."라고 하니, "저는 상왕의 신하이기에 충청 감사에 제수되었던 1년 동안 나리에게 올리는 계목(啓目)에 신이라 칭한 적이 없습니다."라고 대답하였다. 임금이 사람을 시켜 그가 올린 계목을 조사하게 하였는데, 과연 '신'이라는 글자가 한 자도 없었다. 그의 아우 박대년(朴大年)과 아들

137) 특별히……녹훈하였다 : 김질은 좌익공신 3등에 추봉되고 판군기감사(判軍器監事)에 승진되었고, 정창손은 좌익공신 3등에서 1자급을 올려 2등이 되고 보국숭록대부(輔國崇祿大夫)가 더해졌으며 부원군(府院君)으로 진봉(進封)되었다.『世祖實錄 2年 6月 25日, 7月 3日』

138) '나리〔進賜〕' : 왕자를 높여 부르던 말이다. 세조를 임금으로 인정하지 않고 왕자(대군)로서 지칭한 것이다.

박헌(朴憲)이 모두 죽고, 처는 관비가 되었으나 종신토록 수절하였다. 박헌은 생원시에 합격하였으며 또한 정직하였다.

형에 임하여 사람을 돌아보고 "너는 나를 난신(亂臣)이라 하지 말라. 우리들의 죽음은 계유년의 사람과 같지 않다."라고 하였다. 김명중(金命仲)이 당시 의금부 낭관이었는데, 사사로이 박팽년에게 "공은 어찌하여 군부(君父)에 불충해서 이런 화를 불렀는가?"라고 하니, 탄식하기를 "마음속이 평안하지 못해 이렇게 하지 않을 수 없었다." 하였다.

나(남효온)의 장인인 윤훈(尹壎)은 일찍이 박팽년과 성삼문을 쫓아 교유하였는데, 나에게 "성공(성삼문)은 익살스럽고 담소를 좋아하여 앉고 눕는 데에 절도가 없었으나, 박공(박팽년)은 종일토록 단정히 앉아서 의관을 풀지 아니하여 사람으로 하여금 존경심을 일으키게 하였다."라고 말하였다. 세조가 영의정으로 있을 때 부중(府中)에서 잔치를 베풀었는데, 박팽년이 다음의 시를 지었다.

묘당 깊은 곳에 슬픈 음악 진동하니 廟堂深處動哀絲
만사 지금은 모두 모르겠네 萬事如今摠不知
푸른 버들에 봄바람 솔솔 불고 柳綠東風吹細細
꽃 밝게 핀 봄날은 정녕 느릿느릿 花明春日正遲遲
선왕의 대업은 금궤에 거둬두고 先王大業抽金櫃
성주의 홍은은 옥잔에 비끼네 聖主鴻恩倒玉巵
즐기지 아니한다고 어찌 길이 즐기지 않을손가 不樂何爲長不樂
마음껏 취해 태평성대 노래하리라 賡歌醉飽太平時

세조가 이 시를 아껴 부중에 현판을 만들어 걸었다.139) 공은 성품이 침착하고 과묵하였고, 『소학(小學)』으로 몸을 단속하였으며, 문장은 맑고 담박하고, 필적은 종요(鍾繇)와 왕희지(王羲之)140)를 사모하였다 한다.

139) 세조가……걸었다 : 박팽년이 지은 시가 남효온의 『추강집』 「육신전」과 박팽년의 『박선생유고』 「의정부석상작(議政府席上作)」에 보인다. 시의 번역은 『국역장릉지』를 참고하였다.(박엽, 위의 책, p. 95)

140) 종요(鍾繇)와 왕희지(王羲之) : 종요는 삼국 시대 위(魏)나라의 서예가로 자는 원상(元常)이며, 특히 해서(楷書)에 뛰어나 후세에 종법(鍾法)으로 일컬어졌다. 왕희지는 진

02(의사)-06(성삼문)

성삼문(成三問, 1418~1456)은 자가 근보(謹甫)이고, 본관은 창녕(昌寧)이다. 1447년(세종29)에 문과 중시에 장원으로 급제하였고, 오래도록 경연에서 시종하면서 선한 도리로 임금을 보좌하였다. 세종이 만년에 풍질(風疾)이 있어 여러 차례 온천에 거둥하였는데, 항상 성삼문 및 박팽년·신숙주·이개·최항(崔恒) 등으로 하여금 편복(便服 일상복)을 하고 어가 앞에서 고문(顧問)에 대비하게 하니, 당시 사람들이 영화롭게 여겼다. 계유년에 세조가 김종서를 주살했을 때 성삼문과 박팽년 등은 집현전 관원으로 숙위하였다 하여 정난공신의 호를 하사받았는데,[141] 성삼문은 이것을 부끄러워하여 음식을 먹어도 달게 여기지 않았다. 공신들이 돌아가며 연회를 베풀었으나 성삼문만은 베풀지 않았다.

1455년에 세조가 노산군에게 선위를 받을 때에 땅에 엎드려 울면서 덕이 없다는 것으로 사양했는데, 좌우의 종신(從臣)이 실색하여 감히 한 마디도 말하는 자가 없었으나 성삼문이 예방 승지로서 국새(國璽)를 가지고 실성통곡하자 세조가 때때로 머리를 들어 그를 바라보았다.

이듬해 1456년에 그의 아버지 성승 및 박팽년 등과 더불어 노산군의 복위를 모의하여 여러 사람이 집현전에서 회의하였다. 성삼문이 "신숙주는 나의 친한 벗이나 죄가 무거워 죽이지 않을 수 없다."라고 하니, 모두 "그렇다."라고 하였다. 또 김질에게 "너의 처부 정창손이 마땅히 수상이 될 것이다."라고 하였다. 무사로 하여금 각각 죽일 자를 정하게 하였는데 형조 정랑 윤영손(尹鈴孫)이 신숙주를 맡았다. 사신을 청하여 잔치하는 날에 별운검을 파함으로 인해 모의가 중지되었으나 윤영손은 알지 못했다. 신숙주가 뒷간에서 머리를 감는데 윤영손이 칼을 잡고 앞으로 나아가니, 성삼문이 눈으로 제지시켜 이에 물러났다. 이윽고 일이 누설되어 목에 칼을 차고 발에 쇠사슬을 찬 채 전정(殿庭)에 들어갔다. 세조가 직접 심문하

(晉)나라의 서예가로 자는 일소(逸少)이며, 해서·행서·초서에 모두 뛰어나 서성(書聖)으로 불린다.

141) 계유년에……하사받았는데 : 성삼문은 단종 1년(1453) '수충 정난 공신 사간원 좌사간대부(輸忠靖難功臣左司諫大夫)'에 제수되었다. 『端宗實錄 1年 11月 8日』

기를 "너희들의 이 거사는 어떤 일이며, 무엇 때문에 나에게 반역하였느냐?"라고 하니, 성삼문이 소리 높여 "옛 군주를 복위시키고자 하였을 뿐입니다. 천하에 누가 그 군부를 사랑하지 않는 자가 있겠습니까. 나의 마음을 나라 사람이 다 아니, 나리는 무엇을 괴상히 여겨 묻는 것입니까. 나리가 남의 나라를 훔쳐 취하였기에 성삼문이 신하가 되어 차마 임금의 폐위를 보지 못하였습니다. 나리가 평소에 걸핏하면 주공을 끌어댔는데, 주공에게도 이런 일이 있었습니까. 성삼문이 이 일을 한 까닭은 하늘에 두 해가 없고 백성에게 두 임금이 없기 때문입니다."라고 하였다. -종실을 '나리'라 하는 것은 바로 방언이다.- 세조가 발을 구르며 "내가 처음 선위 받았을 때 어째서 저지하지 않고 도리어 나에게 의지하였다가 지금에야 나를 배반하는 것은 무슨 짓이냐?"라고 꾸짖으니, 성삼문이 "내가 처음에 금하지 못하였던 것은 형세 상 그러했을 뿐입니다. 내 이미 나아가 저지할 수 없음을 알고 오직 물러나 한 번 죽음이 있음을 알았으나 헛되이 죽는 것은 무익하기 때문에 참아서 여기에 이른 것은 뒷날을 도모하고자 한 것입니다."라고 하였다. 세조가 "네가 신이라 칭하지 않고 나를 가리켜 '나리'라 하니 네가 나의 녹을 먹지 않았더냐. 녹을 먹고 배반하는 것은 반복무상한 소인일 뿐이다. 너를 병방 승지에서 예방 승지로 바꾸었더니, 반드시 이 일을 원망한 것이다. 명분은 상왕을 복위시키기 위함이라 하나 실상은 자신을 위하려 한 것이다."라고 하니, 성삼문이 "상왕이 계신데 어찌 나를 신하로 삼을 수 있겠습니까. 나는 실로 나리의 녹을 먹지 않았으니, 믿지 못하겠거든 내 집에 녹으로 받은 곡식을 몰수하여 세어 보십시오. 나리의 말은 모두 허망하여 취할 것이 못됩니다."라고 하였다. 세조가 매우 노하여 무사로 하여금 쇠를 달구어 다리를 뚫게 하였으나 굴복하지 않았고, 팔뚝을 자르게 하였으나 굴복하지 않고 서서히 "나리의 형벌이 참혹합니다."하고 말하였다. 당시 신숙주가 임금 앞에 있었는데 성삼문이 그를 꾸짖기를 "처음 너와 집현전에 있었을 때 세종께서 날마다 왕손을 안고 궁중에 나오시어 거닐며 산보하다가 여러 유신에게 '과인의 천추만세 뒤에 경들은 모름지기 이 아이를 생각하라.'라고 하신 말씀이 아직도 귀에 남아 있거늘 너는 홀로 잊었는가? 나는 너의 악이 이런 지경에 이를 줄을 생각지 못하였다."라고 하니, 뒤에 문초할 때에는 임금이 신숙주를 피하게 하였다. 제학 강희안(姜希顔)이 공초 내용에 연루되어 끌려와 고문을 당하였다. 임금이 성삼문에게 "강희안이 모의에 참여하였느냐?"하고 물으니, 성삼문이 "참으로 알지 못하였습니다. 나리가 명사(名士)를 다 죽이니, 마땅히 이 사람은 남겨두어 써야 할 것입니다. 실로 어진 선비입니다."라고 말하였다. 강희안은 이로 말미암아 화를 면할 수 있었다.

성삼문은 수레에 실려 궐문을 나갈 때 안색이 태연자약하였다. 좌우를 돌아보고 "그대들은 어진 임금을 보좌하여 태평을 이룩하라. 나는 돌아가 지하에서 옛 임금을 뵐 것이다." 하였다. 웃으며 감형관 김명중에게 "이것이 무슨 일인가?"라고 하였다. 성삼문이 죽자 그 집의 가산을 적몰했는데 을해년(1445, 세조 즉위년) 이후의 녹봉은 별도로 한 방에 두고 '모년(某年) 모월(某月)의 녹'이라고 써 두었고, 집에는 남은 것이 없었으며 침방(寢房)에 오직 거적자리가 있을 뿐이었다. 아들 다섯이 있는데 장남은 이름이 성원(成元)이고, 처는 관비가 되었으나 절개를 온전히 하였다.

성승의 아끼던 종이 함길도로 귀양갔는데, 일찍이 서생 정세린(鄭世麟)에게 다음과 같이 이야기하였다. "성승이 도총관으로 입직하였던 날에 선위하는 일이 있음을 듣고는 저를 불러 승정원에 보내 국사를 물은 것이 여러 번이었으나 성삼문이 대답하지 아니하여 부질없이 오가기만 했습니다. 최후에 갔을 때 성삼문이 일어나 측간에 가서 하늘을 우러러 크게 탄식하기를 '일이 끝났구나.'라고 하였습니다. 제가 이것을 성승에게 아뢰니, 성승 역시 크게 탄식하고는 저를 시켜 말에 안장을 갖추게 하고서 집에 이르렀는데, 제가 가만히 우러러 바라보니 한없이 눈물을 흘리고 있었습니다. 다음날 병가(病暇)를 내고 방에 드러누워 일어나 음식을 먹지 않아서 처자도 그의 얼굴을 볼 수 없었으나 오직 성삼문이 와서 뵈면 좌우를 물리치고 함께 이야기할 뿐이었습니다."

02(의사)-07(이개)

이개(李塏, 1417~1456)는 자가 백고(伯高)이고, 본관은 한산(韓山)이며, 목은(牧隱) 이색(李穡)의 증손이고, 이종선(李種善)의 손자이다. 태어나면서부터 글을 잘 지었으며, 조부의 풍모가 있었다. 병자년 변의 모의에 참여하였다가 죽었다. 바야흐로 박팽년과 성삼문이 대궐 뜰에 묶여서 단근질을 당할 때 이개가 천천히 "이것이 무슨 형벌인가?"하고 물었다. 사람됨이 파리하고 약했지만 형장(刑杖) 아래에서 안색을 변하지 않으니, 사람들이 모두 장하게 여겼다. 끝내 굽히지 않고 성삼문 등과 같은 날에 죽었다. 이개가 수레에 실릴 때에 임하여 다음의 시를 지었다.

우임금의 구정(九鼎)[142] 무거울 때엔 삶 또한 컸거니와　禹鼎重時生亦大
홍모처럼 가벼운 곳엔 죽음도 오히려 영광이지　鴻毛輕處死猶榮
날이 새도록 잠 못 이루다 문을 나와 떠나니　明發不寐出門去
현릉[143]의 소나무와 잣나무 꿈속에서 푸르네　顯陵松柏夢中靑

02(의사)-08(유성원)

유성원(柳誠源, ? ~1456)은 자가 태초(太初)이다. 세종 때 과거에 급제하였다.[144] 계유년에 김종서 등을 주살하고 백관이 노산군에게 마땅히 세조의 공을 주공에 견주어 포창해야 한다고 청하고 집현전 학사로 하여금 공로를 표창하는 교서(敎書)의 초안을 쓰게 하였다. 그런데 집현전 관원이 모두 도망가고 유성원만이 홀로 있다가 협박을 받아 기초(起草)하였다고 한다. 대궐에서 나와 집으로 가서 슬피 통곡하니, 집안사람이 그 까닭을 알지 못하였다. 노산군이 상왕이 되었을 때에 유성원이 성균관 사예에 제수되었는데 속으로 불평한 마음을 품고 병자년의 모의에 참여하였다. 일이 발각되어 성삼문이 붙잡혀갔는데 유성원은 당시 성균관에 있다가 여러 유생들이 성삼문의 옥사를 알리니, 즉시 말에 멍에 하도록 명하여 집으로 돌아왔다. 여종을 불러 그릇을 가져오게 하여 아내와 영결하는 술을 마시고 사당으로 올라갔다. 오랫동안 내려오지 않음을 괴상하게 여겨 가서 보니, 관디를 벗지 않고 사당 앞에 반듯이 누워서 차고 있던 칼을 뽑아 목에 대고는 나무토막으로 칼자루를 치고 있어서 구하려 하였으나 미칠 수

142) 우임금의 구정(九鼎) : 하(夏)나라 우임금이 구주(九州)에서 바친 쇠를 모아 구주를 상징하여 주조한 것으로, 하(夏)·은(殷)·주(周) 삼대(三代)에 걸쳐 서로 전하여 천자의 권한을 상징하는 보물로 삼았다.

143) 현릉 : 문종과 그의 비 현덕왕후의 능이다.

144) 세종……급제하였다 : 유성원은 1444년(세종26) 식년시, 1447년(세종29) 중시에 급제하였다.

없었다. 그러나 그 까닭을 알지 못하였는데 이윽고 관리가 와서 주검을 가지고 가서는 찢었다.

02(의사)-09(하위지)-01

하위지(河緯地, 1412~1456)는 자가 중장(仲章)이고 본관은 진주(晉州)이다.[145] 세종 때 장원으로 급제하였다.[146] 사람됨이 고요하고 과묵하였으며 입에서 가릴 말이 없었다. 공손하면서도 예의가 있어서 대궐을 지나면 반드시 말에서 내렸고, 비록 빗물이 고여 있더라도 일찍이 길을 피하지 않았다. 일찍이 집현전에 있으면서 경연에서 시강하여 돕고 바로잡은 것이 많았다. 노산군이 유충한 나이로 왕위를 이어받았는데 여덟 공자가 강성하여 인심이 흉흉하였다. 박팽년이 일찍이 하위지에게 도롱이를 빌리니, 〈하위지가〉 다음의 시로 답하여 보냈다.

남아의 득실은 옛날이 지금과 같으니 男兒得失古猶今
머리 위에 분명하게 밝은 태양이 임해 있네 頭上分明白日臨
도롱이 가져다 줌은 응당 뜻이 있으니 持贈蓑衣應有意
오호의 연월에 좋게 서로 찾으리 五湖烟月好相尋

이는 시대를 슬퍼한 것이다. 김종서가 주살되고 세조가 수상이 되자, 하위지는 조복(朝服)을 모두 팔고 전(前) 사간(司諫)으로 선산(善山)에 퇴거하였다. 세조가 상왕에게 아뢰어 좌사간으로 삼아 하교하여 부르자 하위지가 글을 올리니, 그 대략에 다음과 같이 말하였다. "신은 질병에 얽히어 오래도록 회복되지 못하였는데, 특별히 소환하는 은혜를 입어 좌사간의 직책에 제수하시고 새로 정사를 해보자는 뜻으로 유시하시므로 병을 무릅쓰고 출발하려 하였습니다. 그러나 불행히 출발하는 날 추위를 무릅쓰고 찬바람을 쏘인 탓에 예전에 앓던 증세가 더욱 악화되어 심해지기만 하고 감소하지는 않으니, 비록 병을 무릅쓰고 가고자 하나 또한 될 수 없

---

145) 본관은 진주(晉州)이다 : 저본 및 참고본에는 '善山人'으로 되어 있다. 『국조문과방목』에 근거하여 '善山'을 '晉州'로 바로잡아 번역하였다.

146) 세종……급제하였다 : 하위지는 1438년(세종20) 식년시에 장원으로 급제하였다.

는 일입니다. 머리를 드리우고 신음하면서 대궐을 그리워하여 눈물을 흘릴 뿐입니다." 또 말하기를 "신은 삼가 살펴보건대, 최근에 발생한 변고는 역사에서도 보기 드문 일입니다. 혹은 유명을 받아 국정을 보좌하거나[147] 혹은 의친(懿親)인 숙부(叔父)[148]로서 모두 국가와 더불어 화복을 함께해야 할 이들인데 부도(不道)의 심함이 이 지경에 이르렀으니, 차마 듣지 못하겠습니다. 그러나 지나간 일은 추급할 수 없으니 논한들 무엇이 유익하겠습니까."라고 하였다. 또 말하기를 "권력과 세력을 가진 간신을 제거하는 일은 예로부터 어렵게 여겼거니와 그 뒤를 계승하는 것 또한 어려운 일입니다. 새로 정사를 돌보는 초기에 마땅히 먼 앞날을 내다보시고 널리 도모하고 깊이 헤아리시어 혹시라도 가부(可否)를 결정하지 못하고 망설이거나 구차스럽게 하지 마시고, '무슨 탈이 있겠으며, 무슨 해가 있겠는가.'라고 말하지 마시며, 이전에 세운 공로로서 후회를 끼치는 일이 없게 해야 하며, 생각이 있는 자로 하여금 하고 싶은 말을 거리낌 없이 다 쏟아 내는 것을 꺼리게 하여 임금의 형세가 구속된 바가 있어 혹시라도 임금의 총명을 가리게 해서는 안 됩니다. 다시 기미를 살펴 미리 경계하고 대비할 계책을 생각하여 왕실을 더욱 강하게 하고 내치를 더욱 엄격하게 하며 권문세가를 더욱 막고 혐의스러운 일을 더욱 제거하고 붕당의 조짐을 더욱 근절하소서."라고 하였다. 또 말하기를 "원하옵건대 오늘날 정치를 보좌하는 책임을 맡은 자는 더욱 보부(保傅)의 도리를 다하게 하여 성상의 기체를 날로 편안하게 하고 성상의 학문을 날로 향상되게 하고 성상의 덕을 속히 성숙하게 하여 직접 온갖 정사를 결단해서 백만 백성이 밤낮으로 우러러 바라는 바람에 부응하소서."라고 하였고, 또 이르기를 "전하께서는 또한 마땅히 눈과 귀를 활짝 열고 곧은 의론을 받아들여 강직한 신하를 가까이하고 참소하고 아첨하는 신하를 멀리하며, 정사를 보필하는 대신을 공경하고 중히 여겨 간난(艱難)한 시운을 구제하여 선군 문종의 바람을 위로하셔야 할 것입니다. 한갓 스스로 겸손한 마음으로 '어린 내가 어찌 감히 할 수 있겠는가.'라고 하셔서는 안 됩니다."라고 하였다. 세조가

---

147) 혹은……보좌하거나 : 문종의 유명을 받은 이른바 고명대신인 황보인과 김종서를 가리킨다.

148) 의친(懿親)인 숙부(叔父) : 단종의 숙부 안평대군을 가리킨다.

선위를 받은 뒤에 교서로 간절히 부르니, 하위지가 부름에 나아왔고 예조 참판에 제수되어 매우 총애를 받았다. 하위지는 상왕이 나이가 젊은데 양위한 것을 가엽게 여기고 녹을 받아먹는 것을 수치로 여겨 참판 이후의 녹봉은 별도로 한 방에 쌓아 두고 먹지 않았다.

병자년 변에 미쳐 성삼문 등에게 낙형을 시행하고 다음으로 하위지에게 미치니, 하위지가 "무릇 사람에게 역명(逆名)이 있으면 다른 도형(徒刑)·유형(流刑)에 비교할 것이 아닌데 다시 무슨 죄를 묻습니까. 이미 나에게 반역의 이름이 더해졌으니 그 벌은 응당 주멸해야 하니 무릇 다시 무엇을 묻습니까."라고 하였다. 상이 분노가 풀어져 낙형을 시행하지 않았으나, 성삼문과 동모하였다 하여 같은 날에 죽었다. 세종이 양성한 인재가 문종조에 이르러 한창 성대하였는데 당시 인물을 논할 때 하위지를 미루어 첫째로 삼았다.

02(의사)-09(하위지)-02(부기)

부기 : 『무인기문(戊寅記聞)』에 다음의 기록이 있다.[149]

"천순 황제(天順皇帝)가 북로(北虜)에게 포로로 잡히자,[150] 하위지는 항상 감개하여 '천자의 몽진(蒙塵)은 천하 사람이 분해하는 바이다. 우리 무리가 비록 해외의 배신(陪臣)이라 하더라도 어찌 태연하게 그 근심에 참여하지 않을 수 있겠는가.'라고 하고, 매번 외랑(外廊)에 거처하고 침실에 들어가지 않았다. 이 사람의 지조와 행실이 이와 같았으니, 충의로 순국할 것을 알 수 있다. 뒤에 성삼문 등과 노산의 복위를 도모하다가 일을

149) 『무인기문(戊寅記聞)』에……있다 : 『무인기문』은 조선 중기의 문신이자 학자인 기준(奇遵)의 저서이다. 본문의 내용이 『해동야언』 「세종기(世宗紀)」와 『단계유고(丹溪遺稿)』 부록 「사실(事實)」에 실려 있는데, 모두 출전을 '무인기문'으로 밝히고 있으나 『무인기문』은 현재 확인되지 않는다. 『단계유고』 부록 「사실」과 『해동야언』 「세종기」에는 본문의 내용이 하위지의 일로 기록되어 있으나, 『국역장릉지』에는 박팽년의 일로 기록되어 있다. 박엽, 위의 책, p. 96. 참조.

150) 천순……잡히자 : 천순 황제는 천순(天順)이 연호였던 명나라 황제 영종(英宗)이다. 영종은 1449년 왕진(王振)의 권유로 와랄야선(瓦剌也先)으로 친정(親征)을 나갔다가 토목보(土木堡)에서 패하고 포로로 잡혔다. 이후 동생 성왕(郕王) 주기각(朱祁鈺)이 즉위하고 그는 태상황(太上皇)으로 추존되었으며, 다음 해 석방되어 돌아와 남궁(南宮)에 머물렀다가, 1457년 석형(石亨)과 조길상(曹吉祥)이 맞아 황위에 복귀하고 천순으로 연호를 고쳤다.

이루지 못하고 그 무리들이 모두 섬멸되었으니, 지금까지 이 일을 언급하는 자는 감개하여 눈물을 흘리지 않는 이가 없다."

02(의사)-10(유응부)

유응부(兪應孚, ?~1456)는 무인이다. 활을 잘 쏘고 용맹을 좋아하여 능히 인가의 담과 집을 뛰어 넘었다. 세종과 문종이 모두 그를 신임하고 소중히 여겼으며, 관위가 2품에 이르렀다.

병자년 변에 성승과 함께 별운검이 되어 거사하려 하였으나 중도에 저지되었고, 일이 탄로나 대궐 뜰에 나포되어 왔다. 임금이 "너는 무엇을 하려 했느냐?"라고 하니, 유응부가 "명나라 사신을 청해 연회를 베푸는 날에 내가 단칼에 족하(足下)를 없애고 옛 임금을 복위시키고자 하였으나 불행히 간인에게 고발당하였습니다. 내가 무엇을 구하겠습니까. 족하는 다만 속히 나를 죽이시오."라고 하였다. 임금이 노여워하여 "너는 상왕을 복위시킨다는 명분에 가탁하여 종묘사직을 도모하려 한 것이다."라고 하고, 무사를 시켜 살갗을 벗겨내게 하여 실정을 캐물었으나 굴복하지 않았다. 〈유응부가〉 성삼문 등을 돌아보며 "사람들이 '서생과는 함께 일을 도모해서는 안 된다.'라고 말하는데 과연 그렇다. 지난번 연회를 청하던 날에[151] 내가 칼을 시험하고자 하였으나 너희들이 굳이 '만전의 계책이 아니다.'라고 말리더니, 오늘의 화를 불렀다. 너희들이 사람으로서 꾀가 없으니 어찌 가축과 다르겠는가."라고 하였다. 임금에게 "만약 실정 밖의 일을 묻고 싶거든 저 못난 선비에게 물어보시오."라고 하고, 곧 입을 닫고 대답하지 않았다. 임금이 더욱 노여워하여 불에 달군 쇠를 가져다 배 밑 허벅다리 위에 놓도록 명하자 기름과 불이 함께 끓어 살갗과 살이 다 타는데도 안색을 변하지 않았고, 서서히 쇠가 차가워지기를 기다려서 철을 잡아 던지며 "다시 뜨겁게 달구어 오라."라고 하더니, 끝내 복종하지 않고 죽었다.

유응부는 성품이 지극히 효성스러워서 무릇 어미의 마음을 위로해 드릴 수 있는 것이라면 하지 않는 일이 없었다. 형님 유응신(兪應信)과 더불어 모두 활쏘기와 사냥으로 세상에 이름이 나서 날짐승을 만나 활을 쏘면

151) 지난번……날에 : 원문은 '曩請宴之日'로, 오류가 있는 듯하다.

맞히지 못하는 것이 없었다. 집이 가난하여 저축해둔 양식은 없었으나 모친을 봉양하는 음식은 넉넉하지 않은 적이 없었다. 모친이 일찍이 포천(抱川)의 전장(田莊)에 왕래하였는데, 유응부 형제가 따라가다 하루는 말 앞에서 몸을 뒤집어 우러러 활을 쏘니 기러기가 활시위에 호응하여 떨어지자 모친이 크게 기뻐하였다. 유응부는 신장이 남달리 컸고 용모가 장엄하였다. 청렴하기는 마치 오릉중자(於陵仲子)[152]와 같아서 몸은 재상으로 있었으나 거적자리로 방문을 가렸고 음식은 한 점의 고기도 없었으며 때때로 양식이 떨어져 처자가 원망하고 괴로워하였다. 죽은 날에 아내가 통곡하며 길가는 사람들에게 "살아서 돌보아주는 것이 없더니 큰 화를 얻어 죽었다."라고 하였다. 성품이 또한 용감하여 처음 거사를 도모하던 때에 여럿 가운데서 주먹을 떨치며 "권 아무개(권람)와 한 아무개(한명회)를 죽이는 데에 이 주먹이면 족하니, 어찌 긴 창과 대검을 쓸 필요가 있겠는가."라고 하였다. 일찍이 함길도 절도사가 되었을 때 다음의 시를 지었다.

좋은 말 삼천 마리 버들 아래에서 울고 良馬三千嘶柳下
좋은 매 백 마리 누각 앞에 앉아있네 良鷹一百坐樓前
장군으로 부절을 가지고 변경을 안무하니 將軍持節安邊戍
사막의 티끌 맑고 사졸은 졸고 있네 沙幕塵淸士卒眠

이 시에서 또한 그 기상을 볼 수 있다. 아들은 없고 딸이 둘 있다.

02(의사)-11(금성대군 이유)

금성대군 이유(李瑜, 1426~1457)는 세종대왕의 여섯 째 아들이다. 안평대군의 난에 순흥부(順興府)에 폐치(廢置)되었다.[153] 『노릉유사』에 다음

---

152) 오릉중자(於陵仲子) : 유응부가 지나치게 청렴하였음을 말한 것이다. 오릉중자는 제(齊)나라 사람인 진중자(陳仲子)로, 그는 지나치게 청렴하여 형의 녹을 의롭지 못하다 하여 먹지 않았으며, 형의 집을 의롭지 못하다 하여 거처하지 않고 오릉(於陵)에 살았기 때문에 오릉중자라고 불렸다고 한다. 맹자는 중자의 지조를 만족시키려면 지렁이가 된 다음에나 가능할 것이라고 비평하였다. 『孟子 滕文公下』

153) 안평대군의……폐치(廢置)되었다 : 금성대군은 1455년 왕의 측근을 제거하려는 수양대군에 의해 몇몇 종친과 함께 무사들과 결탁해 당여를 키운다는 죄명을 받고 삭녕(朔

의 기록이 있다.

"어느 날 밤에 이유가 부사 이보흠(李甫欽)을 불러서 사람을 물리치고 은밀히 논의하여 영남 사민에게 격문을 돌려서 노산군을 받들고 영남을 넘어가 사방에 호소하고자 하였다. 이보흠은 문장에 능한 노련한 관리로 붓을 들고 격문을 초하였는데 그 중 한 구가 세상에 전하기를 '천자를 끼고 제후를 호령하면 누가 감히 따르지 않겠는가.'라고 하였다. 부사의 급창(及唱)[154]이 -그 이름은 전해지지 않는다.- 몰래 벽을 통해 엿들어 그 기미를 알아채고는 금성대군의 안전비(眼前婢)[155]에게 몰래 뇌물을 주어 격문을 초한 종이를 훔쳐내게 해서 한양으로 달려갔다. 마침 함창 현감(咸昌縣監)[156]이 -그 이름은 전해지지 않는다.- 급창의 계모를 듣고는 주마(走馬) 세 필의 말을 바꿔 타고 쫓아가서 용안역(用安驛)에 이르러 그가 가지고 있는 격문을 탈취하여 먼저 한양으로 달려가 고변하니, 급창이 미치지 못하였다. 일이 발각되자 금성대군 일가가 모두 물에 투신하여 죽었다."

02(의사)-12(이징옥)-01

병사(兵使) 이징옥(李澄玉, ?~1453)은 본관이 양산(梁山)이다. 『서정록(西征錄)』에 다음의 기록이 있다.[157]

寧)에 유배되었다가 광주(廣州)로 이배되었다. 그 해 수양대군이 단종을 핍박해 왕위를 선양받자, 이듬해인 1456년 이에 불만을 품은 성삼문·박팽년 등이 중심이 되어 단종 복위를 계획하다가 실패하였다. 그 결과 여기에 가담한 자들은 대부분 처형되고, 이 때 그도 삭녕에서 다시 경상도 순흥으로 유배지가 옮겨졌다.

154) 급창(及唱) : 군아(郡衙)에서 부리는 사내종을 일컫던 말이다. 원의 명령을 받으면 큰 소리로 전달하는 일을 맡았다.

155) 안전비(眼前婢) : 안전(眼前)은 목전을 말하므로, 안전비는 지근거리에서 시종하는 여종을 일컫는 것으로 보인다.

156) 함창 현감(咸昌縣監) : 『국역장릉지』와 『譯註我我錄』에는 각각 풍기 현감과 풍기 군수로 되어 있으며, 본문의 일화도 약간씩 차이가 있다. 박엽, 위의 책, pp. 48~49 ; 임병수·이순구·권윤수·이성호·김준은·류명환, 『譯註我我錄』, 역사문화, 2016, pp. 266~267. 참조.

157) 『서정록(西征錄)』에……있다 : 『서정록』에 본문의 내용이 있는지는 미상이다. 『서정록』은 1516년 이순(李純)이 서북의 도사(都事) 봉훈랑(奉訓郎)으로 재직하면서 관찰사 윤금손에게 부탁하여 간행하였다. 본문의 내용이 『해동야언』「세조」에도 기재되어 있는

"무용이 뛰어났다. 처음 부거책(富居柵)[158]을 지킬 때 누차 전공을 세워 위엄과 명성이 크게 떨치니 중국과 오랑캐가 두려워하였다. 오진(五鎭)을 설치하는데 더욱 공이 있었으며, 김종서가 매우 기이하게 여겼다. 계유년 변으로 김종서 등이 모두 죽고 세조가 선위를 받았을 때에 이징옥은 함길도 도절제사[159]로 있었다. 세조가 은밀히 박호문(朴好問)을 파견하여 가벼운 말로 빨리 달려 이징옥과 교대하게 하고, 이징옥을 불러 조정으로 돌아오도록 하였다. 이징옥이 교대를 받고 출발한지 하루가 지나서 문득 '절제는 중임인데 박호문이 소리를 숨기고 와서 교대함은 어째서인가?'라고 하고서 갑옷을 속에 입고 박호문의 영으로 달려가 의논할 일이 있다고 소리쳐 말하였다. 박호문이 나와 대답하자 이징옥이 쳐 죽이고 군마를 정비하여 야인(野人)에게 글을 보내 스스로 대금황제(大金皇帝)라 칭하고 장차 오국성(五國城)[160]에 도읍을 정한다 하니, 야인이 모두 복종하였다. 이징옥이 관속을 설치하고 기한을 정해 장차 강을 건너려 하는데 종성(鍾城)에 이르러 마침 날이 저물었다. 판관(判官) 정종이 밤에 도모하고자 하여 나아가 '저문 밤에 행군하면 군진의 대오가 상실되니, 내일 새벽을 기다리느니만 못합니다.'라고 말하였다. 이징옥이 옳게 여기고 의자에 기대어 임시로 잠을 자는데, 그의 아들이 의자 밑에 엎드려 있다가 갑자기 이징옥에게 '꿈에 대인(아버지)의 뇌혈(腦血)이 의자 다리에 흘러내렸습니다.'라고 고하니, 이징옥이 기뻐하면서 '길조겠지.'라고 하였다. 말이 끝나기가 무섭게 정종이 죽기를 각오한 군사를 거느리고 돌입하였다. 이징옥이 높은 담을 뛰어넘어 민가에 숨자 정종이 추격하여 죽이니, 대비하지 않고 있는 때에 엄습한 것이었다."

데, 글의 출처를 '서정록유편(西征錄類編)'으로 밝히고 있다.

158) 부거책(富居柵) : 부거(富居)는 지금의 함경북도에 있는 경성군으로 이 군에 설치한 성책을 말하는 것으로 보인다.

159) 함길도 도절제사 : 원문에는 '함길도 절제사(咸吉道節制使)'로 되어 있으나, 『단종실록』 1년 11월 11일 기사에 근거하여 수정하여 번역하였다.

160) 오국성(五國城) : 중국 만주(滿洲) 길림성(吉林省)에 있는 오국두성(五國頭城)이거나 흑룡강성(黑龍江省)에 있는 오국성으로 추측된다. 『국역장릉지』에는 오국성에 다음과 같은 주석이 달려 있다.(박엽, 위의 책, p. 111) "금(金)나라의 초기 서울. 만주 송화강(松花江)과 모란강(牡丹江)의 합류 지점. 삼성(三姓 : Iran) 지방에 있었음."

02(의사)-12(이징옥)-02(부기)

부기 : 이징옥이 박호문과 교대하고 올 때 길을 가서 회령부(會寧府)에 도착했는데 서울에서 오는 선전관이 있어 물어보니 "밀지(密旨)를 새로 부임한 병사에게 건네주러 간다."라고 하였다. 이징옥이 의심하여 거짓말로 꾀고 을러 뜯어보니, 바로 박호문으로 하여금 즉시 이징옥을 죽이라는 밀지였다. 이징옥이 선전관과 함께 박호문의 군영으로 달려가 밀지가 있어 서로 의논해 처리해야 한다고 속이자 박호문이 의심 없이 나와 보았다 한다. 무인 이완(李莞)이 일찍이 북도(北道)에 있었는데 들어 아는 바가 있어 나에게 말해주었다.[161]

02(의사)-13(별전 : 김시습)-01

별전 : 절사(節士) 김시습(金時習, 1435~1493)은 자가 열경(悅卿)이고 본관은 강릉(江陵)이다. 신라 알지왕(閼智王)의 후예로 명나라 선덕(宣德) 10년 을묘년(1435, 세종17)에 태어났다. 태어난 지 8월에 스스로 글을 알았는데, 족조(族祖) 최치운(崔致雲)이 보고 기이하게 여겨 '시습(時習)'이라고 이름을 지었다.[162] 〈김시습은〉 말은 더디었지만 정신은 영민하여 문자에 임해 입으로는 읽지 못했으나 뜻은 모두 알았다. 세 살 때 능히 시를 지었고, 다섯 살 때 『중용』·『대학』에 통달하니, 세상 사람들이 신동이라고 불렀다. 세종이 소문을 듣고 승정원으로 불러들여 시로 시험하고 하교하기를 "내가 친히 보고 싶으나 세속의 이목을 놀라게 할까 두려우니 마땅히 그 집안을 권면하여 재능을 감추어 가르치도록 하라. 내가 장차 크게 쓰리라."라고 하고, 비단을 하사하여 집으로 돌려보냈다.

김시습은 임금의 권장을 입고 더욱 원대한 학업에 힘썼다. 1455년에 세조가 선위를 받았는데, 이때 김시습의 나이 21세로 삼각산(三角山)에서

---

161) 나에게 말해주었다 : '나'가 누구인지는 미상이다. 혹 『서정록』의 저자를 가리키는 것인지 모르겠다.

162) 족조(族祖)……지었다 : 오류가 있는 듯하다. 김시습의 전기는 『율곡전서』 「김시습전」의 내용을 저자(이대기)가 약간을 산삭·수정·보충하여 기술한 것으로 확인되는데, 『율곡전서』 「김시습전」에는 "최치운(崔致雲)이 보고서 기이하게 여겨 '시습'이라고 이름을 지었다. 〔崔致雲見而奇之 命名曰時習〕"라고 되어 있고 '족조'라는 기록은 없다.

글을 읽고 있었다. 한양에서 온 사람이 있어 〈이 소식을 듣고는〉 김시습은 곧장 문을 닫고 3일간 바깥출입을 않다가 대성통곡을 하고 서책을 모조리 불사르고, 광기를 일으켜 변소에 빠졌다가 도망하여 불가에 자취를 의탁하였으며, 승명(僧名)을 설잠(雪岑)이라 하였다. 뒤에 여러 번 호를 바꾸어 청한자(淸寒子), 동봉(東峯), 벽산청은(碧山淸隱), 췌세옹(贅世翁), 매월당(梅月堂)이라 하였다. 사람됨이 생김은 못생기고 신장은 작았으며 꾸밈없이 솔직하여 위의가 없었으나, 호방하고 영특하여 총명이 남달리 뛰어나 사서(四書)와 육경(六經)은 어려서 스승에게 배웠고 제자백가(諸子百家)도 섭렵하지 않은 것이 없었다. 한 번 보면 끝내 잊지 않아서 평소에 글을 읽지 않았지만 고금의 문적을 꿰뚫지 않은 것이 없어 질문하는 자가 있으면 응답에 의심이 없었다. 스스로 세상을 따라 오르내릴 수 없음을 헤아리고는 이에 일부러 미쳐 제정신을 잃은 것처럼 행동해서 그 자취를 은폐하였다. 그에게 수학하고자 하는 선비가 있으면 나무나 돌을 던지기도 하고 혹은 활을 당겨 쏘려고 하기도 해서 그 정성을 시험하였다. 그러므로 문하에 머물러 있는 이가 적었고 시종 학업을 전수받은 자는 더욱 적었다. 성품이 술을 즐겼고 취하면 우리 세종을 볼 수 없다고 하여 눈물을 흘리고 매우 슬퍼하였다. 한 어린 중이 있었는데 목청이 청초하여 능히 비장하고 처량한 소리를 냈다. 매양 달이 환하게 뜨면 한밤중에 홀로 앉아 어린 중으로 하여금 「이소경(離騷經)」[163]을 한 번 읊게 하고는 문득 눈물을 흘려 옷깃을 적셨다.

세조가 일찍이 내전(內殿)에서 법회(法會)를 열었을 때에 설잠도 뽑혀 들어갔는데 갑자기 새벽녘에 달아나서 간 곳을 알 수 없었다. 사람을 보내 찾게 하니 일부러 여염집 변소에 빠져 얼굴만 반쯤 내놓고 있을 뿐이었다. 일찍이 저자 거리를 지나다가 혹은 응시하여 돌아갈 것을 잊어버리기도 하고 나무처럼 곧추 서서 시간을 보내기도 하였으며, 혹은 큰 길거

---

163) 「이소경(離騷經)」: 초 회왕(楚懷王) 때의 충신 굴원(屈原)이 참소를 받고는 근심하고 번민하여 지은 것이다. 위로는 당(唐 요)·우(虞 순)와 하(夏)·상(商)·주(周) 삼대(三代) 임금의 훌륭한 제도를 서술하고, 아래로는 걸왕(桀王)과 주왕(紂王), 예(羿)와 요(澆)의 실패한 사실을 서술하여 군주가 깨달아 정도로 돌아와 자신을 다시 써주기를 기대하였다. 「이소경」은 사부(詞賦)의 원조로 높게 평가받고 있으며, 굴원은 멱라수에 투신하여 생을 마쳤다.

리에서 대소변을 보면서도 사람들의 시선을 피하지 않으니 뭇 아이들이 욕하고 웃으면서 다투어 기와나 자갈을 던져 쫓아버리기도 하였다. 혹은 송사하는 곳에 들어가 굽은 것을 가지고 곧게 만들어 궤변을 늘어놓아 반드시 승소하였는데, 문안(文案)이 이루어지면 또 크게 웃고서 찢어 버렸다. 장바닥 아이들과 재밌게 놀다가 술에 취하여 길가에 드러눕기가 일쑤였다. 어느 날 영의정 정창손이 저자거리를 지나가는 것을 보고 크게 외치기를 "네 이놈, 그만두어라."라고 하니 정창손이 못들은 체하고 지나갔다. 사람들이 이 때문에 위태롭게 여겨 안면이 있는 이들이 절교하였으나 오직 수천 부정(秀川副正) 이정은(李貞恩)과 남효온, 안응세(安應世), 홍유손(洪裕孫)의 무리 몇 사람들만은 끝까지 변하지 않았다. 남효온이 김시습에게 "나의 소견은 어떠한가?"하고 물으니, "창문 구멍으로 하늘을 엿보는 격이다."라고 하였다. -소견이 좁음을 말한 것이다.- "동봉의 소견은 어떠한가?"라고 하니, "넓은 뜰에서 하늘을 우러르는 격이다."라고 하였다. -소견은 높으나 행실이 미치지 못함을 말한 것이다.-

당시에 이름난 정승 서거정(徐居正)이 막 조정에 달려가느라 행인을 물리치는데, 김시습이 남루한 옷에 새끼로 띠를 두르고 폐양자(蔽陽子)를 쓴 채 저자에서 우연히 마주쳐 앞길을 범하고는 머리를 들어 "강중(剛中 서거정의 자)은 편안한가?"하고 외쳤다. 서거정이 웃으며 응답하고 수레를 멈추어 이야기하니, 온 저자 사람들이 모두 놀란 눈으로 서로 쳐다보았다. 조정의 벼슬아치 중에 그에게 모욕을 받은 자가 서거정을 만나 그의 죄를 다스리려고 하자 서거정이 머리를 흔들어 만류하기를 "미친 사람을 어찌 따질 것이 있겠는가. 만약 이 사람을 벌한다면 백대 후에 반드시 공의 명성에 누가 될 것이다."라고 하였다.

괴애(乖崖) 김수온(金守溫)이 지성균관사(知成均館事)로 '맹자가 양혜왕(梁惠王)을 보다.'라는 논제로 태학 유생들을 시험하였다. 상사생(上舍生) 한 사람이 삼각산에서 김시습을 보고는 "괴애가 희극(喜劇)을 좋아합니다. 이것이 어찌 논제에 합당하겠습니까?"라고 하니, 김시습이 웃으며 "이 노인이 아니면 이런 논제를 내지 못한다." 하였다. 바로 붓을 달려 글 한편을 완성하고서 "자네가 지은 것으로 해서 시험 삼아 이 노인을 속여 보라."라고 하였다. 상사생이 그의 말대로 하니, 괴애가 미처 다 읽기도 전에 문득 "열경은 한양 어느 산사에 머물고 있는가?"하고 물으니, 상사생이 숨기지 못하였다. 그가 인정받음이 이와 같았다. 대저 양혜왕이 왕을 참칭하였고 위사(魏斯)가 찬역(簒逆)하였으므로 마땅히 만나서는 안 된다는 내용이었는데, 지금은 그 글이 일실되었다. 김수온이 죽었는데, 그가 앉은 채로 입적하였다고 말하는 이가 있었다. 김시습이 "괴애는 욕심이 많으니 어찌 이런 일이 있겠는가. 설령 그런 일이 있다 하더라도 앉아서 죽는 것은 예(禮)가 아니다. 나는 다만 증자(曾子)의 역책(易簀)과 자로(子路)의 결영(結纓)[164]에 대해 들었을 뿐이니 그밖에 일은 알지 못한다."라고 하였다.

성화(成化) 17년 신축년(1481, 성종12)은 김시습의 나이 47세였다. 홀연히 머리를 기르고 고기를 먹었으며, 글을 지어 조부와 부친의 제사를 지내고 다음과 같이 말하였다. "삼가 생각건대, 순 임금이 오교(五敎 오륜)를 베푸심에 부자유친(父子有親)이 첫 번째에 해당하고, 죄 3천 가지 가운데 불효(不孝)가 가장 죄가 큽니다.[165] 모든 천지간에 거처하는 사람이라면 누구인들 양육의 은혜를 저버릴 수 있겠습니까? 그러므로 악한 짐승 중에 어찌 호랑이나 이리보다 더한 것이 있겠으며 미천한 짐승으로 승냥이와 수달보다 더한 것이 없으되, 능히 어버이를 사랑하는 성품을 온전히 보존하고 또 근본에 보답하는 정성을 삼가나니, 이는 모두 본디부터 그러한 천리로서 물욕에 가려지기 어려운 것입니다. 삼가 생각건대 어리석은 소자는 본지(本支)를 계승하였으나 젊은 날 이단(異端 불가)에 빠져 통탄스럽게도 미혹되고 어리석어 근본(조상)에 보답하기를 강구하지 않았고, 장차 도를 닦아 중생을 제도(濟度)할 수 있으리라 여겼으나 황당한 설

164) 증자(曾子)의……결영(結纓) : 역책은 대자리를 바꾸는 것이다. 증자가 운명할 즈음에 계손(季孫)에게서 받은 대자리에 누워 있었는데 동자(童子)가 그것이 대부가 사용하는 대자리라서 신분에 맞지 않다고 지적하자, 증자가 "내가 정도를 얻고서 죽으면 그만이다."라고 말하고는 다른 자리로 바꾸게 한 뒤에 운명하였다.(『禮記 檀弓上』) 자로는 위(衛)나라의 난리에 휘말려 싸우다가 적의 창에 찔려 갓끈이 끊어지자 "군자는 죽을 때에도 갓을 벗지 않는다.〔君子死 冠不免〕"라고 하고서 갓끈을 매고 죽었다.(『春秋左氏傳 魯哀公下 15年』) 역책과 결영은 숨을 거둘 때까지 바른 도리를 잃지 않음을 말하는 것으로, 유자의 죽음을 든 것이다.

165) 죄……큽니다 : 『효경』 전8장에 "공자께서 말씀하셨다. '오형(五刑)의 종류가 3천 가지이되, 불효보다 큰 죄는 없다.'〔子曰 五刑之屬三千 而罪莫大於不孝〕"라고 하였다.

로 윤회설만한 것이 없음을 깨달았습니다. 장년에는 그대로 우물쭈물 지내다가 만년이 되어서야 바야흐로 후회하였습니다. 이에 예전(禮典)을 상고하고 경전을 뒤져서 조상을 추모하는 큰 의식을 상고하여 정하고 청빈한 생계를 참작하여 간소하면서도 정결하기에 힘쓰고 정성으로 제수를 차렸습니다. 한 무제(漢武帝)는 나이 70세에 비로소 승상 전천추(田千秋)의 말을 깨달았고,[166] 원(元)나라 덕공(德公)은 나이 100세에 노재(魯齋) 허형(許衡)의 풍도에 감화되었습니다.[167] 이슬과 서리가 적시는 것을 보고 서글픔을 느끼며[168] 세월이 흘러감을 근심하니, 놀랍고 황공함이 그지없고 탄식하고 의아함이 참으로 많습니다. 만약 옛날의 허물을 속죄하여 혹 하늘과 땅 양 사이에 용납될 수 있다면 장차 얼굴을 들고 지하에서 조종을 뵐 수 있을 듯합니다." 마침내 안씨(安氏)의 딸에게 장가들어 처를 삼았다. 벼슬을 권하는 사람이 많았으나 김시습은 끝내 뜻을 굽히지 않았고 호탕하여 언행에 거리낌이 없기가 예전과 같았다. 얼마 안 되어 처가 죽자 다시 산으로 돌아가서 중의 모습을 하였다. 금오산(金鰲山)에 들어가 글을 지어 석실에 감추고 "후세에 반드시 나를 알아줄 이가 있을 것이다."라고 하였다.[169] 대개 기이한 것을 우의(寓意)하여 기술하였는데, 『전

166) 한……깨달았고 : 한 무제는 향년이 70인데, 전천추(田千秋)를 승상으로 삼은 해는 BC 89년으로 한 무제 68세이니 70이라 한 것은 대략의 수를 든 것이다. 전천추는 한 무제에게 방사(方士)로서 신선술을 말하는 자를 물리치기를 청하였는데, 한 무제가 마침내 깨달아 이 건의를 받아들이고 방사에게 속임을 당한 것을 자탄하였으며, 전천추를 승상으로 삼고 부민후(富民侯)에 봉하였다. 『通鑑節要 世宗孝武皇帝下』

167) 원(元)나라……감화되었습니다 : 허형(許衡)은 원나라 사람으로, 조복(趙復)의 문인 요추(姚樞)에게 이정(二程)과 주희(朱熹)의 저작을 얻어 소문(蘇門)에 살면서 요추와 함께 강습하면서 도학을 실천하는 것으로 임무를 삼았다. 주희와 육구연(陸九淵)의 학문을 조화시키려 노력했고, 공담(空談)만을 일삼는 이학(理學)을 비판했다. 원나라 덕공은 누구인지 미상이다.

168) 이슬과……느끼며 : 군자가 부모님을 종신토록 잊지 못하여 절기가 바뀌면 감동되는 바가 있는데, 가을의 음산함에 만물이 쇠하여 시들므로 서리와 이슬을 밟으면 장차 잃을 듯이 그 마음이 서글퍼짐을 말한 것이다. 『소학』「명륜(明倫)」에 "『예기』「제의(祭義)」에 '서리와 이슬이 내리면 군자는 이것을 밟고 반드시 서글픈 마음이 있기 마련이니, 추워짐을 말하는 것이 아니다.' [祭義曰 霜露旣降 君子履之 必有悽愴之心 非其寒之謂也] "라고 하였다.

169) 금오산(金鰲山)에……하였다 : 김시습이 금오산에서 지은 글은 『금오신화(金鰲新話)』로 보인다. 『금오신화』는 김시습이 지은 한문 단편소설집으로, 일반적으로 한국 최초의 소

등신화(剪燈新話)』 등의 작품을 모방한 것이다.

유자한(柳自漢)이 양양(襄陽) 군수가 되어 예로 대접해서 가업을 회복하여 세상에 나서도록 권하였으나 편지로 이를 사절하니, 그 글에 "장차 긴 보습을 만들어서 복령(茯苓)과 창출(蒼朮)을 캐려고 합니다. 온 나무가 서리에 엉기면 중유(仲由)의 온포(縕袍)[170]를 손질하고 온 산에 눈이 쌓이면 왕공(王恭)의 학창(鶴氅)[171]을 매만지려 합니다. 넋을 잃고 세상에 거하기보다는 무엇이 소요하며 생을 보내는 것만 하겠습니까. 천년 후에 나의 속뜻을 알아주는 이가 있기를 바랄 뿐입니다."라고 하였다.

홍치(弘治) 6년 계축년(1493, 성종24)에 홍산(鴻山) 무량사(無量寺)에서 병으로 자리에 누워 생을 마치니, 향년 59세였다. 화장을 하지 말도록 유언하여 절 곁에 빈소를 마련하였는데 3년이 지난 뒤에 안장하려고 열어보니 안색이 생시와 같았다. 승도들이 놀라 경탄하여 성불(成佛)하였다고 여겨 화장하여 뼈를 취해다가 부도(浮圖)를 만들었다. 생시에 손수 늙었을 때와 젊었을 때의 화상을 그리고 스스로 찬(贊)을 지었는데 이것이 절에 남아 있다. 찬의 마지막 장에 말하기를 "너의 모습은 지극히 못났고 너의 말은 크게 미련하니 너를 구렁텅이에 버려둠이 마땅하다." 하였다. 저술한 시문이 산실되어 열에 하나도 보존되지 못하였는데 이자(李耔), 박상(朴祥), 윤춘년(尹春年)이 앞서거니 뒤서거니 수집하여 세상에 간행하였

설로 인정되고 있다. 본문 뒤에도 기술되어 있지만 이 작품은 명나라 구우(瞿佑)가 지은 『전등신화(剪燈新話)』의 영향을 받은 것으로 인정되나 현재 단순히 모방한 것으로 보지는 않으며, 『전등신화』의 수준을 능가하는 문학적 성취를 인정받는다. 김시습은 31세 때인 1465년 경주 남산에 금오산실을 짓고 6년 남짓 정착 생활을 했다고 하는데, 본문의 기록을 통해서도 알 수 있듯 『금오신화』는 이 시기에 창작한 것으로 추정한다.

170) 중유(仲由)의 온포(縕袍) : 중유는 공자의 제자로 자는 자로(子路)이다. 『논어』 「헌문(憲問)」에 공자께서 '해진 솜옷 [縕袍] 을 입고서 여우나 담비 가죽으로 만든 갖옷을 입은 자와 같이 서 있으면서도 부끄러워하지 않을 자는 자로일 것이다. 남을 해치지 않고 남의 것을 탐하지 않는다면 어찌 선(善)하지 않겠는가?'라고 하자 자로가 이 시구를 종신토록 외우려 하였는데, 공자가 '이 도가 어찌 족히 선하겠는가.'라고 한 내용이 있다.

171) 왕공(王恭)의 학창(鶴氅) : 왕공은 효무제(孝武帝) 때의 인물로, 인물이 빼어났고 항상 학창의(鶴氅衣)를 입고 다녔는데, 눈이 올 때 이것을 입고 다니면 신선과 같았다고 한다. 『진서(晉書)』 「왕공전(王恭傳)」에 "왕공이 학창의를 입고 눈 위로 다니는 것을 맹창(孟昶)이 엿보고 신선 세계의 사람이라고 했다. [嘗被鶴氅衣 步雪而行 孟昶窺見曰 神仙中人也] " 하였다.

다 한다.

02(의사)-13(별전 : 김시습)-02(보유)

보유[172] : 동봉의 평생의 심회를 세상 사람은 엿보지 못하였다. 시집을 살펴보면 '고비 미(薇)', '고사리 궐(蕨)' 자를 사용하는 것을 좋아하였는데, 그 뜻이 어디 있는지 모를 일이다. 사재(思齋) 김정국(金正國)이 늙은 중을 만났는데 현묘한 이치를 꽤 들었다. 전수받은 스승을 물으니, 어렸을 때 사미(沙彌)로 있으면서 동봉 오세(東峯五歲 김시습)를 섬겼다고 하였다. 이어서 말하기를 "오세의 저술로 세상에 전하는 것은 겨우 백에 하나나 둘 뿐이다."라고 하였다. 〈김정국이〉 그 이유를 물으니 "노승이 중흥사(中興寺)에서 가장 오랫동안 모셨는데 매양 비가 내린 뒤에 산의 물이 불어나면 백여 장의 종이를 잘라서는 붓과 벼루를 갖추어 뒤따르도록 하였습니다. 물결을 따라 내려가다가 반드시 여울지는 물살이 급한 곳을 가려 앉아서 읊조리고 시를 짓되 혹은 절구(絶句) 혹은 율시(律詩), 오언 고풍(五言古風)을 종이에 써서 물에 흘려버렸는데 멀리 떠내려가는 것을 보고는 또 쓰고 또 흘려보내어 어떤 때는 밤이 새도록 반복하다가 종이가 다 떨어져서야 비로소 돌아오곤 하였습니다. 때로는 하루에 지은 시가 거의 백여 수가 되기도 했습니다."라고 하였다. 이것도 또한 그 뜻을 엿보기 어려운 점이다.

02(의사)-13(별전 : 김시습)-03(부기)

부기 : 선조가 이이에게 명하여 「김시습전(金時習傳)」을 짓게 하였다.

"신이 삼가 살펴보건대, 사람이 천지에 가득한 기운을 받고 태어나되 청탁(淸濁)과 후박(厚薄)의 부여받음이 고르지 않아 태어나면서부터 아는 이와 배워서 아는 이의 분별이 있게 되는 것이니, 이는 의리(義理)로써 말한 것입니다. 예컨대 김시습과 같은 이는 문장에 있어서 천부적으로 타고났은즉 문자도 나면서부터 아는 천부적인 재능이 있었습니다. 거짓 미친 체 세상을 피하였으니, 은미한 뜻을 높일 만하지만 기필코 명교(名敎)를 던져 버리고 방탕하게 마음 내키는 대로 행동했던 것은 무슨 까닭이겠습

172) 보유 : 보유의 내용이 『사재집(思齋集)』「척언(摭言)」에 보인다.

니까. 비록 빛을 감추고 그림자를 숨기더라도 후세 사람들로 하여금 김시습이 있음을 알지 못하게 하려 하였으니, 또한 어찌 그리도 딱하단 말입니까. 그 사람을 상상해보건대 재주가 기국 밖으로 넘쳐 스스로도 지탱하지 못하였으니, 기운을 받음이 가볍고 맑은 데에는 넉넉하되 후중함에 있어서는 인색한 것이 아니겠습니까. 비록 그렇지만 절의를 표방하고 윤리와 기강을 붙들었으니, 그의 뜻을 궁구해보면 일월과 더불어 빛을 다투며, 그의 풍모를 들으면 나약한 지아비가 또한 뜻을 세울 수 있습니다. 그런즉 비록 백세의 스승이라 칭하더라도 또한 가까울 것입니다. 애석합니다. 김시습의 영특한 자질로써 학문과 실천을 갈고 닦았더라면 그 성취한 바를 어찌 헤아릴 수 있었겠습니까. 아, 위태로운 말과 준엄한 의론이 기휘를 촉범하였으며, 공경을 꾸짖고 매도하여 조금도 서슴지 않았으나 당시에 그의 잘못을 거론한 자가 있었다는 말을 듣지 못하였으니, 우리 선왕의 성대한 덕과 보좌하는 현량한 신하의 넓은 도량을 말세에 선비로 하여금 말을 공손하게 만드는 경우[173]와 견준다면 그 득실이 어떠하겠습니까. 아, 위대합니다." -이상 병자-

173) 말세에……경우 : 『논어』 「헌문(憲問)」에 "공자께서 말씀하셨다. '나라에 도가 있을 때는 말을 높게 하고 행실을 높게 하며, 나라에 도가 없을 때에는 행실은 높게 하되 말은 공손하게 하여야 한다.' [子曰 邦有道 危言危行 邦無道 危行言孫] "라는 내용이 있는데, 군자의 몸가짐은 변할 수 없거니와 말에 이르러서는 때로는 감히 다하지 못하여 화를 피하는 경우가 있음을 말한다. 곧 말세의 혼란한 상황에서는 말을 공손하게 하여 화를 피하는 것이다.

02(첨부)-01(수양대군봉공신교서)

「수양대군이 공신을 봉한 교서」 -계유년에 김종서 등을 주살하자 백관이 위로 노산군에게 마땅히 세조의 공을 주공(周公)에 견주어 표창해야 한다고 청하여 집현전 관원으로 하여금 초고를 쓰게 하였는데 모두 도망가고 홀로 유성원이 있다가 협박을 받아 초고를 쓰고는 집으로 돌아가 통곡하였다.-

왕은 다음과 같이 이르노라. 하늘이 종묘사직을 위하여 어진 이를 냄은 대개 기수(氣數)에 관계가 있고, 임금이 작위와 토지로 명을 내림은 실로 훈공(勳功)을 표창하는 것이다. 이에 떳떳한 헌장을 상고하여 밝게 상전(賞典)을 보이노라.

숙부 아무개는 삼광(三光)·오악(五岳)과 같은 빼어난 기운을 모았고 바람과 서리 같은 절개를 갈고닦았다. 기국은 준엄하고 가지런하면서도 넓고 깊으며 뜻과 기개는 굳고 단단하면서도 엄격하고 바르다. 효우는 천성에 근본하고 충의는 지성에서 나오며, 호걸과 같은 재주이고 성현과 같은 학문을 갖추었다. 기운은 한 세상을 뒤덮고 용맹은 삼군에 으뜸이며, 덕망은 종친 가운데 높고 무거우며 풍채는 조정에 표본이 된다. 선을 행함을 가장 즐거워하니 부귀와 성색(聲色)이 충분히 그 마음을 움직이지 못하고, 임금을 충성으로 섬기니 순경이든 역경이든 처음이든 끝이든 어찌 그 지조를 다르게 하겠는가. 우뚝하여 견고한 성과 같아서 확고하게 큰 절개에 임하였다.

나 어린 소자가 국가의 불행을 만나 간대(艱大)함을 크게 구제할 것을 생각하여 기무(機務)를 신하들에게 위임하고, 바야흐로 보필을 받아 태평하기를 도모하였다. 이때 이용(안평대군)이 지친(至親)의 자리에 거하여 임금을 무시하는 마음을 쌓아서 과인이 어려 임금 노릇을 제대로 하지 못하므로 대위(大位)를 간계로 혹 엿볼만하다고 생각하였다. 나라에 후하게 은혜를 베풀어 사람들에게 명예를 구하니 뭇 소인들이 다투어 귀의하여 사사로이 문호를 형성해 작당하였다. 익숙하게 불궤(不軌)를 도모하여 온갖 방법으로 엿보았고, 간신 황보인 등은 총애하여 임명한 은혜를 생각하지 않고 몰래 흉악한 간계를 품었다. 몰래 당원(黨援)을 삼아 흡연히 추종하여 붙었으며, 나의 유충함을 멸시하고 나의 위복(威福)을 훔쳤다. 권력을 전단하고 권세를 휘두르며 사사로운 뜻을 품고 은혜를 팔았다. 관작이 친인척에게 함부로 베풀어지고 뇌물이 안팎에 공공연히 행해졌다. 부역은 번거로워 공적으로나 사적으로 곤궁하고 토목 공사가 일어나 재력이 궁핍하였다. 총명을 가리고 덕택을 막으니 공도(公道)는 어둡게 침식되고 사의(私意)가 멋대로 횡행하였다. 하늘이 위에서 노하는데도 나는 알지 못하였고 백성이 아래에서 원망하는데도 나는 깨닫지 못하였다.

숙부가 일찍이 그 자취에 통분하여 항거하는 상소를 올려 말하였으나 나는 또한 심상하게 여겨 살피지 않았다. 대개 이용에게 당부(黨附)한 것이 저와 같았기 때문에 이에 조정을 흐리고 어지럽힘이 이와 같았던 것이다. 그 흉한 꾀가 더욱 깊어짐에 이르러 매일 밤 사사로이 모여서 안으로는 근시·환관과 통하여 은밀하게 동정을 엿보고 밖으로는 방진(方鎭)·장수를 유혹하여 몰래 날짜와 시기를 약속하였다. 무리가 이미 불어나고 형세가 날로 치성하여 큰 간흉이 근거하였는데도 제거하지 못하였으니, 과인이 고립된 채로 무엇을 할 수 있었겠는가. 종묘사직과 국가의 안위가 호흡하는 사이에 달려 있었다.

숙부는 기미에 밝아 절치부심하였다. 천지가 용납하지 않는데 군흉의 악역(惡逆)을 참을 수 있겠으며, 사직을 기쁨으로 삼는데 즐겨 한 몸의 사생(死生)을 돌아보겠는가. 웅대한 결단과 영명한 계책으로 의로운 용맹을 분발하여 이 충의의 장사들을 거느리고 저 흉하고 더러운 무리를 섬멸하였다. 시간이 얼마 지나지 않아 한 번에 신속히 소탕하니 조정의 신료들이 서로 경하하고 도로에서는 백성들이 다투어 기뻐하였다. 나라의 근본이 거의 흔들리려 하였다가 다시 편안하게 되고 신기(神器)가 장차 기울려 하다가 다시 안정되었으니, 이는 장엄하게 꾀하고 깊이 마음을 다잡아서 정성은 귀신을 감동시키고 충성은 일월을 관통했기 때문이었다. 이로써 군흉을 잠깐 사이에 제거하여 아침이 지나기도 전에 깨끗하게 되니, 공렬의 빛남이 고금에 우뚝하다. 숙부가 있지 않았다면 나에게 어찌 오늘날이 있겠는가. 진실로 천지 조종의 신령이 묵묵히 도와 숙부의 손을 빌려 화난을 안정시키지 않았다면 그 기수에 관계되어 일어나는 것이 어찌 이와 같겠는가.

이에 그 충성을 돌아보아 임시로 장수와 정승을 겸직하게 하였다. 나는 심복을 드러내어 위임하고 경은 온 힘을 다해 충성을 바치니, 제왕의 어진 은혜를 권하여 펴고 권간(權奸)의 폐정을 모두 고쳤다. 성색을 움직이지 않고도 국가를 반석처럼 편안하게 만들고 병력을 동원하지 않고도 생령을 즐겁고 태평하게 만들었다. 몸은 나라의 기둥으로서 사람들이 중임을 맡기고 공은 하늘을 덮되 스스로 겸손함으로 낮추니, 참으로 어린 임금을 부탁하고 명을 맡길 수 있는 사직의 중신이라고 하겠다.

옛날에 주공이 관숙(管叔)·채숙(蔡叔)을 주살함으로써 주나라 왕실을 편안하게 하여 대의가 환하게 만고에 빛났다. 현재의 상황을 미루어 옛날과 비교함에 시대는 다르지만 똑같이 부합한다. 이에 공훈을 책정하여 정난 일등공신으로 삼고 '분충 장의 광국 보조 정책 정난(奮忠仗義匡國輔祚定策靖難)'의 호를 하사하니, 경의 공은 크나 나의 상은 적다. 경에게 있어서 무엇이 해로울 것이 있겠는가. 나에게 있어 겸연쩍을 뿐이다. 지극한 회포를 살펴 부디 받아주기를 바란다. 아, 경은 주공의 재주의 아름다움을 소유한데다 또 주공의 큰 공을 겸하였으며, 나는 성왕(成王)처럼 유충한 나이인데다 또 성왕과 같은 많은 어려움을 만났다. 이미 성왕이 주공에게 책임지운 것으로 숙부에게 책임 지웠으니, 마땅히 주공이 성왕을 보필한 것으로 과인을 보필하라. 위와 아래에서 서로 닦아 나아간다면 무엇인들 구제하지 못함을 근심하겠는가. 그대의 충렬을 돌아봄에 참으로 의지함이 깊다. 그러므로 이에 교시하는 것이니 잘 알았으리라 생각한다.

02(안설)

우안(愚按)[174]: 계유년에 화를 당한 사람들은 천명이 이미 떠나간 뒤를 당하여 한 가닥 터럭의 작은 힘으로 해가 저무는 곳에서 태양을 취하고자 하였으니,[175] 그 마음은 진실로 슬퍼할 만하고 그 일은 참으로 매우 어려웠다. 결국 집안사람들은 노륙당하고 자신은 죽임을 당하여 당시의 상황을 구제하지 못했던 것이 마땅하다. 무릇 대위는 사람이 엿보는 바이면서 하늘이 명하는 바이다. 우리 세조 대왕께서는[176] 요(堯) 임금이 선양하고 순(舜) 임금이 전해 받듯 성신(聖神)이 계승하여 지금 8종(八宗)에 이르도록 본지(本支)가 서로 전해졌으니, 하늘이 명한 것이 아니고서야 이와 같을 수 있겠는가. 천명이 이미 문종의 시대에 바뀌었으니, 이 당시를 당하여 17인과 같은 신하가 있었다 하나[177] 또한 그 사이에서 무엇을 할 수 있었겠는가. 그렇다면 17인을 일러 비록 천명을 알지 못하였다고 해도 가하다.

어떤 이가 나에게 이르기를 "정말로 그대의 말과 같다면 저 계유년 병자년의 의사는 과연 모두 천명이 귀의한 바를 알지 못하고서 무익하게 헛되이 죽은 것인가?"라고 하였다. 내가 응하기를 "그렇지 않다. 예부터 충신과 열사가 국가의 위태로운 시기를 당하여 천명이 이미 끊어진 줄을 알지 못한 것은 아니었다. 그런데도 오히려 격렬하게 분발하여 죽은 이후에야 그만두었던 것은 단지 신하된 직분을 다하고자 한 것이지 명이 바뀜과 바뀌지 않음은 근심했던 바가 아니었다. 만약 하늘의 뜻과 인사(人事)의 거취를 따져 이를 따라 진퇴하였다면 과연 그들을 충렬이라고 할 수 있겠

---

174) 우안(愚按) : 저자 이대기가 자신의 견해를 기록한 글이다. 이 안설은 『설학소문』에서 유일하게 권2 「계유록」에만 있다.

175) 해가……하였으니 : 계유정난에 화를 당한 의사의 행위가 마치 서녘으로 기우는 해를 붙드는 것과 같았음을 비유한 것이다. 『회남자(淮南子)』 「천문훈(天文訓)」에 "해가 우연(虞淵)으로 들어가면 이것을 일러 황혼(黃昏)이라 한다. [至于虞淵 是謂黃昏] " 하였다.

176) 우리 세조 대왕께서는 : 원문은 '我世祖莊憲大王'으로, 오류가 있다. '莊憲'은 세종의 시호이므로 빼고 번역하지 않았다.

177) 17인과……하나 : 계유년과 병자년의 의사 17인을 말한다. 계유년의 김종서·황보인·조극관·허후·정분·안평대군 6명과 병자년의 박팽년·성삼문·이개·유성원·하위지·유응부·성승·금성대군·이보흠·이징옥·김시습 11명이다.

는가. 800의 제후들이 약속하지 않았는데도 맹진(孟津)에 모여 목야(牧野)에서 은(殷)나라 주왕(紂王)과 전투하였을 때에 고죽군(孤竹君)의 두 아들 백이(伯夷)와 숙제(叔齊)가 홀로 분발하여 만고의 하늘 아래 강상을 붙들려 하였으니,[178] 어찌 주왕의 악이 스스로 천명을 끊어서 인심이 이미 떠나갔음을 알지 못하였겠는가."라고 하였다.

어떤 이가 또 나에게 이르기를 "17인의 의사를 당시의 관점으로 보면 충이라고 해도 가하지만 오늘날의 관점에서 말하면 앞 조정에 대한 충성은 뒤 조정에 대한 반역에 해당한다. 지금의 뭇 신하는 17인의 의사를 마땅히 어떻게 말해야 또한 그들의 충절을 드러낼 수 있겠는가?" 하였다. 내가 응답하기를 "예부터 제왕이 충절을 포상한 것이 본래 앞뒤로 다름이 없었다. 그러므로 무왕이 기자(箕子)를 봉하였고[179] 송태조(宋太祖 조광윤(趙匡胤))가 한통(韓通)의 절의를 표창하였던 것이니,[180] 은나라의 신하가 어찌 주나라에 충의가 되며 후주(後周)의 신하가 어찌 송(宋)나라에 충절이 되겠는가. 저 17인의 의사가 세조에게는 비록 불충이 되지만 그 군주를 위하여 죽은 절의가 밝은 태양과 더불어 빛을 다투니, 비록 오늘날에도 그들을 불충이라 할 수 없으며 또한 그들의 충절을 표창하지 않을 수 없다. 이것을 열성(列聖)이 행한 경우가 있으니, 중종이 육신의 후손을 수

---

178) 800의……하였으니 : 주나라 무왕(武王)이 은나라 주왕(紂王)을 정벌하려고 군대를 일으켰을 때에 약속하지 않고 맹진에 모인 제후가 800명이었다. 이때 고죽군의 두 아들 백이와 숙제는 무왕의 말고삐를 잡고 신하로서 임금을 쳐서는 안 된다고 만류하였다. 그 후 무왕이 난을 평정한 뒤 주 왕조를 세우자 두 사람은 주나라의 백성이 되는 것을 치욕으로 여기고 지조를 지켜 주나라의 양식을 먹으려 하지 않고 수양산에 은거하며 고비를 꺾어 배를 채우다가 마침내 굶어 죽고 말았다. 『史記 伯夷列傳』『史記 周本紀』

179) 무왕이 기자(箕子)를 봉하였고 : 기자는 은나라 주왕의 제부(諸父) 또는 서형(庶兄)이라고 한다. 기자는 주임금의 폭정을 충간했지만 듣지 않자 거짓 미친척하였다. 『사기』「송미자세가(宋微子世家)」에 따르면 은나라가 멸망하였을 때에 현인 기자가 주 무왕에 의해 조선에 봉해졌다고 하는데,(국사편찬위원회, 『중국정사조선전역주』1, 대한민국 교육인적자원부·국사편찬위원회, 2007, p. 14. 참조) 이 일을 가리킨 것이다.

180) 송태조(宋太祖 조광윤(趙匡胤))가……것이니 : 한통은 오대(五代)시대 후주(後周)의 장군이다. 『송사(宋史)』「왕언승전(王彦昇傳)」에 의하면, 후주 공제(恭帝) 때 송태조가 진교(陳橋)에서 군사들에게 추대되었다는 말을 듣고 황급히 돌아오는데 왕언승(王彦昇)이 먼저 경도(京都)에 들어와서 길에서 한통을 만나, 사람을 다치지 말라는 태조의 명을 어기고 한통을 집까지 쫓아가서 죽였다. 태조는 황제가 된 뒤 왕언승이 함부로 죽인 죄를 꾸짖고 한통의 절의를 표창하여 관작을 추증하였다 한다.

용(收用)한 것[181]이나 선조가 유신 율곡 이이에게 명하여 「김시습전」을 짓도록 한 것이 그것이다. 아, 무릇 어찌 불의한데도 두 성군이 이런 일을 하였겠는가."

어떤 이가 또 나에게 이르기를 "노산군이 재위에 있으면서 세조에게 실덕한 것이 없고 선위한 아름다움이 있으며 임금 노릇 한 것이 3년이고 상왕으로 있었던 해가 2년이다. 그런데 지금에 이르도록 폐위되고 강등되어 종실과 같은 작호로 있으니,[182] 생각건대 그 사이에 이론이 없는 것인가?" 하였다. 내가 즉시 응답하기를 "그대의 말이 훌륭하다. 당시에는 일의 형편상 그렇지 못함이 있어서 비록 서로 용납할 수 없었으나, 그 죽음에 미쳐서는 왕호를 회복시키고 종묘 문종실(文宗室)에 신위(神位)가 바루어진 일도 당시에 오히려 가능했는데,[183] 하물며 후대의 임금에 있어서이겠는가. 그러나 지금까지 침륜해 있는 것은 대저 발의하여 임금에게 상주하는 명신(名臣)과 의사가 없기 때문이다. 열성이 스스로 결단할 수 없었던 것은 혹 고치지 말아야 한다고 주장하는 신하가 있어서였다. 진실로 명신과 의사가 혹은 경연하는 자리에서 진언하거나 혹은 소장을 통해 건

---

181) 중종이……것 : 성삼문의 외손인 박호(朴壕)가 중종조에 벼슬했던 일을 가리키는 듯하다. 박호는 연산군조에 급제한 뒤 중종조에 여러 관직을 역임하였다. 그는 장례원 사의(司議), 사헌부 집의(執義), 승정원 승지 등으로 임명될 때 신진사류에 의해 성삼문의 외손이라서 거부되는 경우가 많았다. 그러나 중종의 두터운 신임을 받아 1518년에 홍문관 부제학, 사간원 대사간에 보임되었고 이후에도 여러 관직을 역임하였다.

182) 지금에……있으니 : 1456년(세조2) 6월 복위운동이 일어났고 이듬해 1457년 6월 상왕으로 있던 단종은 노산군으로 강봉되어 강원도 영월에 유배되었다. 이후 1681년(숙종7)에 노산대군으로 추봉되고, 1698년 전 현감 신규(申奎)의 상소에 의해 복위가 결정되었다. 노산군의 '군'은 종실에게 주던 작호이다.

183) 그……가능했는데 : 이에 해당하는 일은 아래 본문에도 보이는 소릉(昭陵)의 복위를 가리키는 듯하다. 단종의 모후인 현덕왕후(顯德王后)는 단종을 낳고 3일 뒤에 죽었으며, 능호를 소릉이라 하였다가 1452년(단종 즉위년) 문종과 합장되면서 현릉(顯陵)으로 개호되었다. 뒤에 단종이 노산군으로 강봉되자 "그 어미 된 자가 왕후의 명호를 유지함은 마땅하지 않으니 추폐하여 서인으로 삼고 개장해야 한다."는 의정부의 계에 따라 폐위되어 종묘에서 신주가 철거되고, 평민의 예로 개장되었다. 1495년(연산군1)에는 대사간 김극뉴(金克忸), 사간 이의무(李宜茂), 헌납 김일손(金馹孫) 등이 현덕왕후의 추복을 헌의(獻議)하였다. 1512년에도 주강(晝講) 석상에서 경연검토관 소세양(蘇世讓)이 추복을 건의했으나 실현되지 못하였다. 이듬해 종묘에 벼락이 치자 그것을 계기로 재차 논의되면서 전교(傳敎)로 추복되었다. 그리하여 현릉 동쪽에 이장되었다. 신주는 종묘 문종실(文宗室)에 봉안되었다.

의하여 이것으로 뜻을 받들어 성취시킨다면 이것이 어찌 제왕의 성대한 덕이 아니겠는가. 이런 일을 또한 열성 중에 행한 경우가 있다. 소릉(昭陵)의 일은 추강 남효온이 참담한 화를 받은 이후로[184] 다시 입을 여는 사람이 없다가 중종 때에 이르러 사론이 아래에서 격발하고 상신(相臣)이 위에서 힘껏 찬조하여 -안당(安瑭)[185]- 중종이 이에 1513년(중종8)[186]에 소릉을 추복하여 현릉(顯陵) 동쪽에 이장하였다. 무릇 소릉을 추복할 수 있다면 노산군도 역시 추복할 수 있다. 앞의 조정에서 이미 행한 자취가 있어서 일에 혐의될만한 것이 없으니, 이것인즉 지금의 군자 중에 또한 반드시 정민공(貞愍公 안당)이나 추강과 같은 소견을 가진 자가 있을 것이다. 내가 일찍이 『국조보감(國朝寶鑑)』을 본 적이 있는데 태종 때에 고려의 사헌 장령(司憲掌令) 서견(徐甄)이 우리 조정에서 벼슬하지 않고 금천(衿川)에 은거하여 다음의 시를 지었다.[187]

천년의 신성한 도읍지 한양에 격해있는데 千載神都隔漢陽
충량한 수많은 인재 현철한 군왕 보좌했네 忠良濟濟佐明王

184) 소릉(昭陵)의……이후로 : 추강 남효온은 1478년(성종9) 상소를 올려 소릉의 복위를 건의하였는데 1504년 갑자사화 때에 소릉복위를 상소한 것을 난신(亂臣)의 예로 규정하여 부관참시 당하였다.

185) 안당(安瑭) : 『율곡전서』 「좌의정정민안공신도비명(左議政貞愍安公神道碑銘)」에 "조정에 서서 정사를 밝게 돌본 것이 많았다. 예를 들면 소릉의 복위, 문충공 정몽주의 문묘종사, 문경공 김굉필과 문헌공 정여창의 추증, 천거과를 설치하는 등의 일을 주장하기도 하고 찬조하기도 하였으니, 공의 힘이 컸다. [立朝多建明 如復昭陵 從祀鄭文忠 追贈金文敬鄭文獻 設薦擧科等事 或主或贊 公力居多] "라는 내용이 있는데, 이 기록으로 보아 안당이 소릉의 추복을 주장하거나 찬조하였던 것으로 보인다. 그러나 그 상세한 내용은 알 수 없다. 『국조보감』에는 조원기(趙元紀) 등이 능을 추복하는 논의에 힘껏 찬성하였다고 되어 있다.(『國朝寶鑑 中宗朝一』) 또한 이 당시 종묘 마당의 나무에 벼락이 치자 중종이 재앙을 그치게 할 방도에 대해 물었는데, 예조 판서 신용개(申用漑)가 "재앙이 태묘에서 나왔으니, 하늘이 성상에게 소릉을 빨리 추복하라고 경계시키는 듯합니다."라고 아뢰고, 대신과 대간들도 한 목소리로 일제히 청하여 능을 복구하는 예를 거행하였다는 기록이 있다.

186) 1513년(중종8) : 원문은 '嘉靖癸酉'로, 오류가 있는 듯하다. '嘉靖'은 명나라 세종 때의 연호(1522~1566)인데 소릉이 추복된 것은 명나라 무종(武宗) 정덕(正德) 8년인 중종 8년 계유(1513)의 일이다. 이에 '嘉靖'을 '正德'으로 바로잡아 번역하였다.

187) 내가……지었다 : 태종과 서견에 대한 본문의 기록이 『국조보감』 「태종조2(太宗朝二)」에 실려 있는데 시구와 내용에는 약간의 차이가 있다.

가련하구나, 통합의 공은 어디에 있는가[188] 可憐統合功安在
이전 왕조의 왕업이 장구하지 못함이 한스럽네 却恨前朝業未長

조정에서 그의 죄를 청하는 신하가 있으니, 공정대왕(恭靖大王 태종)이 기뻐하지 않으며 '신하는 각각 그 군주를 위할 뿐이니 서견은 고려의 신하이다. 비록 우리 이씨 조선이라 할지라도 어찌 천지와 더불어 무궁하게 지속되겠는가. 가령 우리 조정의 신하 중에 이와 같은 사람이 있다고 한다면 어찌 아름답지 않겠는가. 죄를 주지 않아야할 뿐만 아니라 도리어 표창하여 권장해야 할 것이다.'라고 하였다.[189] 아, 태종의 이 마음은 곧 주 무왕이 기자를 봉했던 마음이요, 송 태조가 한통을 표창했던 의리이다. 거룩한 황제와 현명한 왕이 시대는 다르지만 일은 똑같이 부합하니, 어찌 뒤 임금의 밝은 거울이 되지 못하겠는가." 하였다.

---

188) 가련하구나……있는가 : 『국조보감』「태종조2」에는 "삼한을 통일했던 그 공은 어디에 있나. [統三爲一功安在]"로 되어 있다.

189) 조정에서……하였다 : 참고를 위해 『국조보감』「태종조2」의 관련 기록을 첨부한다. "대신과 대간이 국문하여 죄를 다스리기를 청하니, 상이 이르기를 '고려의 신하가 자신이 섬기던 임금을 잊지 못하는 것은 인정상 있을 수 있는 일이다. 우리 이씨가 어찌 천지와 더불어 무궁할 수 있겠는가. 만약 이씨의 신하 중에 이런 자가 있다면 가상한 일이다. 그대로 두고 국문하지 말라.' 하였다. 뒤에 다시 굳이 청하니, 상이 '서견은 고려의 신하로 우리 왕가에 북면하여 신하가 되지 않고 자신이 섬기던 임금을 추모하는 것이니, 이는 또한 백이숙제와 같은 무리이다. 어찌 죄를 줄 수가 있겠는가.'라고 하였다."

『설학소문』 권3

「무오록(戊午錄)」 -홍치 연산군 4년(1498)-

03(개요)-01(무오사화)

유자광은 부윤(府尹) 유규(柳規)의 서자이다. 세조 14년(1468)에 고변한 공으로 훈봉(勳封)되어 1품계에 올랐다.[190] 성품이 음험하고 잔인하고 남을 해쳐서 재능과 명성과 총애가 자기보다 높은 사람이 있으면 반드시 모함하려고 하였다. 일찍이 한명회의 문호가 성대한 것을 미워하여 발호하려는 뜻이 있다고 상소하였으나, 세조는 죄를 주지 않았다. 또 임사홍(任士洪)과 함께 현석규(玄碩圭)를 배제하려 하다가 계책이 실패하여 동래(東萊)로 유배 갔다가 이윽고 방환되었다. 세조는 유자광이 정사를 어지럽힐 인물임을 알아보고는 정무를 처리하는 직임에 제수하지 않았다. 〈유자광은 이 때문에〉 항상 만족스럽지 않아 즐거워하지 않았는데 이극돈 형제가 조정에서 권세를 잡는 것을 보고서 충분히 자신의 일을 이룰 수 있음을 알고는 몸을 기울여 아부하였다. 유자광이 지난날 함양군(咸陽郡)을 유람하다가 시를 지어서 현판(懸板)을 걸었는데, 점필재 김종직이 고을 군수가 되어 "유자광이 어떤 인물이기에 감히 현판을 걸었단 말인가."라고 말하고는 즉시 철거하여 불살라 버렸다. 유자광은 이 일로 인해 분하고 한스러워하며 이를 갈았다. 탁영 김일손은 일찍이 김종직에게 수업하였는데 헌납이 되자 생각한 바를 기탄없이 쏟아놓기를 좋아하여 권문귀족이라 하더라도 꺼리지 않았고, 또 상소를 올려 이극돈이 성준(成俊)과 알력을 일으킨 죄를 논하였으므로 이극돈이 크게 노여워하였다. 실록청을 열었을 때에 이극돈이 김일손의 사초에서 자신의 악함을 매우 상세하게 기록한 것과 또 조종조(세조)의 일을 기록한 것을 보고 이것을 가지고 자

---

190) 세조……올랐다 : 세조 14년(1468)은 예종 즉위년이다. 예종이 즉위하자 유자광은 남이(南怡) 등이 모반한다고 무고하여 수충보사병기정난익대공신(輸忠保社炳幾定難翊戴功臣) 1등 무령군(武靈君)에 봉해졌다.

신의 원한을 갚고자 하였다. 어느 날 어세겸에게 "김일손이 선왕(세조)을 거짓으로 헐뜯었으니, 신하된 자가 이 같은 일을 보고도 임금에게 아뢰지 않는 다면 가하겠는가?"하고 말하니, 어세겸이 깜짝 놀라 대답하지 않았다. 이에 유자광과 상의하자, 유자광이 팔을 걷어붙이고 "이것이 어찌 의심하고 주저할 일이겠는가."라고 하고는, 즉시 가서 노사신·윤필상·한치형을 만나 그 일을 말하였다. 대개 노사신과 윤필상은 세조의 총신이었고, 한치형은 족적으로 궁액(宮掖 궁궐)에 연결되어 있었다.[191] 세 사람이 모두 유자광을 따라 함께 차비문(差備門) 밖으로 가서 도승지 신수근(愼守勤)을 불러 한동안 귓속말을 하고 나서 이에 임금에게 아뢰었다. 과거에 신수근이 승지가 되었을 때 대간(臺諫)과 시종신이 "외척이 권세를 얻을 조짐이다."라고 하여, 힘껏 불가함을 간하였으므로 신수근이 원한을 품고 있었다. 왕도 시기하고 난폭한데다 문사를 싫어하여 항상 "명예를 구하기 위해 왕을 능멸하여 나를 자유롭지 못하게 하는 자들이 모두 이런 무리들이다."라고 말하였다. 연산군이 한 번 시원스럽게 본때를 보이려 하였으나 감히 손을 대지 못하였는데 유자광 등이 아뢰는 것을 보고는 국가에 충성하는 것이라고 하여 장려하고 대우하기를 특별히 후하게 하였다. 이에 남빈청(南賓廳)에 가두어 국문하도록 명하고, 내수(內豎) 김자원(金子猿)에게 출납을 맡게 하고는 나머지 사람은 참여해 알지 못하게 하였다. 유자광이 옥사를 자임하여 좌중에서 큰소리치기를 "오늘이야말로 조정을 개정할 때이다. 모름지기 이처럼 크게 처치해야 하니 심상하게 다스려서는 안 된다."라고 하고, 소매 속에서 한 권의 책을 끄집어내니 바로 점필재 김종직의 문집이었다. 그 가운데 「조의제문」과 「술주시(述酒詩)」[192]를 적출해

191) 한치형은……있었다 : 한치형은 왕실의 외척이다. 성종의 어머니이자 세조의 맏며느리였던 소혜왕후(昭惠王后)가 한치형의 큰아버지인 한확의 딸이므로, 소혜왕후는 한치형의 사촌 누이가 된다. 소혜왕후는 1470년 소생 혈(娎)이 성종에 즉위하여 세자로서 죽은 남편을 덕종으로 추존하자 왕후에 책봉되고, 이어서 인수대비(仁粹大妃)에 책봉되었다.

192) 「술주시(述酒詩)」 : 여기서의 「술주시」는 『점필재집』에 있는 「화도연명술주(和陶淵明述酒)」를 가리킨다. 「술주시」는 본래 오류선생(五柳先生) 도연명(陶淵明)이 지은 시이다. 도연명은 동진(東晉) 말기부터 남조(南朝)의 송(宋) 초기에 걸쳐 생존했던 인물이다. 동진의 공제(恭帝)는 남조 송 태조인 유유(劉裕)에 의해 독살당했는데, 도연명은 당시의 일을 비유하여 「술주시」를 지었다. 김종직은 도연명이 지은 술주시의 의미를 알

내서 추관(推官)에게 두루 보이며 “이것은 모두 세조를 지적하여 지은 것으로 김일손의 죄악은 다 김종직이 가르쳐서 이루게 한 것이다. 김종직이 우리 세조를 헐뜯었으니, 마땅히 대역부도(大逆不道)로 논죄해야 하며, 그가 지은 글을 세상에 유전시켜서는 안 된다.”라고 하였다. 모든 김종직의 시문을 보관하고 있는 자는 이틀 안에 각자 반납하도록 하여 빈청 앞에서 불사르고, 각 도의 관사에 현판으로 남아 있는 것들도 소재지에서 훼철하게 하니, 〈김종직이〉 함양에서 현판을 불태운 원한을 갚은 것이었다. 유자광은 「조의제문」을 스스로 구마다 주석을 달고 해석하여 연산군이 알기 쉽도록 하였다. 유자광은 왕의 노여움을 이용하여 일망타진할 계책으로 윤필상 등에게 눈짓하며 “이들의 죄악은 모든 신하된 자에게 불공대천의 원수이니, 그들의 당여를 샅샅이 조사해서 일체 없애버린 뒤에야 조정이 맑아질 것이다. 이렇게 하지 않는다면 잔당들이 다시 일어나 오래지 않아 화란이 일어날 것이다.”라고 말하니, 좌우가 모두 묵묵부답이었다. 노사신이 머리를 흔들며 저지하기를 “무령(武靈)은 어찌 이런 말을 하는 지경에 이르렀는가. 홀로 당고(黨錮)의 일을 듣지 못하였는가. 법망이 날로 심해져서 사류들로 하여금 자취를 용납할 곳이 없게 하자, 한(漢)나라가 따라서 망하였다. 청론은 마땅히 조정에 있어야 하니, 청론이 없어지는 것은 국가의 복이 아니다. 무령은 어찌 그릇된 말을 하는가.”라고 하니, 유자광이 다소 기가 꺾였으나 옥사에 연루되어 체포된 자를 기필코 철저하게 다스리기를 마지않았다. 노사신이 또 저지하기를 “당초에 우리가 아뢴 내용은 사초에 관계된 일일 뿐이다. 지금 지엽에까지 뻗어 나가 사초와 관련되지 않은 자들까지 날마다 많은 수를 잡아 가두니 우리들의 본의가 아니지 않은가.”라고 하니, 유자광이 좋아하지 않았다. 죄목을 정하는 날에 노사신의 뜻만이 유자광과 같지 않자 유자광이 낯빛을 바꾸어 꾸짖기를 “각자 자기 뜻으로 아뢰도록 하자.”라고 하였으나, 왕이 유자광 등의 의론을

지 못하다가 탕한(湯漢)이 지은 『도정절시주(陶靖節詩註)』를 읽고서야 그 뜻을 알고, 난신적자들에게 경계를 보이기 위해 도연명의 시에 화운하여 「화도연명술주」를 지었다. 김종직은 이 시에서 군신간의 존비(尊卑)의 분명함, 임금을 시해하는 역적은 멸족됨, 동진시대의 역적 고발, 도연명의 충분지의(忠憤之意)의 깊음 등을 읊었다. 정숙인, 「金宗直의 <和陶淵明述酒詩> 고찰」, 『어문논집』제40집, 중앙어문학회, 2009, pp. 1~21. 참조.

쫓았다. 이날 낮이 밤같이 컴컴해지더니 퍼부어대듯 비가 쏟아졌으며, 큰 바람이 동남쪽에서 불어와 나무가 뽑히고 기와가 날려 성안의 사람들이 엎어지고 넘어져서 무서워 덜덜 떨지 않는 이들이 없었으나 유자광은 득의만면하여 의기양양하게 집으로 돌아갔다. 이로부터 위엄이 안팎으로 행해져 조정에서는 그를 독사처럼 보아서 감히 그의 뜻을 거스르는 자가 없었고 유림은 기운을 잃어 발을 모으고 곁눈질을 하여 학사(學舍)가 쓸쓸해서 여러 달 동안 글 읽는 소리가 들리지 않았다. 식자들이 몰래 탄식하기를 "무술년의 옥사[193]는 정류(正類)가 사당(邪黨)을 공격한 것이고, 무오년의 옥사는 사당이 정류를 모함한 것이다. 20년 사이에 한 번은 성공하고 한 번은 패망하여 치란(治亂)이 잇따랐다. 대저 군자가 형벌을 씀은 항상 너그럽고 느슨한 데에서 잘못되고, 소인이 원한을 갚음은 반드시 잔멸하고서야 이에 그만둔다. 가령 무술년에 군자가 그 법률을 다 사용하였다면 어찌 오늘날의 화가 있었겠는가."라고 하였다. -남곤이 지은 「유자광전」에 나옴[194]-

03(개요)-02(무오사화)

홍치 11년(1498, 연산군4) 7월 17일 전지에 다음과 같이 말하였다.[195]

"김종직은 비천한 선비로 세조 때에 급제하였고, 성종 때 경연에 발탁되어 오래도록 시종신으로 있었으며, 관직이 형조 판서에 이르렀고, 총애와 은총이 조정을 기울였다. 그가 병으로 물러가자 성종은 오히려 소재지의 관리를 시켜 특별히 미곡을 하사하여 그가 여생을 마칠 수 있도록 하였다. 그런데 지금 그의 제자인 김일손이 편수한 사초 내에 부도한 말로 선왕조의 일을 속여 기록하였고, 또 그 스승인 김종직의 「조의제문」을 실었다. 그 내용에 이르기를 '정축년 10월 내가 밀성(密城)에서 경산(京山)으

---

193) 무술년의 옥사 : 무술은 1478년(성종9)으로 이 때 유자광이 임사홍, 박효원(朴孝元) 등과 함께 현석규를 배제하려다 실패하여 동래로 유배된 일이 있었다.

194) 남곤이……나옴 : 「유자광전」은 현재 『수헌집(睡軒集)』, 『이평사집(李評事集)』과 『해동야언』에 실려 전한다. 여기에 실린 내용은 「유자광전」과 대동소이하다. 이대기가 「유자광전」을 약간 산삭하여 실었다.

195) 홍치……말하였다 : 본문의 내용이 『남계집(藍溪集)』, 『목계일고(木溪逸稿)』, 『이평사집』, 『해동야언』, 『해동잡록』 등에 보인다.

로 가는 도중에 답계역(踏溪驛)에서 자는데 꿈에 칠장복(七章服)을 입은 훤칠한 신인(神人)이 와서 스스로 「〈나는〉 초 회왕(楚懷王)의 손자 심(心)인데, 서초패왕(西楚霸王 항우)에게 죽임을 당하여 침강(郴江)에 잠겼다.」라고 말하고는, 인하여 홀연히 보이지 않았다. 나는 깜짝 놀라 잠에서 깨어 「초 회왕은 남초(南楚) 사람이고 나는 동이(東夷) 사람이다. 지역 간의 거리가 만 여리가 될 뿐만이 아니고 세대의 선후도 또한 천여 년이나 되는데, 잠자고 꿈꾸는 사이에 와서 감응함은 이것이 무슨 상서인가. 또한 사기를 상고해 봐도 강에 던져졌다는 내용은 없으니, 아마 항우가 사람을 시켜서 몰래 격살하고 그 시체를 강물에 던지게 했던 것인가. 이것은 알 수 없다.」라고 생각하고는 드디어 글을 지어 다음과 같이 조문하였다.

하늘이 사물의 법칙을 부여하여 사람에게 줌이여 惟天賦物則以予人兮
누가 사대(四大)와 오상(五常)[196]을 따를 줄 모르랴 孰不知其遵四大與五常
중화엔 풍부하고 이적엔 인색함이 아님이여 匪華豐而夷嗇兮
어찌 옛날에는 있고 지금은 없으랴 曷古有而今亡
그러므로 나는 동이 사람인데도 오랜 세월 뒤에 태어남이여 故吾夷人又後千祀兮
삼가 초 회왕을 조문하노라 恭弔楚之懷王
옛적 진시황이 아각(牙角)을 희롱함이여[197] 昔祖龍之弄牙角兮
사해의 파도가 피바다가 되었네 四海之波殷爲衁
비록 상어, 전어, 미꾸라지, 도롱뇽이라도 어찌 스스로 보전하랴 雖鱣鮪鰍鯢曷自保兮
그물을 벗어나려고 안간힘을 다하였네 思網漏而營營
당시 육국의 후손들이여 時六國之遺祚兮

196) 사대(四大)와 오상(五常) : 사대는 천(天)·지(地)·군(君)·친(親)이고, 오상은 인(仁)·의(義)·예(禮)·지(智)·신(信)이다.

197) 옛적……희롱함이여 : 진시황은 육국(六國)을 차례로 멸망시키고 중국 대륙을 통일하였다. '아각(牙角)'은 어금니와 뿔로, 진시황이 병기와 무력을 사용하여 수많은 전쟁을 치렀음을 말한다. 원문의 '조룡(祖龍)'은 진시황을 말하는데, '조(祖)'는 시작함을 뜻하고, '용(龍)'은 황제를 상징한다.

몰락하여 방랑하는 겨우 필부요 백성이었지 沈淪播越僅媲夫編氓

항량(項梁)은 남쪽 초나라 장수의 후예로[198] 梁也南國之將種兮

어호(魚狐)를 뒤따라 거사하였네[199] 踵魚狐而起事

초나라 왕실의 후손을 찾아 왕을 세워 백성의 바람을 따름이여 求得王而從民望兮

웅역(熊繹)의 끊어진 제사를 보존하였지[200] 存熊繹於不祀

제왕의 부서(符瑞)를 쥐고 남면함이여 握乾符而面陽兮

천하에 진실로 미씨(芈氏)[201]보다 존귀한 이 없었지 天下固無尊於芈氏

장자를 보내 관중에 들어가게 함이여[202] 遣長者以入關兮

또한 그 인의를 족히 볼 수 있지 亦有足觀其仁義

양처럼 사납고 이리처럼 탐포하여 멋대로 경자관군(卿子冠軍)을 죽임이여[203] 羊狠狼貪擅夷冠軍兮

---

198) 항량(項梁)……후예로 : 항량은 초(楚)나라의 장수인 항연(項燕)의 아들이고, 항우(項羽)의 계부(季父)이다. 항량은 진승(陳勝)과 오광(吳廣)이 농민 봉기를 일으켰을 때 조카 항우(項羽)와 함께 오(吳)에서 회계군수(會稽郡守) 은통(殷通)을 죽이고 거병하였다.

199) 어호(魚狐)를 뒤따라 거사하였네 : '어호'는 '어백호구(魚帛狐篝)'의 준말로, 진나라 2세 초기에 가장 먼저 거사하였던 진승(陳勝)을 가리킨다. 진승의 자는 섭(涉)이다. 진승이 거사하기 전에 주사(朱砂)로 비단 위에 '진승이 왕이 된다. [陳勝王]'라는 세 글자를 써서 몰래 남들이 그물로 잡아온 물고기의 뱃속에 쑤셔 넣었으며 수졸(戍卒)들이 이 물고기를 사서 먹은 후 물고기 뱃속에서 비단에 쓴 글을 보게 하여 기괴함을 느끼게 하였다.(『史記 陳涉世家』) 또 총사(叢祠) 안에 밤중에 모닥불을 피워놓고 여우의 울음소리로 울면서 외치기를 "대초가 일어나고 진승이 왕이 되리라. [大楚興 陳勝王]"라고 하여 대중의 여론을 조성하였다.

200) 웅역(熊繹)의……보존하였지 : 항량이 초 회왕의 손자 심을 초나라 군주로 세운 일을 가리킨다. 웅역은 초나라의 선조로, 주나라 성왕(成王)에 의해 처음으로 초나라 제후에 봉해져 단양(丹陽)에 살았다.

201) 미씨(芈氏) : 초나라 임금의 성이다.

202) 장자를……함이여 : '장자'는 한 고조(漢高祖) 유방(劉邦)을 가리킨다. 진나라가 항량의 군대를 무찌른 것을 원통해한 항우만이 패공(유방)과 함께 함곡관으로 진격하기를 원했다. 그러나 초 회왕은 여러 원로 장수들에게 항우의 잔인함과 유방의 관대함을 말하여 덕망 있는 패공만을 보낼 수 있다 하고, 항우가 가는 것을 허락하지 않고 패공을 보내어 서쪽을 공략하게 하였다. 이후 유방은 관중에 들어가 진왕(秦王) 자영(子嬰)의 항복을 받았다. 『史記 高祖本紀』

203) 양처럼……죽임이여 : '관군'은 초 회왕의 상장군인 경자관군 송의(宋義)를 가리킨다. 초왕이 송의를 상장군으로 삼고 항우를 차장으로 삼아 조(趙)나라를 구원하게 하였는

어찌 잡아다가 도끼에 기름칠하지 않았던가　胡不收以膏齊斧
오호라, 형세 상 크게 그러하지 못함이 있었으니　嗚呼勢有大不然者兮
나는 회왕에 대하여 더욱 두려워하노라　吾於王而益懼
기르던 짐승에게 시해를 당함이여[204]　爲醢醋於反噬兮
과연 천운이 어긋났도다　果天運之蹠盭
침강의 돌산 하늘에 닿음이여　郴之山磝以觸天兮
햇빛은 어둑어둑 저물어가네　景晻曖而向晏
침강의 물 밤낮으로 흘러감이여　郴之水流以日夜兮
물결은 넘쳐흘러 되돌아오지 않네　波淫泆而不返
하늘과 땅은 영원하니 한이 어느 때나 다할런가　天長地久恨其曷旣兮
혼백 지금까지도 여전히 표류하네　魂至今猶飄蕩
나의 마음 금석을 관통함이여　余之心貫于金石兮
회왕이 홀연 꿈속에 임하였네　王忽臨乎夢想
자양(紫陽)의 노련한 필법을 따름이여[205]　循紫陽之老筆兮

데 여러 별장들이 모두 송의의 휘하에 속하게 되니, 송의는 경자관군이라고 불렸다. 송의가 행군하여 안양에 이르러서 46일 동안 머물며 진격하지 않았고, 그 아들 송양(宋襄)을 제(齊)나라에 보내어 제나라를 돕게 하였는데 친히 무염까지 전송하고는 성대한 주연을 베풀었다. 이때 날은 춥고 비가 거세어 사졸들은 추위와 허기에 지치게 되었다. 이에 항우는 '지금 사졸을 돌보지 않고 그 사사로운 정만을 따르니 사직을 보존하려는 신하가 아니니다.'라고 하고 아침에 송의의 막사를 찾아가서 송의의 목을 베고 군중에 영을 내리기를 '송의는 제나라와 더불어 초나라를 배반할 모의를 꾸미고 있었으므로, 초왕께서 은밀히 나에게 그를 주살하도록 하셨다.'라고 하였다. 『史記 項羽本紀』

204) 기르던……당함이여 : 의제(義帝)가 항우에게 시해를 당하였음을 말한다. 항량은 초나라의 후손인 회왕(懷王)의 손자 심(心)을 초왕(楚王)으로 삼았는데, 초 회왕은 제일 먼저 함곡관에 진입하여 관중(關中)을 평정하는 자를 관중왕으로 삼겠다고 여러 장수들과 약속하였다. 뒤에 유방이 항우보다 먼저 들어갔고, 항우가 사람을 보내어 회왕에게 보고하자 회왕은 "약속대로 하라."라고 하였다. 항우는 "회왕은 우리 집안의 숙부 항량이 옹립한 사람이지. 공로도 없는 그가 어찌 약정을 주관할 수 있겠는가. 본래 천하를 평정한 것은 여러 장수와 나이거늘."이라고 하며 회왕을 의제로 추존하고 실제로는 그의 명령을 따르지 않았다. 항우는 스스로 서초패왕(西楚霸王)이라 하고, 당초의 협약을 어기고 패공(유방)을 한왕(漢王)으로 삼았다. 항우는 함곡관을 나서자 사자로 하여금 의제를 장사(長沙)의 침현(郴縣)으로 옮기도록 하고 몰래 형산왕, 임강왕으로 하여금 장강(長江) 가운데에서 그를 죽이도록 하였다. 『史記 高祖本紀』『史記 項羽本紀』

205) 자양(紫陽)의……따름이여 : '자양'은 송(宋)나라 때 학자 주희(朱熹)의 별호이다. 주희는 『자치통감강목(資治通鑑綱目)』을 편찬하였는데, 역사적인 사실의 기술보다는 의리를

두려워하며 흠모하네　思躔蜳以欽欽
구름무늬 술잔[206] 들어 땅에 부음이여　擧雲罍而酹地兮
영령께서는 와서 흠향하소서　冀英靈之來歆

라고 하였다.' 내용 가운데 '조룡이 아각을 희롱하였다.'라고 함은, 조룡은 진시황이니, 김종직이 진시황으로 세조를 비유한 것이다. 그 내용 가운데 '초나라 왕실의 후예를 찾아 백성들의 바람을 따랐다.'라고 함은, 왕은 초 회왕의 손자 심이다. 처음에 항량이 진나라를 주멸하고자 하여 손자 심을 찾아 의제로 삼았으니, 김종직이 의제를 노산군에 비긴 것이다. 그 내용 가운데 '양처럼 사납고 이리처럼 탐포하여 멋대로 경자관군을 죽였다.'라고 함은, 김종직이 양처럼 사납고 이리처럼 탐포한 것으로서 세조를 비유한 것이고, 멋대로 관군을 죽였다는 것은 세조가 김종서를 주살한 것을 가리킨다. 그 내용 가운데 '어찌 잡아다가 도끼에 기름칠하지 않았나.'라고 함은, 김종직이 노산군이 어찌하여 세조를 잡지 않았다가 도리어 시해를 당했음을 가리킨 것이다. 그 내용 가운데 '자양의 노련한 필법 따름이여, 두려워하며 흠모하네.'라는 것은, 김종직이 주자로 자처하여 그 마음에 이 부(賦)를 지어 주자의 『자치통감강목』 필법에 비긴 것이다. 김일손이 그 글을 찬미하기를 '글로 충성스러운 의분을 붙였다.'라고 하였다. 생각건대 우리 세조대왕은 국가가 위태롭고 의심스러운 시기를 당해서 간신들이 난리를 도모하여 화의 기미가 거의 발동되었으나 반역의 무리를 주살하여 종묘사직이 위태로웠다가 다시 안정되고 자손이 계승하여 오늘날에 이르렀다. 공업이 우뚝하고 덕은 모든 왕 가운데 으뜸인데 뜻밖에 김종직이 그 문도와 더불어 성덕(聖德)을 기롱하고, 심지어는 김일손으로 하여금 사초에 거짓 꾸며 쓰게 하였으니, 이것이 어찌 일조일석에 일어난 일이겠는가. 몰래 신하 노릇을 아니하려는 마음을 품고도 세 조정을 내리 섬긴 것이니, 내가 지금 생각건대 나도 모르게 마음이 아프고 슬퍼진다.

중히 여기는 데 치중하여 3국 시대에는 촉한(蜀漢)을 정통으로 하고 위(魏)나라를 비정통으로 하는 등 송학(宋學)의 도덕적 사관이 엿보이는 곳이 많다. 김종직이 이런 주희의 의리를 중히 여기는 필법을 따라서 이 글을 지었음을 말한 것이다.

206) 구름무늬 술잔 : 술을 담는 항아리 모양의 제기이다.

형명(刑名)을 의논하여 아뢰도록 하라.”

7월 27일에 사면하는 교지를 반포하였다.[207)]

“삼가 생각건대 우리 세조 혜장대왕(世祖惠莊大王)은 신무(神武)의 자질로 국가가 위태롭고 의심스러우며 뭇 간신들이 창성하여 웅거하는 시기를 당해서 침착하게 기미를 살피고 슬기로운 결단으로 화란을 평정하여 천명과 인심이 저절로 귀속되었으니, 성스러운 덕과 공업은 높이 모든 왕 가운데 으뜸이시다. 조종의 비할 데 없이 곤난한 공업을 더욱 빛냈고, 자손을 편안히 돕는 계책을 끼쳐주어 계승해서 오늘날의 태평성대에 이르렀다. 그런데 뜻밖에 간신 김종직이 화심(禍心)을 안고 남몰래 당류(黨類)와 결탁하여 흉악한 꾀를 부리려고 한 지가 이미 오래되었다. 항적(項籍)[208)]이 의제를 시해한 일에 가탁하여 문자로 드러내어 선왕을 비방하고 헐뜯었으니, 하늘까지 차고 넘치는 죄악을 용서할 수 없다. 대역으로 논죄하여 부관참시하라. 그 문도인 김일손·권오복·권경유는 간악한 붕당을 맺고 한 소리로 서로 도와가며 그 글을 칭탄하기를 ‘충분이 격발된 것이다.’라고 하여 사초에 써서 먼 후세에 전하고자 하였으니, 그 죄가 김종직과 한가지이다. 모두 능지처참하라. 김일손은 또 이목·허반·강겸 등과 선왕이 하지 않은 일을 속여 꾸며서 서로 전해가며 알리고 사초에 썼으니, 이목과 허반은 모두 참형에 처하고 강겸은 곤장을 쳐 변방의 노비로 삼으라. 표연말·홍한·정여창·무풍부정 이총 등은 난언죄(亂言罪)를 범하였고, 강경서·이수공·정희량·정승조 등은 난언을 알고도 관아에 알리지 않았으니, 모두 곤장을 치고 3천리 밖으로 귀양보내라. 이종준·최부·이원·이주·김굉필·박한주·임희재·강백진·이계맹·강혼 등은 모두 김종직의 문도로 붕당을 결성해 서로 칭찬하고 혹은 국정을 기롱하며 시사(時事)를 비방하였으니, 모두 곤장을 쳐서 극변(極邊)에 부처하라. 수사관(修史官) 등으로 있으면서 김일손의 사초를 보고도 즉시 아뢰지 않은 어세겸·이극돈·유순(柳洵)·윤효손(尹孝孫) 등은 아울러 파직하고, 홍귀달(洪貴達)·조익정(趙益貞)·허침(許

---

207) 7월……반포하였다 : 이 내용이 『남계집』「사화수말(史禍首末)」, 『목계일고(木溪逸稿)』「무오사화사적」, 『재사당일집』「사실척록」, 『점필재집』「무오사화사적」, 『해동야언』「연산군」 등에 수록되어 있다.

208) 항적(項籍) : 항우를 말한다. 항우의 이름은 적(籍)이고, 자는 우(羽)이다.

琛)·안침(安琛) 등은 좌천시켰다가 그 죄의 경중에 따라 모두 처결하라.”

03(개요)-03(무오사화)-01(이극돈)

감사 이극돈(李克墩, 1435~1503)은 본관이 광주(廣州)이다. 무오년에 김일손의 사초를 보고도 즉시 아뢰지 않았다고 하여 어세겸·유순·윤효손 등과 함께 규례에 따라 파직되었다. 이극돈이 전라 감사로 있을 때 성종의 국상이 났는데도 한양에 향을 올리지 않고 기녀를 수레에 태우고 다닌 일이 있었는데 김일손이 그 일을 사초에 기록하였다. 이극돈이 사사로이 고쳐줄 것을 청하였으나 김일손이 따르지 않으므로 원한을 품었다가, 이극돈이 실록청 당상이 되어 유자광·노사신·윤필상 등과 더불어 실록청을 연 뒤 이 무오사화를 일으켰다.

03(개요)-03(무오사화)-02(부기)

부기 : 무오 7월 이극돈은 일찍이 탁영 김일손이 헌납으로 있었을 때에 크게 논핵(論劾)을 당했었다. 『성종실록』을 수찬할 때 이극돈이 당상으로 있었다. 그런데 사초에 성종의 국상 때 이극돈이 전라 감사로 있으면서 기생을 수레에 태우고 다닌 일을 기록해 놓은 것을 보았고 또 세조조의 일이 점필재 김종직의 「조의제문」에 실린 것도 보았다. 이를 빌미로 재앙의 불씨로 삼고자 하여 어세겸에게 물으니, 어세겸이 대답하지 않았다. 또 유자광에게 상의하니, 유자광은 지난날 점필재 김종직이 함양군에서 자신이 지은 현판을 불살라 버린 것에 대해 원한을 품고 있었기에 이극돈의 말을 듣고는 팔을 걷어붙이고 따랐다. 노사신, 윤필상, 한치형도 그 말을 듣고 따라서 함께 차비문에 가서 은밀히 도승지 신수근에게 당부하였다. 신수근도 일찌감치 사류에게 유감을 품고 있었던 터이기에 즉시 임금에게 아뢰었다. 연산군은 일찍이 문사들에게 구속받아 마음대로 악행을 저지르지 못하여 한 번 분을 풀고자 하였으나 그 흠을 잡지 못하다가, 유자광 등이 아뢰는 것을 듣고는 크게 기뻐하여 이 일로 옥사를 만들었다. 유자광은 점필재 김종직이 지은 「조의제문」과 「술주시」를 적출해내어 ‘이것은 세조를 지목하여 지은 것이다.’라고 하면서 스스로 주석을 달고 글귀마다 풀이하여 부도(不道)로 아뢰고 대역으로 논죄하여 즉시 부관참시하게 하

였다. 김일손·권오복·권경유는 악당과 한패가 되어 서로 도와 점필재의 글을 아름답게 칭하고 사초에 썼다는 죄목으로 모두 극형에 처해졌고, 이목·허반·강겸은 선왕에게 없었던 일을 거짓 꾸며서 서로 전해가며 알리고 사초에 적었다는 죄목으로 이목과 허반은 극형에 처해지고, 강겸은 곤장을 맞고 유배되었다. 표연말·홍한·정여창·종실(宗室) 이총은 난언을 범한 죄목으로, 강경서·이수공·정희량·정승조는 난언을 알고도 고하지 않았다는 죄목으로 모두 먼 지방에 유배되었다. 이종준·최부·이원·이주·김굉필·박한주·임희재·강백진·이계맹·강혼은 모두 문도로서 붕당을 지어 헐뜯었다는 죄목으로 경중을 분별하여 혹은 극변에 혹은 원방에 부처(付處)되었다.

03(개요)-04(갑자사화)

갑자년(1504, 연산군10) 9월 29일에 다음과 같이 전교하였다.[209]

"무오년 사초 사건으로 그 도당이 대부분 외방으로 정배되었으나, 그 당시 간흉의 무리들이 사심을 끼고 사정을 써서 죽어야 할 자가 살고 살아야할 자가 도리어 죽었다. 그러나 이 무리들을 살려둔들 무슨 쓸모가 있겠는가. 모두 잡아오도록 하라."

또 전교하였다.

"또 무오년의 도당은 재주를 믿고 서로 결탁해서 조정의 일을 비판하여 난신(亂臣)과 같으니, 죄를 추가하도록 하라."

〈정승 및 의금부 당상이 무오년에 죄를 받아 지방에 부처(付處)되어 있는 사람들을 써서 아뢰기를,〉[210]

"그때 강겸이 궁궐의 일을 허반에게 전해 듣고, 그 뒤 김일손과 서로 이야기할 때, 김일손이 먼저 궁궐의 일을 말하니, 강겸이 '나도 또한 들었다.……'라고 운운한 죄로 장형을 시행하고 가산을 몰수하였으며 처자를 노비로 삼았고, 김굉필·강백진·최부·이원은 김종직의 문도로서 장형을 받고 부처되었고, 성중엄(成重淹)은 이목의 말을 듣고 김일손의 사초를 실록

209) 갑자년(1504, 연산군10)……전교하였다 : 본문에는 29일에 전교한 것으로 되어 있으나, 동일 기사가 『연산군일기』 10년 9월 26일 기사에 실려 있다.

210) 〈정승……아뢰기를,〉 : 『설학소문』의 기록만으로는 앞뒤 내용이 연결되지 않아 『연산군일기』 10년 9월 26일 기사에 근거하여 보충하여 번역하였다.

에 편찬하려 한 죄로 장형을 받고 부처되었습니다."

하니, 또 전교하기를,

"성중엄 이상은 극형에 처하고, 이원 이하는 차등을 마련하여 아뢰라."

하였다. 유순이 아뢰기를,

"강겸은 참형, 강백진·김굉필·성중엄은 교수형에 처하고, 최부와 이원은 노비로 삼으소서."

하니, 어서에 이르기를,

"강백진과 김굉필은 참형에 처하고, 성중엄과 강겸은 능지처참하고, 최부와 이원은 곤장을 쳐서 제주도에 정배하여 종으로 삼으라."

하였다. 이어 전교하기를,

"능지처참한 자는 모두 효수하고 전시(傳屍)하라."

하였다. 유순 등이 또 이유령·변형량·최숙근(崔淑謹)·구성(具誠)에게 죄를 추가 하는 일을 아뢰니, 전교하기를,

"능지처참하고 가산을 적몰하며 전시(傳屍)하라."

하였다.[211] 또 전교하기를,

"강겸·강백진·김굉필·성중엄·이유녕·변형량·구성[212]·최숙근의 아들 및 형제를 모두 장(杖)을 쳐서 외방으로 내쫓으라."

하였다. 왕이, 의금부의 김희수(金熙壽)와 정유강(鄭有綱)에게 묻기를,

"강백진과 김굉필이 죽음에 임하여 무슨 말을 하였는가?"

하니, 답하기를,

"모두 한마디 말도 없이 죽었습니다."

하였다.

03(개요)-05

정덕 정묘년(1507, 중종2) 6월 10일에, 예문관 봉교 김흠조(金欽祖)·정충량(鄭忠梁), 대교(待教) 이희증(李希曾)·김영(金瑛), 검열(檢閱) 이말(李

211) 전교하기를……하였다 : 『연산군일기』 10년 9월 26일 기사에는 본문의 내용과 약간 차이가 있다. 해당 기록을 옮겨보면 다음과 같다. "유순 등이 또 이유령·변형량·최숙근·구성에게 죄를 추가 하는 것을 마련하여 아뢰기를 '능지하고 처자를 종으로 삼으며, 가산을 몰수하소서.' 하니, 전교하기를 '전시(傳屍)하도록 하라.' 하였다."

212) 구성 : 『연산군일기』 10년 9월 26일 기사에 구성은 빠져있다.

沬)·윤인경(尹仁鏡)·정웅(鄭熊)·윤지형(尹止衡) 등이 올린 상소의 대개에 다음과 같이 말하였다.[213]

"무오년에 사초를 수찬하던 관원이 한갓 사사로운 혐의로 공론을 돌아보지 않고 은밀히 대신에게 부탁하여 연산군에게 아뢰어 노여움을 도발시키고, 유자광이 따라서 주창하여 간악한 꾀를 이루고자 두세 대신과 의논하여 은밀히 아뢰어 마침내 대역으로 몰았습니다. 이는 몰래 허물을 덮으려다가 끝내 덮지 못하고, 도리어 후세에 드러내어 그 허물이 선왕에게 미침으로써 한편으론 만세 사가(史家)의 법을 무너뜨리고 한편으론 임금의 죽이기를 좋아하는 마음을 열었습니다. 그 죄를 용서받을 수 없는데 도리어 상이 주어졌으니, 신 등은 통분을 견디지 못하겠습니다. 근래에 모두 무오년의 화를 경계 삼아 선비의 기개가 꺾였습니다. 신 등은 김일손 등을 애석하게 여기는 것이 아니라 사가의 필법이 이로부터 모두 없어지고 만세의 공론이 민멸되어 전해지지 못할까 몹시 두렵습니다."

다음과 같이 전교하였다.

"김종직·김일손 등과 관련되어 죄를 입은 자들이 과연 애매하니 응당 그 벼슬을 추증해야 할 것이나, 김종직과 김일손은 선왕께 죄를 졌으므로 추증하지 않은 것이다. 그 때 추관 윤필상·노사신·한치형·유자광 등에게 논상(論賞)하여 하사했던 물건과 무오년에 사국의 일을 누설한 사람들에 대해서는 일기청으로 하여금 상고하여 아뢰게 하라."

---

213) 정덕……말하였다 : 본문의 내용이 『남계집』「부록」과 『일두집』, 『점필재집』 등에 보인다.

03(제현)-01(김종직)-01

문충공(文忠公) 김종직(金宗直, 1431~1492)은 자가 계온(季溫)이고, 호는 점필재이며, 본관은 선산(善山)으로, 사예(司藝) 김숙자(金叔滋)의 아들이다. 1453년(단종1)에 사마시에 합격하였고, 1459년(세조5)에 과거에 급제하였다. 학문과 문장으로 근대의 영수가 되었으며, 도학과 문장을 하는 선비들이 모두 그의 문하에서 나왔다. 예컨대 한훤당 김굉필·일두 정여창·탁영 김일손·뇌계(㵢溪) 유호인(兪好仁)·추강 남효온·홍유손·용재(慵齋) 이종준은 제현 가운데 특별히 뛰어난 인물들이며, 그 밖에 학문을 전수받아 성취한 인물도 많다.

아, 공이 지은 「조의제문」은 길을 가던 중에 우연히 지어진 것으로 그 글의 속뜻은 대체로 알 수가 없다. 다만 이 글이 세조 3년(1457)에 지어졌는데 그 당시의 상황과 맞아떨어졌고, 또 그 문사(文辭)가 감격하고 분발하여 저승에 있는 귀신을 감읍시키고, 천고(千古)에 뜻있는 선비의 눈물을 뿌리도록 하기에 충분하였다. 공은 이 글을 무심하게 지은 것이지만 지금이 글을 보는 자들이 소리를 삼키고 분격하지 않는 이가 없어 예나 지금이나 똑같이 슬프게 여기고 있다. 그러나 저 간흉들의 지척을 면하지 못하였으니, 그렇다면 공이 이 글을 지은 것이 가한 것인가 가하지 않은 것인가. 가한 것이라고 한다면 『시경』 「첨앙(瞻卬)」에 "현인이 사라지니 나라가 모두 병들도다."라고 함은 상서롭지 못한 시대를 읊은 것이요, 불가한 것이라고 한다면 하늘로부터 부여받은 성품이 감응에 따라 발현되어 절로 마지못했던 것이니, 아, 천운인가 명운인가. 이것은 후세의 인물 중에 분별할 수 있는 자가 분명 있을 것이다.

공은 성종조에 생을 마쳤고, 연산군 무오년에 부관참시 되었다. 아들이 있으며,[214] 저술한 문집이 세상에 널리 유포되었다. 중종 때 관작이 회복되고 추증되었으며, 밀양(密陽)에 서원이 있다. 또 한 설이 있는데, 공이 단종 1년 계유년(1453)에 사마시에 합격하고 세조 5년 기묘년(1459)에 과거에 급제하였으므로 사람들은 이 때문에 그의 출처를 의심한다.

---

214) 아들이 있으며 : 『국조인물고』 「연산시리화인(燕山時罹禍人) 김종직」에는 3남 2녀를 낳았으나, 아들은 모두 죽은 것으로 기록되어 있다.

03(제현)-01(김종직)-02(부기)

부기 : 성종 때에 점필재는 병으로 사직하고 밀양의 고향으로 돌아와 한가롭게 지내다가 생을 마쳤다. 일찍이 금산(金山)의 봉계(鳳溪)에 당을 짓고 '경렴(景濂)'이라고 편액하였다. 처음 조계문(曺繼門)의 딸에게 장가들었다.[215] 형은 금산에 산다.

03(제현)-02(김일손)

교리(校理) 김일손(金馹孫, 1464~1498)은 자가 계운(季雲)으로, 집의(執義) 김맹(金孟)의 아들이고, 절효 선생(節孝先生) 김극일(金克一)의 손자이며, 호는 탁영(濯纓)이고 본관은 김해(金海)이다.[216] 점필재 김종직의 문하에서 수업하였다. 강개하여 큰 절조가 있었으며, 체격이 장대하고 훤칠하며 기국이 있었다. 또 문장이 강과 바다처럼 넓고 깊어서 서당에 있을 적에 일찍이 「추회부(秋懷賦)」를 지었는데 이 글에서 그 기상을 볼 수 있다.[217] 조정에 서서는 생각한 바를 거리낌 없이 다 쏟아 내기를 좋아하여 권문귀족도 피하지 않았다. 일찍이 사관이 되어서 점필재의 「조의제문」을 싣고 '충분을 붙였다'라고 하였으며, 세조 때의 일을 쓰면서도 꺼리거나 숨기지 않았다. 또 이극돈과 사이가 좋지 않아 일찍이 이극돈이 성준과 알력을 일으킨 죄를 상소하여 논척하였으며, 사초에 이극돈의 죄악을 매우 상세하게 기록하였다. 실록청을 열자 이극돈이 탁영 김일손의 사초

---

215) 처음……장가들었다 : 원문은 '初娶曺梅溪女'로, 오류가 있는 듯하다. 매계(梅溪)는 조위(曺偉)의 호로 김종직의 처남이고, 그의 장인은 울진 현령 조계문(曺繼門)이다. 이에 '曺梅溪'를 '曺繼門'으로 바로잡아 번역하였다.

216) 본관은 김해(金海)이다 : 원문은 '淸道人'이다. 『국조문과방목』에 근거하여 '淸道'를 '金海'로 바로잡아 번역하였다.

217) 또……있다 : 김일손이 지었다는 「추회부」가 『속동문선(續東文選)』과 『탁영집』 등에 보인다. 이 작품이 본문에는 서당에 있을 적에 지어진 것으로 되어 있으나, 1493년 그의 나이 30세 때 호당에서 사가독서하던 중 9월에 지은 것이다. 김일손은 만물이 조락하는 가을을 맞아 이유 모를 깊은 상실감에 빠졌고, 비탄과 강개한 언사로 「추회부」를 지어 우국충절을 발로하였다. 조광조는 이 부에 대해 "선생의 이 부는 유독 문장의 품격이 천고에 독보적일 뿐만 아니라, 그 뜻이 강개하고 격앙되었고 그 기운도 괴위(魁偉)하고 척당(倜儻)하였으니, 본인의 평생의 심적(心迹)을 쏟아 낸 것이다."라고 하였다. 신태영, 「濯纓 金馹孫의 賦에 대한 한 연구 -道友와 憂國哀情-」, 『한국한문학연구』47권, 한국한문학회, 2008, pp. 10~17. 참조.

를 보고 이것을 빌미로 자신의 원한을 갚고자 하여 이에 유자광과 공모하였다. 유자광도 점필재 김종직에게 미움을 받던 인물로서 서로 결탁하여 점필재가 지은 「조의제문」을 적출하여 구마다 주석을 달아 죄안을 만들어 끝내는 망극한 지경에까지 이르게 하였으니, 이것이 어찌 점필재 김종직과 탁영 김일손만의 불행이겠는가. 시간이 흘러 갑자사화에 이르러서는 선류가 모두 죽고 나라의 기운이 크게 꺾였으니, 시운에 관계된 것인가. 공의 맏형 김준손(金駿孫)과 조카 김대유(金大有)도 모두 체포되어 귀양갔다. 「언행록(言行錄)」에 다음의 기록이 있다.[218]

"교리 김일손은 참으로 세상에 드문 재주를 지녔으며, 묘당의 그릇을 가진 인물이다. 소장과 차자는 마치 큰 바다처럼 웅장하였으며, 인물의 시시비비는 맑게 갠 하늘에 밝게 비치는 해처럼 명백하였다. 애석하다. 폐군(廢君 연산군)은 어찌하여 차마 기시(棄市)하였던가."

무오년에 기시형(棄市刑)을 당하니 당시 나이가 35세였다.[219] 자식이 없고 청도(青道)에 서원이 있다. 지정(止亭) 남곤이 그의 묘를 옮길 때 지은 만시(挽詩) 35수에 자세히 실려 있다. -『패관잡기(稗官雜記)』에 나온다.[220]-

03(제현)-03(정여창)

문헌공(文獻公) 정여창(鄭汝昌, 1450~1504)은 자가 백욱(伯勗)이고, 호는 일두(一蠹)이며, 본관은 하동(河東)이다.[221] 그의 벗이 지은 『사우명행

---

218) 「언행록(言行錄)」에……있다 : 동일한 기록이 『해동야언』 「연산군」에 수록되어 있는데 출전을 '사우언행록(師友言行錄)'으로 밝히고 있다. 『사우언행록』은 신영희(辛永禧)의 저술이 확인되나, 본문의 내용이 실려 있는지의 여부는 미상이다.

219) 당시 나이가 35세였다 : 저본 및 성대본에는 '年□□', 국립본에는 '年三十一', 안본에는 '年三十', 연대본에는 '時年三十'으로 되어 있다. 김일손은 1464(세조10)에 태어나 1498(연산군4)에 졸하니, 향년이 35세이다. 이에 '年□□'을 '年三十五'로 바로잡아 번역하였다.

220) 『패관잡기(稗官雜記)』에 나온다 : 출전에 오류가 있는 듯하다. 『패관잡기』는 조선 중기에 어숙권(魚叔權)이 지은 수필집으로, 『대동야승』과 『해동야언』에 수록돼 그 일부만 전해지고 있다. 남곤이 지었다는 만시가 『해동야언』 「연산군」에 수록되어 있고, 본문의 내용이 『대동야승』에 수록되어 있는 『패관잡기』에서는 확인되지 않는다.

221) 본관은 하동(河東)이다 : 원문은 '咸陽人'이다. 『국조문과방목』에 근거하여 '咸陽'을 '河東'으로 바로잡아 번역하였다.

록(師友名行錄)』에 다음과 같이 말하였다.[222]

"백욱이 지리산에 들어가 3년 동안 나오지 않고 오경을 닦아 그 깊은 진리를 다 터득하여 체(體)와 용(用)의 근원은 하나이나 나뉨이 다름[223]을 알았고, 선(善)과 악(惡)의 성품은 같으나 기질이 다름을 알았고, 유(儒)와 불(佛)의 도(道)는 같으나 자취가 다르다는 것을 알았다. 성리학에 잠심하여 성광(醒狂)[224]이 공경하였다. 1480년(성종11)에 왕이 성균관에 하교하여 경학에 밝고 행실이 바른 유생을 구하였는데 성균관에서 백욱을 제일이라 하여 지관사 서거정이 백욱을 경연에 추천하려고 하였으나, 백욱이 이를 사양하였다. 1483년(성종14)에 진사에 급제하고, 1490년(성종21)에 문과에 급제하였다. 한림(翰林)으로 있다가 안음 현감(安陰縣監)이 되어 나갔다. 그의 아버지 정육을(鄭六乙)이 이시애(李施愛)의 반란에 나라를 위하여 죽었는데 이때 백욱은 나이가 어렸으나 거상하는데 결함이 없었고, 뒤에 어미의 상을 당해서 일체 『가례(家禮)』에 따라 죽을 먹고 거친 밥과 물을 마셨다. 1490년(성종21)에 참의 윤긍(尹兢)이 그의 효행과 학문이 사림 중에 으뜸이라고 천거하여 특별히 불러서 소격서(昭格署) 참봉을 삼았으나, 백욱이 글을 올려 자리에서 물러나니 명성이 더욱 높아졌다. 백욱은 성품이 단아하고 정중하며 술을 마시지 않았고, 파·마늘 등 냄새나는 채소를 먹지 않았으며, 소와 말고기를 먹지 않았다. 젊었을 때 성균관에 유생으로 있으면서 사람들과 함께 잠자리에 들었는데 코를 골며 졸았으나 누워 자지는 않았다. 남들이 이것을 모르다가 어느 날 밤 최진국(崔鎭國)의 눈에 띄어서 성균관에 파다하게 소문이 나기를 '정모(鄭某)는 참선을 하고 자지 않는다.' 하였다."

---

222) 그의……말하였다 : 『사우명행록』은 남효온이 저술로, 저자 당시의 명사들에 대하여 간략히 생애를 기록한 것이다. 『사우명행록』은 『추강집』과 『대동야승』에 실려 있으며, 본문의 내용이 확인된다.

223) 체(體)와……다름 : 일본만수(一本萬殊)를 뜻한다. 일본만수는 이일분수(理一分殊)와 같은 말로, 우주의 근원은 하나의 이치인데 그것이 천만 가지 현상으로 분리되어 각각 다른 만물의 형태로 나타나는 것이다. 바꾸어 말하면 수많은 사물이 아무리 다르다 하더라도 그 원리는 동일하다는 의미이다.

224) 성광(醒狂) : 성광은 이심원(李深源)의 호이다. 이심원은 정여창과 마찬가지로 김종직의 문인이다.

『병진정사록(丙辰丁巳錄)』에 다음의 기록이 있다.225)

"백욱 정여창 선생은 젊었을 때 술을 좋아하여 하루는 친구와 함께 실컷 마시고 취해서 들 가운데 쓰러져서는 하룻밤을 지내고 돌아왔다. 선생의 어머니가 책망하기를 '네가 이와 같으니 내가 누구를 의지한단 말이냐.' 하였다. 선생이 깊이 자책하여 공부에 힘쓰고, 임금이 내리는 때나 음복할 때를 제외하고 다시는 술을 입에 대지 않았다."

또 〈『병진정사록』에〉 다음의 기록이 있다.

"정 선생이 젊어서 두류산(頭流山 지리산) 기슭에 자리를 골라 집을 짓고 노년을 마칠 계책을 삼았는데 성종이 불러 소격서 참봉으로 삼으니 한사코 사양했으나 윤허하지 않아 이에 나왔다. 선생은 자신을 단속함이 매우 엄하여 종일토록 단정히 앉아 있어서 비록 한여름이라 하더라도 처자가 맨살을 보지 못하였다. 평생 시 짓기를 좋아하지 않았으나 한 편만이 세상에 유전하고 있는데, 그 시에 말하였다.

하늘거리는 버들 가볍고 부드럽게 희롱하는데 風蒲獵獵弄輕柔
사월 화개동에 보리는 벌써 가을이네 四月花開麥已秋
천만 겹의 두류산 모두 돌아보고 看盡頭流千萬疊
외로운 배로 또 큰 강물 따라 내려오네 孤丹又下大江流

이 시에서 가슴속이 쇄락하여 한 점의 티끌도 없는 모습을 상상할 수 있다. -화개(花開)는 현(縣) 이름이다.-

무오년에 점필재의 문도로 종성(鍾城)으로 귀양가서 죽으니, 나이가 55세였다. 본처에는 후손이 없고 함양에 남계서원(灆溪書院)이 있다. 중종조에 우의정에 증직되었고 시호는 문헌(文獻)이다.

03(제현)-04(정희량)

검열 정희량(鄭希良, 1469～?)은 자가 순부(淳夫)이고, 호는 허암(虛

225) 『병진정사록(丙辰丁巳錄)』에……있다 : 『병진정사록』은 조선 중기의 학자 임보신(任輔臣)이 병진년에서 정사년에, 즉 1556년(명종11)에서 1557년간에 지은 야사수록(野史隨錄)이다. 『병정록(丙丁錄)』이라고도 한다.

庵)이다. 어려서부터 문명(文名)이 있었고, 자못 시에 뛰어났으며, 또 수(數)에 정밀하였다. 일찍이 스스로 그 운명을 점쳐보고 탄식하기를 "만약 아무 천간(天干)에 있으면 크게 귀하고, 만약 아무 천간에 있으면 말할 수 없이 흉하다."라고 하고는 매양 세상을 피해 도망할 뜻이 있었다. 연산군 원년 을묘년(1495)에 과거에 급제하여 〈이듬해〉 예문관 검열이 되었다. 무오년에 화가 일어나서 의주(義州)로 귀양갔으며, 석방된 지 얼마 되지 않아 어머니 상(喪)을 당해 덕수현(德水縣)에서 시묘하였다. 일찍이 자제들에게 이르기를 "갑자년의 화는 무오년보다 심하여 우리들도 화를 면하지 못할 것이다."라고 하였다. 1502년(연산군8) 5월에 홀로 여막 밖으로 걸어 나갔는데 오래도록 돌아오지 않자 집안사람들이 괴이하게 여겨 자취를 찾아보니, 강가에 이르러 물가에 버려져 있는 한 짝의 짚신을 발견했으므로 물에 뛰어들어 죽었다고 생각하였다. 공의 족속인 해평군(海平君) 정기수(鄭耆叟)가 연산군에게 군현의 사람들로 하여금 찾아보도록 하자고 아뢰니, 연산군이 "미친놈이 도망가서 죽었는데 찾아서 무엇 하겠는가."라고 하여, 마침내 소식이 끊어졌으나 혹자는 그가 죽지 않았을 것이라고 의심하였다. 가천원(加川院) 벽에 시가 적혀 있는데, 그 시에 말하였다.[226)]

새는 쓰러진 집 구멍을 엿보고　鳥窺頹院穴
사람은 석양에 샘물을 긷네　人汲夕陽泉
산수를 집으로 삼는 나그네　山水爲家客
하늘과 땅의 어느 가에 있는가　乾坤何處邊

전날의 비바람에 놀라　風雨驚前日

226) 가천원(加川院)……말하였다 : 본문에 실려 있는 두 수의 시는 정희량이 원사(院舍)의 벽에, 가천원 벽에, 또는 원역(院驛) 벽에 써 놓은 시라고 한다. 『송와잡설』에는 중종조 정덕연간(1506~1521)에 원역 벽에 절귀 두 수가 씌여 있었다고 하며, 『소문쇄록』에는 가천원 벽에 장삼 입은 중이 여기를 지나다가 쓴 것이라 한다. 『청강선생 후청쇄어 시화』에는 모재 김안국이 방백으로 있을 때 벽위에 새로 쓰여진 시가 아직 먹이 마르지도 아니하여 허암(정희량)이 지은 것이라고 생각하고 널리 찾았으나 찾지 못하였다고 한다. 『연려실기술』에는 가천원 벽 위에 있는데, 이행(李荇)이 마침 그곳을 지나다가 보고는 '허암이 지은 것'이라 하고 찾아보게 하였으나 찾지 못했다고 한다. 손찬식, 「虛庵 鄭希良의 生涯와 行蹟」, 『국어교육』65권, 한국어교육학회, 1989, p. 25. 참조.

문명한 이때를 저버렸도다　文明負此時
외로운 지팡이로 우주에 노니니　孤笻遊宇宙
시끄러운 세상 싫어 시조차 쉬노라　嫌鬧竝休詩

이 시를 혹자는 순부가 지은 것으로 의심하였다고 한다. 또 점쟁이 김륜(金倫)이 묘향산(妙香山)에서 노닐 적에 방외(方外)의 도사 이천년(李千年)이란 자가 있어 김륜이 6, 7년간 종유하며 술수를 전수받아 사람의 길흉을 점치면 백 가지에 한 가지도 어긋나지 않았다. 김륜이 부모를 뵙기 위하여 하직하고 돌아가니, 이천년이 김륜과 기해년에 강서현(江西縣) 구룡산(九龍山)에서 만나기로 약속하였다고 한다. 이천년이 다음의 시를 지어 주었다.[227]

팔순 된 산중(山中)의 늙은이　八十山中老
삼팽[228]을 이미 쓸어 내었다네　三彭已掃除
인간세상일랑 꿈꾸지 말아야지　人間應不夢
학의 짝 되어 남은 뜻 없네　鶴伴意無餘
눈내려 탑상엔 달빛이 찬데　雪榻蟾光冷
구름 어린 창엔 햇빛이 성기네　雲窓日影疏
뉘 알랴 티끌 없는 거울이　誰知無累鑑
만대에 이르도록 스스로 맑을 줄을　萬代自淸虛

김륜(金倫)이 일찍이 그의 스승 이천년의 생년월일시 오행(五行)을 상

227) 이천년이……주었다 : 이천년이 지은 시의 번역은 손찬식, 위의 논문, pp. 23~24. 참조.

228) 삼팽 : 삼팽은 사람의 몸속에 살고 있다는 세 마리의 신충(神蟲)으로, 삼시충(三尸蟲), 삼시신(三尸神)이라고도 한다. 이들은 사람의 몸속에서 항상 그 사람의 공죄(功罪)를 사찰하고 있다가 경신일(庚申日)마다 사람이 잠든 틈에 몰래 하늘에 올라가서 상제(上帝)에게 그 사실을 보고하므로, 신선술을 배우는 자는 경신일에 잠을 자지 않고 삼팽을 끊어야 한다고 한다. 『송자대전(宋子大典)』「수차(隨箚)」에 "팽은 삼시의 성이다. 신선술을 배우는 자는 먼저 삼시를 끊어야 한다. 삼팽은 팽질, 팽교, 팽거이다. 시라는 것은 벌레이다. [彭者三尸之姓 學仙者先絶三尸 三彭者 彭質 彭矯 彭居 尸者 蟲也]" 하였다. 여기서는 이천년이 삼팽을 제거하여 신선술을 터득하였음을 말한 것으로 보인다.

세히 기록해 두었는데, 서울에 와서 신경광(申景洸)을 통해 정희량의 오행을 보고 놀라며 "이는 우리 스승 이천년의 팔자다."라고 하였다. 이 때문에 말하는 자들은 정희량이 죽지 않고 지금까지 세상에 살고 있다고 믿는다 한다.

03(제현)-05(권경유)

교리 권경유(權景裕, ?~1498)는 자가 군요(君饒)[229]이고 또 자가 자범(子汎)이다. 본관은 안동(安東)으로, 1485년에 과거에 급제하였다. 맑고 곧아 속된 선비와는 접촉하지 않았고, 낙락히 간신(諫臣)의 풍모가 있었다. 교리로 있다가 어버이 봉양을 위해 제천 현감(堤川縣監)을 청하니, 행정이 물처럼 맑아 백성들은 사랑하고 아전들은 두려워하였다. 사관으로 있을 때 점필재의 「조의제문」을 사초에 실었는데, 유자광과 이극돈이 연산군에게 아뢰어 내정(內庭)에서 국문할 때에 공초(供招)가 실정과 맞지 않자 붓을 던지고 큰 소리를 지르며 강직하게 맞서고 굽히지 않다가 조용히 죽음에 나아갔다.

03(제현)-06(이목)

장원 이목(李穆, 1471~1498)은 자가 중옹(仲雍)이고, 본관은 전주(全州)이다. 강직하고 거리낌 없이 말하여 태학에 있을 때 윤필상이 대신으로서 국사를 담당하고 있었는데, 이목이 가뭄이 듦으로 인해 상소하기를 "윤필상을 삶아 죽여야 비로소 비가 내릴 것입니다."라고 하였다. 윤필상이 길에서 만나 "공이 늙은이의 고기를 꼭 먹으려 하는가."라고 하였는데, 이목은 의기양양하게 돌아보지 않고 갔다. 연산군 초에 장원으로 발탁되었다. 무오사화가 일어나자 윤필상이 이전의 사감을 품고 이목이 김종직에게 수업하였다는 것으로 죄를 씌워 죽였다.

03(제현)-07(권오복)

권오복(權五福, 1467~1498)은 자가 향지(嚮之)이고, 호는 수헌(睡軒)이

---

229) 군요(君饒) : 원문은 '文饒'이다. 『국조문과방목』에 근거하여 '文饒'를 '君饒'로 바로잡아 번역하였다.

고, 본관은 예천(禮泉)이다. 태어나면서부터 남다른 자질이 있었고 어려서부터 매우 영리하였으며 학문과 행실이 고결하고 문장이 시원하였다. 교유하는 인물은 모두 한 시대의 청류였다. 1486년(성종17)에 사마시에 합격하고 연이어 같은 해 식년 문과 병과에 급제하여 예문관에 들어갔다. 그 뒤 홍문관으로 옮겨 수찬·교리 등을 역임하였다. 점필재의 문인으로 김일손·권경유와 같은 날에 죽임을 당하니, 당시 나이가 32세였다.[230]

03(제현)-08(허반)

정자(正字) 허반(許磐, ?～1498)은 자가 문병(文炳)이고, 본관은 양천(陽川)이다. 『추강집』「사우명행록」에 다음과 같이 말하였다. "허반은 성리학에 뜻을 두었고 출세에 담담하였다. 일마다 옛 사람을 본받으려 하였는데 대유(大猷) 김굉필이 그의 단아함에 감복하였다. 일찍이 좌의정 홍응(洪應)에게 '세자는 나라의 저군(儲君)으로 만백성이 우러르고 의지할 분인데 지금 내시와 거처하는 것은 불가하다.' 하였다." 1498년(연산군4)에 과거에 급제하였고, 권지 승문원 부정자(權知承文院副正字)가 되었다. 사화가 일어나자 선왕에게 없었던 일을 꾸며내어 서로 전해서 말하고 사초에 썼다고 하여 이목과 함께 극형에 처해졌다.

03(제현)-09(강겸)

정랑(正郎) 강겸(姜謙, ?～1504)은 본관이 진주(晉州)이다. 1480년(성종11)에 과거에 급제하여 홍문관에 선발되어 들어갔다가 여러 차례 승진되어 정랑에 올랐고, 무오사화에 연좌되어 형장을 맞고 유배 갔다. 뒤에 연산군이 또 "무오년의 도당은 재주를 믿고 서로 결탁하여 조정의 일을 비판하였으니, 난신(亂臣)의 예와 같다. 죄를 추가하라."라고 전교하였다. 또한 강겸이 김일손과 궁금(宮禁)의 일을 말했다 하여 유순이 아뢰어 처참되었다. 그의 형인 강형(姜詗)은 대사간으로 있다가 갑자사화 때 죽었다.

---

230) 당시 나이가 32세였다 : 원문은 '時年三十'으로, 오류가 있는 듯하다. 권오복은 1467년)에 태어나 1498년에 졸하니, 그의 향년은 32세이다. 이에 '三十'을 '三十二'로 바로잡아 번역하였다.

03(제현)-10(표연말)

동지중추부사(同知中樞府事) 표연말(表沿沫, 1449~1498)은 자가 소유(少游)이고, 호는 남계(藍溪)이고, 본관은 신창(新昌)이다. 1472년(성종3)에 급제하였고, 글을 잘한다는 명성이 있었으며, 교유한 사람들이 모두 당시의 명사들이었다. 일찍이 한림으로 있을 때 동료들이 소고기를 진설하고 주연을 베푼 일이 있었는데, 임금이 이 사실을 알게 되어 규례에 따라 파직된 일이 있었다. 이로부터 뒤로는 소고기를 보면 번번이 치우게 하면서 "차마 다시 법을 범할 수 없다."라고 하였다. 무오사화가 일어나자 난언을 범하였다는 죄목으로 홍한, 정여창, 종실 이총과 함께 원지(遠地)에 유배되었다. 복상(服喪)에 예를 극진히 하였는데 이 일이 알려져 임금이 한 자급을 올리도록 명하였다. 후에 벼슬이 동지중추부사에 이르렀다.

03(제현)-11(홍한)

참판 홍한(洪澣, 1451~1498)은 자가 온진(蘊珍)이고,[231] 본관은 남양(南陽)이다. 1485년(성종16)에 과거에 급제하였고, 관직이 이조 참의에 이르렀다. 성품이 강직하여 허여하는 사람이 적었다. 무오사화가 일어나자 정여창, 표연말, 무풍부정 이총과 함께 장형을 받고 유배 가다가 도중에 죽었다. 중종조에 이조 참판에 추증되었다.

03(제현)-12(무풍부정 이총)

무풍부정(茂豐副正) 이총(李摠, ?~1504)은 자가 백원(百源)으로, 태종(太宗)의 증손이다. 시에 능하였고 거문고를 잘 탔다. 양화도(楊花渡)에 별장을 짓고 작은 배와 어망을 갖추고 항상 손수 어선의 노를 저었으며, 시인과 문사를 맞이하여 날마다 좋은 시를 지었는데 자그마치 천백 편이나 되었다. 스스로 서호주인(西湖主人)이라고 호하였다. 속된 선비가 찾아오면 반드시 배를 저어 피하였는데, 추강 남효온의 시에 이른바 '왕손이 배를 저을 줄 아네.'라고 한 것이 이것을 이른 것이다. 형 문연(文淵)과 아우

---

231) 자가 온진(蘊珍)이고 : 원문은 '字□□'이다. 홍한의 자는 '蘊珍'이므로 '□□'을 '蘊珍'로 바로잡아 번역하였다.

이직(而直)·이열(而悅)·공택(公擇)·공간(公幹)[232]이 모두 재덕이 있는 인물이었다. 이장곤(李長坤)은 다섯 공자가 아버지 우산군(牛山君)을 따라 일시에 죽임을 당하면서도 담소하며 태연하였다는 소식을 듣고 그들의 인물됨을 애석해하여 흐느껴 울었다. 무오사화가 일어나자 난언을 범하였다는 죄목으로 정여창, 표연말, 홍한과 함께 장형을 맞고 변방의 원지에 유배되었다.

03(제현)-13(강경서)

참판 강경서(姜景敍, 1443~1510)는 자가 자문(子文)이고, 호는 초당(草堂)이다. 1477년(성종8)에 과거에 급제하였고, 또 중시에 급제하였다.[233] 무오년에 점필재 김종직의 문도라는 이유로 장형을 받고 회령(會寧)에 유배되었다가 뒤에 방환되었다. 중종조에 관직이 좌승지에 이르렀다. 『초당집(草堂集)』이 세상에 유행되었고, 예조 판서에 추증되었다.

03(제현)-14(정승조)

한림 정승조(鄭承祖)는 1494년(성종25)에 문과에 급제하였고,[234] 한림에 보임되었다. 무오년에 형장을 맞고 원지에 유배되었다.

---

232) 형……이직(而直)·이열(而悅)·공택(公擇)·공간(公幹) : 오류가 있는 듯하다. 한국역대인물종합정보시스템(http://people.aks.ac.kr/index.aks)의 이총의 부친 '우산군(牛山君)'에는 그의 여섯 아들이 "용성군(龍城君) 이원(李援)·무풍군 이총(李摠)·한산군(韓山君) 이정(李挺)·화원군(花原君) 이동(李揀)·금천군(錦川君) 이변(李抃)·청양군(靑陽君) 이건(李揵)이다."라고 되어 있으며, 한국민족문화대백과사전(http://encykorea.aks.ac.kr/) '이총(李摠)'에는 "아버지 우산군과 형인 용성부정(龍城副正) 이간(李杆)과 동생들인 한산정(韓山正) 이정(李挺), 화원부정(花源副正) 이간(李揀), 청양부정(靑陽副正) 이건(李揵), 금천부정(錦川副正) 이변(李抃) 등은 남해의 섬으로 귀양갔다가 2년 뒤인 1506년(연산군12) 6월에 함께 사사되었다."고 되어 있어 각각의 기록에 차이를 보이고 있고, 본문과도 맞지 않는다.

233) 또 중시에 급제하였다 : 강경서는 1497년(연산군3)에 중시 병과에 급제하였다. 『國朝文科榜目』

234) 1494년(성종25)에 문과에 급제하였고 : 원문은 '登燕山甲寅科'로, 오류가 있는 듯하다. 『국조문과방목』에는 성종 25년(1494) 갑인(甲寅) 별시 병과(丙科)에 장원한 것으로 되어 있다. 이에 '燕山'을 '成廟'로 바로잡아 번역하였다.

03(제현)-15(이종준)

서장관(書狀官) 이종준(李宗準, ?~1499)은 자가 중균(仲鈞)이고, 호는 용재(慵齋)이다. 문장에 능하고 서화에 뛰어났으며, 1485년(성종16) 을사년에 과거에 급제하였다. 일찍이 서장관으로 중국에 가던 도중에 역관(驛館)의 병풍그림이 좋지 않은 것을 보고 붓으로 칠하여 거의 다 지워버렸다. 역관의 관리가 통사(通事)를 불러 괴이하게 여기고 힐책하자, 통사가 "서장관이 글씨와 그림에 능숙하니, 반드시 그의 뜻에 차지 않아서 그러했을 것이다."라고 하니, 역관이 깨닫고 수긍하였다. 돌아오는 길에 그 역관에 들렀는데 새로 마련한 소병(素屛) 두 벌을 펼쳐놓았다. 이종준이 한 벌에는 글씨를 쓰고 한 벌에는 그림을 그렸는데 모두 지극히 오묘하였다. 무오사화 때 북계(北界)로 귀양가다가[235] 고산역(高山驛)을 지나면서 이사중(李師中)이 지은 '고충(孤忠)을 스스로 허여하되 중인은 알아주지 않네.'라는 율시 한 수를 벽에다 쓰고 갔는데,[236] 감사가 이 사실을 보고하자 연산군이 원망하는 뜻이 있다고 하여 잡아다가 국문하여 죽였다.

03(제현)-16(임희재)

임희재(任熙載, 1472~1504)는 자가 경여(敬輿)이고, 본관은 풍천(豐川)이다. 무오년(1498)에 과거에 급제하였고, 얼마 지나지 않아 점필재의 문도라 하여 곤장을 맞고 유배되었다. 임희재는 임사홍(任士洪)의 아들이다. 세상 사람들은 임희재가 글씨를 잘 쓴다고들 하였다. 그가 일찍이 병풍 위에 '요순을 조종으로 삼으면 절로 태평한 것을'이라고 절구 한 수를 써 놓았었다. 연산군이 하루는 느닷없이 임사홍의 집에 들어와서 병풍을 보고 "누가 쓴 것이냐?"하고 물었다. 임사홍이 사실대로 대답하니, 연산군이 노여운 빛을 띠며 "경의 아들은 불초한 사람이다. 내가 죽이려하는데 경의 뜻은 어떠한가?" 하였다. 임사홍이 꿇어앉아 대답하기를 "이놈이 성상

---

235) 북계(北界)로 귀양가다가 : 『연산군일기』 4년 7월 26일 기사에 이종준이 부령(富寧)에 정배되었다는 기사가 있다. 부령은 함경북도에 있는 군으로, '북계'는 부령을 가리키는 듯하다.

236) 이사중(李師中)이……갔는데 : 이 시는 송나라 때 당개(唐介)가 남쪽으로 떠날 적에 이사중(李師中)이 전송하며 지은 것이다. 『치평요람(治平要覽)』 「인종(仁宗)」에 실려 있다.

의 하교와 같이 성품과 행실이 순하지 못합니다. 신이 일찍이 아뢰고자 하였으나 아직 아뢰지 못하였습니다."라고 하므로, 마침내 화를 당하였다. 어떤 사람은 "임희재가 항시 그 아버지에게 간하였기 때문에 임사홍이 좋아하지 않아서 참소한 것이다."라고 한다.

03(제현)-17(이계맹)

찬성(贊成) 이계맹(李繼孟, 1458~1523)은 자가 희순(希醇)이고, 본관은 전의(全義)이다. 1489년(성종20)에 과거에 급제하였는데, 그의 시문은 점필재가 취한 것이었다. 무오사화 때 점필재의 문생이라 하여 장류되었다. 중종조에 다시 기용되어 벼슬이 찬성에 이르렀고, 시호는 문평(文平)이다. 그는 성품이 자유스럽고 활달하여 몸을 검속하지 않아 처음에는 기묘사류들에게 흠을 잡혔다. 그러나 사류들이 화를 당함에 미쳐서는 신구하기를 마지않다가 권간(權奸)의 뜻에 거슬려 근심과 번민으로 죽었다.

03(제현)-18(강혼)

판중추부사(判中樞府事) 강혼(姜渾, 1464~1519)은 자가 사호(士浩)이고, 호는 목계(木溪)이며, 본관은 진주(晉州)이다. 문명(文名)이 탁영 김일손에 버금갔다. 무오년에 점필재 김종직의 문도라는 이유로 형장을 맞고 변방 원지에 유배되었다. 연산군 말년에 폐희(嬖姬)가 죽자 몹시 슬퍼하여 군신들에게 애도문을 짓게 하였는데, 강혼이 지은 제문이 서글픈 정황을 극도로 칭술하여 연산군이 기뻐하였다.[237] 이로부터 자못 총애를 얻으니, 사론의 천시를 받았다. 중종 때 벼슬이 판중추부사에 이르렀다. -이상 무오-

03(제현)-19(김굉필)-01

문경공(文敬公) 김굉필(金宏弼, 1454~1504)은 자가 대유(大猷)이고, 호는 한훤당(寒暄堂)이다. 점필재 김종직의 문하에서 수학하였고, 1480년(성

237) 연산군……기뻐하였다 : 강혼은 연산군 말년 애희(愛姬)의 죽음을 슬퍼한 왕을 대신하여 궁인애사(宮人哀詞)와 제문을 지어 연산군에게 총애를 받았다. 그러나 그 뒤 사림으로부터 질타의 대상이 되었고, 반정 후에도 이윤(李胤)으로부터 폐조의 행신(倖臣)이라는 탄핵을 받았다

종11)에 생원시에 합격하였다. 현풍(玄風)에 살았는데 그의 독실한 행실이 비할 데가 없어서 평상시에 반드시 관디를 갖추고 있었으며, 인정(人定)[238]이 된 뒤라야 비로소 침소에 들었고 닭이 울면 일어났다. 본부인 외에는 여색을 가까이한 적이 없었고 손에서 『소학』을 놓지 않았는데, 혹 국가의 일을 묻는 사람이 있으면 반드시 "소학동자가 어찌 대의(大義)를 알겠는가."라고 하였다. 일찍이 다음의 시를 지었다.

글공부가 아직 천기를 알지 못하나　業文猶未識天機
『소학』 가운데에서 지난날의 잘못을 깨달았네　小學書中悟昨非

점필재가 비평하기를 "이것이 바로 성인이 되는 근기(根基)이다. 노재(魯齋)[239] 이후에 어찌 사람이 없다고 하겠는가."라고 하였으니, 그를 추중함이 이와 같았다. 나이 30이 넘은 뒤에야 비로소 다른 책을 읽었다. 후진을 가르치는데 게을리 하지 않아서 이를테면 이현손(李賢孫)·이장길(李長吉)·이적(李勣)·최충성(崔忠成)·박한공(朴漢恭)·윤신(尹信)이 모두 그의 문하에서 나온 이들로, 재능과 독실한 행실이 그 스승과 같았다. 나이가 더욱 많아질수록 도(道)도 더욱 높아져서 세도를 회복할 수 없음과 도가 행해지지 못할 것을 익히 알고서는 재능과 학식을 숨기고 종적을 감추었지만 사람들이 또한 알아보았다. 점필재 선생이 이조 참판으로 있으면서도 정사를 건의하여 밝히는 일이 없자, 대유가 다음의 시를 지어 올렸다.

도는 겨울에 갖옷 입고 여름에 찬 얼음 마시는 데 있거늘　道在冬裘夏飮氷
비 개면 가고 장마 들면 멈춤을 어찌 오롯이 잘 하리오　霽行潦止豈專能
난초가 만약 세속을 따르면 끝내 변하리니　蘭如從俗終當變
소는 밭 갈고 말은 탄다는 이치를 누가 믿으리이까　誰信牛耕馬可乘

238) 인정(人定) : 2경(二更)으로, 밤 아홉 시부터 열한 시까지의 사이이다. 조선 시대에 매일 밤 2경에 종을 28번 쳐서 통행을 금지하였다.

239) 노재(魯齋) : 원나라 학자 허형(許衡)의 호이다. 그는 『소학』을 자득하여 이 책을 위주로 학자를 지도하였다. 일찍이 아들에게 말하기를 "『소학』과 사서(四書)는 내가 신명처럼 공경하고 믿는다.〔小學四書 吾敬信如神明〕" 하였다.

점필재가 다음과 같이 화답하였다.

분에 넘치게 벼슬이 경대부에 이르렀으니　分外官聯到伐氷
임금 바로잡고 세속 구제함을 내가 어찌 잘 하리오　匡君救俗我何能
후진에게 우졸함을 조롱받았으니　從敎後進嘲迂拙
구구한 세력과 이익은 탈만한 것이 못 되는구나　勢利區區不足乘

이는 대개 그를 혐오한 것이었다. 이로부터 점필재와 사이가 좋지 못하였다. 1487년(성종18)에 부친의 상(喪)을 당하여 죽을 마시고 슬피 곡한 나머지 졸도하였다가 깨어났다. 『병진정사록』에 말하였다.

"대유는 『소학』으로 몸을 단속하였고 옛 성인을 준칙으로 삼았다. 후학을 불러들여 공손히 물 뿌리고 비질하는 예를 지켜 행하게 하니, 육예(六藝)의 학문을 닦는 제자들이 전후로 가득하였다. 비방하는 의론이 홍기하자 백욱(정여창)이 만류하였으나 대유는 듣지 않았다. 일찍이 사람들에게 말하기를 '중 육행(陸行)이 선교(禪敎)를 베풀어 제자 천여 명이 학업을 닦았는데, 그 벗이 「화환(禍患)이 두렵다.」라고 만류하니, 육행이 「선지자(先知者)로 하여금 후지자(後知者)를 깨우치게 하고 선각자(先覺者)로 하여금 후각자(後覺者)를 깨우치게 하는 것이니, 내가 아는 것을 남에게 일러줄 뿐이다. 화복은 하늘에 달려 있는 것이니, 나와 무슨 관련이 있겠는가.」라고 하였다. 육행은 비록 중이더라도 그 말이 지극히 공정하다.' 하였다."

또 『병진정사록』에 말하였다.

"포은(圃隱) 정몽주(鄭夢周) 이후 우리 조선의 성리학은 실로 대유 김굉필 선생이 주창하였고, 동지로는 백욱 정여창 선생이 그분이다. 대유는 이(理)에 정밀하고 백욱은 수(數)에 정통하였다. 애석하다, 상서롭지 못한 시기를 만나 비명에 죽음이여. 푸르디푸른 하늘이여, 이를 어떻게 할 것인가. 중종조에 모두 의정에 추증되었고[240] 가묘에 치제하도록 하였다."

240) 중종조에……추증되었고 : 오류가 있는 듯하다. 정여창은 중종 대에 우의정에 증직되었으나 김굉필은 선조 8년(1575)에 영의정에 추증되었다.

『경현록(景賢錄)』에 말하였다.

“한훤당 선생이 좌랑으로 있을 때 진사 신영희(辛永禧)씨에게 달려가서 ‘오늘 나는 그대와 절교 해야겠다. 지금 사기(士氣)를 보건대 또한 동한(東漢) 말과 비슷하여 조석 간에 화가 일어날 것이다. 나는 화가 이미 박두하여 진퇴한들 소용이 없다. 청컨대 그대는 멀리 시골로 달아나라. 그렇지 않는다면 나는 즉시 절교하겠다.’라고 하니, 공이(신영희) 홀연히 직산(稷山) 사산(斜山) 아래로 내려가서 호를 안정(安亭)이라 하였다. 안정은 일찍이 남효온, 홍유손의 무리와 죽림우사(竹林羽士)를 맺었다. 문장과 절의로 당시의 영수가 되어 동남으로 길을 지나는 자는 그의 문에 예를 표하지 않는 사람이 없었다.”

홍치 무오년에 점필재의 문도로 〈평안도〉 희천(熙川)에 유배되었고, 그 후 갑자년 9월 참형에 처해졌는데 수염을 머금고 칼날을 받으며 끝내 한마디 말도 없이 죽으니, 그의 나이 51세였다. 아들 셋과 딸 넷이 있고, 현풍에 도동서원(道東書院)이 있다.

03(제현)-19(김굉필)-02(부기)

부기 : 율곡 이이의 「희천양현사기(熙川兩賢祠記)」에 말하였다.

“문경공은 『소학』으로 몸을 단속하였으며, 고례(古禮)로 집안을 다스렸다. 비개면 가고 장마 들면 멈춤은[241] 출처(出處)의 법도를 바르게 한 것이고, 수염을 물고 칼날을 받음은 결영(結纓)의 실마리를 이은 것으로[242] 우뚝하게 우리 동방의 거유(巨儒)가 되었다. 홍치 무오년에 본군(本郡)에

---

241) 비개면……멈춤은 : 처한 상황에 따라서 적절하게 처신함을 말한다.

242) 수염을……것으로 : 공자의 제자 자로는 위나라의 난리에 휘말려 싸우다가 적의 창에 갓끈이 끊어지자 “군자는 죽을 때에도 갓을 벗지 않는다.”라고 하고서 갓끈을 매고〔結纓〕 죽었던 데에서, ‘결영(結纓)’은 죽음에 임하여 의연한 자세를 잃지 않음을 말한다. 김굉필이 참형을 당하였을 때에 수염을 물고 칼날을 받아 절의를 지키고 죽었는데, 이는 자로가 죽음에 임해 의연하였던 실마리를 이은 것임을 말한 것이다. 수염을 물고 칼날을 받았던 일화는 후한(後漢) 때 온서(溫序)의 고사에서도 볼 수 있다. 온서가 외효(隗囂)의 별장(別將) 구우(苟宇)에게 붙잡혀 온갖 회유를 받았으나 따르지 않자 칼로 자결하게 하니, 온서가 수염을 입에 물고 좌우를 돌아보며 “적에게 핍박을 당해 죽게 되었으나 수염만은 땅에 더럽히지 않게 하겠다.〔旣爲賊所迫殺 無令鬚汙土〕”라고 하고는 칼에 엎어져 죽었다.

귀양왔다. 문정공 조광조가 금처럼 정밀하고 옥처럼 윤택한 자질로, 가존(家尊 부친)이 어천(魚川)에 역관이 됨으로 인해 이 길을 왕래하며 문경공을 따라 수업하여 정학(正學)을 강론하니, 당시의 사람들이 비방하였으나 듣지 못하는 듯이 하였다."

03(제현)-20(조위)

참판 조위(曺偉, 1454~1503)는 자가 태허(太虛)이고, 호는 매계(梅溪)이며, 본관은 창녕(昌寧)이다. 『쇄록(瑣錄)』에 다음의 기록이 있다.[243]

"성종이 매계 조위에게 점필재가 지은 글을 찬집(纂集)하라고 명하였는데, 매계가 「조의제문」을 문집 첫머리에 수록하였다. 무오년에 옥사가 일어났을 때에 유자광이 연산군에게 참소하기를 '조위가 「조의제문」을 첫머리에 수록한 것은 자못 의도가 있습니다.'라고 하니, 연산군이 크게 노하였다. 당시 매계는 하정사(賀正使)로 명나라에 갔다가 아직 돌아오기 전이었는데 연산군이 강을 건너오면 참수형에 처하라고 명하였다. 매계 일행이 요동(遼東)에 도착하여 비로소 이 소식을 접하고서는 일행이 어찌할 줄을 몰랐다. 매계의 서제(庶弟) 조신(曺伸)이 요동에 점을 잘 보는 자가 있다는 말을 들은 적이 있어서 그에게 가서 길흉을 물으니, 그 사람이 점을 쳐보더니 다른 말은 없고 시 한 구절을 써주었다.

천 층 물결 속에서 몸을 뛰쳐나와 千層浪裏翻身出
모름지기 바위 아래에서 세 밤을 묵으리라 也須巖下宿三宵

조신이 돌아와 알리니, 매계가 '이 구는 화를 면한다는 말인 듯싶은데 아래 구는 풀이하기 어렵다.'라고 하고는 함께 묵묵히 눈물을 삼켰다. 행차가 의주 압록강에 도착하여 강가에 관인이 기다리고 있는 모습을 바라보고 일행이 놀라 실색하고는 금오랑이 와서 처형을 행하려고 기다린다고

---

243) 『쇄록(瑣錄)』에……있다 : 오류가 있는 듯하다. 『쇄록』은 조위의 서제(庶弟) 조신이 지은 『소문쇄록(謏聞瑣錄)』을 가리키는 것으로 보인다. 『소문쇄록』은 현재 『대동야승』에 편입되어 전해지고 있는데, 본문의 내용이 확인되지 않는다. 본문의 내용이 『사재집』 「척언(摭言)」에 기재되어 있으며, 『해동야언』 「연산군」에도 실려 있는데 출전을 '사재척언(思齋摭言)'으로 밝히고 있다.

여겨 서로 오열하였다. 매계가 '목숨이 경각에 있다.'라고 하고 하늘을 우러러 울음을 삼켰다. 강을 건넌 뒤 정승 이극균(李克均)의 구원으로 단지 잡아다 추문한다는 것임을 알고는 일행이 기뻐하고 다행으로 여겼는데, 그제야 점쟁이의 시에 '천 층 물결 속에서 몸을 뛰쳐나오네.'라고 한 것이 바로 이것을 뜻하는 것임을 알았지만 아래 구절은 이해하지 못하였다. 잡혀 와서 끝내 죽지는 않았으나 곤장을 맞고 순천(順天)으로 귀양갔다가 병사하여 금산 고향에 반장(返葬)하였다. 갑자사화가 일어나자 연산군이 이전의 죄를 추록하여 부관참시하게 하여 시신을 묘소 앞에 끌어내어 3일 동안 놔두게 하고 거두어 장사하는 것을 허락하지 않았는데, 조신은 비로소 요동 점쟁이의 시구를 기억해 내고는 앞뒤가 모두 들어맞은데 대해 탄식해 마지않았다. 이 일은 또한 궁구하기 어려운 이치가 있다."

03(제현)-21(강백진)

사간 강백진(康伯珍, ? ~1504)은 자가 자온(子韞)이고, 본관은 신천(信川)으로, 점필재 김종직의 생질이다. 1477년(성종8)에 과거에 급제하였고, 벼슬이 사간에 이르렀다. 무오년에 곤장을 맞고 귀양갔으나, 뒤에 유순이 죄목을 추가해서 연산군에게 아뢰어 한훤당 김굉필과 같은 날 능지처참되었다.

03(제현)-22(이원)

좌랑 이원(李黿, ? ~1504)은 자가 낭옹(浪翁)이고, 본관은 경주(慶州)로, 익재(益齋) 이제현(李齊賢)의 후예이다. 1489년(성종20)에 과거에 급제하여 벼슬이 호조 좌랑에 이르렀다. 무오사화 때 원지에 장류되었다가 갑자사화 때 죽었다. 사람됨이 당당하고 사절(死節)이 있어서 어린 임금을 부탁할 만하였다. 폐주(연산군)는 〈이원이〉 점필재의 시호를 문충(文忠)으로 할 것을 제안하였다고 하여 참수시켰다. 중종 초에 도승지에 추증되었다. 추강 남효온의 『사우명행록』에 이르기를244) "익재의 후손이고, 박팽

244) 추강……이르기를 : 『추강집』 「사우명행록」에 "이옹의 자는 낭옹이다. 익제 이제현의 후예이고 참판 박팽년은 곧 외조부이다. 두 집안의 현능이 한 사람에게 모아졌다. 〔李黿字浪翁 益齋齊賢之後 朴參判彭年乃外王父也 二家賢能 萃于一人〕"라고 되어 있다.

년의 외손으로, 두 집안의 현량(賢良)이 한 사람에 모아졌다."라고 하였다. 호는 재사당(再思堂)이다.

03(제현)-23(조지서)

보덕(輔德) 조지서(趙之瑞, 1454~1504)는 자가 백부(伯符)이고, 본관은 임천(林川)이다. 연산군이 세자로 있을 때 문정공(文貞公) 허침은 세자시강원 필선, 공은 세자시강원 보덕으로 있었는데 세자시강원 관원이 마음을 다하여 진강(陳講)을 해도 연산군은 듣는 둥 마는 둥 하였다. 공은 성품이 굳고 곧아서 매양 진강할 때 책을 앞에 던지며 "저하께서 학문에 힘쓰지 않으신다면 신은 마땅히 전하께 아뢰겠습니다."라고 하니, 연산군이 매우 괴로워하여 그를 원수처럼 보았다. 문정공은 그렇지 않아서 부드러운 언사와 완곡한 태도로 조용히 깨우치니, 연산군이 좋아하였다. 하루는 세자시강원 관원이 진강으로 인해 입시하였는데 벽 사이를 올려다보니 큰 글씨로 '조지서는 큰 소인이오, 허침은 큰 성인이다.'라고 쓰여 있었다. 이를 들은 사람은 공에 대하여 매우 위태롭고 두렵게 여겼는데 갑자사화가 일어나자 먼저 공을 주살하여 시신을 강에 던졌다. 연산군이 즉위하였을 때 공은 책임을 감당하지 못할 줄을 알고 창원 부사(昌原府使)를 청하였다가 사직하고 십여 년간 관직에 나아가지 않았으나 그래도 화를 면하지 못하니, 나이가 51세였다. 1506년(중종1)에 중종반정이 일어나 도승지에 추증되었다. 아들 세 명이 있다. -『척언(摭言)』에 나온다.[245]-

〈조지서는〉 갑자사화에 화를 당하였으나 사초로 인한 일이 아니고 또한 점필재의 문도가 아니니, 그렇다면 무오사화의 인물과 함께 기록해서는 안 된다.

03(제현)-24(이수공)

승지 이수공(李守恭, 1464~1504)은 자가 중평(仲平)이고, 본관은 광주(廣州)로, 둔촌(遁村) 이집(李集)의 후예이고, 의정 이극배(李克培)의 손자

245) 『척언(摭言)』에 나온다 : 오류가 있는 듯하다. 『척언』은 사재 김정국의 『사재집』 「척언」을 가리키는듯하나 본문의 기록이 보이지 않고, 『해동야언』 「연산군」과 『해동잡록』 「조지서(趙之瑞)」에 동일한 기록이 보인다.

이다. 1488년(성종19)에 장원으로 급제하여 정언과 장령을 지냈으며, 간신의 풍모가 있었다. 홍문관에 들어가 교리, 응교, 전한에 제수되었다. 무오사화 때 창성(昌城)에 유배되었다가 광양(光陽)으로 이배되었으며 갑자사화 때 사사되니, 나이 41세였다. 중종조 때 도승지에 추증되었다.

03(제현)-25(이주)

정언 이주(李胄, 1468~1504)는 자가 주지(胄之)이고, 본관은 고성(固城)으로, 행촌(杏村) 이암(李嵒)의 후손이다. 문장을 잘하였고 기개와 절조가 있었으며, 시의 품격이 예스럽고 세상을 구제할만한 재질이 있었다. 자호를 망헌(忘軒)이라 하였다. 1488년에 과거에 급제하여 정언에 제수되었다. 무오사화 때 점필재의 문인으로 몰려 곤장을 맞고 진도(珍島)로 귀양갔다가 갑자사화 때 죽임을 당하였다.

03(제현)-26(박한주)

헌납 박한주(朴漢柱, 1459~1504)는 자가 천지(天支)이고, 본관은 밀양(密陽)이며, 스스로 우졸재(迂拙齋)[246]라 호하였다. 점필재 문하에서 유학하였다. 1485년(성종16)에 과거에 급제하였고, 정언·헌납을 역임하였으며, 언사(言事)가 곧고 단도직입적이어서 예천 군수(醴川郡守)로 나갔다. 무오사화 때 벽동(碧潼)으로 장류되었다가 갑자사화 때 죽임을 당했다. 중종초에 도승지에 추증하도록 명하였다.

03(제현)-27(최부)

교리 최부(崔溥, 1454~1504)는 자가 연연(淵淵)이고, 호는 금남(錦南)이다. 사물을 널리 알고 이를 잘 기억하였으며, 영특하고 뛰어나 구속을 받지 않았다. 성종조에 거듭 급제하여[247] 교리가 되었다. 사명을 받들고 제주도에 갔다가 풍랑을 만나 표류되어 중국의 절강성(浙江省) 영파부(寧

---

246) 우졸재(迂拙齋) : 원문은 '迂拙子'이다. 『국조문과방목』에 근거하여 '子'를 '齋'로 바로잡아 번역하였다.

247) 성종조에 거듭 급제하여 : 최부는 1477년(성종8)에 식년시에, 1482년(성종13) 알성시에, 1486년(성종17) 중시에 급제하였다.

波府)에 정박하였는데 변신(邊臣)이 왜구로 의심하고 죽이려 하자 최부가 민첩하게 응대하여 화를 면하고 돌아왔다. 성종이 견문을 기술해 바치라고 명하자 『금남표해록(錦南漂海錄)』을 지어 올렸다. 벼슬이 예빈시 정(禮賓寺正)에 이르렀다. 무오사화 때 귀양갔다가 뒤에 끝내는 체포되어 피살되었다. -이상 갑자-

『설학소문』 권4

「기묘록(己卯錄)」 -정덕 중종 14년(1519)-

04(개요)-01(기묘사화)

중종은 폐조 연산군의 어지러운 정사를 이어서 온 힘을 다해 정치에 힘쓰고 정성을 기울여 현인을 구하였고, 문정공(文正公) 조광조(趙光祖)는 한 시대를 바로잡아 구할만한 뛰어난 인재로서 현실 적용에 알맞은 학문을 품고 당시에 태어나 지위를 얻어 도를 행하였으니, 임금이 있고 신하가 있다고 할 만하였다. 물고기가 물을 만난 듯 군신 간에 천년에 한 번이나 있을 만한 만남으로서 아는 것을 임금에게 말하지 않는 것이 없고 말하면 임금이 따르지 않는 것이 없어서 몇 년이 지나지 않아 선비들의 풍습이 크게 변화하고 정치 교화가 무성하니, 사람들은 모두 지극한 왕도정치를 기대할 수 있을 것이라 생각하였다. 그런데 하룻밤 사이 군신간의 행로에 간특함이 일어나 끝내 죄인으로 몰려 살육 당하는 일이 벌어진 것은 어째서인가.

아, 왕도정치가 실현되기 어려워서 중국 한나라로부터 이후로 소강상태를 이루었을 뿐이다. 그런데 더구나 지금 사람은 한나라에 미치지 못함이 더욱 심한 데에 있어서이겠는가. 왕도 정치는 급하게 시행할 수 없고 대도(大道)는 급작스럽게 나아갈 수 없으나 문정공이 기필코 끊어진 궤철(軌轍)을 추종하여 삼대(三代)의 지극한 정치를 회복시키려고 하였으니, 뜻은 원대하였지만 방도는 순수하였다. 그 시기가 그렇지 못함에 대해서 무엇을 어렵게 여겼겠는가. 어쩌면 그리도 한 시대의 선비 중에 충현(忠賢)이 참으로 많았단 말인가. 그러나 또한 명예를 좋아하는 이들이 섞여 진출함을 면하지 못하여 논의가 몹시 날카롭고 일의 진행이 순차적이지 못하였으며, 임금의 그릇된 마음을 바로잡는 것을 우선으로 삼지 않고 한갓 변경하는 것을 급선무로 삼아 훈구 대신이 원한을 품고 간사한 이들이 틈을 엿보는 줄을 알지 못하여 은밀하고 경악스러운 계모가 급작스러운 사이에 끝내 발발하였다.

밀고하던 날에 문정공이 대사헌으로 입시하여 탑전에서 시비에 대한 진언이 끝나지도 않았는데, 삼간(三奸 남곤·심정·홍경주)이 이미 북문(北門 신무문) 밖에서 엿보고 있었으니 말을 하면 놀라울 따름이다. 문정공이 옥에 갇히자 성균관과 사학(四學)의 유생들이 울부짖으며 다투어 형조로 달려갔고, 영의정 문익공(文翼公) 정광필(鄭光弼)은 임금의 옷자락을 붙잡고 울며 간하였으나 귀양을 막지는 못하였다. 중종은 우선 조정의 논의를 따르는 것이라고 유시(諭示)하여 가볍게 견책하는 뜻을 보여 가엾게 여기고 애석히 여기는 듯하였으나, 끝내 채 한 달도 지나지 않아 사사하라는 명이 내려졌다. 낮에는 한 탑전에서 승낙하고 밤에는 천 길 아래로 돌을 떨어뜨리니, 군신이 천년에 한 번이나 있을 법한 만남에 이런 경우가 있단 말인가.

아, 군신간의 만남이 어찌 어렵지 않겠는가. 제갈공명(諸葛孔明)과 같은 현신이 있더라도 소열제(昭烈帝)와 같은 군주가 아니면 삼고초려(三顧草廬)의 미담을 이룰 수 없는 것이다.[248] 반드시 제갈공명과 같은 신하가 있고 소열제와 같은 군주가 있은 뒤에라야 군신간의 의기투합이 마치 물고기가 물을 만난 것과 같아서 참소와 이간이 파고들지 못하여 도의 실현을 기약할 수 있는 것이다. 그렇지 않으면 세도를 만회하려는 마음이 한갓 처사(處士)의 큰 소리가 될 뿐이고, 간사한 신하가 임금의 신임을 얻는 것을 괴이하게 여길 것이 없는 것이다. 아. 지혜가 여기에 미치지 못하여 공연히 뜻있는 선비로 하여금 눈물을 머금게 하고 선을 행하는 자의 경계가 되고 말았으니, 애석하다.

밀고한 내용은 숨겨져 전해지지 않으나 다만 외간(外間)에서 들으니, 벌레가 갉아먹은 듯이 조작한 나뭇잎을 임금에게 올렸는데 거기에 '목자

248) 제갈공명(諸葛孔明)과……것이다 : 유비(劉備)의 묘호는 소열제(昭烈帝)이며, 제갈량(諸葛亮)의 자는 공명(孔明)이다. 삼국 시대에 유비가 와룡강(臥龍江)에 숨어 사는 제갈공명을 불러내기 위해 그가 은거하고 있는 초가집을 세 번이나 찾아가 정성을 다함으로써 마침내 공명의 마음을 감동시켜 그를 군사(軍師)로 삼았다. 유비는 제갈량을 세 번 찾아가서 출사를 간청하였고, 제갈량의 계책에 따라 형주(荊州)와 익주(益州)를 근거지로 재기를 도모했는데, 이에 유비는 "나에게 제갈공명이 있는 것은 물고기가 물을 만난 것과 같다. [孤之有孔明 猶魚之有水也]"라고 하였다.

장군검(木子將軍劍), 주초대부필(走肖大夫筆)'이라고 쓰여 있었다고 한다.[249] 요(堯) 임금, 순(舜) 임금과 같은 명철한 성군이 아닌 바에야 또한 어찌 마음에 의혹이 없을 수 있겠는가. 대개 벌은 꿀을 만나면 반드시 굼틀거리며 파먹는다. 그러므로 남곤·심정의 무리가 꿀로 나뭇잎에 글자를 써서 파먹도록 만든 것이니, 그들의 마음 씀이 교묘하고도 참혹하지 않은가. 근래에 율곡 이이가 문정공을 논평하여 "오직 애석한 것은 조광조의 출세가 너무 일러서 경세치용(經世致用)의 학문이 아직 크게 이루어지지 못한 것이다."라고 하였다. 이이의 말이 또한 소견이 없다고 할 수는 없지만 도가 행해지는 것은 하늘에 달려 있는 것이다. 우리 조정의 제현 가운데 전후로 비색(否塞)했던 자가 어찌 모두 학문이 이루어지지 않은 선비였겠는가. 단지 시대의 행불행이 어떠한가에 관계될 따름이다.

249) 벌레가……한다 : '목자장군검(木子將軍劍), 주초대부필(走肖大夫筆)'은 조선 초기에 유행하던 도참설(圖讖說)로 '목자(木子)'는 '이(李)'이고, '주초(走肖)'는 '조(趙)'이다. 이는 태조(太祖) 이성계(李成桂)가 나라를 얻을 적의 참어인데, 홍경주·남곤·심정은 도참설을 빌어 '목자는 이미 쇠퇴하고〔木子已衰〕 주초가 천명을 받는다.〔走肖受命〕'라는 등의 말을 나뭇잎에 새겨 마치 벌레가 갉아먹은 것처럼 만들어서 귀인을 통해 중종을 두렵게 만들었다.『中宗實錄 39年 4月 7日, 12月 21日』

04(제현)-01(조광조)-01

문정공(文正公) 조광조(趙光祖, 1482~1519)는 자가 효직(孝直)이고, 자호는 정암(靜庵)이고, 본관은 한양(漢陽)이다. 한양 산악의 정기가 모여 1482년(성종13)에 선생이 출생하였다. 선생은 타고난 재능과 품성이 매우 뛰어나고 모습이 특출하여 다박머리에 이를 갈 무렵인데도 성인(成人)의 모범이 이미 갖추어졌다. 덕이 성립되어서는 반듯하고 윤택한 모습이 마치 난초의 향기가 그윽한듯하고 청명하고 수려한 외모는 마치 밝은 달이 빛을 발하는듯해서 덕을 본 자는 훈화되고 소문을 들은 자는 감동하여 분발하였다. 어렸을 적에 선대부(先大夫 선친)를 따라 어천(魚川)에 머문 적이 있었는데, 어천은 한훤당 김굉필 선생의 유배지 희천(熙川)과 가까웠으므로 선생이 좇아가서 수업하여 비로소 학문을 하는 큰 방도를 듣게 되었다.[250] 이로부터 독실한 행실에 더욱 힘을 기울여 자득함이 더욱 깊었으며, 몸가짐은 성인이 되기를 기필하고 조정에 서서는 도를 행할 것을 기필하였다. 세속에서 달가워하는 것에 이르러서는 비록 천사만종(千駟萬鍾)의 녹이라 하더라도 전혀 개의치 않았다. 법에 어긋나는 사람을 보면 마음에 편치 않아 하여 갓과 면류관을 쓰고 진흙탕에 앉아 있는 듯이 여겼다. 선생은 타고난 자질이 이미 남다른 데다 성품을 확충하고 길러 도를 소유하였으며 영화(榮華)가 발현되어 한 세상을 용동시켰다. 아, 거룩한 덕의 눈부신 빛을 어찌 헤아릴 수 있겠는가.

선생은 자신의 재능을 자랑하는 것을 부끄럽게 여겼으며 은거함에 아무런 뜻이 없는 듯 보였으나, 명성이 성대하여 조정 관료들이 다투어 천거해서 조지서 사지(造紙署司紙)에 제수되었다. 선생은 기뻐하지 않고 말하기를 "헛된 명예로 관직을 얻는 것은 과거에 응시하여 도를 행하는 길로 통하느니만 못하다."라고 하여 마침내 과거에 뜻을 두어서 1515년(중종10)에 단번에 급제하였다. 이로부터 임금의 두터운 신임을 받아 빠르게 승진하여 몇 년이 지나지 않아 논사(論思 홍문관)의 장이 되고 풍헌(風憲 사헌부)의 장이 되었다. 선생은 세상에 드문 임금의 대우에 감격하여 요

---

250) 어렸을……되었다 : 조광조의 부친은 조원강(趙元綱)이다. 조광조는 17세 때 어천 찰방으로 부임하는 아버지를 따라가 무오사화로 화를 입고 희천에 유배 중이던 김굉필(金宏弼)에게 수학하였다.

순시대의 군민(君民)과 유학(儒學)의 왕도를 흥기시키는 것을 자신의 임무로 삼았다. 매양 입대(入對)할 때에는 반드시 미리 재계하여 정성과 공경을 쌓았고, 입시할 때에도 반드시 한마음으로 신명을 대하듯 엄숙하였으며, 아는 것은 말하지 않음이 없고 말은 극진하지 않음이 없어서 임금도 마음을 비우고 경청하였으니, 선생이 임금의 마음을 얻은 것이 지극하지 않다고 할 수 있겠는가.

마침내 한 시대의 명류들과 협력해서 임금을 도와 모든 관료들이 공경하여 힘쓰고 사방에서 분발하였으니, 어찌 사론이 조급하게 효과를 보려하여 날카로움이 너무 드러나고 간간이 일 만들기 좋아하는 사람이 있어서 유리한 기회를 노려 시세에 영합함을 헤아렸겠는가. 끝내 훈구 대신들 가운데 청의에 어긋나 일로 인해 배척을 받은 이들의 원한이 골수에 사무쳐 이를 갈고 틈을 엿보는 지경에 이르게 되었다. 선생은 깊이 이것을 근심하여 점차 조정하여 과격하고 경솔한 무리들을 진정시키려 하였다. 그러나 도리어 낯빛만 엄숙할 뿐이라는 것으로 선생을 비방하였고 심지어 탄핵하려고까지 하였다. 이에 선생은 시사(時事)가 반드시 패할 것임을 알고 사퇴하려 하였으나 물러나지 못하였다.

당시에 마침 조정에서는 정국공신(靖國功臣) 중 남발된 자들에 대한 위훈삭제(僞勳削除)를 청하려고 하였는데 선생은 이미 물러가지도 못하였은즉 자신이 대사헌을 맡고 있으므로 이 일을 바로잡으려고 하였다. 이에 기묘년(1519, 중종14) 11월 15일에 선생이 탑전에 입시하여 공신녹권을 가지고 훈작 삭탈을 확정하였으나 경악할만한 계모가 그날 밤에 발생하였다. 남곤이 심정·홍경주 등과 몰래 신무문(神武門)을 열고 편전으로 들어가 벌레가 갉아먹은 나뭇잎을 가지고 밀고하자 즉시 옥에 갇혔다. 성균관과 사학 유생들은 대궐로 달려와 호곡하고 다투어 형조로 달려갔고, 또 영의정 문익공 정광필이 눈물을 흘리며 임금의 옷깃을 붙잡고 극간하기까지 하였으나 귀양을 저지시키지는 못하였다. 중종은 근시(近侍)를 시켜 사사로이 벌하는 것이 아니고 우선 조정의 의론을 따라 견책하는 뜻을 보인다고 유시하였고, 선생은 공경히 사례하고 귀양을 갔는데 이 해 12월 20일에 사사하라는 명이 내려졌다. 선생이 목욕재계하고서 옷을 갈아입고 죄목을 물으니, 사자(使者)가 아무런 응답을 하지 않았다. 선생은 죽음에 임하여 갓끈을 매고 친구에게 편지를 남기기를 "임금 사랑하기를 아버지 사랑하듯 하였으니 하늘이 내 진심을 비출 것이다."라고 하였는데, 듣는 자들이 애통해 하였다.

당초 선생이 조지서 사지에 제수되었을 때에 어떤 이가 시를 지어 "한 부의 『소학』을 부지런히 읽으라. 사지의 공명이 자연히 온다."라고 조롱하였다. 이 당시 선생은 곤궁한 처지에 있었으니 무슨 비방을 초래할 일이 있었겠는가. 그런데도 한때의 인심이 이와 같았으니, 하물며 뒷날 임금의 마음을 얻어 도를 행하며 선을 좋아하고 악을 미워하여 유속(流俗)과 영합하지 않음에 있어서이겠는가. 선생이 태어난 시절이 어쩌면 이렇게 좋지 않았단 말인가. 선생은 1482년(성종13)에 태어났고 1519년에 귀양지 능성(綾城)에서 사망하니, 향년 38세였다. 아, 슬프다. 아들 두 명이 있으니, 맏이는 조정(趙定)으로 일찍 죽었고 차남 조용(趙容)은 음관(蔭官)에 보임되어 군수에 이르렀으며 후사는 없다.

중종은 말년에 매양 선생이 죄가 없다고 하였으며, 인종은 즉위한 뒤에 선왕의 뜻을 좇아서 관작을 회복시켰다. 선조 즉위 초에 공론이 더욱 확장되어 영의정에 추증되었고 시호를 문정(文正)이라 하였다. 양주(楊州)에 도봉서원(道峯書院)이 건립되고 능주(綾州)에 죽수서원(竹樹書院)이 있는데 모두 사액서원이다. 선생이 돌아가신 뒤에 문순공(文純公) 퇴계(退溪) 이황(李滉)이 「행장(行狀)」을 지었고, 재상 소재(蘇齋) 노수신(盧守愼)이 「묘지명(墓誌銘)」을 지었으며, 제가(諸家)의 보충 기록과 후학의 소장이 매우 많다. 선생의 학문 연원과 조정에서의 사업이 모두 천명되고 선전되었으니 다시 감히 무슨 군더더기를 보탤 수 있겠는가. 당시 화패(禍敗)의 전말을 위와 같이 대략 기술하노라.

04(제현)-01(조광조)-02(보유)

보유 : 기묘년 5월 공이 다시 대사헌이 되어 도가 행해지기 어려움을 알았으며 당시의 형편상 크게 근심할만한 점이 있음을 살피고 아뢰기를 "국가에서 폐했던 것을 다시 닦아 거행하는 일은 모두 이전 조정에서 겨를을 내지 못하였던 일이니, 다른 날에 소인이 소술(紹述)의 설[251]을 빌려

251) 소술(紹述)의 설 : 소술이란 계승한다는 뜻으로, 조광조가 북송시대에 명현들이 당화를

중상한다면 선류들이 거의 남아나지 않게 될 것입니다. 근래에 노산군을 치제하고 소릉을 복구하는 등의 일은 모두 뜻있는 선비들이 행하고자 하였으나 시행되지 않았던 일로 성세(聖世)에 이르러 행하게 되었고,[252] 신씨(愼氏)를 왕비로 복위시키자는 논의는 김정과 박상(朴祥)이 상소하기에 이르렀습니다.[253] 이런 일들은 모두 소인이 구실로 삼는 바이며 사림의 화근이 여기에 잠복해 있으니, 성상께서 알지 않으셔서는 안 되며 또한 원자(元子)에게 말하지 않아서도 안 됩니다. 지금 사도(師道)가 비록 서지 못하였으나 조정의 선비들에게는 붕우 간에 서로 책하는 의리가 있어서 벗의 도리가 오히려 보존되어 있습니다. 타일에 군자를 함정에 빠뜨리려고 하는 자는 또한 반드시 당류(黨類)라고 지목할 것이니, 송(宋)나라의 원우(元祐) 연간과 같습니다. 예부터 정직한 부류가 세상에 성대하게 행해지게 되면 반드시 큰 화가 그 뒤를 따랐습니다. 개국함으로부터 이후로 사림의 화가 끊이지 않았는데 신은 직접 폐조의 화를 목도하고는 벼슬하려는 마음이 전혀 없었습니다. 외람되이 성은을 입고 억지로 힘써 벼슬길에 나왔으나 다만 그 두려운 마음은 사람들이 모두 갖고 있습니다. 국가가 비록 한때에 공고하다 하더라도 후사에 위태롭지 않은 경우가 드무니 〈이것이〉 가장 염려됩니다."라고 운운하였다. 그렇다면 선생이 염려한 바는 두 세대 뒤의 일이니, 어찌 이를 갈고 입술을 깨무는 자가 곁에 있어서 그 틈을 몰래 엿볼 것이라고 생각하였겠는가.

남곤·심정은 선생이 임금의 지우(知遇)로 인하여 학자들이 함께 추향

입었던 일을 들어 당시의 위태로운 상황을 빗댄 것이다. 북송 때에 신종(神宗)이 왕안석(王安石)의 신법을 시행하다가 죽은 뒤 선인태후(宣仁太后)가 수렴청정하면서 신법을 폐기하였다. 그런데 선인태후가 죽자 철종(哲宗)은 다음해에 연호를 소성(紹聖)으로 고치고 신법파인 장돈(章惇)을 재상으로 등용하여 폐기되었던 신법을 모두 부활시키고, 신법을 추진하던 희령(熙寧)과 원풍(元豐) 시대의 인물을 등용하니, 이를 '소성의 소술'이라고 한다. 장돈은 채변(蔡卞)과 채경(蔡京) 등을 써서 소술의 설을 일으켜 청묘(靑苗)와 면역 등 여러 법을 모두 회복시켰고, 원우당인(元祐黨人)인 명현들을 배제하고 원구(怨仇)에게 보복을 하는 등 연좌를 시킨 사람이 아주 많았다.

252) 근래에……되었고 : 중종 11년(1516)에 노릉에 치제하였고 중종 8년(1513) 소릉이 추복되었다.『中宗實錄 11年 12月 10日』

253) 신씨(愼氏)를……이르렀습니다 :『중종실록』10년 8월 8일 기사에 담양 부사 박상과 순창 군수 김정이 올린 폐비 신씨의 복위 상소문이 보인다.

하고 소민(小民)들이 선을 칭송하자 이를 빌미로 일망타진하고자 하여 홍경주로 하여금 궁중에 인연해서 인심이 모두 조씨(趙氏)에게 돌아갔다는 것으로 임금의 마음을 흔들었고, 또한 곧바로 참언을 하지 않고 궁중의 나뭇잎을 거짓으로 조작해서 임금의 마음을 두렵게 만들었다. 하옥됨에 이르러서는 한양의 향도(香徒)[254]로서 차자를 올리는 자들이 궁성을 빙 둘러서서는 수많은 사람들이 와글와글 거렸고, 관학의 선비들은 대궐 뜰에서 목 놓아 부르짖어 대내(大內)까지 그 소리가 들리니, 이로부터 참소하는 칼끝이 더욱 이를 빙자하였다. 공은 다시 성상의 용안을 보지 못할까 두려워하여 밤새도록 통곡하니 공의 지성이 또한 지극하였다.

공초에 "선비가 세상에 나와 믿고 의지할 바는 임금의 마음뿐이다. 함부로 국가의 병통이 이원(利源)에 있음을 사료하여 국맥을 무궁한 후세에 새롭게 하고자 하였을 뿐이고 다른 뜻은 전혀 없었다."라고 하였다. 사사하는 날에 의금부 도사가 이르렀음을 듣고 선생이 그에게 "주상께서 신하를 사사함에 틀림없이 죄명이 있을 것이니 명을 듣고 죽기를 청한다."라고 하였다. 뜰 아래로 내려가서 북쪽을 향해 재배하고 꿇어앉아 교지(敎旨)를 듣고 성상의 체후가 어떠한지를 물었으며, 다음으로 삼공과 육경, 대간과 시종신의 성명을 묻되 하나하나 상세히 물은 뒤에 가족에게 보내는 편지를 썼다. 금오랑 유엄(柳渰)이 다급히 재촉하는 뜻이 있자 선생이 "옛 사람 중에 조서(詔書)를 부둥켜안고 전사(傳舍 객사)에 엎드려 곡했던 자가 있었는데[255] 어찌 이리도 다른 것인가."하고 탄식하였다. 마침내 자

---

254) 향도(香徒) : '향도'의 사전적 의미는 상여를 매는 사람인 상여꾼을 말하나, 여기에서는 지역민들이 모여 맺은 향약(鄕約)에 속한 사람들을 말하는 것으로 보인다. 성현(成俔)의 『용재총화』에 따르면, 조선 초기에 지역민들이 적게는 7~9명, 많게는 100여 명씩 모여 향도를 구성했다고 한다. 향도는 자연촌을 기반으로 조직되었고 회음(會飮) 의식, 장례시의 부조 행위 등이 주된 활동 내용을 이루었다. 『명종실록』에는 "마을 사람으로 향약(鄕約)을 맺은 사람을 세속에서 향도라 이른다."라는 기록이 있다.(『明宗實錄 18年 9月 12日』)

255) 옛……있었는데 : 후한 영제(靈帝) 때 당고의 화에 걸려 범방(范滂)을 체포하라는 조서가 내렸는데, 잡으러 간 사자(使者)가 차마 잡을 수 없어서 조서를 안고 전사(傳舍)에 엎드려 울었던 고사가 있다. 여남(汝南)의 독우(督郵)인 오도(吳道)가 조서를 받고 범방을 체포할 때에 범방의 집이 있는 정강현(征羌縣)에 도착하여 객사의 문을 닫고서 조칙을 안고 상에 엎드려 우니, 온 현 사람들이 어찌할 줄을 몰랐다. 범방이 이를 듣고 '반드시 나 때문이다.' 하고는 즉시 스스로 옥에 나아가니, 현령인 곽읍(郭揖)이 크게

리를 바르게 하고 앉아서 사약을 마시고 운명하였다.

04(제현)-01(조광조)-03

인종 을사년(1545) 봄에 태학 유생들이 상소를 올려 선생의 관작을 회복하도록 청하였는데 그 대략에 다음과 같이 말하였다.[256)]

"조광조는 김굉필에게서 수업하였고, 김굉필은 김종직에게서 수업하였습니다. 김종직의 학문은 그 아비인 김숙자(金淑滋)에게서 전수 받았고, 김숙자의 학문은 고려의 신하 길재(吉再)한테서 전수 받았으며, 길재의 학문은 정몽주의 문하에서 전수받았는데 정몽주의 학문은 실로 우리 동방 이학(理學)의 조종이 됩니다. 그 학문의 연원(淵源)과 처신의 바름과 설시(設施)의 방정함이 모두 이와 같습니다."

04(제현)-01(조광조)-04

선조 1년(1568)[257)]에 태학생 등이 상소를 올렸는데 그 대략에 다음과

놀라서 달려 나와 인수(印綬)를 풀어버리고 범방과 함께 도망가자고 하며 '천하가 크니 그대는 어찌 이곳에 있으려 하는가.' 하였다. 범방이 '내가 죽으면 화가 그칠 것이니, 어찌 감히 그대에게 죄를 연루시키며 또 노모(老母)로 하여금 유리하게 하겠는가.' 하였다. 범방의 어머니가 아들과 영결하며 '네가 이제 이응(李膺)·두밀(杜密)과 명성이 같으니 죽는다 한들 무슨 한이 있겠으며, 이미 훌륭한 명예를 얻고 또 다시 장수하기를 구한다면 겸하여 얻을 수 있겠느냐.'라고 하니, 범방이 무릎을 꿇고 가르침을 받고는 재배하여 하직하였다. 범방이 자기 아들을 돌아보고 '내가 너로 하여금 악을 행하게 하자니 악을 해서는 안 되고, 내가 너로 하여금 선을 행하게 하자니 내가 악을 하지 않았는데도 이와 같다.' 하니, 길 가는 사람들이 이 말을 듣고 눈물을 흘리지 않은 이가 없었다고 한다. 『通鑑節要 後漢紀 孝靈皇帝』

256) 인종……말하였다 : 이 상소의 내용이 『인종실록』 1년 3월 13일 기사에 보인다. 이외에 『기묘록보유』 「조정암전(趙靜庵傳)」, 『기묘록속집』 「신원소장(伸冤疏章)」과 『정암집(靜菴集)』 「신원소(伸冤疏)」 등에도 보인다. 여타의 기록을 『설학소문』에 실려 있는 것과 대조해보면 이대기가 약간 수정하거나 일부를 보충하여 기술했음을 알 수 있다. 그리고 『인조실록』에는 성균관 진사 박근(朴謹) 등이 상소를 올린 것으로 되어 있다.

257) 선조 1년(1568) : 원문은 '明廟戊辰'이다. 저본 및 국학본·성대본에는 '明廟戊辰', 국립본·연대본에는 '仁廟戊辰'으로 되어 있으나 오류가 있는 듯하다. 우선 인종과 명종의 치세에는 간지가 '무진(戊辰)'이 드는 해가 없고, 선조 1년(1568)이 무진년이다. 또 『기묘록보유』 「조정암전(趙靜庵傳)」에는 '今上戊辰夏'에 태학생 홍인헌(洪仁憲) 등이 올린 상소로 되어 있는데 홍인헌은 선조 초에 조광조의 문묘종사를 청하는 본 상소를 올렸다. 이에 『기묘록보유』 「조정암전」에 근거하여 '明廟'를 '宣廟'로 바로잡아 번역하였다.

같이 말하였다.[258]

"조광조는 풍운(風雲)이 만나는 시기에 우리 중종의 지우(知遇)를 얻어 후직(后稷)과 설(契)로 자신의 임무를 책임지웠고 요 임금과 순 임금으로 임금에게 기대하였으며,[259] 한 세상을 도용(陶鎔)하여 삼대의 융성함을 바랐습니다. 그런데 간사한 소인이 시기하고 질투하여 화를 얽어 일망타진하여 홍도(興道)와 지치의 기회를 중도에 무너지게 만들었습니다. 이로부터 50년간 온 나라의 인심이 소경처럼 되고 귀머거리처럼 되어 선량한 자를 원수처럼 보았으니, 이는 모두 기묘사화로 인해 이루어진 것입니다. 간간이 죽고 사그라진 나머지에서 스스로 분발하여 오히려 의리를 흠모하고 이익을 부끄러워하며 어버이를 사랑하고 임금을 급하게 여길 줄을 알아서 가느다란 선과 같은 기운이 오늘날에 이른 것은 추호도 모두 조광조의 힘입니다."

인종이 손수 써서 다음과 같이 답하였다[260]

"너희들이 선을 시작하는 자리[261]에 거하여 옛 것을 좋아하고 시국을 논해서 소장을 세 번 올렸는데 말이 간절하고 의리가 곧으니 배운 바의 바름이 어찌 이보다 더할 수 있겠는가. 우리 선왕께서 교육하신 은택을 또한 상상해볼 만하다. 그러나 말을 따르지 않음은 뜻이 있어서이다. 그리고 태학이 비록 공론이 있는 바이더라도 시비의 결정은 따로 조정에 있다. 너희들이 시비를 말한 것은 맞지만 시비를 결정하는 것은 제생의 일이 아니니 우선 물러가서 생각해보라."

---

258) 선조……말하였다 : 이 내용이 『기묘록보유』「조정암전」에 보인다.

259) 후직(后稷)과……기대하였으며 : 후직과 설은 요 임금과 순 임금의 명신으로, 후직은 농사를 관장하였고 설은 사도(司徒)를 맡아서 요순시대에 지치를 이룩하는데 공이 있었다. 조광조가 중종의 지우를 입어 자신은 신하로서 후직과 설이 요 임금과 순 임금을 보좌하였던 것을 책무로 삼고, 중종에게는 요 임금과 순 임금과 같은 성군이 될 것을 요구하였다는 의미이다.

260) 인종이……답하였다 : 이 내용은 『해동야언』「중종상」과 『대동야승』『혼정편록(混定編錄)』에 보이는데, 앞의 상소와는 관련 없는 별도의 내용이다. 앞의 상소는 『기묘록보유』「조정암전」에 근거하면 선조 초년에 홍인헌(洪仁憲) 등이 올린 상소로 되어 있다. 그러므로 앞의 상소에 대해 선왕인 인종이 손수 답하였다는 것은 앞뒤가 맞지 않는다.

261) 선을 시작하는 자리 : 선을 처음 시작하여 모범을 보인다는 뜻으로, 성균관에 거처하는 태학생을 가리킨다.

제생들이 감격하여 울면서 물러갔다. 지금 살펴보건대,[262] 임금의 비답에 '말을 따르지 않는 것은 이유가 있어서이다.'라는 것은, 대개 선왕이 훙거하고 3년은 감히 선왕의 도(道)를 고치지 못한다는 의미[263]가 그 속에 은연중 들어 있는 것이었으니, 이것이 당대 태학생들의 마음을 기쁘게 할 수 있었던 까닭이었다. 7월 1일 밤 인종의 기운이 약해지자 삼공(三公)에게 고명하여 경원대군(慶源大君 중종)에게 전위(傳位)하도록 하였고, 당시에 또 조광조에게 직첩을 도로 돌려주고 천거과를 도로 내주라고 명하였다.

04(제현)-01(조광조)-05(보유)

보유 : 퇴계 선생이 「정암조선생행장(靜庵趙先生行狀)」을 지었는데 그 대략에 말하였다.

"선생은 타고난 자품이 남다르고 동류 중에서 특출하여 난새와 고니가 우뚝 서 있는 듯하고, 옥과 금 같이 윤택하며 순수하였다. 또 무성한 난초가 향기를 풍기고, 밝은 달이 빛나는 것과 같았다."

또 다음의 기록이 있다.

"자신을 돌보지 않고 임금을 생각하는 충성스러운 신하로서 성군의 성대한 시대를 당하여 조정에 나아가서는 날마다 세 번씩 알현하였고, 물러나서는 사람들이 다투어 손을 이마에 얹어 존경을 표하였으니, 이는 천년에 한 번이나 있을 수 있는 좋은 시기라고 할 수 있었다. 그런데 어찌하여 하늘이 그 사이에 음사(陰邪)가 끼게 하여 위로는 그 뜻이 크게 시행되는 것을 보지 못하고 아래로는 그 혜택이 널리 입히지 못하도록 한 것인가. 이것은 시대의 운수와 나라의 액운에 관계되는 것으로 천지가 유감으로 여기는 바이며 귀신이 희롱한 것이니, 공에게 무슨 관련이 있겠는가. 아, 천도는 본래 떳떳함이 있고 인심은 진실로 속이기 어려운 것이니, 방훈(放勳 요임금)이 남긴 뜻을 중화(重華 순임금)가 이루어 아름답게 하였

262) 지금 살펴보건대 : 이 내용이 『해동야언』 「중종상」에도 보인다.

263) 대개……의미 : 선왕의 3년 상이 지나지 않았으므로 뜻은 가지고 있되 감히 시행하지 못하고 있음을 은연중 표현하였다는 것이다. 『논어』 「리인(里仁)」에 "공자께서 말씀하시기를 '아버지가 돌아가신 후 3년 동안 아버지의 도(道)를 고치지 말아야 효(孝)라 이를 수 있다.' [子曰 三年 無改於父之道 可謂孝矣]" 하였다.

던 바이다.[264] 이로부터 선비의 학문이 이로 인해 방향을 알게 되었고 세상의 다스림이 이로 인해 거듭 밝아질 수 있었으며, 유학이 이에 힘입어 추락하지 않고 국맥이 이에 힘입어 무궁하게 될 수 있었다. 이것으로 말미암아 말해보건대 당대 사림의 화는 비록 슬퍼할만하다 하겠으나 선생이 도를 숭상하고 학문을 창도한 공로는 또한 후세에 파급되었다고 할 수 있다. 또 한 가지 설이 있으니, 주나라가 쇠퇴한 뒤로부터 성현의 도가 한동안 행해지지 못하였으나 오히려 만세에 행해질 수 있었다. 무릇 공자, 맹자, 정자(程子), 주자(朱子)의 덕과 재주를 가지고 이를 활용하여 왕도(王道)를 일으키는 것은 마치 손바닥을 뒤집는 것처럼 쉬웠을 것이다. 그러나 끝내 성취한 바는 불후의 학설을 수립하여 후세에 드리움에 불과하였을 뿐이니 그 까닭은 무엇인가. 하늘에 달려있는 것은 본래 알 수 없는 것이고 사람에게 달려있는 것도 일괄적으로 논할 수 없기 때문이다. 그렇다면 공이 관직에 진출할 때에 이것으로서 명분을 삼았으니, 세상에서 왕도를 시행하지 못하였던 것은 괴이할 것이 없다. 다만 벼슬에서 물러나 그 도의 실상을 크게 천명하여 우리 동방의 후세에게 복이 되지 못한 것이 한스러울 따름이다. 한편 하늘이 장차 이 사람에게 큰 임무를 내리려 할 적에 어찌 일찍 한 번 성취하게 하고는 대번에 만족스러워하겠는가. 반드시 중년과 만년에 학문과 덕이 충분히 쌓인 뒤에야 크게 갖추어지는 것이다. 공은 그렇지 않아서 첫째는 불행히도 발탁 등용되어 빠르게 승진하였고, 둘째는 불행히도 벼슬에서 물러나기를 구하였으나 뜻을 이루지 못하였고, 셋째는 불행히도 귀양가서 사사되었다. 앞서 이른바 중년과 만년에 학문과 덕을 넉넉히 쌓기에 모두 겨를이 없었고, 불후의 학설을 후세에 드리우는 일도 또한 미칠 수 없었다. 그렇다면 하늘이 이 사람에게 큰 임무를 내린 뜻이 끝내 어떠한가. 이런 까닭으로 논쟁하는 무리의 끝없는 담론이 도리어 화복(禍福)과 성패(成敗)의 사이를 벗어나지 못하여

264) 방훈(放勳 요임금)이……바이다 : '방훈'은 공이 커서 사방에 베풀어졌다는 뜻으로 요임금을 예찬한 말이고, '중화'는 순임금의 별칭으로 요임금에 이어 문덕(文德)을 거듭 빛냈다 하여 붙여진 이름이다. 요 임금과 순 임금은 선양을 통해 왕조를 물려준 성군으로서 왕도정치를 통해 지치를 이룩하여 후세에 만고의 법칙이 되었는데, 이를 빌어 조광조가 비록 도를 실현하지 못하고 죽었으나 그의 사상과 행적이 후세에 파급되는 영향을 끼쳤음을 말한 듯하다.『書經 虞書 堯典』

세도가 더욱 투박해졌다. 그리하여 멋대로 지목하고 서로 헐뜯으니, 행신(行身)하는 이는 꺼리는 바가 있고 자식을 가르치는 자는 경계로 삼으며 선량한 이를 원수로 여기는 자는 이것을 효시로 삼아 우리 유학의 무거운 병폐가 되었다. 아, 이것이 어찌 요 임금의 유지(遺志)를 순 임금이 계승하여 유학을 부지하고 국맥을 길이 이어가게 한 장한 뜻이겠는가. 이는 또한 세도를 바로잡을 책무를 담당할 후대의 성군과 현상이 마땅히 깊이 근심하고 영구히 거울삼아 힘써 구제해야 할 점이다. 그러므로 근래 이후로 전이(轉移)하고 경장(更張)하여 호오(好惡)를 밝게 보인 것이 하나 둘이 아니다. 세상의 선비 된 자가 여전히 왕도를 높이고 패도를 천하게 여기며, 정도(正道)를 숭상하고 이단(異端)을 배척할 줄 알며, 다스리는 도리는 반드시 몸을 닦는 데에 근본을 두며, 물 뿌리고 비질하며 응대하는 것에서부터 이치를 궁구하고 성품을 다하는 데에 이르러서 점차 분발하여 진취하게 되었으니, 이것이 누구의 공이며 누가 그렇게 되도록 만든 것인가. 상천(上天)의 뜻을 여기에서 볼 수 있고 성조(聖朝)의 교화가 이에 무궁하게 되었다. 만약 이것으로 후일에 붓을 잡는 이의 책무를 삼는다면 선생의 학문과 사업 및 언론과 풍모가 사책(史冊)에 기재되어 사색하고 읊조리는 사이에 전파됨이 더욱 많을 것이니, 그렇다면 어찌 한스러워할 것이 있겠는가."

04(제현)-01(조광조)-06(부기)

부기 : 『사재집』 「척언」에 -사재(思齋) 김정국(金正國)이 지었다.- 다음의 기록이 있다.[265)]

"회령(會寧) 성 밑에 살고 있던 야인(野人 여진족) 속고내(速古乃)가 몰래 깊숙한 곳의 야인과 통모(通謀)하여 갑산부(甲山府)에 침입해서 백성과 가축을 많이 노략해 가자, 남도 병사(南道兵使)가 밀계(密啓)하여 불시에 습격해서 군사를 풀어 사로잡기를 청하였다. 이에 이지방(李之芳)을 파견하여 당일에 하직하도록 명하고 특별히 전별연(餞別宴)을 벌이니, 장

265) 『사재집』에……있다 : 『사재집』 「척언」에 본문의 내용이 보이는데 『설학소문』과 대조해보면 큰 줄거리만 남겨두고 많은 부분이 산삭되었으며, 이 과정에서 원 출처(『사재집』 「척언」)의 글자도 일부 수정되었음이 확인된다. 이런 점은 『설학소문』의 일반적인 특징이다.

수와 재상 및 여러 신하들이 좌우에서 시위(侍衛)하였고 김정국도 병방승지로 참여하였다. 〈내시가〉[266] '부제학 조광조가 와서 입대하기를 청합니다.'라고 하였다. 조광조가 나아와 '이번 일은 도둑의 교활한 꾀와 같으니 왕도로 천하를 다스리는 임금이 오랑캐를 제어하는 도리가 아닙니다.'라고 하니, 임금이 즉시 다시 논의하도록 하였다. 좌우에서 다투어 '병가(兵家)에는 기병(奇兵)과 정병(正兵)[267]이 있는 법으로 의논이 모두 같은데 한 사람의 말 때문에 갑자기 바꿀 수는 없습니다.'라고 하였고, 병조판서 유담년(柳聃年)은 '밭일은 사내종에게 묻고 베 짜는 일은 계집종에게 물어야 합니다. 현실을 모르는 오활한 선비의 말을 모두 좇아서는 안 됩니다.'라고 하였으나, 임금은 오히려 중론을 물리치고 파하였다. 조광조가 한마디 말로서 임금의 마음을 감동시켜 조정의 중요한 논의를 저지시키니, 사람들이 모두 눈을 흘겼다."

또 다음의 기록이 있다.

"대간이 소격서를 혁파하기를 청하였으나 여러 달이 지나도록 윤허를 받지 못하자 옥당(玉堂)에서 날마다 논계하였다. 조광조는 부제학으로 스스로 소장을 제술하여 동료 관원을 인솔하고 정원(政院)에 나아가 '오늘 윤허를 받지 못하면 의당 집으로 물러가서는 안 된다.'라고 하고, 그대로 머물러서 닭이 울 때까지 논계하기를 그치지 않으니, 임금이 부득이 윤허하였다. 대내의 엄밀한 곳에 밤새도록 출입하면서 번거로이 계하기를 멈추지 않았으니, 임금인들 어찌 듣기를 염증내지 않았겠는가. 신하가 임금에게 간할 때에는 임금의 마음이 열려 있는 곳으로 들여야 하니,[268] 이토록 임금을 핍박하고도 신하가 무사했던 경우는 있지 않았다. 조광조가 일찍이 대사헌으로서 아문(衙門)에 출근할 때에 길에서 찬성 고형산(高荊山)을 만났는데 예를 표하지 않고 지나가니 미워하는 자들이 이를 갈았

---

266) 〈내시가〉 : 『사재집』 「척언」에 근거하여 보충하여 번역하였다.

267) 기병(奇兵)과 정병(正兵) : '기병'은 적이 예측할 수 없는 기묘한 전술로 기습하는 부대를 말하며, '정병'은 잔꾀를 부리지 아니하고 정정당당하게 싸우는 군대를 말한다.

268) 신하가……하니 : 신하가 충신(忠信)과 선한 방도로 군주의 마음을 깨우치려 한다면 반드시 임금이 밝게 아는 것으로부터 언급하여야 신임을 얻어 쉬이 받아들여 질 수 있음을 말한 것이다. 『주역』 감괘(坎卦) 육사(六四) 효사에 "맺음을 들이되 통한 곳으로부터 하면 끝내 허물이 없으리라. [納約自牖 終无咎]"라고 하였다.

고, 한나라 소망지(蕭望之)는 어사대부(御史大夫)가 되어 마음에 승상을 가볍게 여기고 만나도 예를 갖추지 않았다.[269] 두 사람의 어질고 어질지 못함이 비록 같지는 않으나 모두 거만하여 권세를 마음대로 하다가 화를 취한 것은 예나 지금이나 마찬가지이다. 군자가 처신함에 있어 공경과 겸손은 복을 누리는 토대이니, 삼가지 않을 수 있겠는가."

04(제현)-01(조광조)-07

정사원(鄭士元)의 『참언(僭言)』에 다음의 기록이 있다.[270]

"사재 김정국은 정암이 소격서를 혁파하는 일에 대해 논계하여 닭이 우는 새벽에 이르도록 그만두지 않아서 임금의 듣기 싫어하는 뜻을 범했으니 임금의 마음이 열려 있는 곳을 통해 간언을 하는 방법이 아니라고 하였는데 이는 현자가 임금을 섬기는 성의(誠意)를 살피지 못하고 범연하게 보통 사람의 정서로 헤아린 것이다. 군자가 임금을 섬김에 있어서 당연한 도리로서 인도하고 지극한 정성으로 임금의 마음을 돌이킬 뿐이다. 만약 임금이 듣기 싫어할 것이라고 미리 짐작하고서 뒷날을 기다린다면 어찌 몸을 아끼지 않고 임금에게 충성하는 군자의 마음이겠는가. 선생이 임금에게 알아줌을 입었을 때에 아는 것을 임금에게 말하지 않는 것이 없고 말하면 임금이 따르지 않는 것이 없었으며 심지어 선생의 한마디 말로 온 조정의 중론을 물리치기까지 하였으니, 임금의 신임을 얻음이 오롯했다 할 수 있다. 저 소격서를 혁파하는 것도 임금의 마음을 바르게 하는 일이었다. 여러 달을 논계하였으나 윤허를 받지 못하였으므로 반드시 임금의 마음을 돌리는 정성에 미진한 바가 있었을 것이었다. 그러므로 선생은 임금을 공경하는 의리에 격발되어 미진한 정성을 확충하여 여러 차례

---

269) 한나라……않았다 : 이와 관련한 내용이 『청음집(淸陰集)』 「대사헌인피계사(大司憲引避啓辭)」에 다음과 같이 보인다. "옛날에 한나라의 소망지는 어사대부로 있을 적에 승상을 만났을 때 무례하였다는 이유로 김안상(金安上) 등으로부터 거만하고 불손하다는 탄핵을 받아 좌천당했습니다. [昔漢蕭望之爲御史大夫 遇丞相無禮 金安上等以倨慢不遜論劾左遷]"

270) 정사원(鄭士元)의……있다 : 정사원과 『참언』은 미상이다. 본문의 내용이 『기묘록보유』 「조정암전」, 『정암집』 「사실(事實)」, 『은봉전서(隱峯全書)』 「기묘유적(己卯遺蹟)」에 보인다.

논계하고 그치지 않아서 밤이 다하는 지경에 이르렀던 것이다. 대궐 뜰에 엎드려 주청했을 때를 상상해보면, 반드시 미리 재계하고 마음을 가라앉혀 깊이 생각하고 성의를 보존하여 감동되기를 기대한 것이 정 부자(程夫子)가 진강(進講)한 성의와 같고 보통 사람이 엿보고 측량할 수 있는 것이 아니다. 옛적에 명도(明道) 선생은 소대(召對)했을 때에 오시(午時)가 되어서야 비로소 물러났고,[271] 회암(晦庵)[272]은 진강하고 일을 아뢸 때에 말을 다하지 않는 것이 없었는데 선생이 한 일도 이와 같았다. 적신 남곤이 흉악한 꾀를 내어 충량한 이들을 죄다 죽인 그 사건이 선생과 무슨 관련이 있기에 '이처럼 하고도 무사한 자는 있지 않았다.', '미워하는 자가 모두 이를 갈았다.'라고 한단 말인가. 소식(蘇軾)의 무리가 이천(伊川)[273] 선생을 원수같이 보았다고 하여 정자(程子)에게 미움 받을 허물이 있었다고 할 수 있겠는가. 소망지와 장탕(張湯)의 일에 대해서는 또 '현부(賢否)와 사정(邪正)의 다름을 알지 못하겠다.'라고 하였으니,[274] 매우 떳떳하다고 할 수 없다. 바른 인물인 사재가 끝내 이와 같을 줄을 누가 생각이나 하였겠는가."

04(제현)-02(김정)-01

판서 김정(金淨, 1486~1521)은 자가 원충(元冲)이고, 시호는 문간(文

---

271) 옛적에……물러났고 : 북송의 학자 정호(程顥, 1032~1085)는 자가 백순(伯淳)이고, 호는 명도(明道)인데, 아우 정이(程頤)와 함께 이정자(二程子)로 불리며 주돈이(周敦頤)를 사사하였다. 여러 차례 신종이 불러서 보자 그때마다 마음을 바르게 하고 욕심을 억누르며 어진 이를 발탁하고 인재를 기를 것을 강조하였다.

272) 회암(晦庵) : 송나라 학자 주희(朱熹, 1130~1200)의 호로, 자는 원회(元晦)·중회(仲晦)이다. 정호와 정이의 학문을 계승하고 주돈이와 장재(張載) 등의 학설을 차용하여 북송 이래 이학을 집대성하였다.

273) 이천(伊川) : 명도(明道) 정호(程顥)의 아우 정이(程頤, 1033~1107)의 호이다.

274) 소망지와……하였으니 : 소망지는 전한 때의 학자이고 장탕은 한 무제(漢武帝) 때의 옥관인 혹리(酷吏)로, 두 사람이 자살로 생을 마감한 일을 가리켜 말한 것으로 보인다. 소망지는 한 원제(漢元帝) 즉위 초에 유향(劉向) 등과 함께 당시에 정권을 농락하던 환관 홍공(弘恭)과 석현(石顯) 등을 제거하려다가 일이 누설되는 바람에 거꾸로 홍공 등에게 당인(黨人)이라는 탄핵을 받아 음독자살하였다. 장탕은 어사대부로 있을 때 법문을 너무 가혹하게 다루어 원한을 가진 이가 많았는데, 당시 승상의 장사(長史) 주매신(朱買臣) 등의 무함을 받고 자살하였다.『史記 酷吏列傳』

簡)이고, 호는 충암(冲菴)으로, 1486년(성종17)에 태어났다. 1504년(연산군10)에 생원시[275]에 급제하였고, 1507년(중종2)에 문과에 장원급제하였다. 공은 장중하고 말과 웃음이 적었으며, 문장은 광대하고 엄정하여 멀리 서한(西漢)의 체제를 따랐고, 시는 성당(盛唐)의 체제를 배웠다. 언론을 세우고 일을 행할 때는 반드시 성현을 준칙으로 삼았다. 이조 정랑으로 있었으나 어버이 봉양을 위해 순창 군수(淳昌郡守)로 나가기를 청하여 보임되었다. 1515년(중종10)에 담양 부사(潭陽府使) 박상과 함께 상소를 올려 억울하게 폐출된 왕비 신씨의 복위를 요청하였다. 그런데 대사헌 권민수(權敏手)와 대사간 이행(李荇)이 잡아다 추고하기를 청하여 일을 장차 예측할 수 없었으나 좌의정 정광필이 신구하여 귀양지에서 노역을 하는데 그쳤다. 이로부터 조정의 의론이 대립하여 마침내 기묘사화에 영향을 끼쳤다. 1516년 여름에 비로소 공의 말이 옳다 하여 대간과 시종이 교대로 소장을 올려 석방하기를 청하였다. 1517년 가을에 부제학에 발탁되자 공은 제수하는 명을 듣고 두려워하여 사퇴하기를 결의하였으나 정암이 그와 함께 협력하여 임금을 도와 치적을 쌓을 것을 생각해서 편지를 보내어 도탑게 권면하니, 공은 마침내 억지로 출사하였다. 그런데 몇 년 사이에 임금의 특별한 후대를 입어서 기묘년(1519)에 형조 판서에 승진되고 예문관 제학을 겸하였다. 조정의 촉망은 비록 높았으나 공은 영화가 가득 참을 두려워하여 영화로운 직위를 사퇴하고 한직에 물러나 학문을 연구하고 근본을 배양하려고 하였지만 임금의 대우가 한창 융성해서 해직을 허락받지 못하였다. 이렇게 되니 사공(事功)을 떨쳐 일으키는 데에 힘쓰지 않은 것이 없었고 군자와 소인이 진퇴하는 기미에 더욱 뜻을 다하였는데 무릇 진언과 시행에 날카로움이 너무 드러나서 옛 신하로서 당시 논의에 용납되지 못해 배척당한 자의 원한이 골수에 박혔다. 이에 심정·남곤이 홍경주와 화기(禍機)를 얽어 임금을 두렵게 하였고, 홍경주가 언서(諺書)를 받아 밀지라고 칭하면서 배척당한 재상들을 은근히 부추겨 11월 15일 밤 신무문을 열기를 청한 다음 이장곤·김전(金銓) 등을 위협해 불러서 잠입하여 밀계하였다. 이에 공이 우참찬 이자(李耔), 대사헌 조광조, 부제학 김구,

---

275) 생원시 : 원문은 '進士'이다. 『홍치17년[연산10년]갑자방목(弘治十七年[燕山十年]甲子榜目)』에 근거하여 '生員'으로 바로잡아 번역하였다.

대사성 김식, 도승지 유인숙(柳仁淑), 좌승지 공서린, 좌부승지 홍언필(洪彦弼), 우부승지 박세희, 동부승지 박훈 등 10인과 함께 하옥되었다. 제공은 모두 반드시 죽을 것으로 생각하여 함께 술을 마시고 영결하였는데 이날 밤 높은 하늘에 구름은 없고 달빛만이 뜰에 가득하였다. 공이 다음의 시를 지었다.

저승으로 길이 돌아가는 이 밤 나그네에게 重泉此夜長歸客
공연히 밝은 달 머물러 인간 세상을 비추네 空留明月照人間

대유(大柔) 김구는 다음과 같이 고시(古詩)로 읊었다.

흰 구름 속에 뼈를 묻으면 길이 그만인 것을 埋骨白雲長已矣
공연히 흐르는 물만 남아 인간 세상을 향하네 空餘流水向人間

또 아래와 같이 읊으니,

장천 달 밝은 밤에 明月長天夜

공이 다음과 같이 화답하였다.

이별을 애석해하는 엄동의 시기이네 嚴冬惜別時

모두 조용히 스스로 만족해하였다. 날이 밝자 유인숙·공서린·홍언필을 방면하는 명이 내렸고, 조금 있다가 또 심달원·안정·이구·이자를 석방하라고 명하였다. 제공이 옥중에서 다음의 소장을 올렸다.

"신 등은 모두 오활하고 우직한 이들로서 성상과 조우하여 경연에 출입하면서 성상을 가까이에서 모실 수 있었습니다. 어리석은 충정을 다하였으므로 뭇사람의 시기를 받았지만 임금 있는 줄만 알았을 뿐 다른 것은 헤아리지 않았습니다. 하늘의 해가 밝게 비추고 있기에 다른 사심(邪心)은 없으나 다만 사류의 화가 한 번 열리게 된다면 장차 뒷날 국가의 명맥을 생각하지 않을 수 있겠습니까. 천문(天門)에 가로막혀 소회를 아뢸 길이 없습니다. 신 등의 죄는 진실로 만 번 죽어도 마땅하지만 부디 한 번 친히 물으심을 허락해 주신다면 만 번 죽더라도 한이 없겠습니다. 정은 넘치나 말은 슬퍼서 이를 바를 모르겠습니다." -혹은 김구가 지었다 한다.-

김전·이장곤·홍숙(洪淑)·성운(成雲) 등이 국문하여 정암과 공(김정) 및 김식·김구를 아울러 사형에 해당하는 형률로 논죄하였는데 삼공이 논의를 고집해서 사형을 감하여 중도(中道)에 장배(杖配)하게 하였다. 윤자임·박세희·박훈은 아울러 곤장을 치고 유배되었는데 역시 대신이 구제하여 장속(杖贖)으로 근도에 부처(付處)되었다. 17일에 8명을 의금부에 나아오도록 명하고 승지 성운이 다음의 전지(傳旨)를 전하였다.

"너희들은 모두 시종신으로 상하가 마음을 같이하여 지극한 다스림을 보기로 기약하였으니, 너희들의 마음이 착하지 않은 것은 아니나 근래에 너희들의 처사가 잘못을 저지르는데 이르러 인심을 불평하게 하였으므로 부득이 죄주는 것이다. 너희들은 이것을 알고 가라."

공의 귀양지인 금산은 고향인 보은(報恩)과의 거리가 백 수십 리쯤 되었다. 그런데 모친이 병중이란 소식을 듣고 군수에게 급히 요청하여 〈병든 모친을 만나러 가다가〉 도중에 금오랑 황세헌(黃世獻)이 또 공을 진도(珍島)로 압송하러 온다는 소식을 듣고 〈공이〉 즉시 달려와서 황세헌과 함께 귀양지에 도착하였다. 그러나 뒤에 이 일이 발각되어 국문하면서 여러 차례 형장을 가했다. 공이 옷자락을 찢어 소장을 올리니 이에 제주(濟州)에 위리안치(圍籬安置)하도록 허락하였으나 1521년에 도망했다는 죄목을 추론하여 사사되었다. 공이 명을 듣고는 낯빛을 변하지 않은 채 형과 아우에게 편지를 보내어 노모를 잘 봉양하도록 권면하고 또 절명사(絶命辭)를 읊어서 자신의 뜻을 보였다. 그 절명사에 다음과 같이 말하였다.

먼 지역에 버려짐이여 외로운 혼 되도다　投絶國兮作孤魂
어머니를 남기고 떠나감이여 천륜이 막혔어라　遺慈母兮隔天倫
이 세상을 만남이여 내 몸 죽으니　遭斯世兮隕余身
구름을 탐이여 천제(天帝)의 궁문을 들르네　乘雲氣兮歷帝閽

굴원을 좇음이여 고상하게 소요하니 從屈原兮高逍遙
긴 밤 컴컴함이여 어느 때나 밝아질까 長夜冥冥兮何時朝
단성(丹誠) 빛남이여 풀 속에 묻히도다 烱丹衷兮埋草菜
당당하게 장한 기운 중도에 꺾이니 堂堂壯氣兮中途摧
아, 천추만세 뒤엔 응당 나의 슬픔 알아주리 嗚呼千秋萬世兮應我哀

당시 나이가 36세였다. 공이 제주에 유배되었을 때 해남(海南)을 지나가다가 길섶 소나무 밑에 쉬면서 절구 3수를 읊고는 소나무 껍질을 벗겨내고 거기에 시를 썼다. 그 첫 수는 이렇다.

무더운 여행길에 죽는 백성 덮어 주려고 欲庇炎程暍死民
멀리 바위와 골짜기를 사직하고 긴 몸을 굽혔네 遠辭巖壑屈長身
촌부는 나무하러 날마다 찾아오고 행상은 불 지펴 밥 짓는데 村斧日尋商火煮
진시황만치 공을 알아주는 이도 없구나[276] 知功如政亦無人

그 둘째 수는 이렇다.

바닷바람 스쳐가니 슬픈 소리 멀어지고 海風吹去悲聲遠
산에 걸린 달 외로이 떠오르니 파리한 그림자 성그네 山月孤來瘦影疎
곧은 뿌리 땅 밑까지 뻗어있어 賴有直根泉下到
눈서리에도 그 기품 없어지지 않네 雪霜標格未全除

그 셋째 수는 이렇다.

가지는 꺾이고 잎은 헝클어져 어지러운데 枝條摧折葉鬖髿
도끼는 남은 몸뚱이를 모래에 눕히려하네 斤斧餘身欲臥沙

276) 진시황만치……없구나 : 진시황의 이름은 정(政)이다. 진시황 28년에 진시황이 태산(泰山)에 올라서 비석을 세우고 토단을 쌓아 하늘에 제사 지냈다. 제사를 마치고 산을 내려오던 중에 갑자기 바람이 불고 비가 내려 나무 아래서 잠시 쉬었는데 이 일로 인하여 그 나무를 오대부(五大夫)로 봉하였다. 『史記 秦始皇本紀』

기둥과 대들보가 되려던 희망 아, 이제 그만이로다　望絶棟樑嗟已矣
굽은 가지로 바다 신선의 뗏목이나 만들리　査牙堪作海仙槎

사림이 전해 외우면서 가엷게 여기지 않는 이가 없었다. 인종이 공의 관작을 회복시키도록 명하였고, 금상(今上 선조)이 시호를 하사하였다. 부인 송씨(宋氏)에게 자녀가 없어서 형 김광(金洸)의 아들 김철보(金哲葆)를 후사로 삼았다. 공의 당질 응교 김천우(金天宇)가 유고(遺稿)를 거두어 『충암집(冲庵集)』을 만들어서 세상에 유행시켰다.[277]

04(제현)-02(김정)-02(보유)

보유 : 충암이 눌재(訥齋) 박상과 다음과 같이 의논하였다. "장경왕후(章敬王后)[278]가 상빈(上賓 사망)하여 왕비의 자리가 오래도록 비어있고 원자(元子 인종)가 강보에 있으니, 만약 성종 때의 고사(故事)를 따라 후궁을 올려 정궁(왕비)으로 삼는다면 반드시 자신의 소생을 보호하여 귀하게 되고자 할 것이다. 하물며 지금 숙의(淑儀)는 모두 아들이 있으니 신씨를 복위하는 것만 못하다. 허물도 없이 폐출당한 원통함을 신구하고 첩으로 아내를 삼지 않는 의리를 밝힘은 옛 은의(恩義)를 온전하게 하고 곁에서 엿봄을 막는 것이다. 박원종(朴元宗)·유순정(柳順汀)·성희안(成希顔)이 천인(天人)의 기회를 타서 은밀히 그 힘을 써서 군부(君父)를 겁박하여 국모를 내쫓았으니, 만세의 죄인이다. 이제 비록 죽었다 하나 그 죄를 밝혀 바르게 해서 중외에 효유하여 후세로 하여금 분명하게 분수를 범해서는 안 됨을 환히 알게 한다면 인륜의 근본과 부부관계를 바르게 하는 도리가 밝게 빛남이 마치 천지가 캄캄했다가 다시 활짝 개어 산골짜기가 드러나는 것과 같을 것이다. 이제 구언(求言)하는 하교가 있었으니 함묵하고 있다가 기회를 잃어서는 안 된다." 마침내 합사(合辭)하여 소장을 올렸다.

---

277) 공의……유행시켰다 : 김정의 시문은 당질인 김천우가 유고를 모아 신광한(申光漢)에게 교정과 산정을 부탁하였으나, 김천우의 사망으로 인하여 간행에는 이르지 못하였다. 그때 공주목사 허백기(許伯琦)가 별도로 수습한 유고를 신광한이 소장하고 있던 원고와 합하여 본집(本集)과 외집(外集)으로 나누고, 1552년 공주에서 목판으로 간행하였다.

278) 장경왕후(章敬王后) : 장경왕후는 중종의 계비로, 1515년 2월에 세자(인종)를 낳은 뒤 그 산후병으로 엿새 만에 경복궁 별전에서 죽었다.

이에 대사간 이행이 〈간사한 논의라고 지목하여〉 조정에서 "장경왕후가 원자를 생산하셨으니 나라의 근본이 이미 정해졌다. 만약 신씨를 다시 세웠다가 왕자를 낳는 경사가 생기기라도 한다면 가례(嘉禮)의 선후는 신씨가 먼저이니 나라의 근본이 흔들리게 될 것이다."라고 하였다. 대사헌 권민수가 호응하여 합사하여 잡아다 추고하기를 청하니, 일이 어떻게 될지 헤아릴 수 없었는데 문익공 정광필의 신구에 힘입어 도형(徒刑)으로 정배(定配)되는데 그쳤다.

04(제현)-03(김식)-01

대사성 김식(金湜, 1482~1520)은 자가 노천(老泉)으로, 1482년(성종13)에 태어났다. 1501년(연산군7)에 진사시에 급제하였다. 공은 성품이 굳세고 바르고 총명하였고, 선을 즐기고 옛것을 좋아하였으며, 세속을 벗어나 스스로 분발하였다. 1515년(중종10)에 공천(公薦)으로 광흥창 주부(廣興倉主簿)에 제수되었고, 1518년에 장령으로 옮겨 제수되었다. 중종이 "김식을 진강시키고자 하였으나 대간의 직임도 중한 까닭으로 실행하지 못하였다. 김식의 사람됨은 내가 경연에서 진강할 때에 알았다."라고 하였다. 정암이 일찍이 나아가 "김식 같은 사람은 문사 중에 없는 사람이라고 생각하지는 않으나 다만 얻기 어려운 사람입니다."라고 하였다. 현량과에 장원으로 급제하자 전교하기를 "김식은 어진 사람이다. 이 사람을 얻어서 사유(師儒)의 관리로 삼으려 하였으나 시취(試取)에 참여하지 못할까 염려하였는데 이제 장원에 뽑혔으니 내가 유달리 기뻐하는 바가 있다."라고 하고, 자급을 뛰어넘어 직제학에 임명하였고 얼마 후에 부제학으로 승진시켰다가 대사성으로 옮겼다.

기묘년 11월 16일은 바로 공의 외삼촌 기일(忌日)로서 여러 형제와 함께 종가에서 재숙(齋宿)하였는데 어떤 이가 조정 정사를 물으니, 추연히 기꺼워하지 않으면서 "외람되게 분수에 넘는 벼슬을 탐내어 이미 위기에 빠져 훗날 모여 자는 것도 기필하기 어렵게 되었다. 함께 옛 정을 나누고 싶을 뿐 정사의 이해는 아는 바가 아니다."라고 하였는데, 제사를 마치고 새벽이 오기도 전에 금오랑이 뒤따라 찾아와서 문에 이르렀고 드디어 의금부에 갇혀 선산(善山)으로 곤장을 맞고 유배되었다. 12월에 죄를 더한다는 소식이 들렸는데 마침 객(客)이 곁에 있다가 “간인의 일을 예측할 수 없다. 헛된 죽음이 무엇이 유익하겠는가. 형세를 살펴 만약 죄를 더하는 일이 주상의 뜻에서 나왔다는 것을 알게 된다면 죽어도 유한이 없을 것이다.”라고 하니, 공이 “흉악한 모략을 헤아릴 수 없는 상황이 되면 앞장서서 위험에 처한 나라를 구하러 나가 세상에 보기 드문 지우에 보답하는 것이 평소에 원하던 바이다.”라고 하고, 드디어 객과 실컷 술을 마시고 크게 취해서 인사를 살피지 못하였다. 객이 “어찌 차마 간인의 손에 나아가 죽는 것을 가만히 앉아서 보고만 있겠는가. 몰래 업고 도망치느니만 못하다.”라고 하고, 이에 가동 우음산(亐音山)을 시켜 업고 수십 리를 갔는데 처음처럼 코를 골다가 새벽이 되어서야 깨어났다. 이미 여기까지 이르렀으므로 어떻게 할 수 없다 하고 마침내 이신(李信), 우음산과 함께 영산(靈山)에 있는 이중(李中)의 집으로 향했다. 공이 몸을 감춘데 대하여 길흉을 점치니 효사에 ‘산인(山人 중)이 일을 해친다.’는 말이 있어서 산사(山寺)로 향하려 하지 않았다. 이중이 “이신은 본래 중으로 곧 산인(山人)이고 성품이 또 순하지 못하니 먼저 내보내느니만 못하다.”라고 하니, 이중의 아우가 “큰일을 하는 자는 하찮은 인정은 돌아보지 않는 것이다. 만약 의심스러우면 입막음을 하면 될 것이니 어찌 먼저 보낼 필요가 있겠는가.”라고 하였다. 공이 “점사 때문에 먼저 싹트지 않은 마음을 의심해서는 안 된다.”라고 하고는, 곧 이신과 작별하면서 “체포가 날로 심해지니 형편상 우리 세 사람이 동행하기는 어렵게 되었다. 너는 먼저 가서 조보(朝報)를 탐문해보고 무주(茂朱)에 있는 오희안(吳希顔)의 집에서 모이도록 하자.” 하였다. 이신이 즉시 서울로 올라가 고변하기를 “김식이 지금 이중의 집에 있으면서 그 아들 김덕순(金德純), 김덕수(金德秀)와 문도들이 대신을 해치기를 모의한다.”라고 하였다. 금오랑이 이중의 집으로 달려가니, 공은 하루 앞서 이미 떠난 뒤였다. 무주에 이르렀는데 오희안이 또한 이미 잡혀갔다는 소식을 들었고 돌아보아도 머무를 곳이 없었다. 거창현(居昌) 고제원(高梯院) 동쪽에 도착했는데 밥을 먹지 못한 지가 며칠이나 되었다. 고사리를 캐어다가 음식을 해먹으려고 우음산을 시켜 시골집에서 불을 구해 오도록 하고서 마침내 스스로 목을 매었고, 우음산이 돌아왔을 때에는 이미 구할 수 없었다. 우음산이 의대 안에서 상소문 초고 한 장을 발견하여 거창현에 고해서 계문(啓聞)하니, 그 상소의 대개는 다음과 같다.

"남곤이 무사를 많이 모아 조석으로 문간에 가득하니 그 뜻이 어찌 사림을 제거하는 데에 그칠 뿐이겠습니까. 그런즉 전하의 형세가 어찌 외롭지 않으며 어찌 위태롭지 않겠습니까. 그러므로 신은 참고 견디어 망명해서 기다리다가 간흉이 임금을 위태롭게 하면 앞장서서 국난에 달려가 세상에 드문 전하의 지우에 보답하려는 것, 이것이 신이 뜻한 바였습니다."

어떤 사람은 말하기를 "눌재 박상이 광산(光山)에 살았는데 공이 가서 망명한 이유를 말하니, 눌재가 '남곤은 소인의 두목으로 일처리가 간교하여 임금의 마음을 홀려 스스로 그 실마리를 깨닫지 못하게 하였다. 그런데 어찌하여 그 속에 있으면서 권세를 부려 남이 자신을 모의하도록 만들었는가.'라고 하니, 공이 뉘우치고 상심하여 곧 죽기를 작정하고는 마침내 자진(自盡)하기에 이르렀다."라고 한다. 가정 을사년에 특별히 적몰한 재산을 환급하였고 홍패와 직첩을 도로 하사하였다. 현헌(玄軒) 목세칭(睦世秤)이 애사(哀辭)를 지어서 행신(行身)한 사실을 밝혔고, 구봉(龜峰) 신명인이 「애송옥사(哀宋玉辭)」를 지어서 그의 뜻을 나타냈다.[279] 손자 김권(金權)이 문과에 급제하였다.

04(제현)-03(김식)-02

숨겨주었다가 죄를 입은 김해 부사(金海府使) 하정(河珽)은 달아나 숨었다가 체포되어 곤장과 신문에 거짓 자백하였고 망명하였다 하여 처참되었다. 영해 부사(寧海府使) 이윤검은 고문을 했으나 증험되지 않아 관작이 삭탈되었다. 영산 유생 이중과 무주 유생 오희안은 온 가족이 변방으로 옮겨졌다. 문인은 죽임을 당하였고, 홍순복(洪順福)·심농(沈農)·김윤종(金胤宗) 등 6인과 아들 김덕순·김덕수는 도망하였다.

04(제현)-03(김식)-03

---

279) 구봉(龜峰)……나타내었다 : 「애송옥사」가 『기묘록보유』 「김식전(金湜傳)」, 『기묘록보유』 「신명인전(申命仁傳)」에는 '조송옥사(弔宋玉辭)'로 되어 있다. 또한 그 내용이 『기묘록보유』 「신명인전」에 보인다.

『수문(瘦聞)』에 다음의 기록이 있다.280)

“노천과 정암이 마음을 같이하고 힘을 합하여 지치를 이루려한 것은 성대하다고 할 만하다. 그러나 북문이 한 번 열려 놀라운 기미를 헤아릴 수 없게 되자 제현이 모두 머리를 나란히 한 채 체포되어 죽음을 고향에 돌아가는 것처럼 여겼는데, 노천만이 몸을 숨겼으니 그의 생각은 ‘간신이 권력을 농단한 것이다. 이것은 우리 임금의 본심이 아니니 임금이 행여 마음을 바꾸실 것이다.’라고 생각한 것이니, 그 정상이 애처롭다. 그러나 신하가 임금을 섬기는 도리는 이와 같지 않은 것이다. 노천이 비록 한때에 선류와 상종하여 조정에서 드날렸으나 그 속에는 식견이 없었기 때문에 결국 기묘사화 인물의 수치가 되었으니, 애석하다. 바야흐로 체포하려 할 때 한 번은 삼족당(三足堂) 김대유의 집에 간적이 있었다. 당시 삼족당이 청사(廳事)에 앉아 있었는데, 노천이 천복(賤服)을 입고 문 밖에서 인사하였다. 삼족당이 알면서도 안으로 들이지 않고 사내종을 시켜 전하게 하기를 ‘그대는 어찌하여 이처럼 구차하게 나에게 누를 끼치려 하는가.’ 하였다. 당시에 숨겨주었다가 화를 입은 자가 많았으므로 삼족당의 이 말을 도리로 헤아려보면 마땅하지 않은 것은 아니다. 그런데 남명 조식 선생은 일찍이 이 일을 논하기를 ‘천우 -삼족당의 자- 의 이 일은 의롭다고 하면 의로우나 인정상 잔인하지 않은가.’라고 하였다.”

두 현인의 소견이 이처럼 같지 않은 것은 무엇 때문인가. 나는(이대기) 생각건대, 만약 삼족당이 노천을 보고서 악수하고 애처롭게 위로하되 도리로 깨우쳐서 노천으로 하여금 스스로 처신하게 하였다면 인정과 천리가 모두 행해질 수 있었을 것이다. 저 노천이 평소의 분의로서 곤궁하고 위축되어 왔으니, 어찌 마음에 측연하지 않을 수 있었겠는가. 조 선생이 잔인하다고 한 설은 대개 여기에서 나온 것이다.

04(제현)-04(성세창)

정승(政丞) 성세창(成世昌, 1481~1548)은 자가 번중(蕃仲)이고, 호는 둔재(遯齋)이며, 본관은 창녕(昌寧)이다. 1481년(성종12)에 태어났고, 한훤당 김굉필 문하에서 수업하였다. 1501년(연산군7)에 진사시에 합격하고

280) 『수문(瘦聞)』에……있다 : 『수문』은 미상이다.

1507년(중종2)에 문과에 급제하였다. 공은 학식이 뛰어나고 문장이 전아하였으며, 문형(文衡 대제학)을 맡게 되자 많은 선비들의 존경을 받았다. 필법 또한 오묘하였고, 서화와 음률에도 정밀하고 해박하지 않은 것이 없어서 당시에 사람들이 삼절(三絶)이라고 지목하였다. 기묘년에 중종이 본디 유술(儒術)을 숭상하여 명현들을 등용하니, 구신 중에 청의에 용납되지 못한 자들이 곁눈질을 하며 곁에서 엿보았다. 공은 기미가 근심스럽고 위태로움을 보고 일찍이 충암 김정, 음애(陰崖) 이자와 더불어 날카로움이 너무 드러나는 것을 경계하였다. 1520년(중종15)에 산반(散班)으로 집에 있는데, 심정이 그가 청류와 뜻이 다를 것이라 생각하고 공의 집을 찾아가 대사간을 시켜 준다고 꾀었다. 공은 자신이 더럽혀질까 두려워하여 "용렬하고 둔한 이 사람이 어찌 그 직책을 감당하겠습니까. 다만 전날 국가에서 백면서생에게 죄준 것은 실상 매우 애매한 것이며 북문에서 밀고한 일은 더욱 옳지 못합니다. 말할 직책에 있는 사람은 비록 이미 지나간 일이라 할지라도 마땅히 직간하여 그 잘못을 규탄해야 할 것입니다."라고 하니, 심정이 얼굴빛을 변하고 급히 일어났다. 이 때문에 당시 재상들에게 크게 거슬림을 받았다. 남곤이 죽자 문익공 정광필이 다시 정승이 되었다. 1528년(중종23)에 기묘년의 일을 조정하려는 의논이 있었는데 공은 이조참판으로 있었다. 이때 김안로(金安老)는 동궁(東宮 인종)을 보호해야 한다는 주장을 내세워 이를 구실로 심정을 억제하였으나, 실상은 자신의 사욕을 이루려 함이었다. 공이 부제학으로서 분연히 말하기를 "김안로의 사람됨을 나는 잘 알고 있다. 지금 만약 그가 뜻을 얻게 되면 반드시 장차 나라를 그르칠 것이다."라고 하고, 동료들을 인솔하여 탄핵하였으나 김안로의 사주로 도리어 공이 심정과 한편이 되어 아부하였다고 무고하고 사실이 아닌 일로 모함해서 가두어 국문하도록 명이 내려졌다. 공은 죽을까 두려워 억지 자백을 한 뒤에 마침내 평해(平海)로 귀양갔다. 김안로가 죄를 받게 되자 드디어 소환되어 을사년(1545)에 우의정에 제수되었다. 사은사가 되어 명나라에 갔는데 이기(李芑) 등이 또 몹시 시기하여 유관(柳灌) 등과 반역을 꾀한다고 무고하니, 일을 마치고 돌아오기도 전이었다. 장연(長淵)으로 귀양갔다가 이윽고 죽었다. 일찍이 적소(謫所 평해)에 있을 적에 차야(次野)가 죽었다는 소식을 듣고 -차야는 음애 이자(李耔)의 자이다.- 다음의 시를 지었다.

온갖 병과 시름 모두 이 몸에 이르고　百病千愁摠到身
존망의 감개 또한 서로 이어지네　存亡感慨亦相因
멀리서 들으니 구름길에 신진들 많다 하는데　遙聞雲路多新輩
매양 가을 산에서 옛 벗의 장례를 보는구나　每見秋山葬故人
다시 옛 벗과 사귀어 도의를 논할 수 없으니　無復舊交論道義
감히 임금 앞에서 도의 아뢰기를 기약하리오　敢期前席爲敷陳
비록 세상에 남았으나 끝내 무엇이 유익하랴　雖存人世終何益
지난날의 친구 모두 황천으로 돌아갔네　泉路皆歸昔日親

1567년(선조 즉위년)에 다시 관작을 회복시켜주었다. 손자 성자제(成子濟)와 증손 성돈(成惇)이 모두 문과에 급제하였다.

04(제현)-05(김구)

부제학 김구(金絿, 1488~1534)는 자가 대유(大柔)이다. 문장이 옛 사람을 능가하였고, 필법은 종요와 왕희지를 본떴다. 1507년(중종2)에 사마시에 장원으로 급제하고[281] 1513년에 문과에 급제하였다.[282] 기묘년에 사화가 일어나던 밤에 공과 정암 조광조, 음애 이자, 충암 김정, 김식, 유인숙, 홍언필, 박세희, 박훈, 공서린 등이 모두 하옥되었는데 제공이 모두 반드시 죽을 것이라 생각하여 함께 술을 마시고 영결하였다. 이날 밤 높은 하늘에는 구름은 없고 달빛만이 뜰에 가득하였다. 충암이 먼저 1연을 읊었다.

저승으로 길이 돌아가는 이 밤 나그네에게　重泉此夜長歸客

281) 1507년(중종2)에……급제하고 : 원문은 '中□□司馬壯元'이다. 김구는 중종 2년(1507) 정묘년에 사마시에 장원하였다. 『정덕2년정묘9월초7일사마방목(正德二年丁卯九月初七日司馬榜目)』에 근거하여 '□□'를 '丁卯'로 바로잡아 번역하였다.

282) 1513년에 문과에 급제하였다 : 원문은 '□□文科'이다. 김구는 중종 8년(1513) 계유년에 문과에 2등으로 급제하였다. 『국조문과방목』에 근거하여 '□□'를 '癸酉'로 바로잡아 번역하였다.

부질없이 밝은 달 머물러 인간을 비추네　空留明月照人間

공이 이어서 고시(古詩)로 읊었다.

흰 구름 속에 뼈를 묻으면 길이 그만인 것을　埋骨白雲長已矣
부질없이 흐르는 물 남아서 인간을 향하네　空餘流水向人間

공이 또 읊었다.

장천 달 밝은 밤에　明月長天夜

충암이 화답하였다.

이별을 애석해하는 엄동의 시기이네　嚴冬惜別時

모두 조용히 자득함이 이와 같았다. 옥중상소(獄中上疏)는 『기묘록』 가운데 「충암전(冲菴傳)」에 나오는데 어떤 이는 공이 지은 것이라고 한다. 김전과 성운 등이 국문하여 사사로이 서로 붕당을 만들고 과격한 풍습을 만들어 국론을 전도시키고 조정을 날로 그르치게 했다는 등의 말로 죄안을 만들어서 공과 정암 조광조, 충암 김정, 김식을 모두 사형으로 논죄하였으나, 삼공이 논쟁을 고집하여 사형이 감면되어 장류되어 남해(南海)로 귀양갔다. 1534년(중종28)에 귀양에서 풀려나 죽었다.

04(제현)-06(윤자임)

승지 윤자임(尹自任, 1488～1519)은 자가 중경(仲耕)이다. 당초 승정원과 홍문관에 입직한 관원을 가두도록 청하였을 때에 합문 밖에 이르러 나아가 "재상이 입궐하였는데 승정원에 알리지 않았으니, 이것이 과연 무슨 일인가?"하고 물었으나, 좌우 사람들은 서로 눈짓하면서 감히 말하지 못하였다. 조금 있다가 내시 신순강(申順剛)이 나와서 성운을 부르고 판의금부사에게 작은 쪽지를 주면서 "이 사람들을 빨리 옥에 가두시오."라고 하여 주서 안정, 검열 이구, 응교 기준, 수찬 심달원 등이 모두 하옥되었다. 그러나 문익공 정광필에 힘입어 추문(推問)하여 형률을 적용해 공과 승지 박세희·박훈 등이 극변에 유배되었다. 박훈은 1533년에 유배에서 풀려나 죽었고, 기준은 사사되었으며, 이구는 파직되었다.

04(제현)-07(기준)-01

응교 기준(奇遵, 1492~1521)은 자가 자경(子敬)이고, 호는 덕양(德陽)이다. 기묘제현 중에서 공은 당시의 인물 중 가장 저명하였으며 논사(論思)와 보양(輔養)을 위주로 하였기 때문에 공은 오래도록 홍문관에 있었다. 여러 관직을 두루 역임하여 응교에 이르렀으며 보익(補益)한 것이 많았다. 화가 일어나던 날 공이 입직하였는데 밤 3경에 내시 신순강이 어필로 쓰인 작은 종이를 내 주며 "이 사람들을 빨리 옥에 가두시오."라고 하여, 승지 윤자임·공서린, 주서 안정, 검열 이구, 수찬 심달원이 옥에 갇혔고 사사로이 조광조 등의 과격한 의론에 붙따랐다 하여 공과 박세희·박훈·윤자임 4명은 곤장을 맞고 아산(牙山)으로 유배되었다. 이때 공의 형 기형(奇逈)이 무장(茂長)의 수령이 되어 어머니를 모시고 부임하였는데 아산과의 거리가 겨우 오십 리였다. 현감 배철중(裵鐵重)에게 어머니를 뵈러 가기를 청하였으나 가던 도중 돌아왔다. 1520년(중종15)에 또 온성(穩城)에 이배(移配)되었는데 뒤에 이 일이 발각되자 배철중이 멋대로 놓아준 죄를 벗어나고자 하여 도망갔다가 스스로 돌아왔다고 하였고, 1521년에 또 죄목이 추가되어 사사되었다. 공이 일찍이 옥당에 숙직할 때 꿈에서 율시 한 수를 지었으나 무슨 조짐인지 알지 못하였는데 〈귀양지〉 온성에 도착하니 보이는 풍경이 모두 꿈속에서와 똑같아서 공은 비로소 이 시를 깨달았다. 그 시에 말하였다.

이역의 강산 고국과 같은데　異域江山古國同
하늘가에서 눈물 흘리며 외로운 봉우리에 의지하네　天涯垂淚倚孤峰
거친 구름 막막한데 관하는 닫혔고　頑雲漠漠河關閉
지는 잎 쓸쓸한데 성곽은 비었네　落木蕭蕭城郭空
들길은 가늘게 가을 풀 밖으로 갈리었고　野路細分秋草外

인가는 멀리 석양 속에 있네　人家遙住夕陽中
만리를 향해하는 배는 돛대 돌리지 않고　征帆萬里無回棹
망망한 푸른 바다에 소식 통하지 않네　碧海茫茫信不通

오래지 않아 당적(黨籍)에 연좌되어 호서(湖西)로 귀양갔고 또 온성으로 이배되었는데 도중에 보이는 것이 모두 시 속의 풍경이었다. 아, 세상만사가 미리 예정되지 않은 일이 없으니 하물며 사생(死生)과 화복(禍福)에 있어서이겠는가. 공의 아들 기대항(奇大恒)은 가문의 명성을 이었고 증손 기자헌(奇自獻)은 관위가 정승에 이르렀다.

04(제현)-07(기준)-02

기준은 또 호가 복재(服齋)이다. 충효가 천성에서 나왔으며, 요순시대의 군민으로서 자신의 책무를 삼았다. 한 번 정암을 보고는 뜻과 도가 합치하여 훌륭한 일을 기약하였으나 사화가 갑자기 일어나 나이 30에 온성으로 귀양갔는데 아침에 도(道)를 들으면 저녁에 죽어도 가하다는 마음가짐으로 『주역』을 강하기를 그치지 않았으니, 순경과 역경에 평소의 지조를 변치 않음이 이와 같았다.

04(제현)-08(안정)

주서 안정(安珽, 1494~1548)은 자가 정연(挺然)이고, 호는 죽창(竹窓)으로, 판서 안침(安琛)의 손자이며, 좌랑 안처선(安處善)의 아들이다. 당을 고재(顧齋)라 편액하였고 창을 죽창이라 명명하였다. 현량과에 급제하였다.[283] 당초 내시 신순강이 성운을 불러 대내로 들어갈 때에 공이 붓을 잡고 좇아가니, 신순강이 문지기를 시켜 잡인을 금하게 하였다. 공이 성운의 띠를 붙들자 문지기가 붙들어 끌어냈다. 심정이 나아와 공의 손을 잡고 "상감이 지금 매우 노하셨으니 우선 들어가지 말라." 하였다. 조금 있다가 성운이 나와서 작은 종이를 판의금부사 이장곤에게 주면서 "이 사람들을 급히 하옥하라." 하니, 바로 공서린·이구·기준·심달원과 공 등 5인이었는데 참의 이상의 구원으로 먼저 방면되었다. 끝내 현량과가 혁파된 뒤

283) 현량과에 급제하였다 : 안정은 1519년(중종14) 현량과에 급제하였다.

현감에 보임되었다. 아들 둘이 있는데 안광국(安光國)은 음직으로 현감에 이르렀고 안서국(安瑞國)은 생원시에 합격하였다.

04(제현)-09(심달원)

교리 심달원(沈達源, 1494~1535)은 자가 자용(子容)이고 본관은 청송(靑松)이다. 당초 홍경주가 입직하는 근신을 가두도록 청하였을 때 공과 승지 공서린, 주서 안정, 검열 이구, 응교 기준 등이 함께 하옥되었으나 문익공 정광필에 힘입어 일이 늦추어져서 마침내 참의 이상 많은 이들의 구원으로 먼저 방면되었다. 을사년에 이르러 사간 곽순(郭珣)이 장살 당하자 동료들이 누가 될까 두려워하여 돌아보는 자가 없었는데 공이 옷을 벗어 수의(襚衣)를 입혀주니, 담론하는 자들이 의롭게 여겼다. 위사공신을 녹훈할 때 윤원형이 "반드시 심달원을 함께 공신에 참여시킨 뒤에야 -심달원은 위사공신이 아니며 심건(沈鍵)은 바로 그의 조카이다. 이것은 잘못됐다.- 훈적(勳籍)이 비로소 견고해진다." 하였다.[284] 공이 인순왕후(仁順王后)의 지친(至親)이기도 하고 또 청류로서의 명망이 있어서 그의 중망을 빌리고자 한 계책이었다.[285] 공은 애초에 부정한 논의에 참여하지 않아서 마음으로 책록되는 것을 부끄러워하였으나 화가 두려워 녹훈을 힘껏 사양하지 못하였는데 집에 돌아와 부인과 마주 대하여 울었다 한다. 아들 심건(沈鍵)이 있으며[286] -혹은 심전(沈銓)이라고 한다.- 문과에 급제하였다. 손자 심희수(沈喜壽)는 벼슬이 우의정에 이르렀고 호는 일송(一松)이다.[287]

---

[284] 위사공신을……하였다 : 심달원은 위사공신이 아니며 그의 형 심연원(沈連源)이 위사공신이다. 또한 아래에 심달원의 아들이 심건으로 되어 있으나, 심건은 심달원의 아우 심봉원(沈逢源)의 아들이다.

[285] 공이……계책이었다 : 인순왕후는 명종의 비이다. 인순왕후는 심강(沈鋼)의 딸이며, 심강은 심연원(沈連源)의 아들이다. 심연원은 심달원과 형제간이므로 인순왕후와 지친이라고 한 것이다.

[286] 아들 심건(沈鍵)이 있으며 : 심달원의 아들은 심건이 아니라 심전이다. 심건은 심봉원의 아들이다.

[287] 손자……일송(一松)이다 : 오류가 있는 듯하다. 심희수는 심건의 아들로 심봉원의 손자이다.

04(제현)-10(정광필)-01

문익공(文翼公) 정광필(鄭光弼, 1462~1538)은 자가 사훈(士勛)이고, 본관은 동래(東萊)로, 1462년(세조8)에 출생하였다. 1492년(성종23)에 진사시에 합격하였고 같은 해 문과에 급제하였다. 국량이 크고 깊으며 덕망이 세상을 덮어서 사람들이 시귀(蓍龜)라 의심하였고,[288] 나라에서는 주춧돌처럼 의지하였다. 함경도 관찰사로 있다가 우의정이 되었다. 당시 3공에 궐원(闕員)이 있어서 조야(朝野)에서는 모두 김응기(金應箕)를 촉망하였으나, 영의정 성희안이 큰 소리로 "김응기 천 명으로도 정광필 한 사람과 바꿀 수 없다."라고 하였다.

기묘년에 남곤이 미복차림으로 초립을 쓰고 해진 짚신을 신고서는 걸어서 공의 집에 와서 문지기를 불러 급히 들어가 객이 왔다고만 고하라고 하였다. 문지기가 즉시 들어가서 "문간에 손님이 왔는데 용모를 보니 남판서입니다."하고 고하였다. 공이 급히 나가보니 바로 남곤이었다. 괴이쩍게 여겨 "공이 어찌 이런 모습을 하였습니까?" 하니, 남곤이 그 까닭을 말하고 이어서 "이런 무리가 만약 한 명이라도 남으면 그 해로움이 무궁할 것입니다. 전하께서 반드시 공을 불러 의논할 것이니, 전하의 뜻을 힘써 따라 남김없이 제거해야 할 것입니다. 그렇지 않으면 크게 후회가 있을 것입니다."라고 하면서, 혹은 위태로운 말로 두렵게 하기도 하고 혹은 달콤한 말로 유혹하기도 하였다. 공이 정색하며 "공이 재상으로서 천한 복장을 한 채 저잣거리를 지나왔으니 이것이 크게 놀라운 일입니다. 사림을 모해하는 것은 본디 나의 마음이 아니니 차마 이런 짓을 할 수 있겠습니까."라고 하니, 남곤이 크게 노하여 옷을 털고 가버렸다. 얼마 안 되어 소명(召命)을 받고 대궐에 나아가니, 남곤이 이미 그 일을 찬성하여 일망타진할 계책을 세우고 대궐 뜰에 벌써 형구(刑具)를 갖추어 놓았다. 정 정승이 중지하도록 간하면서 눈물이 양 뺨에 흘러 옷소매가 다 젖으니, 제현들이 이로 인해 죽음을 면하고 귀양가는 것으로 그쳤다.

11월 15일 밤에 소명을 받고 입시하여 눈물을 흘리며 "연소한 유생이

---

288) 사람들이 시귀(蓍龜)라 의심하였고 : 시귀는 시초(蓍草)와 귀갑(龜甲)으로 고대에 국가에서 이것을 사용하여 길흉을 점쳐서 중요한 일을 결정하였다. 정광필이 이처럼 국가에서 믿고 의지할 수 있는 덕이 높고 중망이 있는 인물이었음을 말한 것이다.

시의(時宜)를 모르고 옛 치도(治道)를 끌어다 오늘날 시행하고자 한 것뿐입니다. 어찌 다른 뜻이 있겠습니까. 조금이나마 너그러이 용서하소서. 3공과 죄를 의논하기를 청합니다."라고 하며, 눈물을 뿌리며 극간하였다. 임금이 급히 일어나 안으로 들어가므로 공이 쫓아가서 임금의 옷자락을 붙들고 머리를 조아리자 이에 임금이 조광조 등을 옥에 가두도록 명하였다. 우의정 안당과 함께 조정에서 죄를 의논하기를 청하였으며 반복하여 신구함으로 인해 옥에 갇힌 제공 조광조 등 8인이 차등 있게 나누어 귀양이나 형벌이 내려졌다.

12월에 대사헌 이항(李沆)과 대사간 이빈(李蘋)이 죄를 추가할 것을 논의하였고, 또 35명을 탄핵하여 아울러 먼 곳에 귀양보내 쫓아내기를 청하였다. 공이 불가하다고 극간하자 즉시 영중추부사로 좌천되었고, 남곤과 이유청(李惟淸)이 좌의정과 우의정이 되었다. 1527년(중종22)에 남곤이 죽자 다시 정승으로 들어왔고 1533년에 김안로가 집정하자 다시 파면되었다. 공은 일찍이 희릉 총호사(禧陵摠護使)를 지냈는데 재궁 터를 극처(極處)에 잡았다 하여 김안로가 이것을 핑계로 죽이고자 하였으나, 〈임금이〉 김해부(金海府)로 귀양보내도록 명하였다. 공이 여관에서 율시 한 수를 지어 여행 중의 일을 기록하였는데 그 시의 내용은 이렇다.

비방이 산처럼 쌓였지만 마침내 용서를 받았으니　積謗如山竟見原
이승에서 천은에 보답할 길 없네　此生無計答天恩
열 번 가파른 고개에 올라 눈물 흘리고　十登峻嶺雙垂淚
세 차례 긴 강을 건너며 홀로 넋이 끊어질듯　三渡長江獨斷魂
막막한 높은 산엔 구름에 먹물 번지는 듯하고　漠漠高山雲潑墨
망망한 넓은 들판엔 비가 동이로 퍼붓는 듯하네　茫茫大野雨翻盆
저물녘 바다에 임한 동쪽 성 밖에 투숙하니　暮投臨海東城外
대나무 사립을 한 초옥이 쓸쓸하네　草屋蕭蕭竹作門

1537년(중종32)에 김안로가 사사된 뒤에 영중추부사로 소환되었다가 죽었다. 신무문이 열려 재앙의 기미를 헤아릴 수 없었을 때 관학의 제생들이 대궐에 나아가 울부짖고 형조에 다투어 나아가 자신이 백 번이라도 죽어 살리고자 하였지만 모두 구원하지 못하였다. 공이 홀로 간쟁하여 눈물을 흘리며 울부짖었으나 끝내 임금의 마음을 감동시키지 못하자 종국에는 임금의 옷자락을 붙들고 간쟁하기를 그치지 않았다. 비록 임금의 마음이 한 번 미혹되어 한조각 말로 움직이기 어려웠다고는 하지만 일시 대신의 풍력(風力)이 지금까지 늠름하니 공의 사업이 찬란하다고 할 만하다. 아, 정암의 성실하고 바른 학문으로도 끝내 참소 당함을 면치 못하였고, 문익공의 임금을 범하면서까지 직간한 충심으로도 임금의 마음을 돌리지 못하였으니, 시운인가, 천명인가. 공의 손자는 정유인(鄭惟仁)으로, 〈정유인은〉 아들 정지연(鄭芝衍)이 있고, 공의 손자 정유길(鄭惟吉)은 아들 정창연(鄭昌衍)이 있는데 능히 가업을 계승하여 연이어 의정부에 오르니, 선한 이에게 복을 주는 천리를 공의 한 집안에서 기필할 수 있다.

04(제현)-10(정광필)-02(보유)

보유 : 『관물필기(觀物筆記)』[289]에 다음의 기록이 있다.

"남곤이 기묘제현을 모함할 때 남서방(南書房)이라 사칭하여 백의 차림으로 수상의 집에 걸어갔고 윤원형이 을사제현을 무함할 때 윤생원(尹生員)이라 사칭하여 미복 차림으로 밤에 정순붕의 집에 갔으니, 소인의 시커먼 정상이 전후로 똑같다."

04(제현)-10(정광필)-03(부기)

부기 : 문익공(정광필)이 사면되어 서울에 돌아왔는데 향년이 77세였다. 죽는 날에 신령스러운 빛이 집에서 하늘로 곧게 뻗쳤는데 마치 무지개 형상과 같았다.

04(제현)-11(안당)-01

정승(政丞) 안당(安瑭, 1461~1521)은 자가 언보(彦寶)이고, 시호는 정민(貞愍)으로, 1461년(세조7)에 태어났다. 1480년(성종11)에 생원시에 급제하고 1481년에 문과에 급제하였다. 사람됨이 장중하여 말과 웃음이 적었

289) 『관물필기(觀物筆記)』 : 『관물필기』는 미상이다. 본문의 내용이 『기묘록보유』 「정광필전(鄭光弼傳)」에 보인다.

고 청렴함과 검소함으로 자신을 단속하였다. 약관의 나이에 과거에 급제하여[290] 사관에 보직되었으며 기개와 도량이 일찍 이루어져 성종이 일찍이 아장(兒長)이라고 일컬었다. 정도를 지키고 공직에 종사하였으며 의를 행하는 데에 과감하였다. 상국 이장곤, 문절공(文節公) 신상(申鏛)과 함께 잇달아 이조 판서가 되어 인재의 전형과 선발을 맡아서 기묘년의 밝은 임금과 어진 신하가 서로 만나는 기회를 열었다. 정암 조광조, 모재 김안국, 김식, 김대유, 박훈, 충암 김정, 송흠(宋欽), 반석평(潘碩枰) 등 제현들은 모두 공이 천거하여 발탁한 인물이다. 조정에서 건의한 것이 많았는데 예를 들면 〈단종의 생모 현덕왕후의〉 소릉 복위와 포은 정몽주를 종사(從祀)해야 한다는 것과 한훤당 김굉필, 일두 정여창의 추증과 천거과의 설치에 대한 일 등은 공이 혹은 주장하기도 하고 혹은 찬성하기도 한 일들로서 크게 사림의 중망을 받았다.

기묘사화 때 공은 좌의정으로 문익공과 힘을 합쳐 사림을 신구하였으나 끝내 삭탈관작 되었다. 기묘년 11월 15일 밤 3경에 서리(胥吏)가 와서 "3경에 영의정이 소명을 받들어 대궐로 나아갔고 지금 삼공의 소명이 있습니다."라고 하자, 공이 놀라 일어났다. 얼마 안 되어 명을 받들고 대궐에 나아가니 밤이 아직 깊지 않았다. 문익공이 빈청(賓廳)에 홀로 앉아 있으므로 그 까닭을 물으니, 문익공이 눈물을 뿌리고 머리를 흔들며 차마 말을 못 이었으며 다만 형구를 대궐 뜰에 이미 벌여 놓았다고 일러줄 뿐이었다. 드디어 문익공과 함께 조정에 모여서 죄를 논의하기를 힘껏 청하고 반복해서 논계하였다. 이에 임금이 참의 이상을 불렀는데 많은 관원이 함께 아뢰고 신구하여 정암 등 8명이 나뉘어 정배되었다.

12월에 대간이 청류에게 죄를 더하고자 하여 30여명을 벼슬에서 내쫓고 귀양보내도록 탄핵할 때 공을 첫째로 삼았으나 문익공이 극간하여 구해내서 면직하는 데에 그쳤다. 심정이 집의 윤지형(尹止衡)을 부추겨 공의 관작을 삭탈하였다. 공의 아들 안처겸은 남곤·심정 등이 사림을 제거하는 것을 분하게 여겨서 1521년(중종16)에 몰래 군왕 측근에 있는 간신의 제거를 도모하려 하자 그 아우 안처함(安處諴)이 서출 고모의 아들 송사련(宋祀連)과 함께 공에게 고하였다. 공은 크게 놀라 이 사실을 임금께 아뢰

290) 약관의……급제하여 : 안당은 20세에 생원시에 급제하고, 21세에 문과에 급제하였다.

려고 하였으나 재앙이 사류에게 뻗칠까 두려워하여 드디어 가족을 거느리고 음성(陰城)의 시골로 내려가서 그 꾀를 저지해 흩으려 하였다. 그러나 송사련이 일이 발각될까 두려워하여 승정원에 나아가 대신을 모해하려 한다고 밀고하였다. 남곤과 심정 등이 옥사를 꾸며 대역죄로 만들었고 공이 이에 연좌되니, 이때 나이가 61이었다. 듣는 자들이 눈물을 흘리지 않는 이가 없었다. 안처겸과 안처근이 모두 극형을 당하였으나 안처함 만이 화를 면하였다.

기묘년에 안처겸 3형제가 모두 천거과에 합격하니, 공과 부인이 추연히 즐거워하지 않으면서 “즐거움이 지극하면 슬픔이 생기는 법이니 이는 경사가 아니다.”라고 하였는데 그 말이 과연 징험되었다. 공이 일찍이 호서를 안찰할 때에 다음의 시를 지었다.

말고삐 잡고서 천하를 맑게 하는 생각 내 어찌 감히 하랴 攬轡澄淸吾豈敢
다만 충의를 행할 뿐 내 한 몸 꾀하지 않네 只將忠義不謀身

또한 그의 뜻을 말했다고 할 수 있다. 1566년(명종21)에 공의 관작이 추복되었으며 1575년(선조8)에 공에게 시호가 내려지고 세 아들에게도 모두 작위가 내려졌다.

04(제현)-11(안당)-02(보유)

보유 : 율곡 이이가 지은 「좌의정정민안공신도비명(左議政貞愍安公神道碑銘)」에 말하였다.

“아, 중종은 널리 그 당시의 인물을 구하여 뛰어난 인재를 불러 모아 밝은 조정에 포열시켰네. 이때 우리 공은 국가의 상서로서 청의를 주장하여 유림의 종장이 되었네. 누가 여우와 물여우[291]같은 간신이 몰래 화심(禍心)을 품었으리라 생각하였을까. 어느 날 밤 간특한 일이 발생하여 온갖 괴이함이 다투어 침범하였네. 배가 반쯤 건넌 상태에서 전복되고 준마

291) 여우와 물여우 : 물여우가 모래를 머금고 사람의 그림자를 쏘면 그 사람아 병이 든다고 하는데 소인이 음흉한 수단으로 남을 해침을 이른다.

는 중도에 쓰러졌네. 오정(五精)이 정묘한 광채를 거두고 삼진(三辰)이 안개 속으로 들어갔네.[292] 천도는 본래 일정함이 있고 태양은 본래 밝은 법. 신원하는 은명이 내려져 우리 공의 훌륭한 명성을 밝혔네."

04(제현)-12(이장곤)

찬성 이장곤(李長坤, 1474~?)은 자가 희강(希剛)이고, 호는 금헌(琴軒)이며, 본관은 성주(星州)로, 1474년(성종5)에 출생하였다. 1495년(연산군1)에 생원시에 장원하였고 1502년에 문과에 급제하였으며, 관직이 우찬성 겸 병조 판서에 이르렀다. 형 이장길(李長吉)과 함께 한훤당 김굉필의 문하에서 수학하였다. 기묘년 11월에 공은 병조 판서로서 판의금부사를 겸직하였고 홍인문(興仁門) 밖에 거주하였는데, 남곤이 공이 집에 없는 틈을 엿보아 세 차례나 찾아가서 명함을 두고 갔다. 15일 저녁에 남곤이 공에게 급히 편지를 보내어 "나라에 큰일이 있으니 말을 달려 들어오라."라고 하였다. 공이 황급히 남곤의 집으로 달려가니, 남곤이 "판서 홍경주가 밀지를 받고 신무문 밖에서 왕명을 기다린다." 하였다. 공이 홍경주를 따라 들어가니, 김전·고형산이 입궐하여 도총관 심정·참지 성운과 편전의 앞문 밖에 모여 있었다. 임금이 편전에 납시자 홍경주가 서계(書啓)를 가지고 입대하였는데 그 글에 다음과 같이 말하였다.

"정광필·홍경주·김전·남곤·이장곤·고형산·홍숙·심정·손주(孫澍)·방유녕(方有寧)·윤희인(尹希仁)·김근사(金謹思)·성운 등은 엎드려 살피건대, 조광조 등이 서로 붕당을 만들어서 자신에게 아부하는 자는 끌어들이고 자신과 다른 자는 배척하였으며, 명성과 형세를 서로 의지하고 권세 있는 요직을 차지하여 임금을 속이고 사사로운 뜻을 행하기에 꺼림이 없었습니다. 후진을 유인하고 속임과 과격함이 습속이 되어서 젊은이가 어른을 능멸하고 천한 이가 귀한 이를 능멸하여 국가의 형세를 전도시키고 조정을 날로 그르치게 하였습니다. 조정에 있는 신하들이 속으로 분개한 마음을 품었으나 그들의 불꽃같은 위세를 두려워하여 감히 입을 열지 못하고 곁

292) 오정(五精)이……들어갔네 : '오정'은 수(水)·화(火)·금(金)·목(木)·토(土) 오행(五行)의 정기를 말하고, '삼진'은 일(日)·월(月)·성(星)이다. 간신의 참혹한 화로 인해 천지자연도 그 빛을 잃었음을 표현한 것이다.

눈질하며 다니고 발을 포개어 섰습니다. 일의 형편이 이 지경에 이르렀으니 한심하다고 할 만합니다. 청컨대 유사(有司)에게 내려 보내 밝게 그 죄를 바루소서. 또 청하건대 속히 승정원과 홍문관에 입직한 관원을 가두도록 명하소서."

그제야 비로소 승정원에서 알고서는 승지와 한림이 합문에 나오니, 공과 김전·고형산·심정·성운이 촛불을 벌여놓고 모여 앉아있었다. 승지 윤자임이 앞으로 나와서 "재상이 입궐하였는데 승정원에 알리지 않았으니 과연 이것이 무슨 일인가?"하고 묻자 좌우 사람들은 서로 눈짓하면서 말하지 못하였는데 다만 공만이 앉았다 일어났다 하면서 말하고자 하였으나 감히 말하지 못하였다. 잠시 뒤에 내시 신순강이 성운을 부르니, 성운이 문득 칼을 차고 좇아 들어갔다. 주서 안정이 붓을 잡고 좇아 들어가자 신순강이 문지기를 시켜 잡인을 금하도록 하였는데 안정이 성운의 띠를 붙들자 문지기가 끌어냈다. 심정이 빨리 나아와서 안정의 손을 잡고 "상감의 노여움이 성하니 우선 들어가지 말라." 하였다. 조금 있다가 성운이 나와서 작은 종이를 공에게 주면서 "이 사람들을 빨리 옥에 가두라."라고 하여 승지 공서린, 주서 안정, 검열 이구, 응교 기준, 수찬 심달원이 모두 하옥되었다. 심정 등이 입시하여 선전관에게 명해 군사를 거느리고 체포하여 궐문에 붙잡아 와서 주살하도록 임금에게 권하였다. 이때 가주서 심사순(沈思順)이 아직 들어오지 않아서 한림 채세영(蔡世英)에게 당인을 벌하는 교지를 쓰게 하자, 채세영이 붓을 잡고 "이 사람들의 죄목은 모두 죽을죄가 아닙니다. 무고한 이를 억울하게 죽일 수는 없습니다. 죽일 만한 죄목을 듣기를 원합니다."라고 극간하니, 김근사가 자신이 쓰고자하여 채세영의 붓을 빼앗았다. 공이 비로소 그날 밤에 쳐 죽이려는 모략임을 알고는 "임금이 도둑과 같은 꾀를 행해서는 안 되며 또한 수상에게 숨기고 국가의 대사를 행해서는 안 됩니다. 수상과 함께 논의하여 죄를 주더라도 늦지 않습니다."라고 하며 반복하여 극간하였다. 홍경주가 일을 아뢰려고 간혹 일어나 움직이려는 기색이 있자, 공이 문득 손을 저어 물리치면서 "공이 어찌하여 이런 지경에 이르렀는가."라고 하니, 홍경주가 간계를 부리지 못하였다. 한림 채세영이 도로 김근사가 가로챈 붓을 빼앗았고 말이 매우 정직하므로 임금의 마음이 조금 누그러져서 영의정 정광필을 부르도록 명하였다. 이 때문에 일이 늦추어지게 되었다.

영상이 죄인들을 추국하여 죄를 결정할 것을 청하였고, 공은 김전·홍숙과 함께 대간과 승지를 함께 추고하자고 입계하니, 〈임금이〉 죄인을 심문하여 조율하라고 명하였다. 조광조·김정·김식·김구 등 4명은 사형의 형률을 적용하였고, 윤자임·기준·박세희·박훈 등 4명은 장류에 처하고 처자를 노비로 삼았으며, 유인숙·공서린·홍언필·심달원·안정·이구·이자 등 7명은 참의 이상의 많은 관원이 구원하여 우선 풀려났다. 영상과 우상 안당이 〈임금과〉 면대하여 극력으로 간하니, 이에 사형을 감하여 곤장을 친 뒤 귀양보냈다. 그 후 얼마 안 되서 공은 판의금부사를 사양하여 체직되었다. 대간이 논계하기를 '공이 전일 죄인들을 추국하였을 때에 엄정하게 다스리지 않아 죄인이 그의 자와 이름을 부르는 일을 초래하였다.'라고 하여 파직을 청하였다.

당시 남곤과 심정 무리들이 그날 밤에 남김없이 쳐 죽이려고 하였으나, 공이 깜짝 놀라 아룀에 힘입어서 순차적으로 대신을 불러 죄를 의논하게 하여 일이 늦추어졌다. 아, 공이 애초에 판의금부사로서 먼저 이 사실을 알아서 힘껏 간쟁하지 않았다면 문익공과 정민공 두 재상의 간쟁이 어떻게 가능할 수 있었겠는가. 공의 공은 마땅히 기묘년의 으뜸이 되어야 할 것이다. 창녕(昌寧)으로 물러나 살다가 죽었는데 자식이 없으니 애석하다.

04(제현)-13(숭선부정이총)

숭선부정(嵩善副正) 이총(李灇, 1488~1544)은 자가 종지(淙之)로 세조의 손자이다. 타고난 바탕이 청수하고 아름다웠으며 기개와 도량이 숙성하였고, 성학(聖學)에 잠심하여 경(敬)으로 몸가짐을 하였다. 평생의 큰 뜻이 오직 충의에 있었고 생활이 한미한 선비처럼 검소하였다. 집 뒤에 재실(齋室)을 짓고 편액하기를 '마(磨)'라 하였는데 '마'의 뜻이 깊다. 육예(六藝)에 마음을 두어 정통하지 않은 것이 없었고 음악과 산수에 특히 뛰어났다. 일찍이 선기(璿機)의 제도를 만들어 세상에 드러났다. 기묘년(1519)에 정암이 화를 당하였는데 공도 여기에 포함되었다. 정암이 항상 두려워하는 벗으로 일컬었다. 울산(蔚山)으로 귀양간지[293] 15년이 지난

1534년(중종29)에 풀려났고, 1538년에 복직되었으며, 1544년에 운명하니, 이때의 나이가 57이었다. 아들이 여섯 있다. 율곡 이이가 공의 「숭선부정묘지명(嵩善副正墓誌銘)」을 지어 다음과 같이 말하였다.

"뜻있는 선비의 지조는 처지에 따라 옮겨가지 않네. 공은 왕실의 자손으로 태어나[294] 세속의 굴레를 홀로 벗어났네. 어진 이를 친히 하고 학문에 독실하여 경(敬)과 의(義)를 품었네. 뜻밖에 당인 금고의 화에 걸렸으니, 시대를 만나지 못함이 애석하네."

04(제현)-14(정완)

정랑 정완(鄭浣, 1473~1521)은 자가 신지(新之)이다. 〈기묘년에〉 현량과에 병과로 급제하였고, 특과(特科)를 받았으며, 벼슬이 이조 정랑에 이르렀다. 재능과 학식으로 사림에게 중시를 받았고 정암과 도의의 사귐이 매우 깊었다. 기묘사화의 변고에 현풍(玄風)으로 귀양갔는데 1521년(중종16)에 귀양지에서 죽자, 아들 정숙(鄭潚)이 객지에서 영구를 가지고 돌아왔다. 정숙은 또한 문인으로 이름이 당세에 알려졌으며 조정에서는 어진 선비의 자손이라 하여 돈녕부 부정(敦寧府副正)에 승진시켜 사류를 권장하였다. 율곡 이이가 정숙의 「돈녕부정정공묘지명(敦寧府正鄭公墓誌銘)」을 지어 다음과 같이 말하였다.

"저 아름다운 정씨, 집안을 잘 다스려 선친을 계승하였네. 그 선친은 누구인가. 호련(瑚璉)을 안았네.[295] 뜻을 굳건히 하여 학문을 연구하고 뜻을 같이하는 벗으로 보익하였네. 이에 조정에서 드날려 세도를 바르게 이끌었네. 시운이 막혀 간특함이 일어나 뜻을 지니고 죽었네."

---

293) 울산(蔚山)으로 귀양간지 : 오류가 있는 듯하다. 숭선부정은 1519년에 영해(寧海)로 귀양갔다가 후에 개령(開寧)으로 옮겼고, 1534년에 사면받아 돌아왔으며, 1538년에 복직되었다.

294) 공은……태어나 : 이총의 아버지는 세조의 아들인 덕원군(德源君) 이서(李曙)이다.

295) 호련(瑚璉)을 안았네 : 정완이 재능있는 아들인 정숙을 낳았음을 말한 것이다. 호(瑚)와 연(璉)은 모두 종묘에서 서직(黍稷)을 담는 그릇인데 옥으로 장식하였으며 그릇 중에 귀중하고 화려한 것이다. 『논어』 「공야장(公冶長)」 자공(子貢)이 공자에게 "저는 어떻습니까?" 하고 묻자, 공자가 "호련이다."라고 한데서 유래하였다.

04(제현)-15(신명인)

신명인(申命仁, 1492~?)은 자가 영중(榮仲)이고, 호는 구봉(龜峰)으로, 1492년(성종23)에 태어났다. 화가 일어나던 날 길거리에 모여서 떠들며 세찬 물결처럼 대궐에 나아간 관학 제생 천여 명이 광화문 밖에 모였는데 시사의 참혹함을 보고 입에 재갈을 물린 듯 혀가 굳어 감히 말하는 자가 없었다. 이에 공이 선창하여 "향도인(香徒人)도 모두 상소하여 억울함을 밝히려 하는데 하물며 우리 유생은 해가 뜨면서부터 모여 정오가 되었어도 상소문의 초안도 마련하지 못하였으니, 사기의 투박함이 이 지경에 이를 줄을 생각하지 못하였다. 내가 그 허물을 맡으리라."라고 하고서, 드디어 붓을 잡고 상소문의 초안을 마련하니 제생들이 구름처럼 모여 상소에 서명하였다. 장차 상소문을 상달하려 하는데 문지기가 막자 제생들이 비분강개하여 궐문을 밀치고 난입하였다. 공과 박광우(朴光佑)는 부상을 당해 유혈이 얼굴에 가득하였고, 제생들은 혹은 망건이 벗겨지기도 하고 혹은 머리가 풀어 헤쳐지기도 한 자가 반이나 되었으며, 대궐 뜰에서 울부짖자 그 소리가 대내에까지 들렸다. 임금이 "제생들이 대궐문을 밀치고 돌입하여 대궐 뜰에서 울부짖으니 이는 천고에 없던 일이다."라고 하교하고, 이어서 적발하여 처벌하도록 명하였다. 공 등이 무리 가운데에서 "옛날에 양진(楊震)이 옥에 갇혔을 때 태학생 3천여 명이 대궐을 지키고 대성통곡한 일이 있습니다. 전하께서 오늘 하시는 일이야말로 진실로 천고에 없는 일입니다. 소인의 설을 믿고 어찌하여 이런 극한 지경에 이르렀던 말입니까."라고 소리쳤는데, 승지가 거짓 못 들은 채 하니 대개 그의 정직한 말에 감복한 것이었다. 1520년(중종15)에 대사성 김식의 상여가 충주(忠州)에 이르렀는데 부인이 반장(返葬)하지 못하자, 공이 비분강개하여 마침내 「애송옥사」를 지어 대사성의 부득이한 뜻을 밝혔다. 다시 과거에 뜻을 두지 않았으나 부정한 의논이 두려워 비록 과거시험장에 나아가더라도 종일 돌아다니며 제생들의 술을 얻어 마시고 크게 취하고는 나왔으며, 세상일을 잊어버리고 스스로 풍류광객(風流狂客)이라 호하였다. 산인(山人) 월간(月澗)이 시를 요구한 적이 있는데 공이 즉시 다음의 시를 지었다.

소나무 창은 높이 적막하고 해는 서산에 더딘데　松窓岑寂日西遲
세상길 풍파 절로 알지 못하네　世路風波不自知
한 골짜기의 맑은 시내 소리 역력히 귀에 울리고　一壑淸川鳴歷耳
부들방석에는 절로 달빛이 밝아오네　蒲團坐到月明時

월간이 충암 김정에게 시를 구하기 위해 바다를 건너 탐라(耽羅 제주도)에 가서 소매 속에서 시축을 꺼내어 보이니, 충암이 재삼 읊어보고 작자가 누구인지 물었다. 월간이 성명을 말하니, 충암이 탄상해 마지않았고 이어서 두 수의 절구를 지었다. 그 첫 수는 이렇다.

문장으론 당세에 응당 앞설 이 없으니　文章當世定無前
귀함을 믿고 현인에게 낮추지 못함 도리어 부끄럽네　挾貴還羞不下賢
고구의 -고괘(蠱卦)의 상구(上九) 효사에 '왕후를 섬기지 않는다.'는 뜻으로 일컬은 것이다.- 재명 가진(可鎭)만을 알았으니[296]　蠱九才名知可鎭
모름지기 좁은 소견을 사죄해야 하리　會須謝也井觀天

그 둘째 수는 이렇다.

지팡이 짚은 채 가을바람 타고 바다를 건너가니　杖錫秋風渡海洋
황감주로 마른 창자 적시네　黃柑白酒沃枯腸
외로운 여생 누구와 안부를 물을까　孤生殘命誰相問

---

296) 고구의……알았으니 : 김정이 재능을 지녔으나 세상을 만나지 못하여 자신의 고결함을 지킨 인물로 최수성만을 알았는데 신명인이 지은 시를 보니 그의 문재가 더 훌륭하여 기존의 생각을 바꾸게 되었음을 말한 것이다. 가진(可鎭)은 최수성(崔壽峸)의 자이다. '고구(蠱九)'는 『주역』 고괘(蠱卦) 상구(上九)의 효사를 말한다. 상구 효사에 "왕후를 섬기지 않고 그 일을 고상히 하도다.〔不事王侯 高尙其事〕"라는 내용이 있는데 이는 현인과 군자가 세상을 만나지 못하여 고결함으로 스스로 지켜서 세상의 일에 얽매이지 않음을 말한다. 최수성은 김굉필의 문하에서 배출된 신진사림파 학자로서 김정·조광조 등과 교유하였으며, 기묘사화 때 친구들이 화를 당하는 것을 보고 벼슬을 아예 포기하고 술과 여행, 시서화, 음악으로 일생을 보냈고, 1521년 35세 때 신사무옥에 연루되어 처형되었다.

이 이별에 다시 양쪽 귀밑머리에 서리를 더했네　此別還添兩鬢霜

-'가진(可鎭)'은 최수성(崔壽峸)의 자이다.[297]- 아들 신익(申翌)이 무과에 급제하였고 벼슬이 병마절도사에 이르렀다.

04(제현)-16(이약빙)-01

통례(通禮) 이약빙(李若氷, 1489~1547)은 자가 희초(喜初)로, 이약수(李若水)의 아우이다. 1519년 기묘사화 때 이조 정랑으로서 관작이 삭탈되었고, 1537년(중종32)에 다시 서용되었다. 1539년에 한산 군수(韓山郡守)로 있으면서 연산군과 노산군의 후사를 세워 제사를 받들어 모시기를 청하였다가 대간의 탄핵을 받아 파직되었다. 정미년(1547, 명종2)에 양재역 벽서사건(良才驛壁書事件)에 연루되어 사사되었다.

04(제현)-16(이약빙)-02(보유)

보유 : 세종 19년(1437)에 하교하기를 "공순공(恭順公) 이방번(李芳蕃)과 소도공(昭悼公) 이방석(李芳碩)은 모두 의척(懿戚)으로 불행하게 후사가 없다. 광평대군(廣平大君) 이여(李璵)를 공순공의 후사로 삼고, 금성대군 이유(李瑜)를 소도공의 후사로 삼아 사당을 세우고 제사를 받들도록 하라." 하였는데, 당시에는 별로 이의가 없었다. 1516년(중종11)에 금상(今上)이 폐주(廢主 연산군)의 후사를 세워 제사를 받들게 하려 하니, 논의가 분분하여 마침내 거행되지 못하였다. 1539년에 이약빙이 상소하여 연산군과 노산군의 후사를 세워 그 제사를 받들게 하도록 청하였는데 대간이 죄주기를 청하여 파직되었으니, 또한 세간의 변화를 볼 수 있다.

04(제현)-17(이약수)

진사 이약수(李若水, 1486~1531)는 자가 지원(止源)으로, 1507년(중종2)에 진사시에 급제하였다. 학행이 닦이고 조촐하며 재주가 풍속을 권면할 만하였다. 이약빙의 형이다. 공천(公薦)되었으나 관직을 얻지 못하였고

---

[297] '가진(可鎭)'은 최수성(崔壽峸)의 자이다 :『기묘록보유』「신명인전」에는 "가진은 최성의 자이다.〔【可鎭 崔城字也】〕"라고 되어 있다.

천거과에도 합격하지 못하였다. 정암이 옥에 갇히자 관학 제생 천여 명이 광화문 밖에 모였는데 공이 신명인과 의를 제창하여 소장을 상달하려 하였으나 문지기가 물리치자 궐문을 밀치고 난입하는 지경에 이르렀다. 임금이 노하여 "제생이 궐문을 밀치고 돌입하였으니 이는 지난 과거에 있지 않았던 일이다."라고 하고, 이어서 적발하여 죄를 다스리도록 명하였다. 공이 상소문의 소두(疏頭)로서 잡혀가니, 제생들이 다투어 옥으로 몰려와 행여 갇히지 못할까 두려워하였다. 옥이 가득차고 쇠사슬도 모자라서 새끼줄로 목을 이어 맨 자가 종루 아래에 모여 있었다. 의금부에서 "사람은 많고 옥은 좁아서 가둘 수 없습니다."라고 하였고, 대신이 또한 "유생이 일의 체모를 알지 못하고 단지 진심을 드러내려 한 것이니, 청컨대 우선 추문하지 말고 인심을 진정시키소서."라고 하여, 이에 풀어주었다. 신사년(1521, 중종16)에 송사련이 서명록(書名錄 조문록)을 아뢰었는데 〈공의 이름이 있었으므로〉 고문을 받고 평해(平海)로 장류(杖流)되었다가 예산(禮山)으로 이배되어 죽었다.

04(제현)-18(성수종)-01

성수종(成守琮, 1495~1533)은 자가 숙옥(叔玉)으로, 성수침(成守琛)의 아우이다. 원정(猿亭) 최수성(崔壽峸)과 가장 절친하였고, 사람됨이 영특하고 세속을 초탈하였으며, 정암의 문하에서 유학하였다. 현량과에 급제하였는데 기묘당인이라 하여 과방(科榜)에서 이름이 삭제되었고, 죽은 뒤에 과첩(科牒)이 환급되었다. 모재 김안국이 「절효성군묘표(節孝成君墓表)」를 지었다. 아들 성이(成耳)가 있으며 현감이 되었다. 『사재집』 「척언」에 말하였다.

"성수종이 기묘 별시에 급제하였는데 논의하는 자가 대책(對策)의 문리가 이어지지 않는다고 하여 임금에게 아뢰어 방목에서 이름이 삭제되었으니, 전에는 있지 않았던 일이다."

04(제현)-18(성수종)-02(부기)

부기 : 성수종의 호는 절효(節孝)이다. 타고난 자질이 영특하고 기골이 청수하였으며, 학문을 좋아하고 선을 도탑게 행하여 일시에 추중하는 바

가 되었다. 〈평소〉 단정히 거하고 자취를 감추어 벼슬길에 뜻을 버렸다. 정암은 고매하여 허여하는 이가 드물었는데 한 번 만나보고는 교분을 맺었고 매양 당세의 선비를 논할 때에 공을 첫째로 삼았다. 39세에 병으로 죽었다.

04(제현)-19(김대유)

현감 김대유(金大有, 1479~1551)는 자가 천우(天佑)이고, 호는 삼족당(三足堂)이며, 본관은 김해(金海)이다. 절효(節孝) 김극일(金克一)의 증손이고,[298] 직제학 김준손(金駿孫)의 아들이며, 탁영 김일손의 조카이다. 무오사화로 김일손이 화를 당하였을 때 아버지 제학 김준손과 함께 호남으로 유배되었다가 1506년(중종1)에 중종반정으로 풀려났다. 이듬해인 1507년에 식년시에 직부(直赴)하여 급제하였고, 정언에 제수되었으나 취임하지 않았다. 칠원 현감(漆原縣監)으로 제수되어 머문 지 석 달 만에 교화가 행해졌으나 인하여 병을 핑계로 집으로 돌아왔다. 당시에 뭇 소인들이 권세를 부려서 위학(僞學)이라 지목하여 관작과 과거 급제를 모두 삭탈 당하였다. 1545년(인종1)에 현량과가 복과(復科)되었으나 관직에 나아가지 않았다. 공은 기국이 넓고 깊으며 언론이 격앙되었는데, 남명 조식은 그의 「선무랑호조좌랑김공묘갈(宣務郎戶曹佐郎金公墓碣)」에서 '세상을 뒤덮을 영웅이며 천하의 선비'로 일컬었다.[299] 또 묘갈에 "용용(容容)한 군자여, 경사(經史)를 토론하는 큰 선비이고, 우뚝한 장신(長身)은 활 쏘고 말몰이에 어김없는 호걸스러운 선비이다."라고 하였다. 송계(松溪) 신계성(申季誠)은 '헌활(軒豁)하여 구속되지 않은 기상'으로 허여하였으니, 여러 세대에 드물게 보이는 인재라고 할 만하다. 운문(雲門 청도)의[300] 산수를 즐기며 세상

---

298) 절효(節孝) 김극일(金克一)의 증손이고 : 원문은 '節孝克一之孫'이다. 김대유의 조부는 김맹(金孟)이고, 증조부는 김극일(金克一)이다. 이에 '孫'을 '曾孫'으로 바로잡아 번역하였다. 김극일은 자가 용협(用協)이고 호는 모암(慕庵)으로, 김대유의 증조이다. 김극일은 효행으로 명성을 떨쳤다. 세종 때 청도 군수 이기(李掎)의 보고에 따라 효자정려(孝子旌閭)가 건립되었고, 1482년(성종13) 김종직이 찬한 효자문비가 다시 건립되었다. 그의 사시(私諡)는 효절(孝節)인데, '절효'는 '효절'의 앞뒤 글자가 바뀐 듯하다. 그러나 『남계집』 「무오당적」에도 '절효극일(節孝克一)'로 되어 있다.

299) 남명……일컬었다 : 「선무랑호조좌랑김공묘갈」이 『남명집(南冥集)』 권2에 실려 있는데, '천하의 선비'라는 기록은 보이지 않는다. 저자가 덧붙인 듯하다.

을 피해 은둔하였으나 근심하지 않았고 고종하였다. 죽을 때에 노래하는 아이와 춤추는 여인으로 하여금 음악을 연주하도록 한 뒤에 죽었는데 여기에서 그의 기상을 볼 수 있다. 본처에는 후사가 없고 향년은 73세이다.

과제가 삭탈되었다는 한 항목 때문에 기묘당인이라 의심하지만 지금 그의 나이를 헤아려보면 기묘년보다 10여년이 앞서 진사시에 합격하였으니, 고치는 것이 옳다.[301]

04(제현)-20(신잠)

목사(牧使) 신잠(申潛, 1491~1554)은 자가 원량(元亮)이고, 호는 영천자(靈川子)이다. 문장에 능하고 서화에 뛰어나서 사람들이 삼절(三絶)이라 하였으며 풍도와 청아한 인망이 자자하였다. 1513년(중종8)에 진사시에 장원으로 급제하였고, 기묘년 현량과에 급제하여 한원(翰苑)에 들어갔으나 이윽고 기묘사화로 인해 파방되어 홍패(紅牌)가 환수되었다. 마침 백패(白牌)를 아울러 잃어버리자 인하여 절구 한 수를 읊었다.

홍패 이미 환수되고 백패도 잃어버리고 보니 紅牌已收白牌失
한림과 진사 모두 다 허명일세 翰林進士摠虛名
이제부터 아차산 아래에서 늙고자 하노니 從此峨嵯山下老
산인 두 글자를 누가 다툴 수 있으리 山人二字孰能爭

후에 임금의 부름을 받아 세 고을의 목사를 두루 지냈으며 모두 명성과 치적이 있었다. 현량과가 혁파된 뒤에 일시의 청류는 모두 다시 벼슬하지 않았으나 영천자만이 벼슬에 올라 오래 견디어[302] 벼슬이 목백에 이르렀고, 또 요로에 있는 권문귀족과 혼인을 맺으니 사론이 매우 불쾌하게

---

300) 운문(雲門 청도)의 : 김대유의 고향은 경상도 청도로, '운문'은 경상북도 청도군의 면 이름이며, 이곳에 운문산(雲門山)이 있다.

301) 과제가……옳다 : 김대유는 1507년에 진사시에 급제하였고 십여 년이 지난 1519년 기묘년에 현량과에 다시 급제하였다. 그러므로 기묘년 현량과에 급제하여 조광조 등과 뜻을 같이한 기묘당인으로 한정하여 보아서는 안 된다는 뜻이다.

302) 오래 견디어 : 원문은 '내구(耐久)'로, 오래 견딘다는 의미이다. 벼슬을 무던히도 오래 하는 관리를 내구관(耐久官)이라 하는데 여기서는 비꼬아 말한 듯하다.

여겼다 한다.

04(제현)-21(이희민)

정랑 이희민(李希閔, 1498~?)은 자가 효옹(孝翁)이고, 본관은 합천(陜川)이다. 1516년(중종11)에 과거에 급제하였다. 일찍이 정암 선생 문하에서 종유하였고, 뭇 현인들이 포진하였을 때 공은 이조 정랑으로 당대의 청망(淸望)을 쥐어서 사람들이 남두육성(南斗六星)을 올려다보듯 우러렀다. 다만 공은 성품이 고결하고 강직하여 남과 잘 어울리지 못하고 남을 포용하지 못하였다. 또한 반드시 단정한 벗을 취하였고 자신만 못한 이는 마치 더렵혀지듯 여겼다. 이 때문에 그를 좋아하는 이는 적고 미워하는 이는 많았는데 끝내 정암 선생은 패하고 공도 화를 면하지 못하였으니, 이는 천운인가. 관직을 삭탈당하고 집으로 돌아가 살다가 1546년에 병으로 죽으니, 향년이 34세였다.[303]

04(제현)-22(안처겸)

성균관 학유 안처겸(安處謙, 1486~1521)은 자가 백허(伯虛)이고, 홍문관 정자 안처근(安處謹, 1490~1521)은 자가 정부(靜夫)로, 정민공 안당의 아들이며, 아우 안처함과 함께 모두 기묘 현량과에 급제하였다. 신사년(1521, 중종16)에 안처겸이 남곤과 심정이 사림을 제거하는 것을 분하게 여겨 몰래 임금의 측근에 있는 간신을 제거하기를 도모하였는데 그의 아우 안처함이 송사련과 정민공에게 알렸다. 정민공이 크게 놀라서 임금에게 아뢰려고 하였으나 사류에게 화가 뻗을까 두려워하여 마침내 가족을 거느리고 음성의 시골집으로 내려가서 그 계모를 저지시키려고 하였다. 그런데 송사련이 정상(鄭祥)[304]과 승정원에 이르러서 대신을 모해하려 한다고 밀고하였다. 남곤과 심정 등이 옥사를 관장하여 대역죄로 얽어서 정민공은 연좌되고, 안처겸과 안처근은 모두 극형을 당하였으며, 권전(權

---

303) 관직을……34세였다 : 오류가 있는 듯하다. 『국조문과방목』에 근거하면 이희민은 1498년생이다. 죽은 해가 1546년이면 향년이 49세가 되어야 한다.

304) 정상(鄭祥) : 저본과 참고본에는 이름이 '정상(鄭祥)'으로 되어 있으나, 『해동잡록』「안처겸」에는 '정상(鄭瑺)'으로 되어 있다. 정상은 송사련의 처남이다.

碩)·이약수·이정숙(李正叔)·이충건(李忠楗)·한충(韓忠) 등은 모두 죽었다.

04(제현)-23(이윤검)-01

동지중추부사 이윤검(李允儉, 1451~1520)은 자가 자문(子文)으로, 무인이며, 본관은 합천(陜川)이다. 사람됨이 단정하고 정중하며 천성이 검소하여 태연히 한 서생인 듯하였으나 명성이 당세에 널리 알려졌다. 기묘제현과 상종하였는데 사화가 일어나자 공도 화를 면하지 못하여 끝내 관작이 삭탈되었다. 공은 일찍이 삼도의 절도사를 역임하였고 고을을 역임한 곳도 많았으나 한미한 선비처럼 청빈하였다. 김식이 체포되던 당시 공의 아들 이희민이 김식과 사이가 좋다는 이유로 공도 일시에 공의 집을 수색당하였는데 당시 공은 영해 부사로 있었으나 집에는 항아리에 한 섬의 곡식도 없었다. 이로부터 사람들이 더욱 공의 청빈한 덕에 감복하였다. 아들 셋이 있는데 맏이는 이희증(李希曾, 1486~1509)으로 자는 노옹(魯翁)이며, 21세에 과거에 급제하였고,[305] 24세에 죽었다. 『유선록(儒先錄)』에 말하기를[306] "일두 정여창에게 수업하여 세상의 대유(大儒)가 되었다."라고 하였다. 둘째는 이희민으로 자는 효옹(孝翁)이며 기묘명현의 어진 선비이다. 셋째는 이희안(李希顔)으로 자는 우옹(愚翁)이며, 유일(遺逸)[307]로 천거되었고, 호는 황강(黃江)이다. 당대에 이들을 일컬어 삼옥(三玉)이라 하였다.

공은 바로 나의 외증조할아버지로서[308] 그 행적이 사람들의 이목에 남아 있으니, 내가 지금 이 글을 기록하면서 어찌 감히 실정에 치우침이 있

---

305) 21세에 과거에 급제하였고 : 원문은 '十九登第'로, 오류가 있는 듯하다. 『국조문과방목』에 이희증은 연산군 12년(1506)에 문과에 급제한 것으로 나오는데, 그렇다면 이희증이 과거에 급제한 나이는 21세가 되어야 한다. 『국조문과방목』에 근거하여 '十九'를 '二十一'로 바로잡아 번역하였다.

306) 『유선록(儒先錄)』에 말하기를 : 『유선록』은 1570년 선조의 명을 받아 당시 부제학이었던 유희춘(柳希春)이 편찬한 『국조유선록(國朝儒先錄)』인 것으로 추정된다.

307) 유일(遺逸) : 산림의 선비로서 학문과 덕행이 이름난 이를 특별히 천거하여 관직을 주는 제도이다.

308) 공은……외증조할아버지로서 : 『설학소문』의 저자 이대기의 아버지는 이득분(李得蕡)으로, 그는 황강(黃江) 이희안(李希顔)의 사위이다. 곧 이희안은 이대기의 외조이고, 이희안의 부친인 이윤검은 이대기의 외증조가 된다.

겠는가. 비감에 젖어 기록한다.

04(제현)-23(이윤검)-02(보유)

보유 : 김식을 숨겨주었던 김해 부사(金海府使) 하정은 도망하였다가 체포되어 곤장 4백여 대를 맞고는 억지 자백을 하고 가산이 적몰되었고, 영해 부사 이윤검은 고문을 받았으나 증험되지 않아 전리(田里)로 내쫓겼다. 영산 유생 이중과 무주 유생 오희안은 온 집안 식구들이 변방으로 옮겨졌다.[309] -이상 기묘-

309) 영산……옮겨졌다 : 오류가 있는 듯하다. 오희안은 가족과 함께 변방으로 쫓겨났으나, 이중은 스승 김식을 은신시켰다가 붙잡혀 부령으로 유배되었고 1532년 사면되었다.

04(신사무옥 인물)-01(이정숙)

교리 이정숙(李正叔, ?~1521)

04(신사무옥 인물)-02(권전)

수찬 권전(權磌, 1490~1521)

04(신사무옥 인물)-03(한충)

수사 한충(韓忠, 1486~1521)

04(신사무옥 인물)-04(이충건)

이조 정랑 이충건(李忠楗, ?~1521)

04(신사무옥 인물)-05(봉천상)

참봉 봉천상(奉天祥, ?~1521) -이상 신사-

04(첨부)-01(피죄폐고인)

「피죄폐고인(被罪廢錮人 죄를 입어 폐고 된 인물)」

- 유절도(流絶島 절도에 유배된 인물)

부제학 김구 -1533년(중종28)에 풀려난 뒤 죽었다.- , 수사 한충 -1521년(중종16) 신사무옥에 옥중에서 사망하였다.-

- 유극변(流極邊 극변에 유배된 인물)

승지 윤자임(尹自任), 박세희(朴世熹), 박훈(朴薰) -1533년 유배에서 풀려난 뒤 죽었다.- , 응교 기준(奇遵) -〈유배된 지〉 얼마 안 되어 사사되었다.-

- 찬출(竄黜 벼슬에서 내쫓겨 귀양된 인물)

함경도 병마절도사 유용근(柳庸謹, 1485~1528), 전한 정응(鄭膺, 1490~1522), 사인(舍人) 최산두(崔山斗, 1483~1536), 이조 정랑 정완(鄭浣), 파릉군(巴陵君) 이경(李璥) -다시 서용되었다.- , 의학교수 안찬(安瓚, ?~1519) -〈장류되어가던〉 도중 〈연서역(延曙驛)에서〉 죽었다.-

- 삭탈관직(削奪官職)된 인물

우찬성 최숙생(崔淑生, 1457~1520), 우참찬 이자(李耔), 사인 이청(李淸, 1483~1549) -다시 서용되었으며 벼슬이 참판에 이르렀다.- , 이조 정랑 이희민(李希閔), 이약빙 -다시 서용되어 벼슬이 통례(通禮)에 이르렀고, 을사사화 때 화를 입었다.[310)]-

310) 다시……입었다 : 이약빙이 통례의 벼슬을 지냈는지의 여부는 미상이며, 또한 을사년(1545)에 화를 입은 것이 아니라 1547년 양재역 벽서고발사건에 연루되어 처형되었다.

- 추탈직(追奪職 추후에 관작이 삭탈된 인물)

전 감사 문근(文瑾, 1471～?), 전 참판 유운(柳雲, 1485～1528), 전 부윤 유인숙(柳仁淑, 1485～1545) -다시 서용되어 벼슬이 이조 판서에 이르렀다. 을사사화 때 화를 당하였다.- , 전 부윤 정순붕(鄭順朋, 1484～1548) -다시 서용되어 벼슬이 판서에 이르렀다. 상소를 올려 을사사화를 이루었고 벼슬이 우의정에 이르렀다.- , 전 참의 이성동(李成童), 전 부사 신광한(申光漢, 1484～1555) -다시 서용되었고 벼슬이 찬성에 이르렀다.- , 전 참판 박영(朴英, 1471～1540) -다시 서용되었고 병사에 이르렀다.-

- 파직(罷職)

참찬 김안국(金安國, 1478～1543) -다시 서용되어 벼슬이 찬성에 이르렀다.- , 참판 김세필(金世弼, 1473～1533), 권벌(權橃, 1478～1548) -다시 서용되었고 벼슬이 찬성에 이르렀다.- , 감사 김정국(金正國, 1485～1541) -다시 서용되었고 벼슬이 참판에 이르렀다.- , 좌랑 구수복(具壽福, 1491～1535) -다시 서용되었고 벼슬이 현감에 이르렀다.- , 윤구(尹衢, 1495～?) -다시 서용되었고 벼슬이 사성에 이르렀다.- , 조언경(曺彦卿), 유성춘(柳成春), 도사 김광후(金光後), 현감 안처순(安處順, 1492～1534), 한림 이구(李構, 1484～1536), 급제 성수종(成守琮) -삭과되었다.-

- 혁천거과(革薦擧科)

좌랑 조우(趙佑, 1484～?) -보임되었고 벼슬이 현감에 이르렀다.- , 홍문관 박사 안처근(安處謹) -신사무옥에 죽임을 당하였다.- , 정언 민회현(閔懷賢), 수찬 안처함(安處諴), 홍문관 박사 김명윤(金明胤, 1493～1572) -1524년 문과 별시에 병과로 다시 급제하였다. 경기관찰사로서 봉성군(鳳城君) 이완(李岏, ?～1547)을 체포해야 한다고 고하여 찬성이 되었다.[311]- , 주서 안정 -1545년 천

311) 경기관찰사로서……되었다 : 『명종실록』 즉위년 9월 1일 기사에 경기관찰사 김명윤이 계림군 이유 등의 불궤를 고변한 내용이 있는데 그가 올린 서계에서 봉성군을 처치해

거과가 회복된 뒤 현감에 보임되었다.- , 학유 안처겸, 정언 김과(金鈛) -즉시 참봉에 보임되었고 벼슬이 현령에 이르렀다.- , 한림 신준미(申遵美, 1491~1562) -을사년에 복과되었으나 관직에 나아가지 않았다.- , 김신동(金神童, 1485~?) -을사년 현량과가 복과된 뒤 정언에 제수되었다.- , 좌랑 방귀온(房貴溫, 1465~?), 정자(正字) 유정(柳貞, 1491~1549) -을사년 현량과가 복과된 뒤 전적(典籍)에 임명되었고, 1549년 이홍윤(李洪胤)의 옥사에 연루되어 장살되었다.- , 좌랑 박공달(朴公達), 이준(李準) -을사년 현량과가 복과된 뒤 좌랑에 제수되었으나, 사은하고 고향으로 돌아갔다.- , 좌랑 도형(都衡, 1480~1547) -을사년 현량과가 복과된 뒤 전적에 제수되었다.- , 도사 민세정(閔世貞, 1471~?), 직장(直長) 김과(金顆) -을사년 현량과가 복과된 뒤 전적에 제수되었다.- , 홍문관 저작 경세인(慶世仁, 1491~?), 이익(李翊), 수찬 권전(權磌) -신사년에 죽임을 당하였다.- , 한림 신잠(申潛) -보임되었고 벼슬이 목사에 이르렀다.-

- 천발환파(薦拔還罷 천과에 발탁되었다가 다시 파면된 인물)

현감 최운(崔澐, 1500~1520) - 김식을 숨겨 주었다 하여 온가족이 변방으로 옮겨졌다.[312]- , 박수량(朴守良), 도사 노필(盧璋, 1464~1532), 참봉 노우명(盧友明), 유맹연(柳孟連), 김석홍(金錫弘, 1473~1546), 감찰 이사검(李思儉), 참봉 봉천상(奉天祥, ?~1521) -신사사화에 죽임을 당하였다.- , 찰방 김태암(金泰巖, 1480~1554).

04(첨부)-02-01

향약인(鄕約人) 신원소 소두 전의감(典醫監) 전어(前御) 이성(李城), 몽학훈도(蒙學訓導) 정철성(鄭哲賢), 이세손(李世孫), 악공 송분(宋糞), 충찬

야 한다고 논하였고, 이후 12월에 김명윤은 한성부 좌윤에 제수되었다. 본문에 찬성이 되었다는 기록은 오류가 있는 것으로 보인다.

312) 김식을……옮겨졌다 : 최운은 1519년 기묘사화로 파직되어 고향에 내려갔는데, 이듬해 이신(李信)이 고변한 말에 대사성 김식이 도망 중에 있을 때 "나를 받아줄 사람은 최운과 영해부사 이윤검뿐이다."라고 말한 바 있다고 하여 이에 연루, 체포되어 추국을 받고 온가족이 강계로 추방되어 그 곳에서 죽었다.

위(忠贊衛) 정의손(鄭義孫), 이자일(李自逸), 안숭복(安崇福)은 각각 장형을 집행 받았고, 서리 최인석(崔仁碩), 이중진(李仲進)은 각각 결장 1백을 집행 받았고, 홍문관 노(奴) 학년(鶴年)과 파릉군(巴陵君)은 함께 의논하여 왕자제군(王子諸君)을 청해 대궐에 나아가 신구하려 하였다 하여 장형을 집행 받는 것으로 유배를 면제받았다.

04(첨부)-02-02(부기)

부기 : 황계옥(黃季沃)은 목사 황필(黃瓘)의 아들이다. 기묘년에 문정공 조광조가 귀양가자 황계옥이 어숙균(魚叔均)을 방문하여 "내가 상소를 올려 조 대사헌을 구제하려고 이미 초고를 갖추었으니, 자네가 정서를 하라."라고 하고는, 드디어 소매 속에서 꺼내어 보이고 "상소의 뜻이 어떠한가?" 하였다. 〈어숙균이〉 "이 상소는 매우 가상하다. 선을 좋아하는 공과 같은 이가 아니라면 어찌 이렇게 할 수 있겠는가."라고 하고 이어서 극진한 말로 권하였으나, 황계옥이 정서하지 않고 갔다. 며칠 후에 〈황계옥이〉 윤세정(尹世貞), 이래(李來) 등과 함께 연명으로 상소하여 "조 아무개는 옛 법도를 어지럽게 바꾸고 붕당을 만들어 나라를 그르쳤으니 청컨대 법으로 처치하소서."라고 하였다. 대개 황계옥은 두 개의 상소문을 지은 뒤에 먼저 구원하는 상소를 어숙균에게 보인 것인데 그가 자신의 뜻과 맞지 않는 것을 보고는 이 때문에 정서하지 않고 가버린 것이니, 그 간사한 정상을 이루 다 말할 수 있겠는가.

『설학소문』 권5

「을사록(乙巳錄)」 -가정 인종 원년(1545)-

05(개요)-01(을사·정미사화)

중종 말년에 인종이 동궁(東宮)에 있었는데 윤원형과 윤임이 틈을 만들어 원한을 품음이 날로 깊어졌다. 이에 대윤·소윤이라는 말이 생기니, 대윤은 윤임을 가리키고 소윤은 윤원형을 가리킨다. 윤원형이 이기와 은밀히 도모하여 원한을 갚으려고 하였는데 인종이 즉위하자 윤원형 등이 이에 불측한 뜬소문을 만들어 문정왕후를 기망하고 명종을 경동시켜 큰 화가 조석 간에 일어날 것이라고 말하였다. 명종이 한창 어린나이로 바깥 사정을 어떻게 알 수 있었겠는가. 이 때문에 간사한 설에 경동되지 않을 수 없었던 것이다.

인종이 매우 위독하자 윤임이 외숙으로 입시하니 윤원형과 이기 등이 원한을 품은지가 오래여서 이 일로 인하여 날조할 계책을 만들고자 하였는데, 유관과 유인숙은 또한 이기의 원수였다. 때문에 윤원형과 이기 등이 정순붕, 임백령과 결탁해 심복을 삼아 터무니없는 거짓말로 현혹시키고 온갖 방법으로 꾸며서 거짓으로 낭서(囊書 주머니에 넣은 편지)를 버려 위로는 공의전을 무고하기에 이르렀다. 공의전 성모(聖母)는 신민이 우러르는 바인데도 오히려 모함하려 하였으니, 하물며 윤임같이 무식하고 쉬운 자에 있어서이겠는가. 이에 윤임이 유관·유인숙 등과 내응하여 이전에 입시했던 날 계림군 이류와 봉성군 이완 등을 추대하고자 해서 언서(諺書 언문 편지)를 공의전에 전달해 서로 계책을 의논하려 하였다가 궁궐 뜰에 언서를 떨어뜨렸다고 안팎으로 꾸며댔다. 무릇 인종은 후사가 없고 명종이 아우로서 대통(大統)을 입승(入承)하는 것은 천명이고 사람들이 귀의하는 바이며 명분이 바르고 사리에 맞으니, 누가 감히 한 터럭만치라도 그 사이에 이의를 댈 수 있겠는가. 설사 윤임이 무상(無狀)하여 과연 간계가 있었다고 하더라도 사려가 깊고 성실한 공의전이 윤임과 계교를 꾸밀

리가 있겠는가. 하물며 이 비밀스러운 편지를 주머니에 넣기까지 하였으니, 또한 중간에 떨어뜨려 잃어버릴 리가 있겠는가. 지금까지도 듣는 자들이 애통해하고 분통해하지 않는 이가 없다.

명종이 왕위를 이어받음에 이르러 문정왕후가 모후로서 군림하고 윤원형이 중간에서 위력으로 제압하였으니 어떤 계모인들 실현하지 못하겠으며 누구인들 금하고 막을 수 있었겠는가. 간악한 무리가 사방에서 일어나 흉중의 생각을 멋대로 폭로하였다. 충순당(忠順堂)에 입시하였던 날 이기가 나아가 "윤임은 매우 스스로 편안해하지 못하는 마음이 있고, 유관과 유인숙은 조금 형적이 있다."라고 말하였다. 또한 정순붕이 상소하여 윤임의 1537년(중종32) 희릉(禧陵)의 일을 극언하였으며,[313] 임백령이 윤임의 사위 이덕응을 유혹하기도 하고 협박하기도 하여 거짓 자복하도록 만들었으며, 안세우는 모린(毛麟)과 내은난(內隱難)[314] 등을 들어 위증하게 하여 마침내 큰 옥사를 만들어서 끝내 불측한 화에 빠뜨렸다. 대행왕(大行王)의 재궁이 빈전(殯殿)에 있는데도[315] 외가의 혈육이 낭자하고, 윤원로의 처자식도 나란히 죽임을 당하였으니, 당시의 일은 참혹하다고 할 만하다. 저 윤임이 거칠고 비루하고 무식하여 일찍이 입시한 죄가 있고 또 시기와 혐의를 받는 자리에 있었으니, 역모에 형적은 없지만 참소하는 역적의 구설을 면하지 못한듯하다. 국사에 마음을 다한 유관과 어진 선비를 아끼고

---

313) 또한……극언하였으며 : 1537년 장경왕후(章敬王后)의 능을 천장하던 해에 윤임이 당시의 국모 문정왕후를 삼흉을 시켜 해치려고 했다는 것을 말하는 것으로 보인다. 희릉은 중종의 계비 장경왕후 윤씨(尹氏)의 능으로, 처음에는 광주(廣州)에 있는 태종의 능인 헌릉(獻陵) 서쪽에 있었으나, 1537년 경기도 고양시 원당읍 원당리로 옮겼다. 장경왕후는 윤임의 여동생으로 원자인 인종을 낳고 산후병으로 죽었다. 『명종실록』 1년 8월 28일 기사에 정순붕의 상소가 보이는데, 그 내용에 "윤임은 지난 중종조 정유년(1537)에 김안로(金安老)·허항(許沆)·채무택(蔡無擇) 삼흉에게 당부(黨附)하여 국모를 해치려고 했다. [尹任往在中宗朝丁酉年間 黨附三凶 欲害國母]" 하였다.

314) 모린(毛麟)과 내은난(內隱難) : 모린은 윤임의 여종이고 내은난은 정 숙의(鄭淑儀)의 여종으로, 안세우가 이들을 꾀어 거짓 증언하도록 한 것이다. 『明宗實錄 1年 9月 6日』 『宣祖修正實錄 3年 4月 1日』

315) 대행왕(大行王)의……있는데도 : 인종이 승하하고 아직 채 장사지내기도 전임을 말한다. 대행왕은 임금이나 왕비가 죽은 뒤 시호를 아직 올리기 전의 칭호이고, 재궁은 임금이나 황후를 높이어 그의 관을 이르는 말이며, 빈전은 인산(因山) 때까지 왕이나 왕비의 관을 모시던 전각(殿閣)을 말한다.

좋아한 유인숙은 터럭만치도 의심할만한 점이 없고 그 죄안은 더욱 지적할만한 부분이 없다. 정순붕이 두 사람의 죄를 논하기를 "유관이 수상에게 귓속말을 하기를 '어떤 분을 세워야 합니까?'라고 하였고, 유인숙은 〈전하가 영명하다는 말을 듣고〉[316] 묵묵히 기뻐하지 않는 빛이 있었다."라고 하였으니, 예부터 말과 얼굴빛을 보고 문득 반역하였다고 지적하는 경우가 어디에 있단 말인가.

옥사의 단련이 비록 교묘하더라도 당대의 인심은 속이기 어려운 법이다. 때문에 당초 이기가 충순당에서 진언하였을 때 정승 홍언필(洪彦弼)이 "윤임은 귀양보내고 유인숙은 파직시키고 유관은 체직시켜야 한다."라고 하여 중론이 모두 옳게 여겼으나, 신광한(申光漢)이 "이처럼 위태롭고 의심스러운 시기에 인심을 진정시키지 않으면 안 되니, 윤임 등의 죄는 모두 참작해서 처리해야 한다."라고 하였으며, 회재(晦齋) 이언적은 "일은 반드시 광명정대해야 하니, 그렇지 않으면 사림의 화가 있을까 염려된다."라고 하였다. 저들 3인이 참으로 역모를 한 실상이 있었다면 이기는 어찌하여 큰소리로 곧장 지적해 말하지 않고 '스스로 편안해 하지 못한다.', '형적이 있다.'라는 등의 의심쩍은 말로 이처럼 둘러댔단 말인가. 또 이틀 후 3인에게 죄를 추가할 때 정순붕이 "윤임은 재앙을 일으키려는 마음을 품었으니 용서할 수 없다. 그러나 만약 법률에 따른다면 너무 중한듯하다."라고 하였다. 무릇 재앙을 일으키려는 마음을 품고 종묘사직을 위태롭게 하기를 도모함은 극악한 대죄이니, 정순붕이 저 세 사람에게 무슨 애석함이 있어서 구호하기를 이렇게까지 했단 말인가. 근래에 율곡 이이가 이 일을 논하여 "이는 헛말을 날조하여 갑자기 사형시켜 버리면 인정이 해괴하게 여겨서 진정시킬 수 없으므로 점점 배어 들어가는 방법으로 차츰차츰 중형에 이르게 하려고 한 것에 불과하다."라고 하였으니, 이 말이 옳다.

우찬성 권벌은 사직의 신하이다. 바야흐로 흉악한 기세가 맹렬하게 타오르던 날 윤임 등을 위해 신구하여 서계(書啓)한 글이 해와 별처럼 분명한데도 도리어 위훈(僞勳)에 녹훈되었으니,[317] 소인이 군자의 중망을 빌리

---

316) 〈전하가……듣고〉 : 『을사전문록(乙巳傳聞錄)』 「신원전지(申冤傳旨)」에 근거하여 보충하여 번역하였다.

고자 했던 정상을 여기에서 볼 수 있다. 심연원(沈連源)의 녹훈에 이르러서 윤원형이 "반드시 심연원을 공신에 아울러 참여시킨 뒤에야 훈적이 비로소 공고해질 것이다."라고 하였다. 심연원이 처음에는 간사한 논의에 참여하지 않았으므로 마음에 수치스럽게 여겼으나 화가 두려워 감히 녹훈을 힘껏 사양하지 못하고 집에 돌아가 그의 처와 마주하여 울었다. 위사공신(衛社功臣)의 녹훈이 과연 참되고 헛되지 않았다면 안녕과 부귀와 존귀와 영화가 자연히 산과 강처럼 공고할 터인데, 하필 군자의 중망을 빌리고 외척을 끌어당기면서까지[318] 장구한 계책을 한단 말인가. 허자와 민제인 등은 처음에 간흉에게 붙어서 부귀를 취하려고 하였으나 녹훈된 뒤에 비로소 잘못을 깨달아 뉘우치고는 마침내 간흉들과 합치하지 못하여 모두 중죄(重罪)를 얻어서 민제인은 녹훈이 삭제되는 지경에 이르렀고 허자는 귀신을 속이기 어렵다고 탄식하였다. 흉당(凶黨) 가운데서도 또한 서로 모순되었으니, 하물며 온 나라의 공론에 있어서이겠는가.

당초 화를 구성하였을 때 윤원형이 문정왕후를 기망하여 마침내 밀지가 내려졌고, 정순붕과 임백령 등은 양사(兩司)에 은밀히 분부하여 세 사람을 죄주고자 하였다. 그런데 양사의 장관인 사헌부 대사헌 민제인과 사간원 대사간 김광준(金光準)은 그들의 사주에 따르려고 하였으나 기타 대간이 공평한 의론을 유지하며 흔들리지 않았다. 그리하여 흉당이 서로 돌아보고 어찌할 바를 알지 못하였다. 임백령이 이에 고변의 꾀를 제창한 것과, 정순붕의 상소와, 이덕응의 거짓 자복[319]과, 모린·내은난·종이(從

---

317) 도리어 위훈(僞勳)에 녹훈되었으니 : 위사공신(衛社功臣)에 녹훈되었던 일을 말한다. 권벌은 1545년 을사사화가 일어나자 윤임, 유인숙, 유관 등을 적극 구하는 계사를 올리기도 하였다. 곧 이어 위사공신에 녹훈되고 길원군(吉原君)에 봉해졌으나 9월 우의정 이기와 우찬성 정순붕 등이 자기들과 논의가 다르다고 반대하여 삭훈(削勳)되었다.

318) 하필……끌어당기면서까지 : '군자의 중망을 빌렸다'는 것은 앞서 언급된 권벌을 말하며, '외척을 끌어당겼다'는 것은 심연원을 말한다. 심연원은 1542년 그의 손녀가 후일 명종으로 왕위에 오르는 경원대군(慶原大君)과 혼인하여 외척이 되었다. 명종이 즉위한 해 을사사화가 발생하자 당시 호조 판서 겸 지의금부사의 직을 맡고 있던 심연원은 대윤 일파 추국에 참여하였고 이로 인해 위사공신 3등에 녹훈되었으며, 1548년 청천군(靑川君)에 봉해졌다.

319) 이덕응의 거짓 자복 : 이덕응은 윤임의 사위아더, 명종이 즉위한 뒤 임백령, 윤세형 등의 위협을 받아 많은 사람들이 중종의 후궁 소생인 봉성군을 추대하여 역모를 꾸몄다고 거짓 자복함으로써 이휘(李輝), 나숙 등 10여 명이 처형되도록 만들었고 자신도 효

伊)·황돈일(黃頓一)·옥매향(玉梅香)의 거증(擧證)[320]이 모두 이런 유이다. 그러나 그 진술한 말이 앞뒤가 어긋나고 모두 터무니없다. 이덕응이 신문을 받을 때 임백령은 감언이설로 밖에서 꾀고 송세형(宋世珩)은 안에서 거짓으로 울어서 어리석고 망령된 사나이(이덕응)로 하여금 그 감언이설을 믿게 하여 남(윤임 등)은 모함에 빠뜨리고 자신은 화에서 벗어나게 하도록 만들었다.[321] 지금 그가 공초한 내용을 들어 말해보면, 이덕응의 말에 "윤임이 이르기를 '상께서 모든 사무를 대신에게 의논하여 결정하고 계시니 우리 집안이 5, 6년 동안은 무사할 것을 보장할 수 있다.'라고 하였습니다."라고 하였고, 또 "대행왕(大行王 인종)이 승하하신 뒤에 대왕대비께서 내관을 보내 윤임과 윤여필(尹汝弼)에게 미음을 권했는데, 〈그때 윤임이〉 '내가 시병(侍病)을 위하여 대내에 들어왔을 때 틀림없이 불측한 일을 모도하리라 생각하였는데 끝내 아무 이의가 없이 주상에게 전위되자 이에 필시 나에게 고마워서 그러시는 것이니, 내 마음도 편하다.'라고 하였다." 하였고, 또 "윤임이 유관·유인숙과 통하려 하기에 신이 '유관과 유인숙 등이 장인어른을 무상(無狀)하다고 여겨 도리어 해칠지 어떻게 알겠습니까.'라고 하였더니, 윤임이 '그렇다.'라고 하였다." 하였다. 이런 여러 설은 혹은 윤임이 마음이 매우 편하다고 했다고 하고 혹은 유관 등이 윤임을 무상한 사람으로 의심할지도 모른다고 하였다. 그런데 이미 공모했다고 하면서 끝내 공모한 일에 대해서는 말하지 못하였으니 그렇다면 어디에 공모한 사실이 있는가. 거짓으로 꾸며대고 망령되어 믿을 만하지 못

수되었다.

320) 모린·내은난·종이(從伊)·황돈일(黃頓一)·옥매향(玉梅香)의 거증(擧證) : 모린과 내은난은 앞에서 언급하였고, 종이는 상세하지 않다. 황돈일은 박원종(朴元宗)의 양녀로서 인종의 궁중으로 들어간 여인이다.(『明宗實錄 1年 9月 6日』) 옥매향은 윤임의 첩이다. 임백령이 윤임과 옥매향을 두고 다툰 일이 있는데 이로 인해 윤임을 역모로 몰아 주벌한 뒤 임백령이 옥매향을 자기의 종으로 삼기를 구하였다고 한다.(『乙巳傳聞錄 尹任傳』)

321) 이덕응이……만들었다 : 『연려실기술』 「명종조고사본말(明宗朝故事本末) 을사사화」에 다음과 같은 내용이 있다. "이덕응이 잡혀 갔을 때 송세형(宋世珩)이 문초하는 데 참여하였다가 눈물을 흘리며 이덕응에게 묻기를, '네가 윤임의 흉모를 다 말하면 살 수 있다. 그냥 죽으면 무슨 소용이 있느냐.' 하였다. 이덕응은 죽는 것이 무서워서 그 말대로 거짓말로 수찬 이휘(李煇), 부제학 나숙, 참봉 나식, 장령 정희등·박광우, 사간 곽순, 정랑 이중열·이문건·정욱·이약해·성우 등을 허위로 끌어대었다."

하다는 것은 분명하다.

모린과 내은난의 공초 내용에 이르러서는 더욱 신뢰할 수 없다. 모린은 바로 윤임의 늙은 여종으로 윤임이 비록 무상한 인물이라 하지만 또한 정신병자로 얼빠진 사람이 아닌데 반역이 어떠한 일이기에 이에 여종과 더불어 의논할 리가 있겠는가. 안세우가 "윤임의 음모를 정 숙의(鄭淑儀)[322]의 여종 내은난이 알고 있다."라고 하였는데, 정숙의의 여종이 윤임과 어떤 사이이기에 이에 은밀하고 막대한 계모를 알 수 있단 말인가. 게다가 옥매향의 공초에 "이류(李瑠)가 윤임의 집에 왔을 때 윤임이 뜰에 앉아서 '네가 의당 왕위에 올라야 한다.'라고 하였다." 하였고, 종이의 공초에는 "7월 3일에 윤임이 그 아들 윤흥의에게 '봉성군을 세우려 한다.'라고 하였다." 하였는데, 7월 3일은 바로 인종이 승하한지 이틀이 지난 뒤이다. 추대하는 중대한 일은 마땅히 급히 조기에 정해야할 바인데 인종이 위독하던 날 이미 계림군 이류를 추대하기로 하였다가 이틀이 지난 뒤에 어찌 다시 봉성군 이완를 추대하려 할 리가 있겠는가. 이는 또한 이익에 꾀어 넘어간 데에서 나온 거짓 공초로서 고변의 절박함을 획득하려고 한 것인 것이다.

저 이덕응은 사대부이고 또 윤임과 한집안 사람인데도 오히려 감심(甘心)에 꾀어 끝내 윤임의 집안이 멸족되는 화를 돌아보지 않았으니, 하물며 사리에 눈먼 하찮은 한 계집종에 있어서이겠는가. 이미 죄다 죽여 없애고 또 당대 항간의 사람들의 입에 재갈을 물리고자 하여 혹 청의가 간간이 일어나기라도 하면 문득 역당을 비호한다는 죄명을 씌웠다. 유감(柳堪)은 『무정보감(武定寶鑑)』을 인출할 필요가 없다는 말로 인해 먼 변경으로 귀양갔고,[323] 이원록은 그의 숙부 이기에게 간언하였다는 이유로 또 한 번 변방에 안치되었으니,[324] 당시의 모습을 지금도 가히 상상할 만하

322) 정 숙의(鄭淑儀) : 정 숙의는 정자(鄭滋)의 누이로 인종의 숙의(淑儀)이고, 또 정자는 윤임의 아내의 생질(甥姪)이 된다.

323) 유감(柳堪)은……귀양갔고 : 유감은 1549년 성종 때부터 명종 초년에 이르는 각종 내우외환의 진압 전말을 기록한 『무정보감』을 간행하게 되자 책이 발간되면 민심이 동요될 것을 염려하여 압인(押印)을 거부하였다가 소윤 일파의 탄핵으로 파직당하고 경흥에 유배되었다.

324) 이원록은……안치되었으니 : 이원록은 숙부 이기에게 간언을 하고 그를 비판하여 이

다. 또한 간신 정언각은 본디 남이 화를 당하는 것을 즐기는 독수(毒手)로서 윤원형·이기의 자취를 좇아 또 양재역 벽서를 올려 크게 파급되는 화를 열어서 당초 법망에서 빠졌던 인물들을 다시 주워 모아 또 한 번 함정을 만들어 규암(圭菴) 송인수와 이약빙 등 약간의 선류들이 끝내 화를 면하지 못하였으니, 말을 하면 길이 통탄스럽다.

황·정황(丁熿) 등 많은 선비들을 구해 주었는데, 1549년에 이기의 전횡을 비난한 일로 임백령의 탄핵을 받아 곤장을 맞고 유배되어 강계에 안치되었다가 이황 등 많은 사류의 상소로 풀려났다.

05(제현)-01(유관)

정승 유관(柳灌, 1484~1545)은 자가 관지(灌之)이고, 호는 송암(松菴)이고, 본관은 문화(文化)이다. 1507년(중종2)에 과거에 급제하였고, 항상 국사에 마음을 다하였다. 을사년(1545)에 좌의정이 되었는데 조금 형적이 있다 하여 체직되고 중도부처(中途付處)되었다가 뒤에 정순붕의 상소에서 '종묘사직을 해치려고 모의하였다.'라고 논핵하여 마침내 처자식가지 처형 당하였다.

05(제현)-02(유인숙)-01

판서 유인숙(柳仁淑, 1485~1545)은 자가 원명(原明)이고, 본관은 문화(文化)이며, 유인귀(柳仁貴)의 아우이다. 일찍이 현인을 좋아하고 선비를 아꼈으며 기묘당인이었다. 을사년에 이조 판서로서 윤임과 인척이라 하여 원지에 부처되었고, 뒤에 윤임·유관과 같은 날 죽었다. 두 공(유인숙과 유관)이 불행히도 이기와 원한이 있어서 이기가 몰래 모해하고자 하여 윤원형, 정순붕 등과 더불어 서로 얽어서 이런 화를 만들었다. 유인숙과 유관의 일은 이기가 죄상을 성토하려 하였으나 죄명을 만들기가 어려워서 처음에는 "조금 형적이 있다."라고 하였고, 죄를 추가함에 이르러서는 곧 "유관이 영의정의 귀에 대고 '누구를 세워야 합니까?'라고 하였는데 유인숙이 계책을 정하던 날에 묵묵히 기뻐하지 않는 기색이 있었다."라고 하였다. 가령 이런 말이 과연 참말이라 해도 이것은 억측한 말에 불과할 뿐이다. 이것으로 유배 보내는 것도 오히려 옳지 않은데 하물며 대역죄로 논단하고 목 베어 매달고 족멸하는 형률을 집행할 수 있단 말인가.[325] 당시에 고변하는 자가 많이 나왔지만 한 사람도 유관과 유인숙을 무고한 자가 없었으니, 유관과 유인숙이 어찌 그들의 입을 억제할 수 있었겠는가. 단지 한 번 이기에게 거슬림으로 인해 그 화가 이 지경에 이르렀으니 심하다, 소인의 망극함이여. 유인숙의 아들 유희증(柳希曾), 유희민(柳希閔)도 함께 죽임을 당하였다. 병인년에 비로소 관작이 회복되고 적몰된 가산

325) 하물며……말인가 : 유인숙은 을사사화 때 무장으로 귀양가던 도중 진위 갈원(振威葛院)에서 사사되었고, 같은 해 9월 김명윤의 밀고로 윤임·유관 등과 계림군 이류, 봉성군 이완의 추대를 모의했다는 죄목으로 능지처사에 처해졌다. 네 아들도 모두 교살되었고 재산도 몰수되었다.

도 환급되었다.[326)]

05(제현)-02(유인숙)-02(보유)

보유 : 송 태수(台叟 송인수(宋麟壽)의 자)가 어느 날 모재(慕齋) 김안국(金安國)을 찾아뵈었는데, 마침 유인숙과 신광한이 또 오니 모재가 그다지 기꺼워하지 않았다. 두 공이 간 뒤에 그 까닭을 물으니, 모재가 찡그리며 "원명(유인숙)은 배우지 못하고 학술이 없으니 그 종말이 어떻게 될지 모르겠으며, 신광한은 기묘사화 때 사류와 함께 폄직되었으니 다행이라면 다행이다."라고 하였다.

05(제현)-03(곽순)

사간 곽순(郭珣, 1502~1545)은 자가 백유(伯瑜)이고, 호는 경재(警齋)이다. 1528년(중종23)에 과거에 급제하였다. 청백을 스스로 힘썼으며, 굽히지 않는 큰 절개가 있었다. 인종조 공은 서천 군수(舒川郡守)로 있다가 들어와 미원(薇垣 사간원)의 장(長)이 되었고, 백인걸은 사간원 헌납으로 있었다. 문정왕후가 윤원형에게 속아 급히 밀지를 내리니 그때 대사간 김광준은 간흉의 사주를 좇고자 하였다. 그러나 공과 헌납 백인걸만이 강직하게 대항하고 굽히지 않아서 마침내 '밀지가 거짓 무고에서 나왔다.'고 논척하였고, 언론이 거세게 일어났다. 윤원형은 담(膽)이 떨어져 계모를 이루지 못할까 걱정하여 함께 당론을 비호한다 하여 백공은 안변(安邊)에 귀양보내고 공은 곤장을 맞아 죽었으니 아, 애통하다. 선조 초 병인년(1568, 선조1)에 을사사화로 화를 입은 사람들의 관작이 회복되고 증작(贈爵)되었으며, 공에게도 관작이 증작되었다.

05(제현)-04(백인걸)

참찬 백인걸(白仁傑, 1497~1579)은 자가 사위(士偉)이고, 호는 휴암(休菴)으로, 백익견(白益堅)의 아들이며, 본관은 수원(水原)이다. 1537년(중종

---

326) 병인년에……환급되었다 : 오류가 있는 듯하다. 유인숙은 정축년(1577, 선조10)에 역명이 씻기고 관직(직첩)을 환급받았다.『宣祖實錄 10年 6月 26日』『宣祖修正實錄 10年 12月 1日』

32)에 과거에 급제하였다. 일찍이 사우(師友)와 종유하여 학문에 연원이 있고 또 정직함을 좋아하여 꺾이지 않았다. 인종 때에 남평 현감(南平縣監)으로 있다가 들어와서 사간원 헌납이 되었다. 을사년의 변고에 윤원형이 간사한 말로 혀를 놀려 문정왕후를 기망하여 마침내 밀지가 내려졌으나, 오히려 감히 윤임 등의 반역한 죄상을 드러내 말하지 못하고 몰래 양사를 사주하여 대간을 통해 먼저 발의하게 하였다. 당시 민제인이 대사헌으로 있고 김광준이 대사간으로서 그 부추김을 따르려 하였다. 그러나 홀로 공만이 바름을 지키고 꺾이지 않아서 직접 초안을 잡아 아뢰어 밀지의 거짓 무고를 설파하니 서릿발 같은 기상이 글에 가득하였다. 문정왕후가 크게 노하여 즉시 하옥하도록 명하여 일을 측량할 수 없었는데 대간이 언관에게 죄를 주어서는 안 된다고 간쟁하여 파직되기만 하였다. 정미년(1547, 명종2) 9월 안변(安邊)에 유배당하였고 이윽고 사면되어 고향으로 돌아왔다. 20여년이 지난 선조 즉위 초년에 을사사화 때 화를 입은 사람들이 비로소 관작이 회복되고 증작되었는데 세상에 살아있는 자는 오직 공과 소재(穌齋) 노수신 두 노인 뿐이었다. 선조는 곧은 절개로서 포상하고 자급을 뛰어넘어 발탁하여 소재는 지위가 일인의 아래에 이르렀고, 공은 우참찬의 반열에 올랐으니, 천운이 돌아 형통함을 볼 수 있다. 공에게는 아들 하나가 있는데 이름은 백유함(白惟咸)이며 문과에 등과하였고 승지에 올랐다.

05(제현)-05(노수신)-01

수상 노수신(盧守愼, 1515~1590)은 자가 과회(寡悔)이고, 노홍(盧鴻)의 아들이며, 호는 소재(蘇齋)이고, 본관은 광산(光山)이다. 문장이 기이하고 예스러우며 식견이 고명하였고, 독실하게 학문에 뜻을 두어 『소학』으로 몸을 단속하였다. 1543년에 과거에 장원으로 급제하였고, 이조 좌랑이 되었다. 을사사화가 일어나자 대간에서 논계하여 관작이 삭탈되었는데 정미년(1547)에 추론(追論)하기를 "노수신과 정황은 헛된 명예를 믿고서 부박한 무리를 고무 선동하였다"라고 하여, 순천(順天)으로 귀양갔다가 이윽고 진도(珍島)로 이배되었다. 그 후 5년이 지난 뒤 1549년(명종4)에 화가 또 일어나 공의 장인 이연경(李延慶)과 동서 강유선(康惟善) 등이 법에 연좌되었다. 공의 화가 굴러서 더욱 단단해졌다가 비로소 선조 즉위년인 1567년에 삼공이 "노 아무개의 학문이 정예(精詣)하니 경연에 갖추어 권강할 만하다."라고 아뢰어 을사사화 때의 죄적(罪籍)이 모두 깨끗이 씻기고 포상하여 관작을 추증하였다. 20년 만에 인사가 한 번 변하여 고향으로 살아 돌아와 다시 하늘을 본 자는 공과 헌납 백인걸 두 노인만이 유일하다. 선조가 특별히 포상하여 일반적인 규례에 얽매이지 않고 자급을 뛰어넘어 발탁해서 몇 년이 지나지 않아 공은 의정부에 오르고, 헌납 백인걸도 동벽(東壁)에 올랐다. 공의 모부인은 20년간 공이 돌아오기를 애타게 기다린 나머지에도 오히려 건강하여 끝내 공의 봉양을 누렸으니, 이는 인간 세상에 들리지 않는 이야기로서 공의 도가 앞에는 막혔다가 뒤에 형통하였다고 할 만하다. 천도(天道)가 선인에게 복을 내리는 이치를 또한 공에게서 기필할 수 있다. 공의 적처에는 후사가 없고 아우의 아들 노대해(盧大海)를 취하여 후사를 이었다.

05(제현)-05(노수신)-02(보유)

보유 : 『척언(摭言)』에 말하였다.[327]

"좌랑 노수신이 일찍이 내게 묻기를 '자네는 학문하는 사람을 보지 못하였는가?'라고 하기에, 내가 당대 학문에 뜻을 둔 사람을 일일이 들어 대답하니, 모두 그렇지 않다고 하였다. 내가 '그대는 어떤 사람을 보았는가?' 하고 물으니, '이 복고(李復古)[328]가 거의 그런 인물이다.'라고 하였다. 과회(寡悔 노수신의 자)의 당시 나이가 겨우 30이었는데 이미 그 당시에 학문의 대단을 알았으니, 일찍 깨달았다고 할 만하다."

05(제현)-06(정황)

사인 정황(丁熿, 1512~1560)은 자가 계회(季晦)이고, 정세명(丁世名)의 아들이며, 본관은 창원(昌原)이고, 호는 유헌(遊軒)이다. 1536년에 과거에 올랐다. 성품이 지극히 효성스러워서 모친상을 당하여서는 형 정환(丁煥)

---

327) 『척언(摭言)』에 말하였다 : 『척언』은 『사재집』 「척언」을 가리키는듯하나 본문의 내용을 확인할 수 없고, 동일한 내용이 『해동야언』 「중종상」에 보인다.

328) 이 복고(李復古) : 복고(復古)는 이언적의 자이다.

과 여막에 거처하며 예를 다하였다. 정환이 지나치게 슬퍼하여 몸이 여위어 죽자, 형을 위하여 상복을 입고 복기(服朞)를 다하였다. 중종이 그의 효제(孝悌)를 듣고 특명으로 품계를 더하였다. 을사년(1545)에 사인으로 있었는데 이기가 논계하여 관작이 삭탈되었다. 정미년(1547)에 부박한 이를 고무 선동하였다고 하여 소재 노수신과 함께 벼슬이 폄직되고 귀양갔는데 처음에 곤양(昆陽)으로 유배갔다가 1548년에 거제(巨濟)로 옮겨 안치되었다. 유배지에 있은 지 15년이 지나서도 오히려 임금을 사랑하는 정성이 간절하여 일찍이 상소를 초해 당시의 폐단을 극진하게 간하여 장차 올리려 하였으나 남명 조식이 가서 보고 만류하였다. 마침내 배소에서 죽었다. 『장행통고(壯行通考)』와 『부훤록(負暄錄)』을 각각 10여 권 지었으며 세상에 간행되었다. 인종이 7월에 승하하여 8월에 인산(因山)을 정하려 하니, 공이 상소하여 항의하기를 “장례의 큰 예법은 천자로부터 사(士)에 이르기까지 상제가 일정한데 어찌 예제를 어김에 급급하단 말입니까?”라고 하였다. 이어 윤결이 상소하니, 상소의 내용에 “전하의 신하는 오직 정황한 사람뿐입니다.”라고 하였다. 윤임이 형조 판서에 제수되었을 때 공이 규암 송인수와 함께 그를 논박하였는데, 공이 마침 휴가 중이었으므로 논계(論啓)를 정지하였다. 규암이 퇴청한 뒤 공을 찾아와 “오늘의 정계(停啓)는 끝내 상을 위한 계책이 됨을 면하지 못한다.”라고 하자, 공이 “주상은 일국의 신민이 함께 우러러 받드는 분인데 어찌하여 이런 말을 하는가?”라고 하니, 규암이 부끄러워하며 사과하였다. 인종이 상례를 행함에 예제보다 지나쳐서 날로 온전하기 어려운 데로 나아가므로 신하들이 울며 몸을 보전하도록 청하였는데, 특별히 외구(外舅 윤임)를 들여보내 만분의 일이나마 상의 마음을 움직이자는 논의가 있었다. 공이 홀로 분연히 “논의가 구차하기 이를 데 없다. 군부를 문후하는데 한두 대신이 들어가면 누가 막을 것이기에 기어이 외척의 힘을 빌린단 말인가.” 하였다. 당초 윤임을 입시시키자는 논의에 대해 간쟁하였으나 뜻대로 되지 않았는데, 화가 끝내 후회하기 어려운 지경에 이르렀으니 기미를 보는 밝음과 일을 논하는 올바름이 모두 이와 같았다. 아들 정지(鄭至)가 특별히 음직으로 현감이 되었다.

05(제현)-07(권벌)-01

정승 권벌(權橃, 1478~1548)은 자가 중허(仲虛)이고, 권사빈(權士彬)의 아들이며, 호는 충재(冲齋)이고, 본관은 안동(安東)이다. 갑술년에 급제하였다.[329] 두 조정에서 벼슬을 지냈는데 충의가 평소에 드러나서 사람들이 '사직(社稷)을 맡은 신하이다.'라고 일컬었다. 을사사화가 일어났을 때 공이 우찬성으로 충순당에 입시하였는데, 이기가 나아가 "윤임은 매우 스스로 편안해하지 못하는 마음이 있고, 유관과 유인숙은 조금 형적이 있다."라고 하여 은근한 말로 단서를 끄집어내고 날로 점점 단련하여 끝내 헤아릴 수 없는 지경에 이르렀다. 공은 이에 바름을 고수하고 꺼리지 않고서 세 사람을 위해 신구하여 홀로 차자를 올리기까지 하였는데 차자 안의 허다한 내용이 명백하고 간략하여 마치 해와 별처럼 뚜렷하였다. 비록 흉당이라 하더라도 감히 노여워하거나 원망하지 못하고 도리어 위사공신에 공과 회재 이언적이 함께 책록되었고,[330] 공의 이름은 훈적을 이미 아뢴 뒤에 추록되기까지 하였으나 무릇 어찌 두 현인이 공이 있어서이겠으며 또한 어찌 두 현인이 좋아하였다고 할 수 있겠는가. 이는 군자의 무거운 신망을 빌려다 일신의 응원으로 삼은 데에 불과한 것인데 인망을 받는 공이 아니었다면 될 수 없었을 것이니, 소인의 계책이 깊다고 이를 만하다. 아, 공훈에 참여하는 것이 이미 두 현인의 본래 심정이 아니었은즉 끝내 귀양을 감은 두 현인의 마음에 시원하였을 것이다. 무엇이 해롭겠는가. 두 현인이 동시에 귀양가는데 중도에 우연히 서로 만나 〈공이〉[331] 웃으며 "이 이상(李二相)과 권 이상(權二相)의 행차가 어찌 이리 혁혁한가."[332]라

---

329) 갑술년에 급제하였다 : 오류가 있는 듯하다. 권벌은 병진년 1496년(연산군2)에 생원시에 합격하고, 정묘년인 1507년(중종2)에 문과에 급제하였다.

330) 도리어……책록되었고 : 위사공신은 을사사화를 일으켜 윤임 등 대윤 일파를 몰아내는데 공을 세운 신하에게 내린 칭호이다. 1546년(명종1)에 보익공신(保翼功臣)이라는 칭호를 내렸으나 뒤에 위사공신으로 이름이 바뀌었다. 권벌은 추성 위사 홍제 보익 공신(推誠衛社弘濟保翼功臣)에 책록되었고, 이언적은 추성 정난 위사 공신(推誠定難衛社功臣) 숭록대부 의정부 좌찬성 여성군(驪城君)에 봉해졌다. 『明宗實錄 1年 8月 30日, 9月 16日』

331) 〈공이〉 : 『지퇴당집(知退堂集)』「수춘잡기(壽春雜記)」에 근거하여 보충역을 하였다.

332) "이……혁혁한가." : 이상(二相)은 의정부의 좌찬성과 우찬성을 말하는 것으로, 권벌은 우찬성이었고 이언적은 좌찬성으로 있다가 귀양갔으므로 이렇게 말한 것이다.

고 하였는데, 지금도 말하는 자들은 지극한 슬픔과 올바름을 견디지 못한다. 삭주(朔州)의 적소에 있다가 죽으니, 당시 나이가 71세였다. 정미년(1547) 9월 삭주로 귀양갔는데, 1548년에 이기가 공과 회재 이언적을 죽이고자 하여 경연에서 아뢰었으나 문정왕후가 굳게 물리쳤으니, 두 현인이 화를 면한 것은 천운이었다. 선조 초에 관작이 회복되고 영의정에 추증되었다.[333] 아들 둘이 있는데 맏이는 권동보(權東輔)이고 차남은 권동미(權東美)로 모두 사류이다.

05(제현)-07(권벌)-02(보유)

보유 : 충순당에 입대(入對)하였던 날 충정공(忠定公 권벌의 시호)이 아뢰기를 "예전에 예종(睿宗)이 후사가 없고 월산대군(月山大君)이 다음 차례에 해당되었으나 정희왕후(貞熹王后 세조 비 윤씨)가 순서를 뛰어넘어 성종을 세우니 나이가 겨우 13세였으나 오히려 처음부터 끝까지 아무 일도 없었습니다. 하물며 주상은 바로 인종의 적제(嫡弟)로서 이미 왕위가 정해졌으니, 어찌 다른 근심이 있겠습니까. 신은 밤에 잠을 이루지 못하고 죽을 것을 알면서도 감히 아뢥니다. 윤임이 비록 중한 죄를 받더라도 진실로 애석할 것이 없습니다. 그러나 신이 삼가 생각건대 왕대비(인종비)는 사왕(嗣王 명종)에게 어머니의 도리가 있으니, 만약 이로 인하여 근심하고 슬퍼하신다면 어찌 큰 허물이 되지 않겠습니까."라고 하였다. 또 아뢰기를 "유관과 유인숙은 모두 늙고 병든 서생으로 신하의 지극한 지위에 이르렀으니, 어찌 다시 다른 마음이 있겠습니까. 지금 만약 멀리 귀양가서 병을 얻어 죽으면 사람들이 모두 '나라에서 죽였다'라고 말할 것입니다."라고 하였다. 또 윤원형에게 편지를 보내어 '내가 서쪽으로 가지 않으면 큰 화가 그치지 않을 것이다.'라는 말을 들어 그를 꾸짖었다.[334] 공은 평상시에

333) 선조……추증되었다 : 권벌은 1567년(선조 즉위년)에 신원되었고, 이듬해 좌의정에 추증되었으며, 그 후 1591년(선조24) 영의정에 추증되었다.

334) 또……꾸짖었다 : 후한 때 이응(李膺)과 범방(范滂) 등의 명사가 붕당을 한다는 죄목으로 잡혀갔는데 아무도 감히 이들을 위하여 말해 주는 자가 없었다. 이에 가표(賈彪)가 "내가 서쪽으로 가지 않으면 큰 화를 풀지 못할 것이다."라고 하고는 도성인 낙양(洛陽)에 들어가서 성문교위(城門校尉) 두무(竇武)와 상서(尙書) 최서(崔諝) 등을 설득하여 황제에게 글을 올리게 하였다. 그 결과 이에 연루된 명사들이 대부분 석방되었다

온화한 기운이 훈훈하였으나, 이해에 임하고 사변을 만남에 이르러서는 의기가 얼굴에 나타나고 곧바로 나아가 담당하였으며 맹분(孟賁)과 하육(夏育)[335]처럼 용감하게 결단하였다. 두 번째 아뢸 적에 밤새도록 계사를 초고하고 이공 언적의 자리에 나아가 주서(注書)를 불러 계사를 쓰게 하였다. 이공이 초본을 보고 놀라 "형세가 이미 이 지경에 이르러서 말을 해도 예상치 못할 화만 일으킬 것이다."라고 하고, 그 위태로운 말이 있는 부분을 모두 지워버렸다. 공이 앉아서 무릎을 껴안고 길게 한숨을 쉬며 "이처럼 지워버렸으니 하지 않는 것만 못하다." 하였다.

05(제현)-08(이언적)

정승 이언적(李彦迪, 1491～1553)은 자가 복고(復古)이고, 호는 회재(晦齋)이며, 본관은 여주(驪州)이다.[336] 경학(經學)에 밝고 글을 널리 배워 당대의 유종(儒宗)이 되었다. 을사사화 때 공이 좌찬성으로 있었는데 충순당에 입시하던 날 이기가 나아가 "윤임은 매우 스스로 편안해 하지 못하는 마음이 있고, 유관과 유인숙은 조금 형적이 있다."라고 하자, 공이 "일은 반드시 광명정대해야 하니, 그렇지 않으면 사림의 화가 있을까 두렵다."라고 하였으니, 간흉의 폐간이 이때 이미 드러난 것이었다. 공은 바름을 지키고 충분을 떨쳐 이해를 돌아보지 않고 시종여일 사류를 신구하였다. 그런데 도리어 의지하려는 계책이 일어나 위사공신을 책록할 때 필히 공과 우찬성 권벌이 함께 책록되었으니, 어찌 역도(逆徒)를 신구했는데 도리어 공훈에 참여하는 이치가 있겠는가. 간흉들이 자신들의 행위가 인심에 흡족하지 못하여 당대의 인심을 진압해 복종시킬 수 없음을 알았기 때문에 명현(名賢)을 이끌어다가 스스로 온전히 할 계책을 삼았던 것이니, 그 꾀가 교묘하다고 하겠다. 그러나 끝내 얼음과 숯처럼 서로 용납되지 않아

한다.

335) 맹분(孟賁)과 하육(夏育) : 모두 중국 고대의 용사(勇士)이다. 맹분은 제(齊)나라 사람으로 살아 있는 소의 뿔을 손으로 뽑고 물에서는 교룡(蛟龍)도 피하지 않으며 뭍에서는 호랑이와 코뿔소도 피하지 않았다고 하며, 하육은 위(衛)나라 사람으로 천균(千鈞)의 무게를 들 수 있을 정도로 힘이 세었다고 한다.

336) 본관은 여주(驪州)이다 : 원문은 '慶州人'이다. 『국조문과방목』에 근거하여 '慶州'를 '驪州'로 바로잡아 번역하였다.

갑자기 귀양가는 화를 당하여 정미년(1547) 9월 강계(江界)로 유배갔다. 공훈(위사공신)에 참여한 것이 본래 두 현인의 실정이 아니었은즉 변방으로 귀양감을 진실로 마음에 달게 여겼을 것이나, 다만 하늘의 해가 가려져 귀양지에서 죽어 부질없이 후인으로 하여금 탄식하게 하는 것이 한스러울 뿐이다. 선조 초년에 관작이 회복되고 정승에 추증되었다. 경주에 서원이 있고 또 문묘(文廟)에 종사되었다.[337] 적처에는 후사가 없고 조카 이응인(李應仁)으로 양자를 삼았으며, 서자로는 이전인(李全仁)이 있다. 향년은 63세이다.

05(제현)-09(박광우)

사간 박광우(朴光佑, 1495~1545)는 자가 국이(國耳)로 어려서부터 경학에 밝고 문장을 잘 지었다. 1525년에 과거에 급제하였다. 인종 때 강릉부사로 있다가 내직으로 들어와 사간이 되었고, 을사년(1545)에 곤장을 맞고 봉산(鳳山) 동선역(洞仙驛)으로 귀양갔으나 배소에 도착하여 장독(杖毒)으로 인해 목숨을 보전하지 못하였다.[338] 공은 기묘명현이다. 정암이 하옥되던 날에 관학 제생이 궐문을 밀치고 들어갔는데 신명인과 상처를 입어서 유혈이 얼굴에 가득하였다.

05(제현)-10(이림·이진)

대간 이림(李霖, ?~1546)은 자가 중망(仲望)이고, 본관은 함안(咸安)이다. 1524년에 과거에 올랐다.[339] 을사년(1545)에 병조 참의가 되어 모후(母后 문정왕후)가 조정에 임해서는 안 된다고 말하여 곤장을 맞고 의주

337) 경주에……종사되었다 : 이언적은 경주의 옥산서원(玉山書院)에 제향 되었고, 1610년(광해군2) 문묘에 종사되었다.

338) 을사년(1545)에……못하였다 : 여기에는 배소에 도착하여 장독으로 사망한 것으로 되어 있으나, 『을사전문록』「박광우전(朴光祐傳)」에는 “대궐 뜰에서 추국(推鞫)하고 봉산 동선역으로 나누어 정배하였는데 유배지로 출발하지 못하고 장독으로 인해 돈의문 밖을 나가다가 죽었다. [闕庭推鞫 分配鳳山洞仙驛 未發配所 因杖毒出敦義門外卒] ”라고 되어 있다.

339) 1524년에 과거에 올랐다 : 원문은 ‘登甲辰科’이다. 『국조문과방목』에 근거하여 ‘辰’을 ‘申’으로 바로잡아 번역하였다.

(義州)로 유배되었으며, 1546년(명종1)에 사사되었다. 남명 조 선생이 칭찬하기를 “공은 타고난 자품이 이미 육칠 분은 되는데 거기에 학문으로 더하였으며, 그 마음은 얼음을 담은 빙호(氷壺)[340]처럼 맑고 깨끗하며, 그 겉모습은 옥빛처럼 고와서 바라보는 자들이 그가 충신(忠信)한 인물임을 알았다.”라고 하였다. 〈남명이〉 일찍이 꿈에서 그를 보고 다음의 시를 지었다.

그대와 나무아래에서 이별하니　與子樹下別
이 회포 누구와 같을까　此懷誰似之
타는 마음 오히려 죽지 않았는데　燬心猶未死
단지 반쪽 가죽만 남았네　只有半邊皮

이 시에서 그 사람의 대개를 볼 수 있다. 그의 형 이진(李震)은 자가 백윤(伯胤)으로, 1537년에 과거에 올라 대간(臺諫)을 출입하였다. 을사년에 ‘가볍고 천한 자질로 사림들로 하여금 편안하지 못하게 한다.’라고 하여 〈대간에서 아뢰어〉 파직을 청해서 정미년(1547)에 태안(泰安)으로 귀양갔다.

05(제현)-11(이약해)

직제학 이약해(李若海, 1498~1546)는 자가 경용(景容)이고, 본관은 광주(廣州)이며, 이약빙(李若氷)의 아우이다. 기묘년에 과거에 올랐다.[341] 을사사화가 일어나자 직제학으로 있다가 관직이 삭탈되었다. 1546년에 유관을 종처럼 섬기고 자전(慈殿)의 섭정이 있어서는 안 된다고 하였다 하여 나식, 나숙 등과 함께 사사되었다.

05(제현)-12(나식·나숙)

340) 빙호(氷壺) : ‘빙호추월(氷壺秋月)’의 줄임말로, 얼음으로 만든 호리병에 밝은 가을달이 비친 것과 같이 티 없이 고결한 정신을 뜻한다. 원래는 주자(朱子)가 스승인 연평(延平) 이통(李侗)의 인품을 형용한 말이라 한다.

341) 기묘년에 과거에 올랐다 : 오류가 있는 듯하다. 이약해는 1516년(중종11) 병자년에 진사시에 급제하였고, 1535년(중종30) 을미년과 1538년 무술년에 문과에 급제하였다.

나식(羅湜, 1498~1546)은 자가 정원(正源)이고, 나세걸(羅世傑)의 아들이다.[342] 호협하고 의를 좋아하였으며 천거되어 참봉이 되었다. 을사사화 때 이휘의 공초 내용에 연루되어 곤장을 맞고 흥양(興陽)으로 귀양갔다. 이후 대간의 논계로 인하여 강계(江界)로 이배되었고, 1546년 6월에 이휘와 함께 어진 이를 택하여 대통을 잇자는 설을 주창하였다 하여 사사되었다. 아우 나숙(羅淑, ?~1546)은 자가 선원(善源)이거, 1524년에 과거에 급제하였다. 을사년에 홍문관 부제학으로 있었는데 또한 이휘에게 연루되어 곤장을 맞고 철산(鐵山)으로 귀양갔으며, 1546년에 사사되었다.

05(제현)-13(성세창)

우의정 성세창(成世昌, 1481~1548)은 자가 번중(蕃仲)이고, 호는 둔재(遯齋)이며, 본관은 창녕(昌寧)이다. 1507년에 과거에 급제하였다. 공은 기묘명현이다. 을사년에 우의정으로 있었는데 대간에서 '유인숙·윤임과 교결하였으며, 흉측한 꾀에 참여하여 알지 못함이 없었다.'라고 아뢰어 장연(長淵)에 부처되었고,[343] 얼마 되지 않아 죽었다. 공은 한훤당 김굉필에게 수업하였는데 천성이 빼어나고 학식이 뛰어났으며 문장이 전아하여 문형(文衡 대제학)을 맡아서는 많은 선비들에게 존경을 받았다. 필법이 또한 오묘한 경지에 이르렀고 서화와 음률에도 정통하지 않음이 없어서 당시 사람들이 삼절(三絶)이라 일컬었다. 1567년(선조 즉위년)에 관작이 회복되었다. 손자 성자제(成子濟)가 문과에 올랐다.

05(제현)-14(이황)

찬성 이황(李滉, 1501~1570)은 자가 경호(景浩)이고, 본관은 진성(眞城)이며, 호는 퇴계(退溪)이다. 만년에 은거하여 벼슬에서 깨끗이 물러나 영화와 이익을 구하지 않았고, 성리학으로 세상에 유종(儒宗)이 되었다. 1534년에 과거에 올랐다. 을사년에 전한으로 있었는데 이기가 아뢰어 관

---

342) 나세걸(羅世傑)의 아들이다 : 원문은 '傑之子'이다. 나식의 아버지는 나세걸(羅世傑)이므로 '傑' 앞에 '世'를 보충하여 번역하였다.

343) 장연(長淵)에 부처되었고 : 『명종실록』1년 8월 6일 기사에는 "성세창을 장연(長淵)에 찬배(竄配)하였다. [竄成世昌于長淵] "라고 되어 있다.

작이 삭탈되었다. 뒤에 그의 조카 이원록(李元祿)의 신구로 인해 아뢰어 다시 서용되었으며, 끝내 찬성에 이르렀다.

05(제현)-15(안명세)

검열 안명세(安名世, 1518~1548)는 자가 경응(景應)이고, 안담(安燂)의 아들이며,[344] 본관은 순흥(順興)이다. 1544년에 과거에 급제하였다. 일찍이 사필(史筆)을 잡았는데 일이 생기면 사실 그대로 써서 옛날 어진 사관의 풍모가 있었다. 을사년의 일에 이르러 "재궁 앞에서 세 명의 대신을 죽였다."라고 썼는데, '재궁 앞'은 인종의 재궁을 말하고 '세 명의 대신'은 윤임·유관·유인숙을 말한다. 이른바 '죽였다'라는 것은 그들의 죄가 아님을 말한 것이다. '대(大)'는 그들을 소중히 여기는 말이다. 당시 『무정보감』을 편찬할 때 대신이 임금에게 아뢰어 사서(史書)를 꺼내보기를 청하였다. 그런데 안명세가 이기의 죄악을 매우 사실대로 기록해 놓으니, 이기가 크게 노하여 역당이라고 죄를 씌워 극형에 처하였다. 아, 무오사화이래로 사법(史法)이 엄정하지 않아서 혹은 임의대로 사국(史局)을 열어 누설하면서도 꺼림이 없었다. 이 때문에 간인이 사림에게 화를 전가시키는 것이 매번 여기에서 나왔다. 윤원형 무리들이 그들의 행위가 필주(筆誅)와 구벌(口伐)에서 도피하기 어렵다는 것을 알고는 의심을 품고 스스로 편안하지 못한지가 오래였다.[345] 그런데 한 번 안명세의 서법(書法)을 듣고는 문득 이극돈의 꾀를 내어 사국을 열어 죄안을 만들어 극형에 처하였다. 아, 만고의 부월(鈇鉞)이 오직 사필에 있는데[346] 사필을 또한 직서하지 못한다면 우주 사이의 정대한 기운을 장차 어느 곳에 부친단 말인가. 애통하다.

---

344) 안담(安燂)의 아들이며 : 원문은 '煇之子'이다. 『국조문과방목』에 근거하여 '煇'를 '燂'로 바로잡아 번역하였다.

345) 윤원형……오래였다 : 윤원형 무리가 간악한 꾀를 내어 사림을 주살하였으므로, 그 사실이 사적에 실리게 되고 많은 사람들의 구설에 오르게 될 것을 불안해하였음을 말한 것이다. '필주'는 사필에 의한 주살로, 그들의 간악한 행적이 역사에 실려 만고에 주살당함을 말한다. '구벌'은 구전을 통한 공벌(攻伐)로, 그들의 행적이 사람들의 입에 오르내리며 경계와 미움의 대상이 됨을 말한다.

346) 만고의……있는데 : '부월'은 출정하는 대장에게 통솔권의 상징으로 천자가 손수 주던 작은 도끼와 큰 도끼로 정벌, 군기, 형륙(刑戮)을 뜻한다. 이와 같은 부월의 생사여탈의 권위가 역사의 기록과 같아서 난신적자를 역사가 단죄함을 말한 것이다.

05(제현)-16(심령)

도사 심령(沈苓, 1513~1547)은 자가 천로(天老)이고, 본관은 청송(靑松)이다. 1534년에 생원시에 합격하였고, 1539년에 과거에 올랐다. 을사년에 함경도 도사로 있다가 전문(箋文)을 받들고 서울로 와서 "주상이 유충한데 여주(女主)가 조정에 군림하면 어떻게 나라가 다스려지겠는가."라고 하였는데, 그의 처남 김명윤[347]이 조정의 반열에서 공공연히 말하여 벽동(碧潼)으로 귀양갔고, 정미년(1547) 정언각의 양재역 벽서사건에 얽혀 옥중에서 장살 당하였다.

05(제현)-17(구수담)

참판 구수담(具壽聃, 1500~1549)은 자가 천로(天老)이고, 본관은 능성(綾城)이다. 1528년에 과거에 올랐으며, 벼슬이 참판에 이르렀다. 1546년에 대간의 계청(啓請)으로 파직되었다가 진복창(陳復昌)의 상소로 신구되어 다시 서용되었다. 1550년(명종5)에 '간사한 의논을 구성해서 을사년 역당을 비호하여 방면하는 길을 열고자 하였고, 또한 진복창과 결탁해서 심복이 되어 입에 담을 수 없는 말을 편지에 썼다.'라고 하여 다시 관북(關北)으로 귀양갔으며,[348] 윤사익(尹思翼)의 논계로 인해 사사되었다. 구수담이 일찍이 '이기를 정승에서 파직시켜야 한다.'라고 논하여 이기로 하여금 위엄과 해독을 덜게 하였으니 강직하다고 할 수 있다. 그러나 진복창의 간사함을 알지 못하고 더불어 벗하여 끝내 모함을 당하였으니, 또한 사람을 알아보는 데에 어두운 자라고 하겠다.

05(제현)-18(정자)

정자(鄭滋, 1515~1547)는 자가 민고(敏古)이고, 정유침(鄭惟忱)의 아들이며, 본관은 연일(延日)이다. 1540년에 과거에 올라 벼슬이 정랑에 이르렀다. 모재 김안국의 문하에서 수업하였으며 재행(才行)으로 이름이 널려

---

347) 처남 김명윤 : 심령의 처는 김극핍(金克愊)의 딸이며, 김명윤은 김극핍의 아들이다.

348) 다시 관북(關北)으로 귀양갔으며 : '관북(關北)'은 함경북도와 함경남도를 이르는 말로, 구수담은 함경남도 갑산(甲山)으로 귀양갔다. 『명종실록』 5년 6월 6일 기사 참조.

알려졌다. 사림 사이에서 가장 참혹하게 화를 받아서 두 번이나 유배를 겪었고 배소에서 죽었다. 당초 옥사가 일어났을 때 정자는 계림군 이류의 처 동생으로 경회루 남문 밖에서 국문을 받았는데,[349] 정유침이 머리를 기둥에 받고 하늘을 우러러 크게 외치면서 "내 아이는 죄가 없으니 하늘이 실로 거울처럼 임해 있다."라고 하니, 보는 자들의 콧날이 시큰하였다고 한다. 정미사화 때 정자가 광양(光陽)에서 경원(慶源)으로 이배되어 동곽(東郭)을 지나가는데 그의 모친이 그곳에 가서 이별하며 자신이 입은 속곳을 벗어 허자에게 입혀주며 "예전에 사랑하는 아들이 부역을 살러 갈 때 어미의 옷을 입고 가면 속히 돌아온다더라."라고 말하고 인하여 가슴을 어루만지며 통곡하니, 행인이 듣고 모두 눈물을 흘렸다. 부친 정유침도 곤장을 맞고 유배를 갔다.

05(제현)-19(김저)

지평(持平) 김저(金儲, 1512~1547)는 자가 학광(學光)이고, 김세필(金世弼)의 아들이다. 1539년에 과거에 올랐고, 을사년에 지평이 되었다. 충순당에서 밀지가 내려진 초기에 양사에서 일제히 모여 의계(議啓)하려 하였는데 어떤 이가 윤임이 죄가 있다고 하자 김저가 큰소리로 그의 의논을 꺾었고 논의가 일치하지 못한 채 각 관사의 인원이 흩어졌다. 그 뒤 대간에서 아뢰어 관작을 삭탈하여 1546년 삼수(三水)에 유배 되었고, 정미년(1547)에 사사되었다. 벼슬이 이조 정랑에 이르렀다.

05(제현)-20(윤결)-01

수찬 윤결(尹潔, 1517~1548)은 자가 장원(長源)이고, 본관은 남원(南原)이다.[350] 1543년에 과거에 급제하였다. 을사년에 수찬으로 있을 때 '안명세가 형벌을 받을 적에 조용히 죽음에 나아갔다.'라고 발언하여 곤장을

---

349) 당초……받았는데 : 정자의 한 누이는 인종의 숙의(淑儀)가 되었고, 한 누이는 계림군 이류의 처가 되었다. 1545년에 경기 관찰사 김명윤이 윤임의 흉모에 대한 계림군 이류 등의 불궤(不軌)를 고변한 일에 있어서, 당시 정랑 정자가 윤임의 아내의 생질이 되는 관계로 이류의 숨은 곳을 신문 당하였다.

350) 본관은 남원(南原)이다 : 원문은 '坡平人'이다. 『국조문과방목』에 근거하여 '坡平'을 '南原'으로 바로잡아 번역하였다.

맞고 경원(慶源)으로 유배되었는데,[351] 유배지에 이르지 않아서 대간 진복창이 사감을 품고 국문하기를 청하여 곤장을 맞아 죽었다. 아우 윤준(尹浚)도 시비를 어지럽히고 인심을 동요시킨다 하여 참형에 처해졌다.

05(제현)-20(윤결)-02(보유)

보유 : 구사안(具思顔)이 밀계하기를 "윤결과 윤준은 모두 문사와 유생으로 부마와 교결하여 그 문하에 출입해서 감히 정사와 법령을 의논하였으니, 죽어도 애석할 것이 없다." 하였다.

05(제현)-21(한숙·한주)

참판 한숙(韓淑, 1494~1560)은 자가 자순(子純)이고,[352] 본관은 당진(唐津)이며,[353] 한주(韓澍)의 형이다. 1525년에 과거에 급제하여 벼슬이 참판에 이르렀다. 을사사화가 일어났을 때 대간에서 윤임과 교분이 두텁다고 아뢰어 파직을 청하였고, 1546년에 죄를 추론하여 이산(理山)으로 유배되었다. 아우 한주는 자가 시중(時仲)이다. 1533년에 과거에 급제하여 대간(臺諫)을 출입하였다. 1546년에 〈대간에서〉 '윤임과 같은 마을 사람으로 오랫동안 언론을 담당하는 지위에 있으면서 명성과 위세를 서로 의지하였다.'라고 아뢰어 관작이 삭탈되었고, 정미년(1547)에 이성(利城)으로 귀양갔다.

05(제현)-22(정원)

승지 정원(鄭源, 1495~1546)은 자가 중원(仲遠)이고, 본관은 동래(東

---

351) 곤장을……유배되었는데 : 『을사전문록』 「윤결전(尹潔傳)」에는 경흥(慶興)으로 장류(杖流)되었다고 나온다. 『명종실록』 3년 6월 26일 기사에는 "추관들이 장1백 유3천리에 고신(告身)을 모두 빼앗는 것으로 조율"하여 율에 의해 거행되었고, 유배지에 대한 언급은 없다. 윤결은 그 후 여러 차례 형문을 받다가 같은 해 7월 10일 옥중에서 사망하였다.(『明宗實錄 3年 7月 10日』)

352) 자가 자순(子純)이고 : 저본에는 '淳', 참교본에는 '子淳'으로 되어 있다. 『국조문과방목』에 근거하여 '子純'으로 바로잡아 번역하였다.

353) 본관은 당진(唐津)이며 : 원문은 '西原人'이다. 『국조문과방목』에 근거하여 '西原'을 '唐津'으로 바로잡아 번역하였다.

萊)이다. 기묘년(1519)에 과거에 급제하였다. 을사년에 원상(院相)으로 위사공신에 책록되었으나 이기가 공훈과 관작의 삭탈을 아뢰었으며, 뒤에 역모에 참여해 알았다고 하여 창성(昌城)으로 유배되었다가 끝내 사사되었다.

05(제현)-23(이준경)

정승 이준경(李浚慶, 1499~1572)은 자가 원길(原吉)이다. 1531년에 과거에 급제하였다. 1550년(명종5)에 판서로 있었는데, 이기가 진봉창과 밀계하여 '공이 윤임을 신구하였고, 또 이홍남(李洪男)의 고변을 그르다고 했다.'라고 하여 논죄해서 보은(報恩)으로 귀양갔으며, 1551년에 세자 탄생으로 은사(恩賜)를 입어 다시 서용되었다. 을사년 석전제(釋奠祭)에서 음복할 때 청류로서 귀양보내기로 한 30여 명 중에 공이 첫 번째로 들어있었다. 정순붕이 이기를 보고 "이 아무개는 조정에서 일찍이 태제(太弟 인종의 아우 명종)를 봉해서 인심을 안정시켜야 한다고 말하였는데 어찌하여 죄를 주려하는가."라고 하니, 이기가 붓을 들고 이름을 지워서 뜻밖에 화를 면할 수 있었다. 끝내 영의정에 이르렀다.

05(제현)-24(이문건)

승지 이문건(李文楗, 1494~1567)은 자가 자발(子發)이고, 본관은 성주(星州)이다. 1528년에 과거에 급제하였다. 을사사화 때 처음 승지로 위사공신에 책록되었는데 뒤에 조카 이휘가 이덕응의 공초에 연루됨으로 인해 연좌되어 공훈을 삭탈당하고, 이어 성주로 귀양갔다. 공은 글씨를 잘 썼고 또 그림에 뛰어났다. 귀양 생활한 지 20여년에 죽었다.[354)]

05(제현)-25(이염)

봉교 이염(李爓)은 자가 경회(景晦)이고,[355)] 본관은 성주(星州)다. 1544

---

354) 귀양……죽었다 : 이문건은 1546년 귀양가서 1567년(명종22)에 배소에서 죽으니,(『國朝人物考 乙巳以後罹禍人』) 모두 21년 유배생활을 하였다.

355) 자가 경회(景晦)이고 : 원문은 '字孟光'이다. 『국조문과방목』에 근거하여 '孟光'를 '景晦'로 바로잡아 번역하였다.

년에 과거에 급제하여 예문관 검열로 들어갔다. 을사년에 이휘의 종형제라는 이유로 파직되고, 정미년(1547)에 경흥(慶興)으로 귀양갔으며, 귀양지에서 「안변십책(安邊十策)」을 지었다. 뒤에 방환되어 벼슬이 예조 정랑에 이르렀다. 아들 이현배(李玄培)는 문과에 급제하였고, 벼슬이 부윤에 이르렀다.

05(제현)-26(신거관)

판서 신거관(愼居寬, 1498~1564)은 자가 율이(栗耳)이고, 본관은 거창(居昌)이다. 1525년에 과거에 급제하였으며, 벼슬이 이조 판서에 이르렀다. 1546년에 대간에서 '유인숙과 함께 이조에 들어갔으니, 아첨하고 붙따른 죄가 없지 않다.'라고 아뢰어 관작이 삭탈되었다.

05(제현)-27(이수경)

이수경(李首慶, 1516~1562)은 자가 백희(伯喜)이고, 본관은 광주(廣州)이다. 1538년에 과거에 급제하여 여러 차례 대시(臺侍)가 되었다. 1546년에 대간에서 '이휘·정황·이중열이 붕당을 지어 자기편을 두둔하며 왕래하였다.'라고 아뢰어 온성(穩城)으로 귀양갔으며, 영의정 심연원(沈連源)이 아뢰어 죽산(竹山)으로 이배되었다.

05(제현)-28(황박)

부정(副正) 황박(黃博)은 자가 중약(仲約)이고 본관은 장수(長水)이다. 1532년에 과거에 급제하였다. 부정(副正)으로 있다가 을사년에 수안(遂安)으로 귀양갔으며, 뒤에 다시 서용되어 판결사가 되었다.

05(제현)-29(정희등)

장령 정희등(鄭希登, 1506~1545)은 자가 원룡(元龍)이다. 1534년에 문과에 급제하였고, 을사년에 장령으로 있다가 곤장을 맞고 원방에 유배되는 도중 길에서 죽었다.[356]

---

356) 곤장을……죽었다 : 정희등은 용천(龍川)으로 유배 가던 도중에 죽었다.

05(제현)-30(김홍도)

김홍도(金弘度, 1524~1557)는 자가 중원(重遠)이고, 김희수(金希壽)의 손자로,[357] 문장에 능하고 기개(氣槪)가 있었다. 1548년에 별시에 장원으로 급제하였고,[358] 벼슬이 목사에 이르렀다. 〈공은〉 갑산(甲山)으로 귀양갔다가 돌아오지 못하고 도로에서 죽었다.[359] 〈공은〉 아명(兒名)이 '귀갑(歸甲)'인데 이 고을로 귀양갔다가 돌아오지 못하고 죽었다.[360] 인사는 미리 정해지지 않은 것이 없으니, 가련하다. 대간에서 '경솔하고 교만하며 근거가 없고, 김규(金虯)와 친밀하게 지내며 부정한 의론을 주장하였다.'라고 논하였다 한다. 아들 김첨(金瞻)·김수(金睟)가 있는데 모두 글 잘하는 명성이 있어 한 시대에 이름이 알려졌다.

05(제현)-31(안경우)

현감 안경우(安景祐)는 본관이 광주(廣州)이다. 음직으로 문경 현감(聞慶縣監)이 되었다. 김광준에게 미움을 받아 삼수(三水)로 귀양갔다.

05(제현)-32(성우)

성우(成遇)는 자가 중려(仲慮)이고, 본관은 창녕(昌寧)이다. 천거로 참봉이 되었으며, 대곡(大谷) 성운(成運)의 형이다. 1546년에 대간에서 '성우는 유관이 역모에 이르지 않았고 임백령은 마음 씀이 바르지 않다고 말하여 마음속에 딴마음을 품었으며 사람들의 마음을 어지럽혔다.'라고 하여

---

357) 김희수(金希壽)의 손자로 : 원문은 '希壽之子'이다. 김홍도는 김희수의 손자로, 『국조문과방목』에 근거하여 '子'를 '孫'으로 바로잡아 번역하였다.

358) 1548년에……급제하였고 : 원문은 '中□□科別試壯元'이다. 김홍도는 명종 3년(1548) 무신(戊申) 별시 갑과에 장원하였다. 『국조문과방목』에 근거하여 '□□'를 '戊申'으로 바로잡아 번역하였다.

359) 갑산(甲山)으로……죽었다 : 김홍도는 1548년 문과에 장원 급제하였으며 경연(經筵)에 참여하였다. 1557년 청주 목사(淸州牧使)로 있을 때, 윤개(尹漑)·권찬(權纘) 등의 모함을 받아 갑산으로 유배되었다가 그곳에서 사망하였다. 김홍도는 을사사화가 일어난 뒤에 문과에 급제하였고 이후 1557년에 유배되었으므로 을사사화와 관련된 인물로 보는 것은 무리가 있는 듯하다.

360) 〈공은〉……죽었다 : 김홍도의 아명인 '귀갑(歸甲)'을 풀면 곧 '갑산(甲山)으로 돌아간다.'는 의미가 되므로 이렇게 해석한 것이다.

곤장을 쳐서 하동(河東)으로 유배 보낸 뒤에 사사하였다.

05(제현)-33(윤홍의)

상사(上舍) 윤홍의(尹興義)는 자가 숙강(叔剛)이고,[361] 윤임의 아들이다. 1543년에 생원시에 급제하였다. 성품이 순후하고 신중하며 강직하였다. 을사사화가 일어나서 혹독하게 곤장을 맞고 신문을 받았으나 말과 얼굴빛이 어지럽지 않았으며, 끝내 곤장을 맞다가 죽었다. 형 윤홍인(尹興仁)과 아우 윤홍례(尹興禮)도 같이 죽었다.

05(제현)-34(이원록)

정랑 이원록(李元祿, 1514~1574)은 자가 정서(廷瑞)이고, 본관은 덕수(德水)로, 이기의 형 이행(李荇)의 아들이다. 1541년에 과거에 급제하여 병조 정랑이 되었다. 이기의 조카인데도 이기에게 붙지 않고 또한 익히 간하기를 그치지 않으니, 이기가 미워하여 대간을 사주해서 '죄를 더할 때에 불평한 기색이 있었다.'라고 아뢰게 하여 국문을 받았고, 또 강계(江界)로 귀양갔다. 이원록의 아들이 이기에게 "아무개의 아비가 몹시 아파서 와서 이야기하지 못합니다."라고 고하니, 이기가 "네 아비가 과연 아프냐. 내가 일찍이 세 차례 정국(庭鞫)을 행한 적이 있는데도 오히려 참아내던데 하물며 한 번 받은 사람에게 있어서이겠느냐. 네 아비는 참으로 겁쟁이이다."라고 하며, 조금도 가엾게 여기는 뜻이 없었다. 아, 한 번 그 칼끝을 범하면 골육지친이더라도 애석해하지 않는데 하물며 다른 사람에게 있어서이겠는가. 당시 어질고 현명한 이들이 어육이 되었을 때에 못하는 짓이 없었던 것이 마땅하다.

05(제현)-35(정렴)-01

운사(韻士) 정렴(鄭磏, 1506~1549)[362]은 자가 사결(士潔)이고, 호는 북

361) 자가 숙강(叔剛)이고 : 원문은 '字剛叔'이다. 『가정22년계묘8월24일생원진사시방목(嘉靖二十二年癸卯八月二十四日生員進士試榜目)』에 근거하여 '剛叔'을 '叔剛'으로 바로잡아 번역하였다.

362) 운사(韻士) 정렴(鄭磏, 1506~1549) : 정렴은 천문·지리·의서·복서(卜筮) 등에 두루 능통하였고, 특히 약의 이치에 밝아 1545년(인종1) 중종의 병환에 약을 짓기 위하여 내의

창(北窓)으로, 정순붕의 아들이다. 사람됨이 청허하고 욕심이 적어서 한 점의 찌꺼기도 없었다. 시문이 고매하여 만당(晩唐)을 굽어보았고, 또 수(數)에 정묘하여 감응하여 통하는 것이 신과 같았다. 을사사화 때 일찍이 그의 아비가 사류를 해치는 것을 보고 울부짖었으나 〈그 아비를〉 감동시키지 못하였고, 이에 근심으로 가슴이 막혀 병이 들어서 마침내 일어나지 못하고 말았다.[363] 아, 정렴이 비록 효성이 극진하다 한들 위대한 순임금과 같은 성인이 아닌데 어찌 완악한 아비로 하여금 간악함에 이르지 않게 할 수 있었겠는가. 애석하다. 정렴처럼 어진이가 불행히도 정순붕의 집안에서 태어난 것이.

05(제현)-35(정렴)-02(부기)

부기 : 북창은 본관이 온양(溫陽)이다. 타고난 자품이 맑고 고명하였으며, 총명이 남보다 뛰어나서 무릇 책을 한두 번 보면 모두 암송해서 천문·지리·의약·복서·역수(曆數)·음률에 모두 정통하지 않은 것이 없었다. 32세에 사마시에 급제하였고, 큰 포부가 있어서 과거의 학업을 기꺼워하지 않았다. 조정에서 천거하여 주부(主簿)가 되었고, 44세에 졸하였다.

05(제현)-36(외전 : 봉성군 이완·계림군 이류)-01

외전(外傳)[364] :

봉성군(鳳城君) 이완(李岏, ?~1547)은 중종대왕의 제 8째 아들이다. 을사년에 옥사가 일어났을 때 간신 김명윤이 공을 탐하고 화를 즐기며 윗사람의 비위를 맞추어 일을 만들어서 이완과 이류(李瑠)의 일을 거짓으로

원 제조들의 추천을 받아 입진하기도 하였다. 입진한 기록이 『인종실록』 1년 7월 4일 기사에 보인다.

363) 을사사화……말았다 : 정순붕은 상소하여 유관과 유인숙을 멸족의 지경에 빠뜨려놓고 짐짓 구원하는 상소를 올리기도 하였는데, 이는 정렴이 울면서 정순붕에게 구원하기를 힘써 권한 것이고 정순붕의 구원하는 상소 내용도 정렴으로부터 나온 것이라는 기록이 『명종실록』 1년 8월 28일 기사에 보인다. 또 『명종실록』의 기록에 사신의 논평을 보면 을사사화를 정순붕이 주창하자 정렴이 밤낮으로 울며 간하였는데, 정순붕이 일을 그르칠까 염려하여 정렴을 죽이려 했다는 기록이 있다. 정렴은 일생 동안 거의 산중에서 지내다가 슬픔을 안고 죽었다고 한다.(『明宗實錄 20年 10月 29日』)

364) 외전(外傳) : '외전(外傳)'은 봉성군과 계림군이 이에 해당한다.

아뢰어 크게 어지럽혀질 계제를 만들었다. 윤임이 과연 추대하려는 모의가 있었다면 당초에 이기가 면대하였을 때와 정순붕의 은밀한 상소에서 어찌하여 여기에 대해 한 마디의 언급도 없으며, 김명윤만이 홀로 이것을 알았단 말인가. 또 종이의 공초에 "7월 3일에 윤임이 그의 아들 윤흥의에게 '봉성군을 세우려 한다.'라고 하였습니다." 하였고, 윤흥의의 공초에는 "인종이 위독할 때에 아비 윤임이 '봉성군이 문안차 대궐에 들어왔을 때 곧 전위하게 하면 누가 막을 수 있겠느냐.'라고 하였습니다." 하였는데, 무릇 7월 3일은 바로 인종이 빈천한 뒤 이틀이 지난 시점이다. 임금의 병세가 위독하였을 때 이미 계림군을 추대하기로 하였는데 이틀이 지난 뒤에 어찌 문득 다른 뜻이 생겨서 봉성군에게 전위시키려 한다고 말하였단 말인가. 윤흥의의 공초는 실상 엄한 형벌을 받아 정신이 어지러운 상태에서 나온 것이고, 종이의 공초는 김명윤이 날조한 것으로서 또한 그 설이 서로 어긋남을 깨닫지 못한 것이다. 아, 형적이 한 터럭만치도 의심할 만한 것이 없는데도 대역죄의 극형이 끝내 망극한 지경에 이르니, 봉성군의 화는 더욱 인심에 못마땅하였다고 한다. 선조 중년인 1577년에 복직되었다.

05(제현)-36(외전 : 봉성군 이완·계림군 이류)-02(보유)

보유 : 봉성군은 총명하고 어질며 효성스러웠다. 을사년 가을에 양사에서 여러 차례 간흉의 입에 올랐다 하여 죽이기를 청하고 또 그 집에 감금하여 출입을 못하게 하였으며 또 수직(守直)하는 군사를 두어서 잡인의 왕래를 금단하기를 청하였으나 임금이 허락하지 않았다. 문정왕후가 또 대신에게 "이완은 어릴 적부터 친자식과 같았고 궁중에서 자랐다. 비록 나이가 많다 하나 지금 겨우 17, 18세인데 어찌 차마 극형에 처할 수 있겠는가."라고 하였다. 1546년 가을에 양사에서 대의로 결단하기를 청하고, 영의정 윤인경이 이기·정순붕 등과 함께 대의로 결단하기를 청하여 영산군(寧山君)의 예를 따라[365] 울진(蔚珍)에 찬배하도록 명하였는데, 정미년

---

365) 영산군(寧山君)의 예를 따라 : 영산군은 성종의 열세 째 아들로 이름은 이전(李恮)이다. 『연려실기술』「연산조고사본말(燕山朝故事本末)」에 의하면 영산군은 중종 8년에 막개(莫介)가 반역을 고발한 박영문(朴永文), 신윤무(辛允武) 등의 옥사에 관련되어 귀양갔다가 이홍간(李弘幹)이 아뢰어 석방되었다고 한다. 영산군의 경우처럼 귀양을 보냈다가 뒤에 석방할 요량이었음을 말하는 듯하다.

정언각 벽서사건으로 인해 끝내 사사되었다. 마침내 관작을 회복하고 예장(禮葬)하도록 명하였으나 정언각이 차자를 올려 내려진 명이 도로 거두어졌다.

05(제현)-36(외전 : 봉성군 이완·계림군 이류)-03(부기)

부기 : 계림군(桂林君) 이류(李瑠, ?~1545)는 중종대왕의 일곱 번째 아들이다.366) 을사년에 옥사가 일어났을 때 간흉들이 '윤임이 추대하려고 하였다.'라고 하였다. 윤임이 죽자 뒤에 이류는 삭발을 한 채 도망하여 숨었으나 경기 감사 김명윤의 밀고로 토산 현감(兎山縣監) 이감남(李坎男)에게 체포되었다. 신문을 행할 때 혹독히 엄한 형을 가하여 몹시 참혹하고 지독하니, 이류는 그 고통을 이기지 못하고 거짓으로 자복하여 빨리 죽고자 하였으나 거짓 자복할 내용을 알지 못하자 추관이 가르쳐 주어서야 비로소 공초를 취할 수 있었다. 그의 공초 내용에 "윤임이 조정에서 의논하여 주상을 봉하여 상왕으로 삼고 장차 신이나 혹은 봉성군을 세우려고 하였습니다."라고 하였다 한다. 이류는 바로 윤임과 숙질간으로 그의 나이가 인종보다 14세나 많으니, 어찌 이류를 인종의 후사로 삼을 이치가 있겠는가. 게다가 이류가 반역하였다는 명분은 윤원로(尹元老)의 난언에서 비롯되었는데 그 당시에 중종은 재위에 있고 인종은 동궁에 있어서 춘추(春秋)가 오히려 넉넉했으니, 이 시기가 어찌 후사를 의논할 때이겠는가. 어떤 이는 이류가 도망한 것을 가지고 의심하는 자가 있으나 이는 그렇지 않다. 이류가 이런 누명을 쓴지가 하루저녁이 아니고 윤임이 이미 주살되었으니 이류가 반드시 죽을 것이라는 것을 사람들은 모두 알았다. 반드시 죽을 것임을 알면서도 순순히 정명(正命)을 받아들이는 것은 군자라 하더라도 어려운 것인데 어찌 이것을 무식한 종실에게 바랄 수 있겠는가. 이미 터무니없는 말로 죄를 만들었고 또 거짓 자복함으로써 형을 받아 죽으니, 사람들이 이류의 죽음을 또한 가련하다고 생각하였다. 1577년에 복직되었다.

---

366) 중종대왕의 일곱 번째 아들이다 : 오류가 있는 듯하다. 계림군은 할아버지가 성종의 형 월산대군(月山大君)이고, 아버지는 성종의 셋째 아들 계성군(桂城君)이다.

05(제현)-37(윤임)

판서 윤임(尹任, 1487~1545)은 무인으로, 장경왕후(章敬王后)의 오빠이다.[367] 문정왕후가 왕후의 자리에 오른 뒤로 윤원형 형제와 틈이 있어서 윤원형이 이기와 동모하여 원한을 갚기를 도모한지가 오래였었다. 하루아침에 중종이 승하하고 인종이 보위에 오르면서 대윤·소윤 사이의 시기와 혐의가 더욱 깊어졌으나, 다만 엿볼만한 틈이 없었을 뿐이었다. 인종의 병세가 위독해지자 윤임이 외숙으로 입시하였는데, 윤원형이 이 기회를 이용해 도모할 수 있다고 생각하여 삼간(三奸)과 더불어 혹은 은밀히 상소를 올리기도 하고 혹은 고변하기도 하여 밤낮으로 없는 죄를 꾸며 만들어서 끝내 헤아리기 어려운 화에 빠뜨렸다. 저 윤임은 거칠고 비루하며 무식한 인물로 기미를 밝게 살피지 못하였고 또 외척으로 자처하여 대내로 들어가 병시중을 들기까지 하였다. 무릇 임금이 훙서하는데 후사가 없고 여러 아우들이 밖에 있는 이런 시기가 어떤 시기이며 어떤 처지인데 윤임이 이에 어리석게도 피할 줄을 몰랐단 말인가. 참소하는 무리의 구설을 불러들인 것이 마땅하다. 다만 이른바 은밀히 반역할 마음을 품고 다른 왕자를 추대하려고 하였다고 하는 것은 매우 얼토당토않다. 이 당시에 문정왕후는 모후로서 군림해 있고, 명종은 귀인으로 당저(當宁)에 다음가는 차례여서[368] 형세가 산과 같고 이어지는 계통이 분명하였다. 그런데 저 무식한 한 무부(武夫)가 마침내 이윤(伊尹)과 곽광(霍光)의 일[369]을 행할 수 있겠는가. 결코 이러한 이치는 없으나 단지 시기와 의심을 받아 끝내

---

367) 판서……오빠이다 : 장경왕후는 중종의 계비로, 윤임의 부친인 윤여필(尹汝弼)의 딸이다. 1506년에 대궐에 들어가 처음 숙의(淑儀)에 봉하여진 뒤 1507년 중종의 비 단경왕후(端敬王后) 신씨(愼氏)의 손위로 왕비에 책봉되었다. 1515년 2월에 인종을 낳은 뒤 그 산후병으로 엿새 만에 경복궁 별전에서 죽었다.

368) 명종은……차례여서 : '당저'는 그 당시의 임금을 뜻하는 말로 인종을 지칭한다. 명종이 당시의 임금인 인종의 다음가는 서열로, 왕이 될 차례에 있었음을 말한다.

369) 이윤(伊尹)과 곽광의 일 : 이윤은 상나라 탕(湯) 임금을 도와 하나라 걸(桀)을 정벌하고 재상이 되었는데, 탕 임금이 죽은 뒤 그의 손자 태갑(太甲)이 탕 임금의 법을 무너뜨리자 이윤이 그를 동궁으로 내쫓았다가 3년 후에 태갑이 잘못을 회개하니 다시 맞아들여 복위시켰다. 곽광은 한 무제(漢武帝) 때 대사마 대장군으로 유조를 받아 어린 소제(昭帝)를 보좌하다가 소제가 죽은 뒤에 창읍왕(昌邑王) 유하(劉賀)를 맞아 세웠으나 그의 음란한 행동으로 인하여 폐위시키고 선제(宣帝)를 세웠다.

자신은 죽임을 당하고 가산은 적몰되었으며 세 아들이 같이 죽었으니, 말을 하자면 너무나 참혹하다. 1577년(선조10)에 비로소 관작이 회복되고 적몰된 가산을 돌려주었다. 아들 윤홍인(尹興仁)·윤홍의(尹興義)·윤홍신(尹興信)이 모두 죽임을 당하였으나, 윤홍지(尹興智)만이 대년(待年)하였고[370] 지금은 음관이 되었다.

05(제현)-38(정욱)

정욱(鄭郁, ?~1545)은 자가 종주(從周)이고, 본관은 광주(光州)이다.[371] 1528년에 과거에 급제하였다. 인종이 승하한 초기에 충주 목사로서 진위전문(陳慰箋文)[372]을 받들고 서울로 들어와 어진 이를 골라 세우자는 설을 발언하여 옥중에서 곤장을 맞아 죽었다.

05(제현)-39(이중열)

정랑 이중열(李中悅, 1518~1547)은 자가 습지(習之)이고, 본관은 광주(廣州)이다. 1539년에 과거에 급제하였다.[373] 을사년에 이조 정랑으로 있었는데 이휘의 공사에 연루되자 이중열은 즉시 이휘가 전후로 촉범한 일을 써서 승정원에 나아가 아뢰어 스스로 화를 면하기를 바랐으나, 이휘는 역모에 연좌되고 이중열도 파직되었다. 1546년에 이휘와 교통하여 역모를 꾀하였다고 하여 갑산(甲山)으로 유배되었고, 마침내 사사되었다. 이휘의 죄안에 이른바 '민심을 널리 탐색하여 역모를 조성하였다.'라는 것은 곧 이중열의 말로 인하여 이루어진 것이다.

---

370) 윤홍지(尹興智)만이 대년(待年)하였고 : 윤임의 아들 윤홍지만이 살아남았음을 말한다. '대년'은 약혼(約婚)한 뒤에 결혼할 해를 기다린다는 뜻인데 윤홍지가 16세 미만이었거나 성년이 되지 않은 아이였던 것으로 추측된다.

371) 본관은 광주(光州)이다 : 원문은 '東萊人'이다. 『국조문과방목』에 근거하여 '東萊'를 '光州'로 바로잡아 번역하였다.

372) 진위 전문(陳慰箋文) : 임금이나 황제가 슬픔을 당하였을 때 이를 위로하기 위하여 올리던 전문(箋文)으로, 정욱이 인종의 승하를 위로하는 전문을 올렸던 것으로 보인다.

373) 1539년에 과거에 급제하였다 : 원문은 '登乙亥科'이다. 『국조문과방목』에 근거하여 '乙亥'를 '己亥'로 바로잡아 번역하였다.

05(제현)-40(허자)

찬성 허자(許磁, 1496~1551)는 자가 남중(南仲)이고, 본관은 양천(陽川)이다. 1523년에 과거에 급제하였다. 을사년에 정순붕·임백령·이기 등과 함께 충순당에 들어가 사화를 만들어 위사공신에 일등으로 녹훈되었으며, 벼슬이 찬성에 이르렀다. 1546년에 사간 진복창의 죄를 논하였는데 윤원형 등이 나라를 위하는 사람을 배척한다고 아뢰어 체직되었다. 1550년(명종5)에 대간에서 '녹훈된 것을 수치스럽다고 하였고 스스로 소인이라는 이름을 면하지 못할 것이라고 공공연히 말하였다.'라고 아뢰어 홍원(洪原)으로 귀양갔다가 근심과 번민으로 죽었다.

05(제현)-41(이휘)

정언 이휘(李輝, ?~1545)는 자가 맹명(孟明)이고, 이홍건(李弘健)의 아들이며, 본관은 성주(星州)이다. 1543년에 과거에 급제하였다. 을사년에 정언으로 있었는데 이덕응의 공초 내용에 연루되어 이덕응과 같이 죽었다. 이휘가 일찍이 이중열을 만난 적이 있었는데 당시에 명종이 역질(천연두)을 앓아 매우 고통스러워하였다. 이중열이 "주상(인종)은 후사가 없어서 신민이 우러러 받들 분은 이 한 분(명종)뿐인데 지금 이런 말을 들으니 회포가 매우 좋지 않다."라고 하니, 이휘가 "그 종국을 어떻게 알기에 그대가 이런 말을 하는가."하고 답하였다. 이중열이 "이것이 무슨 말인가. 다시 어디에 우러를 분이 있단 말인가?"라고 하니, 이휘가 낯빛을 고치고 갔다. 뒤에 이중열이 정황에게 "이휘는 그른 인물이다. 형이 죽으면 아우가 이어받는 것은 고금에 공통된 의리이다. 다만 적통에 한 사람이 있을 뿐이니, 다시 무슨 의론이 있겠는가. 이휘의 의론은 바르지 않다."라고 하니, 정황이 "이런 불선한 인물은 다시 교제해서는 안 된다." 하였다.

05(제현)-42(민제인)

찬성 민제인(閔齊仁, 1493~1549)은 자가 희중(希仲)이고, 본관은 여흥(驪興)이다. 1520년에 과거에 급제하였고, 을사년에 대사헌으로 보익공신(保翼功臣)에 녹훈되었다. 충순당에서 밀지가 내려지던 초기에 여러 재상의 집을 전령처럼 분주하게 다녔다고 하여 백인걸에게 탄핵을 받았으니,

입을 다물고 묵묵히 시류를 따른 것이었다. 1550년(명종5)에 윤인경(尹仁鏡)이 '어질고 부드러운 말로 죄인을 애석하게 여겼고, 또 안명세가 기록한 역사는 고쳐서는 안 된다고 하였다.'라고 아뢰어 마침내 삭훈되고 파직되었다.

05(제현)-43(이덕응)

주서 이덕응(李德應, ?~1545)은 자가 계윤(季潤)이고, 윤임의 사위이다. 1544년에 과거에 급제하여 주서가 되었다. 을사년에 안세우의 밀고로 투옥되자 스스로 화를 면하기를 바라서 봉성군을 세우기를 꾀하였다고 거짓 자복하여 마침내 역모에 연좌되어 처벌받았다. 이덕응은 마음에 주견이 없어 임백령과 송세형 등에게 꾀어 마침내 스스로 불측한 화에 빠졌으니, 죽어도 애석할 것이 없다.

05(제현)-44(양윤온)

양윤온(梁允溫)은 자가 국화(國和)이고, 본관은 남원(南原)이다. 벼슬이 남해 현령(南海縣令)에 이르렀다.[374] 인종의 졸곡(卒哭) 전에 혹은 성묘한다고 칭탁하기도 하고 또는 죽은 아내의 시신을 귀장(歸葬)한다고 사칭하여 윤임의 집에 세 차례나 출입하였다고 하여 찬출되었다.

05(제현)-45(성자택)

성자택(成子澤, ?~1547)은 자가 언심(彦深)이고,[375] 본관은 창녕(昌寧)이다. 1544년에 과거에 급제하였다. 중종 말년에 성자택이 윤흥의에게 "윤원로는 위로 동궁(인종)을 해칠 수 있고 아래로 사림을 해칠 수 있다."라고 하였는데, 이 때문에 공초에 연루되어 을사년에 곤장을 맞고 하동(河東)으로 귀양갔다가 끝내 사사되었다. 성자택은 성품이 반복무상하였으며 윤원로의 외친(外親)으로 처음 윤원로에게 붙었다고 하여 사론에 용납되

---

374) 벼슬이……이르렀다 : 『을사전문록』 「양윤온전(梁允溫傳)」에는 "벼슬이 현감에 이르렀다. [官至縣監]"라고 되어 있다.

375) 자가 언심(彦深)이고 : 원문은 '字彦淸'이다. 『국조문과방목』에 근거하여 '彦淸'을 '彦深'로 바로잡아 번역하였다.

지 못하였다. -이상 을사-

05(제현)-46(송인수)-01

참판 송인수(宋麟壽, 1499~1547)는 자가 미수(眉叟)이고, 호는 규암(圭菴)이다. 1521년에 과거에 급제하였으며, 벼슬이 참판에 이르렀다. 선을 즐겨하고 학문을 좋아하여 사림이 추앙하는 바가 되었고, 성품이 또한 여색을 좋아하지 않아 사람들이 그의 강직함에 감복하였다. 일찍이 상사(上舍)[376] 엄용공(嚴用恭)에게 수학하였고, 또 모재 김안국 선생에게 질정하였다. 을사사화가 일어나 대간에서 부박한 무리의 영수라고 지목하여 관작을 삭탈하자 청주(淸州)의 본가로 물러갔다. 정미년(1547)에 정언각 벽서사건으로 인하여 사사되었다. 사자가 문에 당도하였는데 마침 그의 생일이어서 족친과 문생이 그의 집에 많이 모였있었다. 〈그는〉 종이를 가져다가 큰 글씨로 "천지의 신령이 실로 이 마음을 드러내줄 것이다."라고 쓰고, 조용히 죽음에 나아갔다.

05(제현)-46(송인수)-02(보유)

보유 : 윤원형이 송기수(宋麒壽, 1507~1581)[377]에게 "규암(송인수)이 죄를 얻어 죽으니, 마음이 매우 편치 않다."라고 하니, 송기수가 "특별한 매화가 어찌 오래 보존될 수 있겠는가. 사람의 생사에는 수가 있으니 무엇을 한하겠는가."라고 대답하니, 온 세상 사람이 서글퍼하였다.[378]

05(제현)-46(송인수)-03(부기)

부기 : 규암이 선을 즐겨하고 어진 이를 좋아함은 천성에서 나온 것이었다. 일찍이 중국 조정(명나라)에 들어간 적이 있었는데 한 물건도 교역하지 않아서 공을 '한 조각 빙옥(氷玉)'이라고 칭하였다. 사사되던 해에 향

376) 상사(上舍) : 생원과 진사의 별칭으로, 옛날 태학에서 생원과 진사는 상사(上舍), 즉 위채에 거처하였기 때문이다. 엄용공은 1516년(중종11) 생원시에 합격하였으므로 상사라고 한듯하다.

377) 송기수(宋麒壽, 1507~1581) : 송기수는 송인수와 사촌간이다.

378) 온……서글퍼하였다 : 『을사전문록』 「송인수전(宋麟壽傳)」에는 "온 세상 사람이 비웃었다. [一世之人非笑之] "라고 되어 있다.

년이 49였다.

05(제현)-47(김난상)

대간 김난상(金鸞祥, 1507～1570)은 자가 계응(季應)으로, 김현(金俔)의 아들이고, 본관은 청도(淸道)이다. 1537년에 과거에 급제하였다. 을사년에 정언으로 있다가 파직되었고, 정미년(1547)에 남해에 안치되었다. 1567년(선조 즉위년)에 삼공이 '아무개는 학문이 순수하게 갖추어져서 경연의 권강에 갖출 만하다.'라고 아뢰었으며, 끝내 벼슬이 대사간에 이르렀다.

05(제현)-48(유희춘)

부제학 유희춘(柳希春, 1513～1577)은 자가 인중(仁仲)이고, 본관은 선산(善山)이다.[379] 널리 배우고 이를 잘 기억하였으며, 추향 역시 올발랐다. 1538년에 과거에 급제하였다. 을사사화가 일어났을 때 정언으로 있다가 낙직되었으며, 정미년에 제주에 안치되는데 거주하는 현(縣)이 이웃 고을이라 하여 종성(鍾城)으로 이배되었다.[380] 1567년에 삼공이 '유 아무개는 학문이 해박하니, 경연의 권강에 갖출 만하다.'라고 아뢰었고, 끝내 자헌대부(資憲大夫) 부제학에 이르렀으며, 뒤에 좌찬성에 추증되었다.

05(제현)-49(이약빙)

정랑 이약빙(李若氷, 1489～1547)은 자가 희초(喜初)로, 이약해의 형이고, 기묘인이다.[381] 1514년에 과거에 급제하여[382] 사복시 정(司僕寺正)이

---

379) 본관은 선산(善山)이다 : 원문은 '文化人'이다. 『국조문과방목』에 근거하여 '文化'를 '善山'으로 바로잡아 번역하였다.

380) 정미년(1547)에……이배되었다 : 유희춘은 1547년 양재역 벽서사건에 연루되어 제주도에 유배되었다가 곧 함경도 종성에 안치되었다. 『을사전문록』 「유희춘전(柳希春傳)」에 "제주가 고향과의 거리가 멀지 않다 하여 종성(鍾城)으로 이배하였다. [以濟州去家鄕不遠 移配鍾城]"고 되어 있다.

381) 정랑……기묘인이다 : 이약빙은 1519년 기묘사화로 조광조가 유배될 때 형 이약수가 동료 유생 150여 명을 이끌고 조광조의 신원을 호소하다 옥에 갇히자, 이조 정랑으로서 조광조와 이약수의 사면을 주청하다가 파직되었다.

382) 1514년에 과거에 급제하여 : 원문은 '登丙子科'이다. 이약빙은 중종 9년(1514) 갑술년(甲戌年) 문과에 급제하였다. 『국조문과방목』에 근거하여 '丙子'를 '甲戌'로 바로잡아 번

되었다. 을사사화가 일어났을 때 대간에서 파직을 청하였고, 정미년에 정언각의 논계로 인하여 사사되었으며, 그의 아들 이홍남도 영월로 찬배되었다. 1549년에 이홍남은 그의 아우 이홍윤이 충주(忠州)에서 역모를 꾀한다고 거짓으로 밀고하여 무고한 40여명이 역모로 논죄되어 처벌받았다.[383] 을사사화에 살아남은 현인들 중 연루되어 죽임을 당한 이가 또한 많았으니, 참혹하다고 하겠다. 이홍윤은 윤임의 사위로 화의 원인이 여기에서 근원하였다.

05(제현)-50(김진종)

대사성 김진종(金振宗, 1496~1557)은 자가 효선(孝善)이고, 본관은 선산(善山)이다.[384] 1528년에 과거에 급제하였다. 을사년에 사성(司成)으로 있었는데 이기가 아뢰어 삭탈되었다. 김진종이 헌납으로 있을 때 이윤경(李潤慶)과 더불어 이기의 거칠고 험악함을 논하였던 일로 이기가 깊이 원한을 품었다. 정미년에 순창(淳昌)으로 귀양갔으며, 근심과 번민으로 죽었다. 1544년에 이기가 경상도 순변 체찰사(慶尚道巡邊體察使)가 되었을 때에 공과 이중열을 종사관으로 삼았었다.

05(제현)-51(안함)

안함(安諴, 1504~?)의 자는 군회(君晦)이고, 본관은 순흥(順興)이다.

역하였다.

383) 1549년에……처벌받았다 : 이홍남은 아우 이홍윤과 평소 사이가 좋지 않았다. 이홍윤은 그의 부친 이약빙이 억울하게 죽은 것을 원통히 여겨 종종 분개하는 말을 했는데, 이홍남은 영월로 찬배된 뒤 처형인 원호변과 동서 정유길에게 편지를 보내 이홍윤이 조정을 원망하고 비방하여 모반을 꾀한다고 무고하게 하였다. 이에 1549년 4월 이홍윤과 관계자들을 잡아들여 문초하였는데 아무 관련이 없음에도 연루되어 죽은 사람도 있었으며 이로 인해 충주 전역이 거의 텅 비게 되었다고 한다.(『燃藜室記述 明宗朝故事本末』) 『명종실록』의 기록을 보면 4년(1549) 4월 18일에 정유길과 원호변의 고변사건이 보이고, 이달 21일 이홍윤을 추국하여 공초하였다. 이로부터 이홍윤은 이휘·배광의·최대관·김의순과 대질하였고, 형신과 공초가 계속되어 연루자가 점차 늘어났다. 이홍윤 등은 결국 능지처사 되었고, 이홍남의 무고로 비롯된 옥사는 5월 중순이 지나서야 마무리 된다.(『明宗實錄 4年 4月 18日, 5月 21日』)

384) 본관은 선산(善山)이다 : 원문은 '慶州人'이다. 『국조문과방목』에 근거하여 '慶州'를 '善山'으로 바로잡아 번역하였다.

1544년에 과거에 급제하였다. 을사사화 때 처음 주서로 보익공신에 녹훈되었으나, 윤임의 처형(妻兄)이라 하여 공훈에서 삭제되고 파직되었다. 정미년에 신천(信川)으로 찬배되었고, 그의 아비 안세형(安世亨)도 고원(高原)으로 귀양갔다.

05(제현)-52(임형수)

임형수(林亨秀, 1514~1547)는 자가 사수(士遂)이고, 본관은 평택(平澤)이다. 문무를 겸비하였으며, 1535년에 과거에 급제하여 여러 차례 시종신(侍從臣)이 되었다. 을사년에 대간에서 아뢰어 관작을 삭탈하였다. 정미년에 정언각에게 고발을 당하였는데, 윤임의 수하로 많은 사람들이 있는 가운데 윤원형을 마땅히 죽여야 한다고 말하기까지 했다고 하여 마침내 사사되었다. 공의 아비 임준(林畯)은 무인으로 벼슬이 2품관에 이르렀는데 정미년에 대간에서 윤임을 섬겼다고 논계하여 또한 관작이 삭탈되었다.

05(제현)-53(송희규)

집의 송희규(宋希奎, 1494~1558)는 자가 천장(天章)이고, 본관은 야로(冶爐)[385]이다.[386] 기묘년(1519)에 과거에 급제하였고, 을사년에 집의에서 산반(散班)으로 체직되었다. 1546년에 중시에 급제해서 통정대부로 승진하여 겨우 조정에 용납되었으나, 정미년에 〈집의로 있을 때의 일을〉[387] 추론하여 고산현으로 귀양갔다. 공의 성품은 학식에 순수하고 충효의 큰 절개가 있었다.

05(제현)-54(이언침)

장령 이언침(李彦忱, 1507~1547)은 자가 중부(仲孚)이고, 이언경(李彦憬)의 아우이다. 1537년에 과거에 급제하였다. 을사년에 장령으로 있다가

---

385) 야로(冶爐) : 경상남도 합천지역의 옛 지명이다.

386) 본관은 야로(冶爐)이다 : 원문은 '陜川人'이다. 『국조문과방목』에 근거하여 '陜川'을 '冶爐'로 바로잡아 번역하였다.

387) 〈집의로……일을〉 : 『을사전문록』 「송희규전(宋希奎傳)」에 "정미년에 집의로 있을 때의 일을 추론하여 고산현(高山縣)에 귀양갔다. 〔丁未追論執義時事 竄于高山縣〕"라는 내용을 참고하여 보충역을 하였다.

외직으로 체직되었고, 정미년에 서천(舒川)으로 귀양갔다가 근심과 번민으로 죽었다.

05(제현)-55(민기문)

지평 민기문(閔起文, 1511~1574)은 자가 숙도(叔道)이고, 민원(閔源)의 아들이며, 본관은 여흥(驪興)이다. 1540년에 과거에 급제하였다. 을사년에 지평으로 있다가 산반으로 체직되었고, 정미년에 임천(林川)으로 귀양갔다. 뒤에 벼슬이 황해 감사에 이르렀다.

05(제현)-56(권물)

권물(權勿)은 자가 개지(介之)이고, 본관은 안동(安東)이다. 1537년에 과거에 급제하여 여러 차례 대간(臺諫)이 되었다. 을사년에 이기가 아뢰어 관직이 삭탈되었고, 정미년에 개천(价川)으로 귀양가서 근심과 번민으로 죽었다.

05(제현)-57(권응정·권응창)

권응정(權應挺, 1498~1564)은 자가 사우(士遇)이고, 본관은 안동(安東)이다. 1528년에 과거에 급제하였고, 벼슬이 3품관에 이르렀다. 정미년에 대간에서 아뢰기를 '원훈(元勳)인 이기를 가리켜서 오래가지 못할 것이라 하였고, 또 역류(逆類)에게 죄를 더하는 것은 온당치 못하다.'라고 했다고 하여 관작을 삭탈당하고 이윽고 강진(康津)으로 귀양갔으며, 곧 단천(端川)으로 이배되었다. 아우[388] 권응창(權應昌)은 자가 경우(景遇)이고 1528년에 과거에 급제하여 벼슬이 참판에 이르렀는데 또한 정미년에 순천(順川)으로 귀양갔다가 곧 맹산(孟山)으로 이배되었다.

05(제현)-58(윤강원)

판교(判校) 윤강원(尹剛元, ?~1572)은 자가 경인(景仁)이고, 본관은 남원(南原)이다. 1539년에 과거에 급제하여 정랑이 되었다. 정미년에 양재역

---

388) 아우 : 원문은 '兄'이다. 권응창은 권응정의 아우이다. 『국조문과방목』에 근거하여 '兄'을 '弟'로 바로잡아 번역하였다.

벽서사건에 연루되어 양구(楊口)로 귀양갔는데 관부(官府)에 출입하였다 하여 형문(刑問)을 받고 강진(康津)으로 이배되었다. 선조 초에 다시 서용되어 여러 차례 양사의 아장(亞長)[389]이 되었으며, 벼슬이 승문원 판교에 이르렀다. 그의 아들 윤기(尹祈)는 문과에 급제하였다.[390]

05(제현)-59(조박)

한림 조박(趙璞)은 자가 군수(君售)이고, 본관은 한양(漢陽)이다. 1544년에 과거에 급제하였다. 을사사화 때 처음 한림으로 있다가 공적(功籍)에 녹훈되었으나 오래지 않아서 공훈이 삭제되었고, 정미년에 태인(泰仁)으로 귀양갔다. 뒤에 일찍이 사관으로 있을 때 백인걸을 칭찬하였다고 하여 사형을 감해서 원지로 귀양갔으나, 끝내 근심으로 죽었다. 조위(趙瑋)의 아우이다. 선조 초 의정부에서 '공은 성품과 품행이 단정하고 재주와 식견이 있다.'라고 논하여 관직이 회복되었다.

05(제현)-60(손홍적)

대교 손홍적(孫弘績)은 자가 언선(彦善)이고, 본관은 밀양(密陽)이다. 1543년에 과거에 급제하여 대교가 되었다. 1548년(명종3)에 이기 등이 아뢰기를 '사관으로 있을 때 허언을 주장하였고, 군상을 기롱하였다.'라고 하여 곤장을 맞고 삭주(朔州)로 귀양가다가 길에서 죽었다.

05(제현)-61(윤충원)

직장 윤충원(尹忠元)은 본관이 남원(南原)이다. 음관으로 직장이 되었으며, 정미년에 삼등(三登)으로 귀양갔다가 뒤에 석방되었다.

05(제현)-62(허충길)

생원 허충길(許忠吉)은 자가 국선(國善)이고, 본관은 양천(楊川)이다. 1540년에 생원시에 합격하였다. 정미년에 대간에서 '이덕응이 매를 참지

---

389) 아장(亞長) : 사헌부 집의와 사간원 사간을 달리 일컫는 말이다.

390) 그의……급제하였다 : 『을사전문록』 「윤강원전(尹剛元傳)」에는 "아들 윤기(尹祈)가 문과에 장원하였다. [子祈文科壯元]"라고 되어 있다.

못하고 거짓 자복하였다는 설을 관중(館中)에서 주장하였다.'라고 아뢰어 여러 차례 고문을 당하고 의주(義州)로 유배되었다.

05(제현)-63(김희년)

정랑 김희년(金禧年)은 자가 경로(景老)이다. 1534년에 진사시에 급제하였다. 정미년에 대간에서 "을사년 무렵에 다른 말을 지어내기를 좋아하여 유생들을 어지럽게 하였고, 이에 진복창과 말하기를 '오늘날의 사화는 무오사화, 갑자사화와 같다.'라고 하여 간사한 설을 선동해서 사람들의 귀를 미혹시켰다."라고 아뢰어 잡아 국문하기를 청하였다. 처음에 정자(正字) 임복(林復)이 터무니없는 말을 지어내어 대사헌 윤인서(尹仁恕)에게 부탁했는데 이미 아뢰고 난 뒤에야 비로소 무고임을 알고 형신(刑訊)을 정지하기를 청하였다. 임금이 특별히 정평(定平)에 유배하도록 명하였고, 뒤에 멀리 창성(昌城)에 찬배되었다. 벼슬이 정랑에 이르렀다. 공은 형을 받음이 매우 혹독하여 다리뼈가 부서져 나왔는데 항상 주머니에 뼈를 넣어서 차고 다녔으니, 참혹하다고 하겠다. 거의 80세를 살다가 고종하였다. 아들은 김양봉(金陽鳳), 김양서(金陽瑞) 둘이 있는데 김양봉은 음보로 현감이 되었다.

05(제현)-64(김충갑)

정자 김충갑(金忠甲, 1515~1575)은 자가 서초(恕初)이고, 1546년에 과거에 급제하여 권지 승문원 정자가 되었다. 정미년에 '이휘의 처남으로서 종종 궤변으로 견강부회하였다.'라고 아뢰어 관작을 빼앗고 도성 밖으로 추방하였다.

05(제현)-65(박승임)

정랑 박승임(朴承任, 1517~1586)은 자가 중보(重甫)이고, 본관은 반남(潘南)이다.[391] 1540년에 과거에 급제하였고, 문장을 잘하여 여러 차례 대간이 되었다. 정미년에 예조 정랑으로 있다가 파직되었고, 뒤에 다시 서용

391) 본관은 반남(潘南)이다 : 원문은 '錦城人'이다. 『국조문과방목』에 근거하여 '錦城'을 '潘南'으로 바로잡아 번역하였다.

되어 벼슬이 대사간에 이르렀다. 아들은 박록(朴漉)·박재(朴滓) 둘이 있으며, 박록은 음보로 도사(都事)가 되었다.

05(제현)-66(이담)

감사 이담(李湛, 1510~1574)은 자가 중구(仲九)로, 이종유(李宗蕤)의 아들이며, 이백지(李伯持)의 후손이고, 본관은 용인(龍仁)이다. 1538년에 과거에 급제하였다. 을사년에 교리로 있다가 이기가 아뢰어 관작이 삭탈되었고, 정미년에 양산(梁山)으로 귀양갔다. 뒤에 벼슬이 충청 감사에 이르렀다.

05(제현)-67(유경심)

수찬 유경심(柳景深, 1516~1571)은 자가 태호(太浩)이다. 1544년에 과거에 급제하였고, 승정원 주서가 되었다. 1546년에 중시에 장원으로 급제하여 홍문관 수찬이 되었는데, 정미년에 파직되었다가 뒤에 다시 서용되어 벼슬이 참판에 이르렀다. 아들은 하나가 있으니, 유성귀(柳成龜)이다.

05(제현)-68(이천계)

사인 이천계(李天啓)는 자가 형백(亨伯)이고, 본관은 신평(新平)이다.[392] 1537년에 과거에 급제하였다. 을사년에 사인으로 있다가 이기가 아뢰어 파직되고 그 뒤에 삭탈되었으며, 정미년에 영해(寧海)로 귀양가서 근심과 번민으로 죽었다. -이상 정미-

---

392) 본관은 신평(新平)이다 : 원문은 '星州人'이다. 『국조문과방목』에 근거하여 '星州'을 '新平'으로 바로잡아 번역하였다.

『설학소문』 권6

「기유록(己酉錄)」

06(개요)-01(기유사화)-01

1549년(명종4). 이홍남의 부친 이약빙이 정미사화에 죽임을 당하였다. 을사사화는 비록 행인이 듣더라도 눈물을 떨구지 않는 이가 없는데 하물며 그 아들 된 자에 있어서이겠는가. 이홍남의 아우 이홍윤은 그 부친이 원통하게 죽은 것을 분하게 여겨 간간이 집안에서 원망하는 말을 발설하였다. 이홍남이 그 아우와 다투어 분노하고 원망을 품어 이로 말미암아 고변하기를 "아우 이홍윤이 은밀히 강유선 등과 난을 도모하여 모산수(毛山守) 이정랑(李呈琅)[393]을 추대하려 하였다."라고 하였다. 이홍윤은 연소한 한 광동(狂童)에 불과하니, 비록 도리에 어긋나는 말이 혹 원망에서 나왔더라도 무슨 계모가 있었겠으며 누구와 함께 파당을 만들어 그 일을 이룰 수 있었겠는가. 하물며 강유선은 사류로 어찌 연소한 아이와 더불어 불궤를 꾀할 리가 있겠는가. 또한 당시에 이홍남이 명관(名官)으로 아비의 복을 입고 있었으니, 부모가 돌아가신 뒤에[394] 무뢰한 아우가 그 형을 버리고 누구를 의지하겠는가. 설사 이홍윤에게 참으로 이러한 일이 있었다고 하더라도 이홍남이 만약 지성으로 가엾게 여겨 이해로서 깨우쳤다면 인정으로 감화시키고 세력으로 억제할 수 있었을 것이다. 그런데 어찌 어린 아우를 끝내 제어하기 어려워서 부득이하게 고변하기까지 하였단 말인가. 을사사화와 정미사화로 크게 옥사가 일어난 뒤에 인심이 불복하고 청의가 간간이 일어나자 윤원형 등이 바야흐로 위엄을 세워 억누르고자 하

---

393) 모산수(毛山守) 이정랑(李呈琅) : 종실로서 이홍윤의 공초에 거론되어 국문을 받다가 형장을 이기지 못하고 사망하였다.

394) 부모가 돌아가신 뒤에 : 부친인 이약빙은 1547년 정미사화에 죽었고, 고변을 했던 1549년에는 어미의 상을 당한 상태였다. 『명종실록』 4년 5월 18일 기사에 이홍남의 봉서(封書)가 실려 있는데 여기에 "지금 아버지는 돌아가고 또 어머니 상을 당했습니다."라는 기록이 있다.

였는데, 이홍남의 고변이 이런 적절한 시점에 간당(姦黨)의 환영을 받아 마침내 큰 옥사가 이루어지니 당시의 일은 차마 말할 수 없다. 고변한 뒤에 옥사를 조사하여 다스리는데 근거가 없고 심지어는 수계(修禊)[395]한 문서와 군목(軍目)의 기록을 증거를 삼았다. 때문에 선류만이 뜻밖의 재앙을 당하였을 뿐만 아니라 백성이라 하더라도 화를 면하지 못하였다. 아, 이홍남은 또한 홀로 무슨 마음이었던가. 당시에 이치(李致)가 유신 현감(維新縣監)으로 있었는데 이치는 정직한 사람이다. 이홍남이 아우를 죽인 뒤에 그 부친의 적몰된 재산을 차지하고자 하여 상복을 끌고 날마다 관아 뜰에 나와 쟁변하니, 이치가 마음으로 그를 천히 여겨 엄한 말로 물리쳤는데 이홍남이 즉시 이기에게 고소하여 이치를 죽음에 이르게 하였다. 이것으로 보건데 아우와 사납게 다투어 원한을 품었다는 설이 괴이할 것이 없다.

06(개요)-01(기유사화)-02(보유)

보유: 1549년 여름 영월(寧越)에 유배가 있던 이홍남이 그의 아우 이홍윤이 불궤를 도모한 형상을 가지고 그의 처형 원호변(元虎變)과 동서 정유길(鄭惟吉)[396]에게 편지로 알렸다. 두 사람이 밀계하자 이홍윤이 붙잡혀와 신문을 당하였고, 역모를 꾀하였다는 것으로 논죄되어 참형에 처해졌으며 가산이 적몰되었다. 종묘에 고하고 중외에 사면령을 내리는 전지(傳旨)에 "적신 이홍윤은 독사의 뱃속에서 배태되고, 효경(梟獍)의 문하에서 길러졌다.[397] 몰래 불량한 무리와 결탁하여 주상을 범하려는 꾀를 이

---

395) 수계(修禊) : 물가에서 노닐면서 불길한 재앙(災殃)을 미리 막던 풍속으로, 보통 3월 3일에 행하였는데 본래는 고사(告祀)를 지내거나 푸닥거리를 하는 것이라 한다.

396) 처형……정유길(鄭惟吉) : 이홍남의 장인은 원계채(元繼蔡)이고, 원호변은 원계채의 아들이다. 정유길의 처부도 원계채로 이홍남과는 동서간이 된다. 1549년에 원호변은 정유길과 함께 승정원에 나아가 봉서(封書)를 올리고 고변하였다. 정미사화 때 강원도 영월에 유배된 이홍남이 석방될 가망이 없자 동생 이홍윤이 반역한다고 조작하여 그의 처남인 원호변과 동서 정유길에게 편지를 보내어 고변하게 한 것이다.

397) 독사의……길러졌다 : 이홍윤이 이약빙의 둘째 아들이면서 대윤파의 거두 윤임의 사위이기 때문에 이렇게 말한 것이다. '효(梟)'는 어미를 잡아먹는다는 올빼미 종류의 새이고, '경(獍)'은 파경(破獍)이라는 호랑이 종류의 맹수로서 아비를 잡아먹는다고 한다. 효경은 인륜을 모르는 흉악한 사람을 비유한다.

루고자 해서 이에 배광의(裵光義)·이휘(李煇)·최대관(崔大觀)·이무정(李茂丁) 등과 요망한 술수를 빌어 경상(卿相)의 길흉을 점치고, 폐조(廢朝 연산군)를 지목하며 종묘사직이 위태로워지기를 바랐다.[398] 몰래 장졸의 성명을 기록하여 고을의 군사라고 조작하였으니, 지친(至親 이홍남)에게 버림을 당하여 천벌을 부른 것이 마땅하다." 하였다. 강유선, 이이(李彛), 이규(李楑), 이인정(李寅丁)[399], 최순학(崔順鶴), 홍현(洪峴), 홍윤(洪崙), 변복(邊復), 우수평(禹水平), 최흡(崔洽), 최대립(崔大立), 최대림(崔大臨), 최대수(崔大受), 차헌지(車獻之), 연백재(延百載), 안매(安邁), 안희봉(安喜逢), 배몽생(裵夢生), 이유성(李有成), 이복기(李福基), 손수공(孫守恭), 이후정(李後丁), 지칠동(池七同), 지억년(池億年), 안세장(安世章), 손수양(孫守讓), 연원(延瑗), 김의순(金義淳), 손수검(孫守儉), 무송수(茂松守) 이언성(李彦成), 모산수 이정랑이 공초에 연루되어 모두 이홍윤과 똑같이 논죄되었다.

전지에 "강유선은 한때에 유명한 사람으로서 주모자가 되어 앞장섰으며 심지어는 약서(約書)까지 지었다. 강유선이 대장이 된 것은 김의순·이언성·이정랑·손수검 등 여러 역적들이 같은 말로 인증하였으니, 비록 곤장을 맞아 죽었으나 정법(正法)을 보여야 한다." 하였다. 또 말하기를 "〈그들의 말에〉 '국가의 운수가 쇠퇴하였다.'라고 하고, '법은 원수가 될 만하다.'라고 하고, '천명(天命)을 도모할 수 있다.'라고 하고, '하늘을 쏠 수 있다.'라고 하고, '과인이 어려서 없앨 수 있다.'라고 하고, '종실 모산수를 세울 만하다.'라고 하고, '김의순, 안세장, 배광의, 이휘의 점(占)은 틀림이 없다.'라고 하고, '강유선, 최대립, 최대림, 이이(李彛)의 붓끝은 귀신이 백일에 회파람을 불게 한다.'라고 하면서 연이어 의논하고 책을 만들었다. 심지어 여러 고을에서 군사를 일으켜 장차 왕성(王城)을 포위하고자 하여 3년 동안 모의하기를 더욱 치성하게 하였다. 대개 정국(庭鞫)에서 나온 공초 내용은 또한 주상에 저촉되는 말이 많았다. 참여한 자가 혹 무사도 있

398) 폐조(廢朝 연산군)를……바랐다 : 『명종실록』 4년 4월 18일 기사에 이홍남의 봉서(封書)가 나오는데, 그 가운데 다음의 내용이 있다. "내 동생이 '폐왕(廢王)의 살인이 갑자년과 을축년에 절정에 달하더니 마침내 병인년의 화가 일어났다. 금상 역시 오래 갈 수 있겠는가.'라고 말하였다."

399) 이인정(李寅丁) : 이홍윤의 서제(庶弟)이다.

으나 주모자는 모두 유생이니, 어찌 반역의 무리가 시서를 닦는 사대부의 가문에서 여러 번 나오는 것인가." 하였다. -35명이다.-

06(제현)-01(유정)

유정(柳貞, 1461~1549)은 자가 복원(復元)이고, 본관은 진주(晉州)이다. 1519년에 현량과에 급제하여 파직되고, 〈1537년에〉 강음 현감(江陰縣監)에 제수되었다.[400] 1546년에 대간에서 '나식과 비밀히 결탁하여 함께 패론(悖論)을 지었다.'라고 아뢰어 파직을 청하였고, 뒤에 이홍윤의 옥사에 연루되어 장살되었다. 그의 아들 유승선(柳承善)이 문과에 급제하였다.

06(제현)-02(이윤경)

판서 이윤경(李潤慶, 1498~1562)은 자가 중길(重吉)이고, 이수정(李守貞)의 아들이다. 1534년에 문과에 급제하였다. 을사년(1545)에 승지로 추성보익공신(推誠保翼功臣)에 책록되었으나 이중열(李中悅)이 죄를 받자 공훈이 삭탈되고 관직이 강등되었으며, 1550년에 이기의 논계로 인해 삭출되었다.[401] 1553년에 영의정 심연원(沈連源)의 신구로 인해 서용하라는 임금의 윤허가 내려졌고, 종국에는 병조 판서에 이르렀다.

06(제현)-03(이연경)

교리 이연경(李延慶, 1484~1548)은 자가 장길(長吉)이고, 호는 용탄자(龍灘子)이다. 1507년에 생원시에 오르고, 기묘년(1519)에 현량과에 급제하였다. 판중추부사 이세좌(李世佐)의 손자며, 도사 이수원(李守元)[402]의 아들이다. 이세좌는 연산군 초에 뜻밖의 참언을 입어 이세좌와 이수원이 모두 화를 입었는데 1507년에 억울하게 죽은 인물의 자손으로 천거되어 참봉에 제수되었다. 정암 조광조와 친하였고 1518년에 좌랑에 제수되었다. 기묘년 현량과에 급제하여 지평에 제수되고 교리로 승진하였다. 현량과가 혁파되자 충주[403]로 물러나 전원의 즐거움을 지극히 누리다가 1548년에

---

400) 1519년(중종14)에……제수되었다 : 유정은 1519년 현량과에 병과로 올라 승문원 정자가 되었으나, 같은 해 기묘사화로 파직되어 충주 금천리에 가서 살다가 1536년 복직되었다. 그리고 1545년에 전적(典籍)이 되었다가 이듬해 강음현감(江陰縣監)이 되었다.

401) 이중열(李中悅)이……삭출되었다 : 이중열은 이윤경의 아들이다. 아들 이중열이 이덕응 사건에 몰려 사사되자, 이로 인해 1550년에 공훈과 관직이 삭탈되었다.

402) 이수원(李守元) : 원문은 '元忠'이다. 『국조문과방목』에 근거하여 '守元'으로 바로잡아 번역하였다.

병으로 죽었다. 기묘사화 때 남곤이 잇달아 귀양보낼 사람을 기록해 올릴 때 공을 첫째로 삼았으나, 임금이 붓으로 그의 이름을 지워버리면서 "이연경은 내가 그 사람됨을 아니 귀양보내지 말고 다만 체직시키라."라고 하였다 하니, 그렇다면 기유인(己酉人)이 아님이 명백하므로 마땅히 기묘록 안에 있어야 한다. 그런데 세상에 전해지는 원래의 기록에 그의 이름이 나오지 않고 또 현량과가 혁파된 기록에도 언급되지 않았다. 아니면 그의 이름이 지워짐으로 인해 화를 면하였기 때문에 그러한 것인가. 대체로 알 수 없다. 공이 일찍이 친척을 방문하기 위해 서울을 왕래하였을 적에 어떤 사람이 시를 두고 갔는데, 그 시에

성안의 티끌을 어찌 몸에 입히리오　城市風塵豈被身
녹문(鹿門)[404]의 높은 절개 정히 사람을 놀라게 하네.　鹿門高節正驚人
그늘진 언덕 지하에 정령이 있다면　陰崖地下精靈在
응당 왕량(王良)[405]은 벼슬에 연연해함 부끄러워하리　應媿王良屑屑頻

라고 하였으니, 대저 공의 뜻을 알지 못한 것이다.[406] 향년은 65세이

403) 충주 : 『기묘록보유』 「추록(追錄) 이연경전(李延慶傳)」에 "갑술년에 모친을 모시고 충주 북촌(北村)에 있는 선대의 농막에 거처를 정하였다. 〔甲戌奉母 定居于忠州北村先世農墅〕"는 기록이 있다.

404) 녹문(鹿門) : 녹문은 후한(後漢)의 은사(隱士) 방덕공(龐德公)을 가리킨다. 그는 남군(南郡)의 양양(襄陽)에 살며 성안에는 들어가지 않은 채 밭을 갈며 지냈는데, 벼슬길에 나오라는 형주 자사(荊州刺史) 유표(劉表)의 청을 거절하고 처자식을 거느린 채 녹문산(鹿門山)에 들어가 약초를 캐며 세상에 나오지 않고 일생을 마쳤다.

405) 왕량(王良) : 왕량은 후한(後漢) 초기의 명사이다. 그는 벼슬살이를 하다가 시골로 돌아갔는데, 1년 뒤에 다시 징소(徵召)의 명령이 있어서 영양(滎陽)에까지 갔다. 그런데 그의 친구가 "충언(忠言)과 기모(奇謀)가 없는데 높은 자리에 취임코자 하여 부지런히 가면서 수고로움을 꺼리지 않는가?" 하였다. 이에 왕량이 부끄러워하여 그 뒤로 여러 차례 불렀으나 모두 나아가지 않았다고 한다. 『後漢書 王良傳』

406) 대저……것이다 : 어떤 이가 시를 던지고 간 일화가 『대동야승』에 수록되어 있는 임보신(任輔臣)의 『병진정사록』에 보인다. 『연려실기술』 「중종조고사본말」에도 이 일화가 기록되어 있는데 출처를 『병정록(丙丁錄)』으로 밝히고 있다. 또 시를 던지고 간 자를 『괘일록(掛一錄)』의 기록에 근거하여 심언광(沈彦光)으로 의심하고 있다. 이외에 혹자가 던지고 갔다는 시가 『소재집(穌齋集)』 권4에 실려 있고, 또 시를 포함한 일화가 『소재집』 권9에 실려 있다. 『음애집』 「부록(附錄)」에도 이 일화가 실려 있다. 각각의 기록은

다. 아들이 없어서 아우의 아들 현감 이호약(李好約)을 후사로 삼았다.

06(제현)-04(강유선)

생원 강유선(康惟善, 1520~1549)은 자가 원숙(元叔)이다. 일찌감치 당시에 인망이 있어서 사류에게 추앙을 받았다. 용탄자 이연경의 사위이며, 소재(蘇齋) 노수신(盧守愼)과는 동문의 동서간이다. 을사년 이후로 종적이 혐의쩍었는데 기유옥사(己酉獄事)가 일어나자 무송수 이언성·모산수 이정랑·김의순·손수검 등이 같은 말로 끌어대어 심지어는 공이 주모자로 앞장서서 스스로 약서(約書)를 짓고 추대하여 대장이 되려 하였다 하여 처벌을 받아 곤장을 맞아죽었고, 얼마 지나지 않아 죄가 더하고 형벌이 추가되어 이홍윤과 같은 형률에 처해졌다. 아들 강복성(康復誠)이 음직에 보임되어[407] 당대에 이름이 드날렸고, 벼슬이 가선대부(嘉善大夫)에 이르렀다.

06(제현)-05(송순)

사재(四宰)[408] 송순(宋純, 1493~1582)은 자가 수초(遂初)[409]이다. 1513년(중종8)에 과거에 급제하였고,[410] 벼슬이 참판에 이르렀다. 1550년(명종5)에 대간에서 '구수담(具壽聃)과 체결하여 이의(異議)를 선동하였다.'라고 하여 서천(舒川)으로 귀양갔다가 이기가 정승에서 파직되자 다시 서용되어[411] 우참찬에 이르렀다.

시와 관련한 일화가 조금씩 다르고 글자의 출입도 있다.

407) 음직에 보임되어 : 오류가 있는 듯하다. 강복성은 1579년에 식년 사마시에 합격한 뒤 벼슬에 나아갔다.

408) 사재(四宰) : 삼재(三宰)의 다음이라는 뜻으로, 의정부의 우참찬을 이르던 말이다. 송순은 1569년에 한성 판윤에 초배(超拜)되었다가 바로 우참찬으로 옮겼는데, 병을 이유로 자리에서 물러났다.

409) 수초(遂初) : 원문은 '遂禮'이다. 『을사전문록(乙巳傳聞錄)』「송순전(宋純傳)」과 『국조문과방목』에 근거하여 '禮'를 '初'로 바로잡아 번역하였음.

410) 1513년(중종8)에 과거에 급제하였고 : 원문은 '登癸卯科'이다. 송순은 계유년(1513) 식년시와 기묘년(1519) 별시에 급제하였다. 『정덕8년계유8월20일생원진사방(正德八年癸酉八月二十日生員進士榜)』에 근거하여 '卯'를 '酉'로 바로잡아 번역하였다.

411) 1550년(명종5)에……서용되어 : 송순이 구수담과 체결하여 이의를 선동하였다는 자세한 기록이 『명종실록』 5년 5월 15일 기사에 보인다. 이 기사에 이무강(李無疆)이 아뢴

06(제현)-06(박민헌)

수찬 박민헌(朴民獻, 1516~1586)은 자가 희정(希正)이다. 1546년에 문과에 급제하였다.[412] 효행으로 특별히 참상(參上)의 직품에 제수되었으며, 홍문관 수찬이 되었다. 이기가 경연에서 "신이 전일 논핵 당하였을 적에 박민헌이 손뼉을 치고 크게 웃으며 '노수신과 정황이 이제는 석방되어 돌아오겠다.'라고 하였습니다."라고 아뢰어 파직되었다.[413] 뒤에 다시 서용되어 벼슬이 참판에 이르렀다.

06(제현)-07(이해)

관찰사 이해(李瀣, 1496~1550)는 자가 경명(景明)이고, 퇴계 이황(李滉)의 형이며, 본관은 진성(眞城)이다. 1528년에 과거에 급제하였고, 학행으로 세상에 이름이 났다. 기유년(1549)에 충청도 관찰사로 나갔을 때 이홍남이 그의 아우를 고변하여 옥사가 크게 일어나자 충주를 강등하여 유신현(維新縣)으로 만들었다. 유신 현감 이치는 또한 정직한 사람으로서 무고하게 화가 퍼지는 것을 측은하게 여겨 감사(관찰사 이해)와 그 옥사를 공평하게 다스렸다. 이홍남이 이 때문에 거리낌 없이 〈이해를〉 이치와 아울러 이기에게 고소하여 함께 형조에 내려졌다. 당시 윤원형이 옥사를 관장하였는데 중형에 처하고자 하여 끝내 대간을 사주해서 '유신현 역적의 논밭과 노비를 본디의 주인에게 멋대로 지급하였다.'라고 아뢰게 하여,

---

내용에 의하면 구수담과 송순 외에 허자, 이준경, 이윤경이 안팎으로 결탁하여 이의를 제기하였다고 되어 있다. 이의를 제기하였다는 것은 구수담 등이 을사사화와 기유사화의 당대 처분의 부당함과 화를 당한 이들의 무고를 주장하거나 비호하였음을 말하는 것이다. 『명종실록』 사신의 논에 근거하면, 진복창이 몰래 이기와 결탁하고 이무강을 우익으로 삼았는데, 허자 등 다섯 사람이 모두 그의 비위를 거슬렀으므로 이기와 의논하고 몰래 이무강을 사주하여 다섯 사람의 탄핵을 성사시켰다고 한다. 송순은 1550년에 진복창과 이기 등에 의하여 사론(邪論)을 편다는 죄목으로 충청도 서천으로 귀양갔고, 이듬해에 풀려났다.

412) 1546년에 문과에 급제하였다 : 원문은 '登庚子科'이다. 『국조문과방목』에 근거하여 '庚子'를 '丙午'로 바로잡아 번역하였음.

413) 이기가……파직되었다 : 이기가 구수담에게 논박 받아 체직된 적이 있었는데, 이때 박민헌이 박장대소하며 본문과 같이 말하였다고 한다. 이기와 이무강의 논계와 양사의 계청으로 박민헌은 결국 파직되고 관작이 삭탈되었다. 『明宗實錄 5年 5月 15日, 18日』

하옥되어 모진 신문을 받다가 장살되었다. 그 때 도사 유섭(柳涉)이 또한 곤장을 맞고 도형(徒刑)에 처해졌다.

06(제현)-08(이치)

헌납 이치(李致, 1504~1550)는 자가 가원(可遠)이다. 부모에게 효도하고 형제간에 우애가 있으며 정직하고 성실하였고 공명정대하여 굽히지 않았다. 1548년(명종3)에 사간원 헌납이 되었는데 평소 간악한 인물이 뜻을 얻음을 분하게 여겨 항변을 하되 뒷일을 염려하고 꺼림이 없어서 입대하여 일을 아뢸 적에 듣는 이들이 송연해 하였다. 양사에서 함께 이기의 죄를 탄핵하였을 때 이치는 더욱 지론(持論)을 힘껏 폈고, 또 외척은 정치에 참여해서는 안 된다고 말하여 윤원형 또한 그에게 원함을 품었다. 1549년에 충주에서 옥사가 일어나 주를 고쳐 유신현으로 만들었는데, 이기와 윤원형이 양리(良吏)를 선발하여 본 고을에 제수해서 그 하는 바를 엿보려고 하였다. 당시 이홍남이 부친의 상중에 이미 동기(同氣 이홍윤)를 해치고서 관아에 적몰된 재물을 점유하고자 상복을 끌고 날마다 와서 쟁변하자, 이치가 마음속으로 그를 미워하여 엄격한 말로 물리쳤다.[414] 당시에 고을 사람들이 변고를 겪음으로 인해 고자질을 숭상하였고 간사한 백성이 뜬소문을 만들어서 원한이 있는 이를 불측한 화에 빠뜨려 해치려고 하였다. 공은 감사 이해와 더불어 무고한 이에게 화가 퍼지는 것을 염려하여 그 옥사를 공평하게 시정하였는데, 이홍남이 즉시 이기에게 알려서 이치가 감사 이해와 일부러 죄인을 놓아주었다고 하여 의금부에 하옥되었다. 윤원형이 옥사를 다스리면서 기필코 형장을 받아 죽이고자 하여, 〈이치

---

414) 당시……물리쳤다 : 오류가 있는 듯하다. 『명종실록』에는 부친의 상이 아닌 어머니의 상으로 되어 있고, 이치가 물리친 것이 아니라 이해가 물리친 것으로 되어 있다. 『명종실록』 5년 8월 10일 기사에 다음의 기록이 있다. "이홍윤의 가산을 적몰할 때에 이홍윤의 형 이홍남이, 어미가 죽어 아직 빈소에 있었는데 상복을 입고 관부에 나와 이홍윤의 재물을 하나하나 열거하면서 '어떤 물건은 내 것이니 돌려 달라.'라고 하였다. 이해가 이 소리를 듣고 큰 소리로 공청(公廳)에서 '고변으로 가문이 다 멸망했겠지만 어미의 몸이 아직 식기도 전에 상복을 입고 관부에 들어와 자기 동생의 재물을 찾아가는 것은 좋지 못한 일이 아닌가.'라고 하였다. 이홍남이 그 말을 듣고 마음속에 앙심을 품고 있다가 사실을 날조하여 자기의 처형인 원호변(元虎變)에게 고하고 원호변은 그의 숙부인 원계검(元繼儉)에게 말하였으며, 이기가 대사헌 송세형(宋世珩)에게 부탁하여 같이 발론하게 하였다."

가〉 옥중에서 상소를 올렸으나 막아 상달되지 못하였다. 이치는 거짓으로 자복하지 않고 오래도록 갇혀있었는데 명종이 사율을 감해 조율하도록 명하였으나 이미 기운이 소진되어 다시 소생하지 못하고 1550년에 죽으니 향년 47세였다. 아들 둘이 있는데 맏이는 이사성(李師聖)으로 문과에 급제하였다.

06(제현)-09(유창문)

정랑 유창문(柳昌門, 1514~?)은 자가 홍백(興伯)이고, 본관은 진주(晉州)이다. 1540년에 과거에 급제하여 이조 정랑이 되었다. 1550년(명종5)에 대간에서 '유인숙과 동성의 친척으로 또한 반복무상하고 음흉한 일이 많았다.'라고 아뢰어 관작이 삭탈되었다. 뒤에 다시 서용되어 벼슬이 참판에 이르렀다.

06(제현)-10(최개국)

최개국(崔蓋國, 1516~1579)은 본관이 충주(忠州)이다. 1538년에 과거에 올라[415] 여러 번 대시(臺侍)가 되었다. 대간에서 '이약빙의 뛰어난 제자이고 최대립과는 가까운 친족으로 그 계모를 몰랐다고 할 수 없습니다.' 라고 아뢰어, 관작이 삭탈되었다.[416] -이상 기유-

---

415) 1538년에 과거에 올라 : 원문은 '登庚戌科'이다. 『국조문과방목』에 근거하여 '戊戌'로 바로잡아 번역하였다.

416) 대간에서……삭탈되었다 : 『명종실록』 5년 7월 16일 기사에 다음과 같은 기록이 있다. "'개성 경력(開城經歷) 최개국은 이약빙의 고제로서 평소에 정이 두터워 특별히 친밀하게 지냈습니다. 또 역당 최대립 등과는 동성 사촌 간으로 한 마을에 살았는데 그들이 한창 역란(逆亂)을 모의할 때에 최개국이 본도의 도사(都事)로서 고향집에 왕래했으니 역모를 몰랐다고 할 수는 없습니다. 이제·유창문·최개국은 모두 삭탈관작하고 문외 출송(門外黜送)하여 시비(是非)를 바로잡고 인심을 진정시키소서.'"

06(첨부)-01

정미년(1547) 9월에 부제학 정언각이 선전관 이로(李櫓)와 함께 아뢰기를[417] "양재역 벽에 붉은 글씨로 '여주(女主)가 위에서 정권을 잡고 간신 이기가 아래에서 권력을 농간하니, 나라의 위망을 서서 기다릴 수 있다.'라고 씌어 있었습니다." 하였다. 이기·정순붕·임백령 등이 손뼉을 치며 이 일로 일망타진할 계책을 삼고자 하여 아뢰기를 "을사년의 잔당이 다 제거되지 않았기 때문에 감히 요망한 말이 이 지경에 이른 것입니다."라고 하여 다시 잔당을 모아 앞서의 형률에 비추어 혹은 죄를 더하기도 하고 혹은 추죄하기도 하여 이완·송인수·이약빙은 사사되고[418], 이언적·정자는 극변에 안치되고, 노수신·정황·유희춘·김난상은 절도에 안치되고, 권응정·권응창·정유침·이천계·권물·이담·임형수·한주·안경우는 원방에 부처되고, 권벌·송희규·백인걸·이언침·민기문·황박·이진·이홍남·김진종·윤강원·조박·안세형·윤충원·안함은 부처되니, 예전대로 또 한 번 을사년의 화가 발생한 것이다. 논자는 다음과 같이 말하였다. "갑자사화는 무오사화보다 심하였고 정미사화는 을사사화보다 참혹하였는데 이로부터 사림이 소연해지고 원기가 저상되어 간댕간댕 숨이 곧 끊어질 듯하였으니, 나라가 망하지 않은 것이 다행이다."

1567년(선조 즉위년)에 을사사화에 죄를 입은 49명을 너그럽게 처벌하여 방면하였다. 이준경(李浚慶) 등 12명이 다음과 같이 아뢰었다.

"〈비망기(備忘記)에 전교하시기를〉 '새 임금이 즉위하였으니, 마땅히 은전(恩典)을 베풀어야 한다.'라고 하였습니다.[419] 을사년에 죄를 받은 사

---

417) 정미년(1547)……아뢰기를 : 정언각이 양재역 벽에 붙은 익명서를 올린 기사가 『명종실록』 2년 9월 18일 기사에 보인다. 이 날의 기사를 보면 양재역 벽에 붉은 글씨로 '여주가 위에서 정권을 잡고 간신 이기 등이 아래에서 권세를 농간하고 있으니 나라가 장차 망할 것을 서서 기다릴 수 있게 되었다. 어찌 한심하지 않은가. 중추월(仲秋月) 그믐날.'이라고 씌어있었다고 되어 있다.

418) 이완·송인수·이약빙은 사사되고 : 『명종실록』 2년 9월 19일 기사에 송인수와 이약빙을 사사하고 뒤에 기술되어 있는 이언적·노수신 등을 귀양 보내는 교서가 나오는데, 여기에 이완은 들어 있지 않다. 명종 2년 9월 19일 이후 양사에서 줄곧 이완의 처벌을 청하였으나 불허하다가 끝내 동년 윤9월 1일에 '위리 안치시켜 자처'하게 함으로써 사사되었다. 본문에는 이완이 결국 사사되었으므로 송인수·이약빙과 함께 나열한 듯하다.

419) 〈비망기(備忘記)에……하였습니다 : 원문에는 마치 이준경 등이 계한 내용으로 되어

람들은 아무 죄가 없는데도 대악(大惡)의 죄명에 빠졌습니다. 이기·윤원형의 무리들이 과거의 분함을 품고 있다가 주상께서 유충하심을 틈타 눈을 흘기는 작은 분노와 검부러기의 미미한 혐의를 기어이 이때 토해내어 앙갚음을 해서 당시의 단정하고 바른 선비와 조금 지식이 있는 사람들은 모두 반역이라는 죄명을 씌우고 농락하여 함정에 빠뜨렸으니, 말을 하면 답답할 뿐입니다. 인심과 천리의 공정함은 더욱 오래되어도 민멸되지 않아서 지금도 사대부들 사이에 울분을 품는 이가 끊이지 않고 않는데 쌓이고 막혀있는 억울함을 신설하는 일은 바로 새 정치의 초기에 달려있습니다. 성상의 전교가 한 번 내려지자 사람들의 마음이 환연히 일신하였으니, 실로 정사에 있어서 가장 먼저 해야 할 일입니다. 지금 그 당시에 죄를 받은 사람들 중에서 생존자와 운명한 사람들을 구별하여 인물의 실제 자취를 이름 아래에 간략히 서술하였고, 그 당시의 죄명도 모두 갖추어 기록하였습니다."

06(첨부)-02

노수신(盧守愼)은 진도(珍島)에 안치되었다. 1567년에 삼공이 '학문이 정예하니 경연에 갖출만하다.'라고 아뢰었다.

김난상(金鸞祥)은 남해(南海)에 안치되었다. 학행이 순수하게 갖추어져 경연에 갖출만하였다.

유희춘(柳希春)은 종성(鍾城)에 안치되었다. 학문이 해박하여 경연에

있으나『미암집(眉巖集)』「일기(日記) 정묘(丁卯)」에는 선조가 비망기에 전교한 내용으로 되어 있으며, 또한 본문 아래의 내용과 통틀어 살펴볼 때 비망기에 전교한 내용으로 보아야 문맥이 자연스럽게 통한다. 그러므로『미암집』에 근거하여 보충하여 번역하였다.『미암집』의 기록은 다음과 같다. "6일에 삼공 이하가 아뢰기를 '어제 비망기에 전교하시기를「새 임금이 즉위한 뒤이므로 은전을 베푸는 것이 마땅하여 사면을 이미 시행하였으니, 은전과 같은 일은 대신들이 살펴서 하라.」라고 하였습니다.……다만 그 중에서 을사년 이후로 죄를 받은 사람들은 아무 죄가 없는데도 대악(大惡)의 죄명에 걸려든 사람이 매우 많습니다.'〔初六日 三公以下啓曰 昨日備忘記 傳敎新上卽位後 當施恩典 而赦則已施之矣 如恩典之事 大臣察爲……但於其中 乙巳年以後被罪人 橫罹無辜 陷於大惡之名者 厥類甚多〕"

갖출만하였다.

한주(韓澍)는 이성(利城)에 안치되었다. 1567년에 삼공이 '재능과 학문이 있고 선량한 사람으로 대시(臺侍)에 갖출 만하다.'라고 아뢰었다.

이진(李震)은 태인(泰仁)에 안치되었다. 또한 선량한 사람으로 대시(臺侍)에 갖출만하였다.

권벌(權橃)은 삭주(朔州)에 안치되었다. 다음해 봄에 병으로 죽어서 안동(安東)으로 반장(返葬)하였다. 1547년에 삼공이 '덕행과 충성이 모두 지극하다.'라고 아뢰었다.

이언적(李彦迪)은 강계(江界)에 안치되었는데, 귀양간지 7년 만에 병으로 죽었다. 학문이 더없이 정밀하여 당대에 이학(理學)의 종주가 되었다.

송인수(宋麟壽)는 처음에 부처되지 않았고 집에서 사약을 받았다. 학문과 행실이 모두 구비되었고 충의의 기절이 있었다.

정황(丁熿)은 거제(巨濟)에 안치되었고, 귀양간지 15년에 적소에서 죽었다. 적소에서 일찍이 상소문을 초하여 극진히 당시의 폐단을 아뢰어 올리려고 하였으나 멈추었다.

이약빙(李若氷)은 처음에 부처되지 않고 촌사(村舍)에 있다가 이윽고 사약을 받았다.

권물(權勿)은 개천(价川)에 안치되었다. 1547년에 의정부에서 문장을 잘하고 절의 있는 선비라고 아뢰었다.

안경우(安景祐)는 삼수(三水)에 안치되었다.

이언침(李彦忱)은 서천(舒川)에 부처되었다. 학행이 순수하고 지극하였으며 충효의 절의가 있었다.

김진종(金振宗)은 순창(淳昌)에 부처되었다. 의정부에서 학문이 고명하고 충효의 대절이 있다고 아뢰었다.

윤충원(尹忠元)은 삼등(三登)에 부처되었다.

구수담(具壽聃)은 처음에 용천(龍川)으로 귀양갔다가 다시 갑산으로 이배되었으며, 오래지 않아 사사되었다. 대간에서 "을사 역당 구수담이 방면하는 길을 열고자하여 신난수(愼蘭秀)를 불러 '이기가 무죄한 사람 11명을 죽였으니, 죽은 이는 어쩔 수 없지만 귀양간 사람이라도 이끌어 쓰는 것이 옳다. 그렇지 않다면 반드시 물의가 있을 것이다.'라고 유세하였다."라고 논계하였다.

허자(許磁)는 홍원(洪源)에 부처되었다. 대간에서 논계하기를 '허자는 민제인과 체결하였고 또 송순으로 하여금 미론(美論)을 야기하게 하였으니, 이 두 사람은 간사한 논의의 성세(聲勢)가 된다.'라고 운운하였다.

김규(金虯)·이명(李銘)·김여부(金汝孚)·김진(金鎭)·이귀수(李龜壽) 등은 대간에서 간사함을 품은 흉독한 인물이라 논계하였고, 박민헌·임복은 음흉하고 사악한 인물이라고 하였다.

06(첨부)-03(삭훈전지)

삭훈 전지(削勳傳旨)[420]에 다음과 같이 하교하였다.

---

420) 삭훈 전지(削勳傳旨) : 이 전지는 다른 문헌에는 확인이 되지 않고 유독 『을사전문록』 「신원전지」에 보인다. 『선조실록』을 보면 1577년(선조10)에 공의전이 병이 나서 6월에 윤임·이류·유관·유인숙의 직첩을 환급하라는 명이 내려졌고, 공의전의 병이 위독하여 운명에 가까워지자 위훈 삭제에 대한 일이 서둘러 전개되어 11월 28일에는 위훈을 삭제하는 글을 대제학에게 짓도록 청하는 내용이 실려 있다. 이로보아 이 전지는 1577년에 지어졌을 것으로 추측된다.

“소인이 남에게 원한을 맺어서 그를 모함하려고 할 적에 죽음으로 처치하지 않으면 마음에 시원해 하지 않고 반역이라는 이름으로 더하지 않으면 죽음에 이르게 하지 못하며 구실이 없으면 반역을 이름 짓지 못하니, 그 마음가짐이 또한 참혹하지 않은가. 윤원형은 폐부의 친족으로 윤임과 권세를 기울여 시기와 혐의를 번갈아 만들어냈다. 인종이 승하하고 명종이 즉위하자 윤원형이 팔을 걷어 부치고 독한 성미를 부리니, 윤임은 한낱 도마 위의 고기일 뿐이었다. 이기·정순붕·임백령 등이 서로 견강부회했던 것은 앞서는 오랫동안 쌓인 원한이 있어서였고 금세 공을 탐하는 마음이 있어서였는데 무함하는 술책이 은미한 데에서부터 시작하여 무거운 데에 이르게 하였다. 처음에는 윤임을 ‘스스로 편안해 하지 못한다.’라고 하고 유관 등은 ‘조금 형적이 있다.’라고 하여 내쳤다. 감히 장돈(章惇)·채변(蔡卞)[421]이 남긴 지혜를 본받아 거짓으로 언서(諺書)를 만들어 궁궐을 경동시켰고, 윤원형의 요망한 첩[422]을 대내로 들여보내 교묘하고 간사한 혀로 마음을 현혹시켰는데, 정순붕이 상소함에 미쳐서 윤임·유관·유인숙이 일시에 주륙되었다. 반역은 신하의 큰 죄인데 자복을 받지 않고 죄를 정하는 것이 가하겠는가. 오히려 인심이 복종하지 않을까 두려워하여 사직을 보위한다는 명분을 빌려서 존엄한 군부를 강요하여 같이 맹세한 피를 마셨으니, 하늘을 속인 노여움과 조종을 더럽힌 분노가 밝고 밝은 가운데 한 번 맺히게 되었다.

김명윤의 밀고가 잇달아 일어나서 교묘하게 함정을 만들어 끝내 큰 옥사를 이루었다. 임백령은 이덕응을 꾀어 거짓 자복하게 하였고, 안세우는 모린으로 하여금 위증하게 하여 재궁이 빈전에 있는데도 곤장과 단근질을

---

421) 장돈(章惇)·채변(蔡卞) : 장돈은 신종(神宗), 철종(哲宗) 때의 간신으로 채변 등을 써서 소술(紹述)의 설을 일으켜 청묘(靑苗)와 면역 등 여러 법(왕안석의 신법)을 모두 회복시켰다. 명현인 사마광(司馬光), 문언박(文彦博), 여공저(呂公著), 범순인(范純仁) 등 원우당인(元祐黨人)들을 배제하고 원수에게 보복을 가하는 등 연좌를 시킨 사람이 매우 많았다. 채변은 왕안석의 사위로 소술의 설을 논하면서 황제를 속이고 아랫사람을 위협하여 반대파들을 음해했다.

422) 윤원형의 요망한 첩 : 정난정(鄭蘭貞)이다. 정윤겸(鄭允謙)이 아버지이고 어머니는 관비(官婢) 출신으로 미천한 신분에서 벗어나기 위하여 윤원형에게 접근해서 그의 첩이 되었다. 문정왕후가 수렴청정을 하게 되자 윤원형의 사주에 따라 명종과 문정왕후에게 인종의 척족 윤임이 그의 조카 봉성군을 왕위에 세습시키려 한다고 무고하였다.

자행하여 지척에 있는 궁궐 뜰에 혈육이 낭자하였다. 심지어 궁인을 끌어내어 죄를 주고자 하였으며, 선왕의 지친이 뜻밖에 죽임을 당하였고, 인종의 외삼촌이 씨도 남지 않게 되었다. 자신과 다름을 미워하여 중상함으로 인해 단정한 인사와 바른 선비가 머리를 나란히 하고 죽음에 나아가니, 일시에 사림이 일망타진되었다. 명종은 인종의 아우로서 대통을 이어 받았으니, 형이 죽으면 아우가 잇는 것은 고금에 공통된 의리인데 당시의 신하들이 그 사이에 어찌 다른 뜻이 있었겠는가. 윤원형이 여러 해 쌓인 사사로운 원한을 윤임에게 풀었고, 분을 풀어도 부족하여 인종에게 옮기고 공의전에 옮겼으니, 그 흉악하고 참혹함에 대해서는 차마 말하지 못하는 점이 있다. 명종은 천륜에 의한 형제이므로 사람이 형제 사이를 이간할 말이 없을 것이라 생각하였더니, 임금을 우롱하여 조정을 압제하고, 교묘하게 꾸며 맞추는 설을 어지럽게 만들어내고 속일 수 있는 방법으로 무고하였다. 문정왕후는 깊은 구중궁궐에 있었고 명종은 유충한 나이로 왕위에 있지 않은 것과 같았으니,[423] 어찌 간인이 기만하는 줄을 알았겠는가.

당초에 권벌이 말하기를 '윤임은 지친인 외숙으로서 전위하는 즈음에 일처리가 매우 바랐다.'라고 하였는데, 권벌은 나라를 도모하는 중신으로 충직하여 숨김이 없었으니 어찌 사사로이 한 사람을 옹호하여 이런 말을 하였겠는가. 윤임은 무인으로 하루아침에 세력을 잃었으니 누구와 더불어 역모를 하였겠는가. 이류는 못나고 무식하여 남이 천하게 여겨 버려진 지가 오래였는데 윤임의 3촌 조카인 연고로 끝내 화를 당하였으니 무얼 의심할 것이 있겠는가. 윤임 등이 과연 반역한 형상이 있었다면 충순당에 입시하였을 즈음에 이기와 정순붕 등이 어찌 다만 '스스로 편안해 하지 못한다.', '조금 형적이 있다.'라는 것으로 말하였단 말인가. 또 '종묘사직을 위태롭게 하려고 도모하였다.'라고 하였는데 실제로 드러난 자취가 없으니, 마침내 반역했다고 함은 모두 날조한 데에서 나온 것이 명백하다. 또 이기 등이 인종을 해를 넘기지 못할 임금이라고 하였으니, 그 임금을 무시하고 대역무도한 죄가 지극하였다. 당시에 원통하고 억울한 정상은 보

423) 명종은……같았으니 : 명종이 12세의 어린 나이로 즉위하자 모후인 문정왕후가 수렴청정을 하였다.

는 이가 처참해하고 듣는 이가 측은해하여 고기를 씹고 가죽을 깔고 자기를 원하지 않는 이가 없었다. 이로써 하늘을 속인들 하늘을 속일 수 있겠으며, 이로써 사람을 무고한들 사람을 무고할 수 있겠는가. 천지가 생긴 이후로 간흉의 해독이 이처럼 참혹했던 적은 있지 않았다. 정렴은 정순붕의 아들로 울면서 간하여 근심하고 슬퍼하였으며, 이원록은 이기의 조카로 면쟁하다가 내쫓김을 면하지 못하였다. 사필이 공명정대했던 안명세와 조박은 마침내 죽임과 귀양을 당하였고, 당초에 주모자인 허자는 녹훈된 뒤에 천지와 귀신을 속일 수 없다는 말을 하여 스스로 귀양가기에 이르렀으며, 민제인은 처음 훈적(勳籍)에 참여하였으나 스스로 소인으로 귀결됨을 면하지 못한다는 것을 알고는 회한하는 빛이 언어에 드러났으니, 공론은 민멸되지 않고 인심은 속이기 어려움을 이에 근거해보면 알 수 있다. 온 나라 사람들이 가슴을 치고 몹시 슬퍼하지 않는 이가 없었으나 흉악한 위엄이 혁혁하여 감히 입을 열지 못하였다. 수십 년 동안 시비가 전도되고 형벌과 정사가 문란하였으니, 국가가 망하지 않은 것이 다행이다.

일이 이미 지나갔다고 하더라도 그 일의 시비가 분명하며 사람이 이미 죽었다고 하더라도 억울한 죽음이라는 것을 알 수 있다. 선왕께서 말년에 갑자기 깨달아 멀리 귀양간 신하를 헤아려 이배하고 윤임의 처자를 모두 석방하여 장차 순차적으로 거행하려고 하였는데 갑자기 승하하셨으니 통탄스러움을 이루 다할 수 있겠는가. 선후(先后)께서 수렴청정을 하시며[424] 선왕이 마치지 못한 유의(遺意)로 인하여 옛 신하들을 거두어 쓰고 큰 은전을 내렸다. 1570년(선조3)에 이르러 위로 공경으로부터 아래로 초야의 선비에 이르기까지 반년에 이르도록 오랫동안 번갈아 상소하고 논쟁하였다. 이에 위로 자전(慈殿)께 아뢰어 정순붕 등 4흉의 관작을 삭탈하고, 유관·유인숙의 역명(逆名)을 깨끗이 씻어냈다. 정미(1547)·기유(1549) 두 해에 죄를 입은 사람도 모두 직첩을 돌려주었으며, 또 올해 여름에 공의전께서 병이 위독하실 때 4명의 억울함을 하교하셨다.[425] 때문에 대신에게

424) 선후(先后)께서 수렴청정을 하시며 : '선후'는 명종의 비 인순왕후 심씨(沈氏)를 가리킨다. 명종이 후사가 없이 죽자 1567년에 선조가 16세에 왕위에 올랐다. 나이가 어려 처음에는 인순왕후가 수렴청정을 하다가 이듬해부터 친정을 하였다.

425) 또……하교하셨다 : 4명은 윤임·이류·유관·유인숙으로, 『선조실록』 10년 6월 26일 기사를 살펴보면 공의전이 윤임·이류·유관·유인숙 등의 직첩을 환급하라고 하자 대신들에

물어서 곧 두 유씨(유관과 유인숙)의 벼슬을 도로 주도록 명하였으나, 윤임과 이류는 사체가 중대하여 내가 오히려 머뭇거리고 어렵게 여겼다. 공의전의 병의 증세가 수개월 동안 낫지 않고 날로 위태로운 데에 이르므로 내 마음이 망극하였으나 을사년의 일은 본래 아는 바가 아니고 또 앞 조정에서 동맹한 대사이므로 감히 손을 대지 못하였다. 지금 사세가 여기에 이르렀기 때문에 이 달 28일에 내가 복작과 삭훈의 뜻으로 이미 상전(上殿)에 고하여 죄인 윤임 및 이류의 직첩을 도로 주고, 정순봉 등 위사공신은 파삭(罷削)하니, 모두 부득이한 데에서 나온 것이다. 후세에 나를 구실로 삼지 말라."

06(첨부)-04(정순봉의 상소)

정순봉의 상소에 다음과 같이 말하였다.

"삼가 간적(奸賊)이 난을 꾸며 종묘사직을 뒤엎기를 꾀한다는 말을 듣고 마음이 항상 분하고 답답하였지만 병에 걸림으로 인하여 스스로 상달하지 못하고 공론이 일어나기만을 기다렸습니다. 그런데 삼가 밀지가 내려졌다는 말을 들으니[426] 놀라고 두려운 마음을 이기지 못하겠습니다. 두세 재상과 더불어 의논하고 대사헌에게 말하여 그로 하여금 먼저 아뢰도록 하였으나, 당시의 대간이 완급에 어두워 도리어 밀지를 바르지 않다고 하여 각각 스스로 물러나 흩어져 위급존망의 기미가 조석 간에 박두했었습니다. 그러므로 신이 병을 참고 억지로 일어나 함께 의논했던 재상을 따라 죄상을 진술하여 펴고 경중을 분별해 죄를 주어서 장차 인심을 진정시키고 종묘사직을 붙들려고 하였습니다. 그 뒤에 간사한 의론이 아울러 일어나 인심이 요동치니, 비록 협박당하여 따른 자들이라 할지라도 도성 안에 둘 수 없었습니다. 그래서 아울러 찬축을 명하였으니 마땅히 다시 사람들의 말이 없어야 했습니다. 그런데 권벌이 중신으로 간곡하게 신구하니, 신은 한심스러움을 견디지 못하겠습니다. 대저 신하된 자는 비록 역심(逆心)만 가져도 왕법(王法)에 용서하지 않는 바인데 하물며 흉악하고

게 의논하게 하였고, 이날 '유관과 유인숙의 직첩을 환급하라.'는 전교가 내려졌다.

426) 삼가……들으니 : 윤임 등을 제거하는 일로 문정왕후가 밀지를 윤원형에게 내려 이기와 정순봉 등을 설득하게 하였다. 『明宗實錄 1年 8月 28日』

비밀스러운 계모가 이미 현저하게 드러난 경우야 말해 무엇 하겠습니까. 윤임은 지난 1537년(중종32) 연간에 삼흉에게 당부(黨附)하여 국모를 해치려고 하였으니, 만약 그 계략이 실현되었다면 어머니가 폐해지는데 자식이 온전한 이치는 없습니다. 인종대왕께서는 효성과 우애가 천성에서 나와 형제사이에 조금도 간극이 없었습니다. 그런데 윤임이 무도한 말을 주창하여 상하로 하여금 불안하게 하였으며,[427] 인종께서 승하하심에 이르러 스스로 의구심을 내어 몰래 대신과 결탁하여 불궤를 도모하였으니, 그 정상을 따져보면 죽여도 남는 죄가 있습니다. 비록 선후(先后)의 지친이라고는 하나 형세 상 용서할 수 없습니다. 유관은 고명을 받은 대신으로 위태롭고 의심스러운 즈음을 당하여 힘을 합해 도와 인도할 것은 생각하지 않고 윤임의 말을 좇아 전하로 하여금 고립되어 의지할 곳이 없게 하였으며, 왕위를 이어받던 날에는 수상과 더불어 말하기를 '마땅히 어떤 사람을 세워야 하는가.'라고 하여 어떻게 할지 여쭈려고 하였습니다. 중종대왕의 적자는 오직 전하 한사람뿐이고 인종대왕의 유교(遺敎)에도 '경원대군이 있으니 후사를 부탁할만하다.'라고 하였는데 유관이 다시 어떤 사람을 여쭈려고 했단 말입니까. 유인숙은 윤임의 집안과 연이어 혼인하여 체결한지가 이미 오래되었습니다. 전하께서 즉위하시던 날에 잠저 때의 사부(師傅)[428]를 불러 전하가 어진지 그렇지 못한지를 물었으니, 만약 어질지 못하다면 장차 어떻게 하려 한 것입니까. 이언적이 경연에 입시하였다가 물러 나와 유인숙을 보고 '전하의 영명함이 특이하시다.'라고 말하니, 유인숙이 묵묵히 대답하지 않고 기뻐하지 않는 기색을 얼굴에 드러내었습니다. 평소에 남을 대하여 전하를 가리켜 입으로 말해서는 안 될 말을 하여 '주상에게 안질이 있다.'라고 하여 조금도 거리낌이 없었으니, 죄악이 또한 커서 목숨을 보전하는 것도 이미 족합니다. 왕위를 물려받던 날에는 한 두 사람의 아래 관원인 이림이 이 사람들의 지휘를 받아 생사여탈의

---

427) 윤임이……하였으며 : 윤임이 일찍이 "중종이 윤원로의 참소를 듣고 맏아들을 폐하고 어린 아들을 세우려는 뜻이 있어 동궁이 두려워하니 반드시 보호하여야 한다."라고 한 바 있다.『明宗實錄 1年 8月 28日』

428) 잠저 때의 사부(師傅) : 신희복(愼希復)을 가리킨다. 신희복은 명종이 대군(大君)으로 있을 때 사부가 되었으며, 즉위한 뒤에 특별한 은총을 입었고 기로소(耆老所)에 들어갔다.

권한이 자전께 돌아가지 못하게 하고자 하여 공공연히 이야기하였으니, 이것은 또한 흉악한 계모 가운데 한가지입니다. 삼가 바라건대 전하께서는 세 사람의 죄상을 밝게 기록하여 중외에 효유해서 물정을 시원하게 해 주소서. 그렇게 해 주신다면 더없이 다행이겠습니다."

「소문록발(謏聞錄跋)」 이대기

사기(士氣)는 천지 사이에 있어서 하루도 굶주려서는 안 된다. 그러나 그 기운이 쉬이 과격한 데에 이르며 과격하면 반드시 패하니, 예부터 지금에 이르기까지 사기가 과격하여 일어난 화가 매우 참혹하였다. 아, 굶주려서는 안 되는 것이 바로 기운이면서 과격해서도 안 되는 것이 또한 이 기운이다.[429] 우리 국조에서 200여 년간 국운이 홍성하였으나 사림의 화가 계속 이어졌다. 계유년(1453)에 처음 일어났고 무오년(1498)에 재차 일어났으며, 기묘년(1519)에서 을사년(1545)에 이르기까지와 을사년에서 기유년(1549)에 이르기까지 그 사이의 거리가 혹은 30년에 가깝고 혹은 40년을 지나기도 하는데, 경악스럽고 괴이하고 참혹하고 비참하고 비통한 것이 한둘이 아니었다. 그리하여 길이 지사(志士)로 하여금 오열하도록 만들었으나 사적이 혹 애매하고 분명치 않음에 이르러서는 후인들에게 전하기 곤란하니, 자못 흠이 될 만한 일이 아니겠는가.

내가 귀양살이를 하는 중에 밤낮으로 아무 하는 일이 없어서 5년 동안 화패(禍敗)의 전말에 관한 기록을 수집하여 혹은 선인의 말로 기술하기도 하고 혹은 나의 견해로 참작하기도 해서 이 기록을 완성하고 이름붙이기를 '설학소문'이라 하였다. 비록 견문이 넓지 못하여 고루함을 면치는 못하지만 그러나 나를 알아주는 것도 이 사화록 때문일 것이고 나를 죄주는 것도 이 사화록 때문일 것이다.[430] 아, 계유·무오·을사·기유년에 일어난

---

429) 굶주려서는……기운이다 : 『맹자』 「공손추상(公孫丑上)」 2장에 서술된 맹자의 기(氣)에 관한 입장이 고스란히 녹아있다. 기(氣)는 의(義)·도(道)와 배합하는 천지사이에 가득한 호연지기(浩然之氣)로, 행하고서 마음에 만족스럽지 못함이 있으면 이 호연지기가 굶주리게 된다. 그러므로 선비가 이 기운을 굶주리게 해서는 안 되는 것이다. 의지는 기운의 장수이고 기운은 몸에 충만한 것으로 의지가 한결같으면 기운을 움직이고 기운이 한결같으면 의지를 움직인다. 그러므로 선비는 의지를 가지고도 기운을 포악하게 하지 않아야 도의에 배합하는 호연지기를 기를 수 있다. 그런데 사화가 있어났을 당시에 지치를 이룩하고 도의의 실현을 꿈꾸었던 선비들이 기운을 포악하게 하지 않고 언행에 만족스럽지 못함이 없어서 호연지기를 길러 충만하게 하지만은 않았던 것이다. 언행에 있어서 호연지기가 굶주리는 상황과 기운을 거칠게 하여 뜻이 또한 그리로 옮겨지는 상황이 일어났고, 이로 인해 선비는 도의에 결핍되고 소인은 격동되어 사화가 발생하게 된 원인이 되었음을 이대기는 이처럼 밝히고 있는 것이다.

네 사화는 혹 사람이 하늘을 이기지 못하여 재앙을 불러들인 데에서 일어났고,[431] 혹 우의하여 글로 나타내었다가 기휘를 촉범한 데에서 일어났고,[432] 혹 자신이 시기와 혐의의 자리에 처했으나 피할 줄을 알지 못한 데에서 일어났고,[433] 혹 사람됨을 알아봄에 어두워 일찌감치 절교하지 않은 데에서 일어나기도 하였다.[434] 선량한 이들이 뜻밖에 재앙을 당한 일이 지극히 원통하지 않은 것이 없는데 참소하고 도적질하는 소인이 난을 꾀하여 혹 화를 만들기도 하였다. 기묘사화에 이르러서는 선을 실현하려는 집념에 의해 일어난 일로서 터럭만치도 화를 부를만한 혐의가 없었으나 하늘에 닿을 만한 동량(棟梁)이 한 번에 찍혀 거꾸러졌으니, 하늘이 한 일인가, 사람이 한 일인가. 그런즉 기묘사화에 화를 당한 군자는 군자 중에 가장 불행하며, 기묘사화에 화를 만든 소인은 소인 중에 더욱 심하다. 아, 화패가 일어났을 때에 비록 성상이 위에 있었지만 끝내는 소인에게 속임을 당하였으니, 다만 군자의 도가 비색(否塞)했음을 알 뿐이요 군자의

430) 나를……것이다 : 『맹자』 「등문공하」 9장에 "공자께서 말씀하시기를 '나를 알아주는 것도 오직 『춘추』 때문일 것이며, 나를 죄주는 것도 오직 『춘추』 때문일 것이다.' 하셨다."라고 하였는데, 이 뜻을 취하여 자신이 『설학소문』에 있어서도 그러함을 밝힌 것이다.

431) 혹……일어났고 : 계유사화와 병자사화를 말한 것이다. 세조가 야욕으로 불의하게 계유정난을 일으킨 뒤 단종에게 선위를 받자 이로 인해 단종 복위운동이 일어났다. 단종 복위운동의 의사는 의를 중시하여 불의한 세조를 폐하고 단종을 복위시키려 하였으나 끝내 패망하였으므로 이를 사람이 하늘을 이기지 못하여 화를 초래하였다고 한 것이다.

432) 혹……일어났고 : 무오사화를 말한 것이다. 무오사화는 김종직이 항우에게 시해당한 의제를 조상한 글인 「조의제문」이 빌미가 되어 일어났는데, 이는 세조가 단종에게 선위를 받은 뒤에 상왕(단종)을 죽인 일과 흡사한 면이 있으므로 기휘를 촉범하였다고 한 것이다.

433) 혹……일어났고 : 을사사화를 말한 것이다. 윤임은 인종의 병이 위독하자 대내에 시병하기 위해 들어갔는데 윤원형 등은 이를 빌미로 윤임이 유관·유인숙 등과 계림군·봉성군 중 한명을 추대하려 했다고 모함하여 을사사화를 꾸몄다. 이는 윤임이 인종의 외숙으로 시기와 혐의스러운 위치에 있었으나 혐의를 피할 줄을 알지 못한 것이기 때문에 이렇게 말한 것이다.

434) 혹……하였다 : 문맥상 이 부분은 기유사화를 설명하는 부분이어야 한다. 기유사화는 3흉 가운데 한 명인 이홍남이 아우 이홍윤을 고변하였고, 이기와 윤원형 등이 옥사를 만들었다. 그렇다면 이대기는 이홍윤이 그의 형 이홍남과 일찌감치 절교하지 않았기 때문에 기유사화가 일어나 화를 당한 것으로 파악한 듯하다.

도가 비색함을 알지 못하겠으나 국가의 위망이 잇따랐으니, 애석하도다![435]

435) 다만……애석하도다 : 기묘사화를 이처럼 은미하게 표현한 것이다. 원문은 '徒知君子之道否而不知君子之道否 而邦國之危亡隨之 惜哉'인데, '徒知君子之道否而不知君子之道否'는 북송의 저명한 학자 주돈이(周敦頤)의 「태극도설(太極圖說)」에 '無極而太極'에서 '無'자와 '太'자만 다르듯 '知'와 '不知'만이 다르다. 조광조 등 신진사류의 급진적·배타적 태도는 중종을 염증나게 하였고 이것이 소인의 참소가 젖어들어 기묘명현이 패망하게 된 한 가지 원인이 되었다. 이대기는 앞부분에서 조광조와 사류를 표면적으로 포(褒 기리다)·찬(贊 칭찬)하는 한편 이 부분에서는 이면적으로 그들을 폄(貶 폄하)·주(誅 책하다)했다고 볼 수 있다. 기묘명현의 가치를 중시하되 그들에게 사화가 일어날 수 있는 문제가 내포되어 있었음을 은미하게 표현한 것이다. 곧 조광조 등 신진사류의 도가 비색했던 것이지 참된 군자의 도가 비색한 것은 아님을 간접적으로 드러낸 것이다. 번역문에 보충역을 한다면 다음과 같이 할 수 있다. "다만 <조광조 등 신진사류의> 군자의 도가 비색(否塞)했음을 알 뿐이요 <참된> 군자의 도가 비색함을 알지 못하겠으나, <기묘사화와 이전의 사화로 인해> 국가의 위망이 잇따랐으니, 애석하다."

제3편
『설학소문』 원문

〈搜聞錄序〉 舍弟大約

舍伯公, 晩年身退林泉而志在朝廷, 故日事搜聞, 終成五篇。篇中所載, 則乃歷年士禍之實錄而當時抱義寃死之善類, 弄奸僞勳之醜徒, 斷斷分析而元無一毫匿蔽。顧其秉直之律, 殆將不下於史局也。何者? 若君不君德, 則少無顧忌廢朝之事, 是也; 臣不臣職, 則多有棄斥群凶之蹟, 是也。朝廷之綱紀弛而群枉之門闢, 凶焰浩漫, 善類蹣跚, 何其國步之多艱, 理之難諶也? 至若世廟朝事實, 是天命所在, 殆非人力所及, 故衛戴勳臣, 死君義士, 各悉其行, 而其餘膚受之讒, 橫罹之禍, 昭詳采錄, 而使君子之風, 蔚然可觀乎世; 使小人之澤, 蹙然有憾於人。嘻! 善惡之分, 贊誅之實, 盡是國史官之載局, 而亦乃諸君子之家乘也, 則豈能取舍於硯墨間私意哉? 大抵國朝之事, 士類之變, 孰不目覩耳提而無一如是成錄? 嗚呼噫嘻! 舍伯公, 亦一打網中人, 而不少蹇屈, 有此編錄, 義足以倡於人, 事可以懲於後, 豈不偉哉! 余敢忘其固陋而書其顚末焉。

〈雪壑謏聞序〉 吳光運

《雪壑謏聞》者，國朝士禍錄也，始於端宗元年癸酉，止於明宗己酉。癸酉之禍：始於權擥，成於鄭麟趾，死者金宗瑞等十七人。燕山戊午：諸賢佔畢 金先生、一蠹 鄭先生以下二十八人禍，兇有柳子光、李克墩，奸有尹弼商、盧思愼、韓致亨。甲子：寒暄堂 金先生以下十人禍。中宗己卯：靜菴 趙先生以下二十六人禍，兇有南袞，奸有洪景舟。明宗乙巳：諸賢柳灌等七十四人禍，兇有尹元衡、李芑，奸有鄭順朋、林百齡、鄭彦慤，邪有金明胤、安世遇。丁未：宋麟壽等二十四人禍。己酉：諸賢柳貞等十人禍，兇有李洪男。

噫！千里而一士比肩而立，千世而一士接踵而至，才難不其然乎？諸賢之蔚興於百餘年間者，百七十有餘人，何其盛也？人才之盛，跨越前代，而禍之亟作，亦前代所未有也。我祖宗菁莪棫樸之敎，與夫鴻昌之運、光岳之精，叅合而肹蠁，生此思皇多士，謂天無意於斯世，不可也。天旣生之而又殺之何哉？抑生之者天，而殺之者人歟？人與人氣類也。善人君子，人之所愛慕也，有人焉，必欲殺之，抑何心哉？豈其心非人也哉？然君子不怨天、不尤人，自反而已矣。孔子曰:“道之不行也，我知之矣。賢者過之，不肖者不及。” 彼小人之禍也，其無乃賢者亦太過而有以激之耶？斯錄也，亦足爲君子之龜鑑也。《易》爲君子謀，不爲小人謀，然君子者，仁愛惻怛，雖昆虫草木之微而皆及焉，彼小人，亦人爾，獨不爲君子所慦痳，吾不信也。君子之大書特書，塗人瞻聆，使街童至今諺數罵曰:“子光、芑、袞”，而又國俗重世累，使其子孫不敢與人類齒者，豈其心嫉惡而已？欲使小人者，自知其名載董狐之筆，萬世不赦，則其惡庶有瘳乎？然則斯錄也，亦可爲小人之惡石也。

抑不佞於此有感焉：自夫中世以降，黨禍作而士禍熄，士禍之時，善惡如黑白；黨禍之後，春秋無義戰。斯錄也，其世道級降之一大限歟！嗟乎！死於世禍者，俯仰無怍，而哲士猶或病之，彼褰裳趨黨禍而死者，抑何哉？其死者，大抵皆背公死黨，貪權樂勢之徒，雖或有冤者叅乎其間，亦壓溺者流，烏可與士禍諸君子，同日道哉？彼黨人者，各立壁壘，雖靜菴復起，必不得方寸容足之地，不過挺然特立，任其抹撥而斥遠之也，其禍亦不至於死，爲君子者，亦幸矣。其小人者，憑倚部黨，聲勢益張，文餙《檮杌》，比方元凱，其子孫雖負大世累，束帶髟纓，方羊於世，而人莫之恥焉，使子光、芑、袞之鬼有知，則必恨其不生於黨論之世矣，爲小人者，亦幸矣。

嗚呼！天下之禍，莫大於善惡不明，而士禍次之，士禍之所殺者，數十君子而已；黨禍之所殺者，人心世道也。人心世道旣死，則毋論君子與小人，其將奚依而爲生？夫豈有世道之不幸而爲一身之幸者耶？志士仁人，烏可以獨全自幸？而彼小人者，吁亦不思也已。黨之窟於世久矣。門生故吏，耳目布列，一語言，仇殃立至，君子隱畫之而已，亦不敢稠坐公共言也。惟斯錄也，出於中世以前，聲銷氣歇，愛憎已空，言之無傷也。余故志感於此，以戒夫天下後世之禍人家國而卒自禍者。且雪壑未知何人號也，觀其所以辛勤叙述之意，其爲世道憂也摯矣。是必中世賢士大夫所著，世必有知其人者，特余孤陋而不之知爾。姑竢知者，以著歐九不讀書云。

《雪壑謏聞》卷之一

〈國朝歷年士禍錄目錄〉

01-01(계유록)
癸酉魯山元年, 光廟以首陽大君爲首相, 密與權擥、韓明澮等定謀, 誅金宗瑞於其第, 殺皇甫仁於闕門, 竄許詡於外, 縊殺之。至丙子, 光廟受禪, 朴彭年、成三問、成勝、兪應孚、河緯地、李塏、柳誠源、權自愼、金礩等謀復魯山, 礩與鄭昌孫告變, 礩得免, 餘皆同日死。癸酉之禍, 始於權擥, 成於鄭麟趾。
翊戴三臣：權擥、 韓明澮、 鄭麟趾。
義士十七人：金宗瑞、皇甫仁、趙克寬、許詡、鄭苯、安平大君、【已上癸酉】朴彭年、成三問、李塏、柳誠源、河緯地、兪應孚、成勝、錦城大君、李甫欽、李澄玉, 別傳：金時習。【已上丙子】
癸酉【光廟靖難誅瑢】 丙子【光廟受禪, 六臣等謀復上王。】

01-02(무오록)
戊午燕山四年, 李克墩開史局, 見金馹孫史草書己惡甚悉, 又書祖宗朝事, 欲因此報己怨, 言於魚世謙, 世謙不答, 謀於柳子光。子光攘臂, 卽往見盧思愼、尹弼商、韓致亨等同謀, 摘出馹孫之師金佔畢文集中〈弔義帝文〉, 逐句註釋, 以指斥光廟, 論以大逆。佔畢剖棺, 濯纓處斬。至甲子禍復作, 金寒暄、康伯珍等處斬, 其餘前後史官坐法者甚衆。
二兇：柳子光、 李克墩。
三奸：尹弼商、盧思愼、韓致亨。
諸賢二十七人：金宗直、金馹孫、鄭汝昌、鄭希良、權景裕、李穆、權五福、許磐、姜謙、表沿沫、洪瀚、茂豊副正、姜景敍、鄭承祖、李宗

準、任熙載、李繼孟、姜渾、【已上戊午】金宏弼、曺偉、康伯珍、李黿、趙之瑞、李守恭、李冑、朴漢柱、崔溥。【已上甲子】
甲子【燕山更發狂暴，加罪金宏弼等十人。】

01-03(기묘록)
己卯中宗十四年，趙靜庵 光祖欲興至治，引進諸賢，同心恊理。於是善類布列，激濁揚清，舊臣之拂清議見擠者，皆銜怨。南袞與沈貞、洪景舟等同謀，夜潛開神武門，以一葉虫書密告，靜庵被謫，俄而賜死，一時清流，波及無遺類。蓋當時士論矯激，不能秉中，以致此禍。
一兇：南袞。
二奸：沈貞、洪景舟。
諸賢二十六人： 趙光祖、金淨、金湜、成世昌、金絿、尹自任、朴世熹、孔瑞麟、奇遵、安珽、李構、沈達源、鄭光弼、安瑭、李長坤、崇善副正、鄭浣、申命仁、李若氷、李若水、成守琮、金大有、申潛、李希閔、安處謙、李允儉。【已上己卯】
○李正叔、權碩、韓忠、李忠楗、奉天祥。【已上辛巳】
辛巳【安處謙欲除君側之惡，宋祀連告變。】

01-04(을사록)
乙巳仁宗元年，自大小尹指目之後，尹元衡與尹任構隙，日夜磨牙，思所以爲擠陷之地。及仁廟大漸，尹任入侍，元衡欲因此捏造，與李芑同謀，以任通於恭懿殿，桂林、鳳城兩君中推戴，將不利於明廟，造作飛語，動搖文定與明廟。於是鄭順朋、林百齡，相與締結，或告變，或上疏，指任爲不自安，柳灌、柳仁淑爲稍存形迹，浸潤羅織，終成大禍。任與二柳，論以大逆，桂林、鳳城俱被誅，一時士類之波及者亦多。又丁未鄭彥慤壁書之禍踵起，善類殲盡。
二兇：尹元衡、李芑。
三奸：鄭順朋、林百齡、鄭彥慤。

二邪：金明胤、安世遇。【乙巳五奸，栗谷以尹、李、鄭、林、許磁爲目，而其削勳〈箚〉，則曰："閔齊仁、許磁，初附奸兇，錄勳之後，自知不免小人之歸，方始悔悟，漸與奸兇不合，遂得罪。" 始雖阿附，至竟悔悟，則與終始一體者，竝論未安，當以彦慤充數而許其悔可也。】
諸賢七十三人：柳灌、柳仁淑、郭珣、白仁傑、盧守愼、丁熿、權橃、李彦迪、朴光佑、李霖·震、李若海、羅湜·淑、成世昌、李滉、安名世、沈苓、具壽聃、鄭滋、金礵、尹潔、韓淑·澍、鄭源、李浚慶、李文楗、李燭、愼居寬、李首慶、黃博、鄭希登、金弘度、安景祐、成遇、尹興義、李元祿、鄭磏，外傳：鳳城君·桂林君，尹任、鄭郁、李中悅、許磁、李煇、閔齊仁、李德應、梁允溫、成子澤，【已上乙巳】宋麟壽、金鸞祥、柳希春、李若氷、金振宗、安䎘、林亨秀、宋希奎、李彦忱、閔起文、權勿、權應挺·應昌、尹剛元、趙璞、孫弘績、尹忠元、許忠吉、金禧年、金忠甲、朴承任、李湛、柳景深、李天啓。【已上丁未】
丁未【鄭彦慤上壁書，加罪宋麟壽等二十四人。】

01-05(기유록)
己酉明宗四年，李洪男之父若氷，死於丁未。洪男之弟洪胤，憤其父寃死，時發怨言。洪男與洪胤有隙，上變。李芑、尹元衡等，鍛鍊成獄，洪胤論以大逆，乙巳丁未網漏之人，又波及無遺。
三兇：李洪男、李芑、尹元衡。
諸賢十人：柳貞、李潤慶、李延慶、康惟善、宋純、朴民獻、李瀣、李致、柳昌門、崔蓋國。

《雪壑謏聞》卷之二

〈癸酉錄〉

02(개요)-01(계유사화)-01

魯山諱弘暐，文宗大王第一子。景泰壬申卽位，三年乙亥，傳位于世祖。稱上王者三年丁丑，封魯山，出寧越郡，是年冬命賜死。《秋江冷話》云："魯山之遜于壽康宮也，昏夜無火擧，只從五十餘人，下鐘樓時，左右行廊皆哭，止之不得。時尹㦒爲司禁，爲余言。"又："魯山之遜也，始於謀臣權擥，成於大臣鄭麟趾之議。金自仁時年十二，見其議，匈如火焰云。"又："魯山之遜于寧越，自歌曰：'月欲低蜀魄啾，相思憶倚樓頭。爾聲苦我聞哀，無爾聲無我愁。爲報天下勞苦人，愼莫登春三月子規樓。'國人聞之，無不涕泣者。及變，春秋十九，卽時雷雨大作，咫尺不辨人物。家奴石池之父，行商寧越，親見其變，爲余言云。"【出《冷話》】《魯陵遺事》曰："魯山賜死之日，頭戴翼善冠，身着袞龍袍，出坐椅子上，儼然不變，謂監刑官曰：'予無受旨處，予不可下庭。汝可來殺我。'監刑官俯伏，不敢仰視。有一通引者自願，因窓隙出索，結其項而縊之，卽時雷雨暴作，通引者，九竅流血而死。"

02(개요)-01(계유사화)-02(부기)

附：中廟 正德丙子，右承旨申鏛，致祭魯陵來言"墓在寧越郡西五里路邊，墮頹僅二尺許，叢塚傍列，而邑人傳稱爲君王墓，諸塚皆以石傍列，而獨此無"云。當初不諱之日，鎭撫來莅，刑逼自盡，暴尸於外，邑宰與從人，莫敢收斂，郡首吏嚴興道，卽臨哭，具棺斂襲，恐有異議，卽葬于此云。與本傳通引窓隙絞殺之語相異，未詳孰是。史云："魯山在寧越，聞錦城敗自盡。"此是當時狐鼠輩奸媚之筆也。大抵後日修《實錄》者，皆當時從諛者，《癸丙日錄》類多如此。或云："魯山墓有忠義輩潛發，依法物移葬。" 亦是浪傳也。但邑人至今哀痛，設祭以祭之，吉凶禍福，皆就祠禱之，"爲鄭麟趾奸賊輩所激，致令我君不終。" 嗚呼！自古忠節之出，不必於世胄華族。當時販君規利，必置其君於淫禍，然後快於心者，其視嚴君爲如何哉？而村婦里童，心不知君臣之義，目不覩凶變之事，而至今怏鬱不平，不知其言之出於口發於聲，可知人心之難誣也。【出《陰崖雜記》】

02(의사)-01(김종서)

金宗瑞，字國卿。世宗以宗瑞爲咸吉道都節制使，置四鎭，朝議多有異同，宗瑞力主其事。議者謂："宗瑞以有限之人力，興不可成之役，罪可誅也。" 世宗曰："雖有寡人，若無宗瑞，不足辦此事；雖有宗瑞，若無寡人，不足主此事。" 固執不回。宗瑞終設四鎭，徙南民以實之，日置酒張樂，大饗將士，吏民苦之。或言其不可。宗瑞曰："風沙絶塞，將士飢苦，吾以約始之，後必無終。" 一日夜宴，反側之徒，射中酒樽，左右驚擾，宗瑞自若曰："奸人試我，何能爲哉？" 後歷仕顯廟，忠勤素著。文宗臨薨，念儲君幼沖，宗室强盛，特命宗瑞及皇甫仁，受遺詔輔少主，如周霍故事。癸酉光廟密與權擥、韓明澮，先殺宗瑞於其第，卽馳詣於鄭悰家，移御所白上曰："宗瑞謀亂，事急不及聞，已誅之。" 上年幼，驚起曰："事當何如？惟叔主活我。" 光廟對曰："是不難，臣當處之。" 卽於上前，牌招諸大臣，使武士守門，隨其入而擇其異己者除之，領議政皇甫仁、吏曹判書趙克寬等皆死。卽命梟宗瑞、仁等首，誅其子孫，左參贊許詡曰："此人等，有何大罪，至於梟首孥戮乎？" 光廟怒，竝與詡竄殺之。

02(의사)-02(허후)

許詡，領議政稠之子也。家世忠孝，喪父事母色養，仕世宗朝二十餘年謹身守口。甲子乙丑年間，詡爲京畿監司，時値大歉，畿甸之間，野無一苗，百姓餓死，而守令不能救。詡上封事，請發京倉粟以賑之，上不允。詡伏闕庭，啼號哀痛，左右感而從之。於是轉運京倉粟，露積於野，兼發義倉，爲糜粥以賑濟。又上書請移全羅、忠淸之穀，計口量田以給粮種，民賴以力農。秋果大熟，百姓歌頌其德，事聞，上歎服不已焉。仕文宗，官稱其職。文廟之薨，顧命皇甫仁、金宗瑞爲相，輔幼主。詡爲左參贊，光廟以首陽大君，告于京師。詡請於光廟曰："方今梓宮在殯，少主當國，大臣未附，百姓狐疑。公子爲國宗臣，去國將何之？" 光廟不從而心韙其說。癸酉光廟密與權擥、韓明澮定謀靖亂，誅宗瑞於其第。時上移御駙馬鄭悰家。光廟夜詣門外，白上曰："宗瑞等謀亂，事急不及聞，謹以誅之。" 上年幼，驚起曰："事當何如？惟叔父活我。" 對曰："是不難，臣當處之。" 卽於上前，牌招諸大臣，以武士守門，隨其入門，擇其黨與而除之，政丞皇甫仁、吏判趙克寬等死，詡以前日請停赴京之語得免。召入命坐，行酒樂作，時宰相鄭麟趾、韓確等，拊掌喧笑，詡獨愀然不樂，亦不食肉。光廟問："何故？" 詡托以祖父忌齋日，光廟知托辭而不問。已而命梟宗瑞、仁等首于市，誅其子孫。詡曰："此人，亦何大罪，至於梟首孥戮乎？且詡與宗瑞，交道未孚，其心則未可知也。若仁也，詡平生審知其人，萬無謀反之理。" 光廟曰："汝不食肉，意固在此！" 對曰："然。朝廷元老，同日盡死，詡生且足矣，又從忍食肉乎？" 卽垂涕泣。光廟怒甚，然猶愛其德，不欲致之於死，李季甸力譖，流詡於外而竟縊之。自詡等之死，朝廷盡變。咸吉道節度使李澄玉，叛入女眞，爲判官鄭種所執，百姓訛言，都城一日四五驚，官吏不能禁。於是誅止造言者，分配訛傳者，然後乃定。詡之拜承宣也，人皆來賀，稠獨有憂色，終夜不寐。人或問之。稠曰："天道滿招損。稠無功德於世，而位極人臣，子又承宣，許氏之禍無日矣。" 詡死而其子修撰慥亦死，許氏弟姪皆禁錮，其言果驗矣。

02(의사)-03(정분)

鄭右相苯，晉州人。《粹談》曰：“有器局。癸酉靖亂時，方自嶺南回至忠州，見徇首，行至用安驛前，京官馳馹來，唱有傳旨。卽下馬再拜，問京官曰：‘受刑路中不祥，可就驛館否？’官曰：‘不然。但受旨押歸謫所耳。’公又再拜曰：‘生我耶？’還上馬偕行。官曾爲公之郎吏，謂公必問朝廷事，難於答應，而赴樂安郡十餘日，朝暮同處，一不開口，至謫所，勞苦謝別而已。公在謫，常奉先祖神主祀祭，一夕睡起，謂隨行僧曰：‘汝精具一飯，吾祀吾祖。’旣祭，盡焚其神主，俄而吏來，賜死。”

02(의사)-04(안평대군 이용)

安平大君 瑢，世宗大王第三子，號匪懈堂，癸酉以金宗瑞、皇甫仁黨置極典。《太平閑話》云：“匪懈堂，以王子好學，尤長於詩文，書法奇絶，爲天下第一，又善圖畵琴瑟之技。性又浮誕，好古探勝，作武溪精舍於北門外，又臨南湖作淡淡亭，藏書萬卷，招聚文士，作十二景詩，又作四十八詠，或張燈夜話，乘月泛舟，或占聯，或博奕，絲竹不絶，崇飮醉謔，一時名儒無不締交，無賴雜業之人，亦多歸之。棋局與子皆用玉，亦用金泥塗子，又令人織細綃，揮灑眞草亂行，人有求者，卽與之，事多類此。聞吾仲氏【成侃】有名，伻人邀之。仲氏往謁，賡賦亭中諸詩，詩語高絶，遂敬待以送之，期以後日再會。大夫人謂仲氏曰：‘王子之道，當閉門揮客，豈有聚人作朋之理？其敗立待，汝勿與交。’其後再三招之，竟不往，未幾敗死，一門皆服大夫人之藻鑑。”【已上癸酉】

02(의사)-05(박팽년)

朴彭年，字仁叟，號醉琴軒。世宗朝登第，與成三問等，常任集賢殿，見重於上。乙亥光廟受禪，彭年知王事之終不克濟，臨慶會樓池，欲自殞。三問固止之曰：“方今神器雖移，上尙爲上王，我等不死，猶且後圖，圖而不成，死未晩也。今日之死，無益於國家矣。”彭年從之，遂與三問潛謀。無何出爲忠淸道觀察使，啓事於光廟，不稱臣，但書曰“某官朴某", 朝廷不之知也。明年入爲刑曹參判, 與三問之父勝、武人兪應孚、文官河緯地、李塏、柳誠源、金礩、上王之舅權自愼等, 謀復上王。時天使出來, 寓太平館, 光廟欲同上王, 請使臣宴於昌德宮。彭年等, 謀"以是日使勝及應孚爲別雲劍, 當宴廳擧事, 閉城門, 除羽翼復上王, 猶反掌也。" 應孚曰:"上與世子吾當之, 餘在君等處之。" 適於其日, 命罷雲劍不入, 世子亦以疾不從, 應孚猶欲入擊。彭年、三問, 固止之曰:"今世子在本宮, 公之雲劍不用, 是天也。若擧事於此, 而世子從兵, 則成敗未可知也, 不如俟他日擧事。" 應孚曰:"事貴神速, 若遲他日, 則恐事洩。世子雖不在, 其羽翼皆在此, 今日盡誅之, 奉上王號令, 使武士往彼除世子, 千載一時, 不可失也。" 彭年、三問, 固不可曰:"非萬全計也。" 遂止不發。金礩知事不成, 馳去, 與其妻父鄭昌孫謀曰:"今日世子不隨駕, 特除雲劍, 彭年、三問, 止其謀, 此天也。不如先發告, 僥倖得生。" 昌孫卽與馳詣闕, 上變告曰:"臣實不知, 礩獨與焉, 罪當萬死。" 特赦礩、昌孫錄功。收彭年等辭服, 上愛其才, 密令人語彭年曰:"汝能歸我而諱初謀, 則生矣。" 彭年笑而不答, 稱上曰"進賜"。上使擊其口曰:"汝旣稱臣於我, 今雖不稱, 無益也。" 對曰:"彭年爲上王之臣, 拜忠淸監司一年, 啓目於進賜, 未嘗稱臣。" 使人校其啓目, 果無一臣字。與其弟大年、子憲皆死, 妻爲官婢, 守節終身。憲中生員, 亦正直。臨刑顧謂人曰:"爾無以我爲亂臣, 我輩之死, 非若癸酉之人焉。" 金命仲時爲義禁府郞, 私謂彭年曰:"公何不孝於君父, 致有此禍?" 歎曰:"中心不平, 不得不爾。" 余之婦翁尹壎, 嘗從彭年、三問遊, 謂余曰"成公詼諧喜談笑, 坐臥無節; 朴公則終日端坐, 衣冠不解, 令人起敬"云。光廟爲領議政, 宴於府中, 彭年有詩曰:"廟堂深處動哀絲, 萬事如今摠不知。柳綠東風吹細細, 花明春日政遲遲。先王舊業抽金櫃, 聖主鴻恩倒玉巵。不樂何爲長不樂? 賡歌醉飽太平時。" 光廟愛賞, 懸板府中。公性沈默, 以《小學》律身, 文章沖澹, 筆蹟慕鍾王云。

02(의사)-06(성삼문)

成三問，字謹甫，昌寧人也。世宗朝丁卯科重試壯元，長侍經筵，啓沃輔助。英廟晩年有風疾，累幸溫泉，常令三問及彭年、申叔舟、李塏、崔恒等，便服在駕前備顧問，一時榮之。癸酉光廟誅金宗瑞，三問、彭年等以集賢殿官宿衛，賜靖難功臣號，三問恥之，食不甘味。功臣等輪次設宴會，三問獨不設。乙亥光廟受魯山禪，伏地而泣，辭以不德，左右從臣失色，無敢出一言者。三問以禮房丞旨持國璽，失聲慟哭，光廟時擧頭而望之。明年丙子，與其父勝及朴彭年等，謀復魯山，諸人會議於集賢殿。三問曰："申叔舟吾所善，罪重不可不誅。" 皆曰："然。" 又謂金礩曰："汝妻父昌孫，當爲首相。" 使武臣各主所殺者，刑曹正郎尹鈴孫主申叔舟。請宴日以罷雲劍停謀，而鈴孫不之知，方叔舟就便房沐髮，鈴孫按劍而前，三問目止之，乃退。已而事洩，枷鎖入殿庭。親問曰："汝等此擧，何等事也？何以反我？" 三問抗聲曰："欲復故主耳，天下誰有不愛其君父者乎？我之心國人皆知之，進賜何怪問耶？進賜竊取人之國，三問爲人臣，不忍見君之見廢也。進賜平日，動引周公，周公亦有此事否？三問之所以爲此者，天無二日民無二王故爾。"【以宗室爲進賜，乃方言也。】光廟頓足叱之曰："吾初受禪時，何不止之而反依我，卽今背我何爲？" 三問曰："吾初不能禁者，勢所然耳。吾旣知進不能禁，唯知退有一死，然徒死無益，故忍而至此者，欲圖後效耳。" 光廟曰："汝不稱臣，指我爲進賜，汝不食吾祿耶？食祿而背之，反覆人也。改汝承旨兵房爲禮房，必銜此事，名爲復上王，而實欲自爲也。" 三問曰："上王在，何以我爲臣哉？我實不食進賜之祿，如不信，籍吾家橐而計之。進賜之言，皆虛妄，無足取也。" 光廟怒甚，令武士灼鐵穿其脚而不服，斷肱而不服，徐曰："進賜之刑慘矣。" 時申叔舟在上前。三問數之曰："始與汝在集賢殿時，世宗日抱王孫，步出殿中，逍遙散步，謂諸儒曰：'寡人千秋萬歲後，卿等須念此兒！' 言猶在耳，汝獨忘乎？我不意汝之爲惡至於此極也。" 後問時，上令叔舟避之。提學姜希顔辭連榜訊。上問：“希顔與謀乎？” 三問曰：“實不知，進賜盡殺名士，宜留此人用之，實賢士也。” 希顔由是得免。三問載車出門，顔色自若，顧左右曰：“若輩佐賢主致太平，三問歸見故主於地下。” 笑謂監刑官金命仲曰：“此何事也？” 旣死，籍其家，自乙亥以後祿俸，別置一室，書曰“某年某月之祿”，家無所餘，寢房惟有苫薦而已。有子五人，長曰“元”，妻爲官婢全節。勝之愛奴謫咸吉道。嘗語書生鄭世麟曰：“勝爲都摠管入直日，聞有禪位事，召奴送政院，問國事，不知其數，而三問不答，奴空往空來。最後往，三問起如厠，仰天太息曰：‘事畢矣。’ 奴以此白勝，勝亦太息，使奴具鞍馬出至家，奴竊仰視，落漏無數矣。翌日呈病，臥室不起食，妻子亦不得見其目，唯三問來謁，辟左右與語而已。”

02(의사)-07(이개)

李塏，字伯高，韓山人，牧隱之曾孫而種善之孫也。生而能文，有祖父風，丙子之變，預謀而死。方彭年、三問繫闕庭烙刑之時，塏徐問曰：“此何等刑也？” 爲人瘦弱，然於杖下，顔色不變，人皆壯之。終不屈，與三問等同日死。塏臨載車有詩曰：“禹鼎重時生亦大，鴻毛輕處死猶榮。明發不寐出門去，顯陵松柏夢中青。”

02(의사)-08(유성원)

柳誠源，字太初，世宗朝登第。癸酉誅金宗瑞等，百官上請魯山，宜褒世祖之功比周公，令集賢殿起褒功詔草，集賢殿員皆亡去，獨誠源見在，爲迫脅起詔草云云。出就家，慟哭盡哀，家人不知其故。及魯山爲上王，誠源受成均司藝，內懷不平，預丙子之謀。事發，拿三問去。誠源時在館，有諸生以三問獄事告之，卽命駕還家，召婢子取器來，與妻酌酒訣飮，上祠堂。怪久不下，往視之，則不脫冠帶，於祠堂前，仰臥拔佩刀擬頸，取木片築刀柄，救之則已無及矣。然不知其所以然，俄而吏來取尸去，磔之。

02(의사)-09(하위지)-01

河緯地，字仲章，善山人，世宗朝壯元。爲人沈靜寡默，口無擇言，恭而有禮，過闕必下馬，雖雨潦未嘗避路。嘗在集賢殿侍經幄，多所裨正。及魯山嗣位幼冲，八公子强盛，人心洶洶。朴彭年嘗借蓑衣於緯地。以詩答寄曰：“男兒得失古猶今，頭上分明白日臨。持贈蓑衣應有意，五湖烟月好相尋。”蓋傷時也。及誅金宗瑞，光廟爲首相，緯地盡賣朝服，以前司諫退居善山。光廟白上王，爲左司諫下敎徵之。緯地上書，略曰“臣疾病纏綿，久不平復，特蒙召還，授左司諫之職，諭以更始之意，力疾就道，不幸就道之日，冒寒中風，舊疾增劇，有加無減，雖欲力疾，又不可得，垂頭呻吟，戀闕流涕”云云。又曰：“臣竊觀近日之變，簡策所罕，或受遺輔政，或叔父懿親，皆與國同休戚，而不道之甚，乃至於此，不可忍聞，然往者無及，論之何益？”又曰：“除權奸，自古爲難，而繼其後者，亦爲難也。更始之初，所宜長慮却顧，廣謀宿計，毋或依違苟且，毋曰‘何傷何害’，毋以前功貽後悔，毋使有懷者憚於盡言，主勢有所拘束而或成壅蔽。更思履霜苞桑之計，益張公室，益嚴內治，益杜權門，益去可嫌之事，益絶朋附之漸。”又曰：“願今日任輔政之責者，庶幾益盡保傅之道，使聖體日康，聖學日就，聖德速成，親決萬機而副百萬赤子日夜顒顒之望。”又曰“殿下亦宜開張聰聽，延納讜論，親骨鯁遠讒佞，敬重輔政大臣，克濟艱難之運，以慰文宗皇考之望，不宜徒自謙抑曰‘予幼子何敢而已也’”云云。光廟受禪，敎書請致至勤。緯地就召，拜禮曹參判，甚寵幸焉。緯地憐上王年富而遜位，恥食祿，自參判以後，別置一室而不食。及丙子之變，施烙刑三問等，次及緯地，曰：“夫人有叛逆名，則非他徒流之比，更問何罪？旣加我叛逆之名，其罰應誅滅，夫復何問？”上怒弛，不施烙刑，以與三問同謀同日死。世宗養育人才，至文廟方盛，當時論人物，推緯地爲首。

02(의사)-09(하위지)-02(부기)

附：《戊寅記聞》云：“天順皇帝沒北虜時，緯地常感慨曰：‘天子蒙塵，天下所憤，我輩雖海外陪臣，豈可恬然不預其憂乎？’每處外廊，不入寢室，斯人之志行如是，其忠義殉國可知。後與成三問等謀復魯山，不諧，厥類盡殲，至今言及此事者，未有不感慨流涕”云。

02(의사)-10(유응부)

兪應孚，武人也。善射好勇，能超越人家墻屋。英廟、文廟皆信重之，位至二品。丙子之變，與成勝爲雲劍，欲擧事而中沮，及事發，拿至闕庭。上問曰：“汝欲何爲？”應孚曰：“請宴日，吾欲以一劍廢足下復舊主，不幸爲奸人所發耳。應孚何求？足下第速殺我。”上怒曰：“汝托名上王，而欲圖社稷耳。”令武士剝膚以問情。不服，顧謂三問等曰：“人謂書生不可與圖事，果然。曩請宴之日，欲速試劍，汝輩固止之曰‘非萬全計’，以致今日之禍。汝輩人而無謀，何異畜生？”白上曰：“如欲問情外事，問彼豎儒。”即閉口不答。上愈怒，命取灼鐵，置腹下脾樞上，油火竝煎，皮肉盡爊，而顔色不變，徐待鐵冷，取鐵投地曰：“更使灼熱來。”終不服而死。應孚性至孝，凡可以慰母心者，無所不爲。與兄應信，俱以射獵名世，遇禽發無不中。家貧無擔石之儲，而養母之具，未嘗不贍足。母嘗往來抱川田庄，應孚兄弟從行，一日於馬前翻身仰射，雁應弦而墜，母大喜。應孚身長過人，容貌嚴壯，淸如於陵仲子，身爲宰相，而以苫席遮房戶，食無一肉，時時絶粮，妻子怨苦。死之日，妻哭謂道人曰：“生無所庇，死得大禍。”性又勇敢，初擧謀時，衆中奮拳曰：“誅權某、韓某，此拳足矣，何用長槍大劍？”嘗爲咸吉道節度使，有詩曰：“良馬三千嘶柳下，良鷹三百坐樓前。將軍持節安邊戍，沙幕塵淸士卒眠。”此亦可見其氣像。無子有二女。

02(의사)-11(금성대군 이유)

錦城大君 瑜，世宗大王第六子。安平之亂，廢置順興府。《魯陵遺事》曰“一日夜瑜招府使李甫欽，辟人密議，傳檄於嶺南士民，奉魯山踰嶺，欲號召四方。甫欽乃能文老文官，執筆草檄，有一句傳世曰：‘挾天子以令諸侯，疇敢不從？’ 府使及唱者，【失其名】 潛塗壁以伺，得知其機，潛賂於錦城眼前婢，偸出檄草紙，奔向京城。適咸昌縣監，【失其名】聞吸唱謀，替走馬三四，追逐至用安驛，奪其檄，先走上變。吸唱者不及。事發，錦城君一家皆投水而死”云。

02(의사)-12(이징옥)-01

李兵使澄玉，梁山人。《西征錄》云“武勇絶人，初守富居柵，屢立戰功，威名大振，華夷畏之。五鎭之設，尤有功，金宗瑞甚器異之。癸酉之變，宗瑞等盡死，光廟受禪，澄玉方爲咸吉道節制使。光廟密遣朴好問，輕騎疾驅，代澄玉，召澄玉還朝。澄玉受代，行一日忽曰：‘節制重任，好問匿聲來代者何？’ 叓甲還趨好問營，聲言有議事，好問出對，澄玉擊殺之，部勒軍馬，移書野人，自稱大金皇帝，將定都于五國城，野人皆服從。澄玉設置官屬，刻期將越江，行至鍾城，會日暮。判官鄭種欲夜圖之，進曰：‘暮夜行軍，部伍相失，不如待明曉。’ 澄玉可之，據椅假寐。其子伏椅底，忽告澄玉曰：‘夢大人腦血流下椅脚。’ 澄玉呪曰：‘吉兆也。’ 言未畢，種率死士突入。澄玉超越高垣，匿於民家。種追殺之，蓋掩其不備”云。

02(의사)-12(이징옥)-02(부기)

附：澄玉之代好問而來也，行到會寧府，有宣傳官自京來，問之則云：‘有密旨交付於新兵使。’ 澄玉疑之，詭言誘脅得開見，則乃使好問，卽殺澄玉旨也。澄玉與宣傳，馳往好問營，紿以有旨相議處置，好問無所疑而出見云。武人李莞，嘗在北道，有所聞知而爲余言。

02(의사)-13(별전 : 김시습)-01

別傳：金節士時習，字悅卿，江陵人。新羅 閼智王之裔，以宣德乙卯生。離胞八月，自能知書，族祖崔致雲見而奇之，命名曰“時習”。語遲而神警，臨文口不能讀，意則皆曉。三歲能綴詩，五歲通《中庸》、《大學》，世號神童。英廟聞之，召致承政院，試以詩，下敎曰："予欲親見，恐駭俗聽，宜勖其家，韜晦敎養，予將大用。" 賜帛還家。時習既蒙睿奬，益懋遠業。乙亥光廟受禪，於是時習年二十一，讀書于三角山。人有自京城來者，時習卽閉門不出者三日，乃大哭，盡焚其書，發狂陷于溷廁而逃之，托跡緇門，僧名雪岑。後屢變其號曰"淸寒子"，曰"東峯"，曰"碧山淸隱"，曰"贅世翁"，曰"梅月堂"。爲人貌寢身短，簡率無威儀，豪邁英發，聰悟絶人，四書六經，則幼時師受，若諸子百家，無不涉獵，一覽而終不忘，平生未嘗讀書，而古今文籍，無不通貫，人有問者，應口說無疑。自度不能隨世低昻，乃故作狂易之態，以掩其實。士子有欲受學者，則以木石逆擊之，或彎弓欲射，以試其誠，故處門者既罕而終始傳業者尤鮮。性嗜酒，飮醉則以不見我英廟，流涕甚悲。有一沙彌，喉音淸楚，能出商聲。每値皓月，中宵獨坐，令沙彌誦〈離騷經〉一過，輒泣下沾襟。光廟嘗作法會于內殿，岑亦被揀預，忽凌晨逃去，不知所之。遣使踵之，則故陷閭里溷穢中，露半面而已。嘗行過市肆中，或凝睇忘歸，植立移時，或便旋衢路，不避稠視，群兒詆笑，爭擲瓦礫以逐之。或入訟庭，持曲作直，詭辯必勝，案成，又大笑破棄之。多與挑達市童遨遊，醉倒街上。一日見領議政鄭昌孫過市，大呼曰："汝奴宜休。" 昌孫若不聞之。人以此危之，相識者絶交，唯秀川副正貞恩、南孝溫、安應世、洪裕孫輩數人，終始不渝。孝溫問時習曰："我所見如何？" 曰："穴窓窺天。"【言所見小也】 "東峯所見如何？" 曰："廣庭仰天。"【言見高而行未至也】 時名卿徐居正，方趨朝行辟人。時習衣藍縷帶蒿索戴蔽陽子，遇諸市，犯前導，仰首呼曰："剛仲安穩？" 居正笑應之，駐軒語，一市皆駭目相視。有朝士受侮者，見居正欲治其罪，居正搖首止之曰："狂子何足與較？若罪此人，百代之下，必累公名。" 金乖崖守溫知館事，以孟子見梁惠王論，試太學儒。有一上舍生見時習於三角山曰："乖崖好劇，此豈合論題？" 時習笑曰："非此老，不能出此題。" 乃走筆成篇曰："生員爲自製者，試瞞此老。" 上舍生如其言，乖崖讀未畢，遽問曰："悅卿住京山何寺？" 上舍生不能隱，其見知如此。蓋以梁惠僭王而魏斯又簒逆，故不當見云，今逸不收。守溫卒，人有言坐化者。時習曰："乖崖多慾，寧有是？就令有之，坐化非禮。吾但聞曾子之易簀，子路之結纓而已，不知其他。" 成化辛丑，時習年四十七，忽長髮食肉，爲文以祭祖若父曰"伏以帝敷五敎，有親居先，罪列三千，不孝爲大。凡居覆載之內，孰負養育之恩？故惡獸豈過虎狼，而微虫無逾豺獺？能全愛親之性，又謹報本之誠，是皆天理之固然而物欲之難蔽者也。伏念愚騃小子，嗣續本支，少沈滯於異端，嗟迷懵而未講。將修道可以薦拔，悟謊說莫如輪回。壯歲因循，末路方悔，乃考禮典搜聖經，攷定追遠之弘儀，參酌淸貧之活計，務簡而潔，在腆以誠。漢武帝七十年始悟田丞相之說，元德公一百歲乃化許魯齋之風。感霜露之沾濡，憂歲月之逾邁，驚惶無已，歎訝良多。如贖罪愆，倘納堪輿之兩際，庶將面目，得拜祖宗於九原"云云。遂娶安氏女爲妻。人多勸之仕，時習終不能屈志，放曠如舊。未幾妻沒，復還山，作頭陀形，入金鰲山，著書藏於石室曰"後世必有知岑者"，大抵述異寓意，效《剪燈新話》等作。柳自漢宰襄陽，待以禮，勸復家業行于世。以書謝之，有曰："將製長鑱，用斸苓朮。庶欲萬樹凝霜，修仲由之縕袍；千山積雪，整王恭之鶴氅。與其落魄而居世，孰若逍遙而送生？冀千載之下，知余之素志。" 弘治癸丑，臥病于鴻山 無量寺，終焉，年五十九。遺戒無燒葬，權厝寺側。後三年，將葬啓其殯，顔色如生，緇徒驚歎以爲佛，燒葬取其骨爲浮圖。生時手畫老少二像，自贊，留于寺。贊之亂曰："爾形至藐，爾言大侗，宜爾棄之溝壑之中。" 所著詩文散失，十不能存一。李耔、朴祥、尹春年先後裒集，印行于世云。

02(의사)-13(별전 : 김시습)-02(보유)

補：東峯平生心懷，世人未窺，觀詩集好使'薇'、'蕨'字，亦不知意所在。金思齋見一老衲，頗聞玄理，問所受師，則少時以沙彌，逮事東峯五歲。仍曰："五歲著述傳世者，僅百中之一二。" 問其由。則曰："老僧陪居中興寺最久，每值雨後，山水添流，折作片紙百餘端，令具筆硯隨後，沿流而下，必擇湍急處而坐，沈吟作詩，或絶或律，五言古風，書于紙，放流，見遠去，且書且放，或至終夕，紙盡乃還。有時一日所述幾百餘首。" 此亦其意難窺。

02(의사)-13(별전 : 김시습)-03(부기)

附：宣廟命李珥撰〈金時習傳〉。"臣謹按，人體天地之塞，以淸濁厚薄之不齊，有生知學知之別，此以義理言也。若如時習者，於文天得，則文字亦有生知矣。佯狂避世，微意可尙，而必抛棄名敎，蕩然自恣者，何歟？雖藏光匿影，使後世不知有金時習，抑何悶焉？想見其人，才溢器外，不能自持，無乃受氣豐於輕淸，而嗇於厚重者歟？雖然標節義扶倫紀，究其志，可與日月爭光；聞其風，懦夫亦立，則雖謂之百世之師，亦近之矣。惜乎！以時習英銳之資，礱磨以學問踐履之功，則其所成就豈可量乎？噫！危言峻議，犯忌觸諱，訶公詈卿，略無顧藉，而當時不聞有擧其非者，我先王之盛德，碩輔之宏量，其視季世使士言遜者，得失何如耶？嗚呼韙哉！"【已上丙子】

02(첨부)-01(수양대군봉공신교서)

〈首陽大君封功臣敎書〉【癸酉誅金宗瑞等，百官上請魯山，褒世祖之功比周公，令集賢殿起草，皆亡去，獨柳誠源見在，迫脅起草，還家痛哭。】

王若曰：天爲社稷而生賢，蓋有關於氣數；君以爵土而錫命，寔用表于勳庸。載稽彝章，昭示賞典。叔父某，鍾秀光嶽，勵節風霜。器局峻整而宏深，志槩堅確而嚴正。孝友本乎天性，忠義出於至誠。豪傑之才，聖賢之學。氣蓋一世，勇冠三軍。德望崇重於宗親，風彩表儀于朝著。爲善最樂，富貴聲色無足動其中，事君以忠，夷險終始，曷嘗貳其操？屹若維城之固，確乎大節之臨。粤予冲人，遭家不造。思弘濟乎艱大，委機務於臣隣。方期佛時，以圖隆泰，于時瑢居至親之地，畜無君之心，謂寡人幼不能君，而大位奸或可伺，厚施於國，干譽於人，群小爭歸，私門作黨，稔成不軌，覬覦萬端。而奸臣仁等，不思寵任之恩，潛懷凶禍之計，陰爲黨援，翕然趨附。蔑我幼冲，竊我威福。專權擅勢，挾私市恩。官爵濫施於親姻，賄賂公行於中外。賦役煩而公私困，土木興而財力窮。蔽塞聰明，壅遏德澤，公道晦蝕，私意橫流。天怒於上而予不知，民怨於下而予不悟。叔父嘗痛憤其故，抗疏以言，予亦尋常而不之察也。蓋其黨附於瑢者若彼，故乃濁亂乎朝者如斯。及其兇謀益深，每夜私聚，內通近侍宦官，密伺動靜；外誘方鎭將帥，陰約日期。徒旣寔繁，勢以日熾。大姦根據而莫去，寡躬孤立而何爲？宗社國家，安危呼吸。叔父明炳幾先，切齒腐心。天地不容，可忍群兇之惡逆；社稷爲悅，肯顧一身之死生？雄斷英規，奮發義勇。率此忠義之士，殲彼兇穢之徒。曾不移時，一擧迅掃。朝廷相慶，道路爭讙。邦本幾搖而復安，神器將傾而復定。此蓋爲猷之壯，秉心之淵。誠感于鬼神，忠貫乎日月。用能剪群兇於俄頃，不崇朝而淸明。功烈煒然，古今卓爾。不有叔父，予焉及玆？苟非天地祖宗之靈，默佑陰騭，假手叔父，俾靖禍亂，而其生也關乎氣數者寧若是乎？乃眷忠誠，兼權將相。予披心腹以委任，卿竭股肱而盡忠，勸布帝王之仁恩，悉革權奸之弊政。不動聲色，措國家於盤石之安；不以兵革，奠生靈於康莊之樂。身柱國而人倚以重，功蓋天而自卑以謙，眞可謂托孤寄命社稷之重臣也。昔周公誅管、蔡以安王室，大義昭昭，萬古炳炳。推今較古，異世同符。肆策勳爲靖難一等功臣，賜奮忠仗義匡國輔祚定策靖難之號。卿功之大，予賞之少，於卿何有？在予則慊。冀體至懷，尙可領也。於戲！卿有周公之才之美，而且兼周公之大勳；予尙成王之年之幼，而又見成王之多難。旣以成王責周公者責叔父，當以周公輔成王者輔寡躬，上下交修，何憂不濟！睠爾忠烈，實深倚毗。故玆敎示，想宜知悉。

02(안설)

愚按：癸酉之人，當天命旣去之後，以一髮之力，欲取日於虞淵，其心誠可悲而其事誠甚難，至竟家屠身戮而不能救宜矣。夫大位人之所窺而天之所命也。我世祖 莊憲大王，堯禪舜受，聖神繼承，至今八宗，本支相傳，非天命之而能若是乎？天命已改於文廟之世，當此時，雖有臣如十七人者，亦何能有爲於其間哉？然則十七士，雖謂之不知天可也。

或謂余曰："信子之言，彼癸酉之士，果皆不知天命之所歸，而無益浪死者乎？" 余應之曰："不然。自古忠臣烈士，當國家危亡之際，非不知天命之已絕，而猶激烈，死而後已者，只欲盡臣子之職分而命之改與不改，非所恤也。若較計天心人事之去就而爲之進退，則果可謂之忠烈乎？八百諸侯，不期於牧野，而孤竹二子，獨能奮然，欲扶綱常於萬古之天，豈不知紂之惡自絶於天而人心之已離乎？”

或又謂余曰：“十七士在當時，則謂之忠可也，在今日言之，則前朝之忠，後朝之叛也。今之臣庶，謂十七士當如何而其忠節，亦得以表出之耶？” 余應之曰：“自古帝王之褒忠賞節，本無前後之異，故武王封箕子，宋祖褒韓通，殷之臣，何義於周；周之臣，何節於宋？彼十七士在光廟，雖不忠而其爲主死節，有與白日爭光，雖在今日，亦不可謂之不忠，亦不可不爲之旌美也。是則列聖有行之者，中廟收用六臣之後，宣祖命儒臣撰〈金時習傳〉。吁！夫豈不義而二聖爲之？”

或又謂余曰：“魯陵在位，無失德於光廟，有遜位之美，爲王者三年，爲上王者二年，而至今位廢降同宗室，顧無一議於其間耶？” 余卽應之曰：“子之言善矣。當時有事勢不然者，雖有不能相容，而及其死也，則復其王號，正位廟室，在當時猶可爲之，況於後之王乎？然而至今沈淪者，蓋無名臣義士發一言，以徹於冕旒，而列聖之不能自斷者，或以無改爲道，苟有名臣義士，或陳於經席之間，或發於疏章之上，以之將順而成就之，則斯豈非帝王之盛德也哉？是亦列聖有行之者，昭陵之事，自秋江慘禍之後，人不復開喙，至中廟朝，士論激發於下，相臣力贊於上【安瑭】，中廟乃迺於嘉靖癸酉，追復移安。夫昭陵可復，則魯陵亦可復。先朝有已行之跡而事無可嫌者，此則今之君子，亦必有貞愍、秋江之所見者矣。余嘗見《國朝寶鑑》，獻廟朝高麗掌令徐甄不仕我朝，隱處衿川，有詩曰：‘千載神都隔漢陽，忠良濟濟佐明王。可憐統合功安在？却恨前朝業未長。’ 廷臣有請罪者。恭定大王不悅曰：‘臣各爲其主，甄，高麗之臣也。雖我李氏，豈能與天地無窮？若使我朝之臣有如此人者，豈不韙歟？不但不罪，反加褒奬。’ 吁！獻廟是心，卽周武封箕子之心，宋祖褒韓通之義，而聖帝明王異世而同符，豈不足爲後王之明鑑乎？”

《雪壑謏聞》卷之三

〈戊午錄〉【弘治燕山四年】

03(개요)-01(무오사화)
柳子光，府尹規之孼子也。世祖十四年，以告變功受勳封，躐取一品階。性陰賊害物，人有才能名寵出己上者，必欲搆陷之。嘗疾韓明澮門戶貴盛，乃疏有跋扈之志，而光廟不之罪，又與任士洪，欲擠玄錫圭，謀敗流東萊，尋放還。光廟知其亂政之人，未嘗授以治事之任。心常怏怏，見李克墩兄弟當朝秉權，知其足以濟己事，便傾身附之。嘗遊咸陽郡，作詩懸板，及金佔畢 宗直爲郡曰："何物子光乃敢爲懸板耶！"即撤去焚之。子光恚恨切齒。金濯纓 馹孫嘗受業於宗直，及爲獻納，好盡言，不避權貴，又疏論克墩與成俊傾軋之罪。墩大怒。及開史局，克墩見馹孫史草書己惡甚悉，又書祖宗朝事，欲因此以報己怨，一日語魚世謙曰："馹孫誣毁先王，臣子見如此事而不聞於上可乎？"世謙愕然不答。乃謀於子光，子光攘臂曰："此豈遲疑之事乎？"即往見盧思愼、尹弼商、韓致亨，言其事。蓋思愼、弼商，光廟寵臣而致亨族連宮掖，三人者皆從之，俱詣差備門外，呼都承旨愼守勤，耳語良久，乃啓之。初守勤之爲承旨也，臺諫侍從以爲"外戚得權之漸"，力諫其不可，守勤銜之。王又猜暴惡文士，常曰："要名凌上，使我不得自由者，皆此輩也。"欲一施快，而未敢下手，及見子光等所啓，以爲"忠於國家"，奬待特厚。命於南賓廳鞫囚，使內豎金子猿掌出納，餘不得與聞。子光以獄事自任，乃於坐中大言曰："今日是朝廷改排之時，須有如此大處置，不宜尋常以治之。"自袖中出一卷書，乃佔畢文集也。摘其中〈弔義帝文〉與〈述酒詩〉，遍示諸推官曰："此皆指世祖而作，馹孫之惡，皆宗直誨而成之也。宗直詆毁我世祖，宜論以大逆不道，其所爲文，不宜流傳。"凡藏宗直詩文者，令於二日內各自首納，焚於賓廳前，諸道館舍留題懸板，令所在撤毁，　所以報咸陽之怨也。〈弔義帝文〉子光自爲註釋逐句而解之，令王易知之。子光欲乘王怒爲一網打盡之計，　目弼商等曰："此人之惡，凡爲臣子者，不共戴天之讎也。當究問其黨與，一切鋤去，然後朝廷方得淸明，不爾則餘黨復起，禍亂之作不久矣。" 左右皆默然。思愼搖首止之曰："武靈何至爲此言乎？獨不聞黨錮之事乎？禁網日峻，使士類無所容迹而漢隨而亡，淸論宜在朝廷，淸論之亡，非國家之福，武靈何言之謬耶？" 子光小沮，然獄事所連逮者，必欲窮治不已。思愼又止之曰："當初吾輩所啓，爲史事爾。今枝葉蔓引，不干於史事者，囚繫日衆，無乃非吾輩本意乎？"子光不悅。及定罪之日，思愼之議，獨不同，子光作色詰之曰："各以其意兩啓之。" 王從子光等議。是日晝晦，雨下如注，大風從東南起，拔木飛瓦，城中人庶，莫不顚仆股慄，子光意滿氣得，揚揚而歸家。自是威行中外，朝廷視之如毒蛇，莫敢忤其意，儒林喪氣，重足側目，學舍蕭然，數月之間，無絃誦之聲。識者竊歎曰："戊戌之獄，正類攻邪黨也；戊午之獄，邪黨陷正類，二十年之間，一成一敗，治亂隨之。" 大抵君子之用刑也，常失於寬緩；小人之報怨也，必殘滅乃已。使戊戌君子盡用其律，豈有今日之禍乎？【出南袞〈子光傳〉】

03(개요)-02(무오사화)

弘治戊午七月十七日傳旨："金宗直草茅賤士，世祖朝登第，成宗朝擢置經筵，久在侍從之地，以至刑曹判書，寵恩傾朝。及其病退，成廟猶使所在官，特賜米穀，以終其年。今其弟子金馹孫所修史草內，以不道之言，誣錄先王朝事，又載其師宗直〈弔義帝文〉。其辭曰'丁丑十月，余自密城道京山，宿踏溪驛，夢有神人，被七章之服，頎然而來，自言：「楚懷王　孫心，爲西楚霸王所弑，沈之郴江。」因忽不見。余覺之愕然曰：「懷王，南楚之人也，余則東夷之人也。地之相距，不啻萬有餘里，而世之先後，亦千有餘載，來感于夢寐，玆何祥也？且考之史，無投江之語，豈羽使人密擊而投其屍於水耶？是未可知也。」遂爲文以弔之：惟天賦物則以予人兮，孰不知其尊四大與五常？匪華豐而夷嗇兮，豈古有而今亡？故吾夷人又後千祀兮，恭弔楚之懷王。昔祖龍之弄牙角兮，四海之波殷爲衁。雖鱣鮪鰍鯢曷自保兮，思漏網而營營。時六國之遺祚兮，沈淪播越僅媲夫編氓。梁也南國之將種兮，踵魚狐而起事。求得王而從民望兮，存熊繹於不祀。握乾符而面陽兮，天下固無尊於芈氏。遣長者以入關兮，亦有足覩其仁義。羊狠狼貪擅夷冠軍兮，胡不收以膏諸斧？嗚呼勢有大不然者兮，吾於王而益懼。爲醢醋於反噬兮，果天運之蹠盭。郴之山磝以觸天兮，景晻曖而向晏。郴之水流以日夜兮，波淫泆而不返。天長地久恨其曷旣兮，魂至今猶飄蕩。余之心貫于金石兮，王忽臨乎夢想。循紫陽之老筆兮，思繼蜳以欽欽。擧雲罍而酹地兮，冀英靈之來歆'云云。其曰'祖龍之弄牙角'者，祖龍，秦始皇也，宗直以始皇比世祖也。其曰'求得王而從民望'者，王，楚 懷王 孫心也。初項梁欲誅秦，求孫心以爲義帝，宗直以義帝比魯山。其曰'羊狠狼貪擅夷冠軍'者，宗直以羊狠狼貪比世祖，擅夷冠軍指世祖誅金宗瑞。其曰'胡不收以膏諸斧'者，宗直指魯山胡不收世祖，反爲醢醋。其曰'循紫陽之老筆兮，思繼蜳以欽欽'者，宗直以朱子自處，其心作賦以擬於《綱目》之筆。馹孫贊其文曰：'以寓忠憤。'念我世祖大王當國家危疑之際，奸臣謀亂，禍機垂發，誅除逆徒，宗社危而復安，子孫相繼以至于今，功業嵬嵬，德冠百王。不意宗直與其門徒，譏議聖德，至使馹孫誣書于史，此豈一朝一夕之故哉？陰蓄不臣之心而歷事三朝，予今思之，不覺慘怛。其議刑名以啓。"

七月二十七日，頒赦敎曰："恭惟我惠莊大王，以神武之資，當國家危疑群奸興據之際，沈幾睿斷，勘定禍亂，天命人心，自有歸屬，聖德神功，卓冠百王，增光祖宗艱大之業，貽厥子孫燕翼之謨，繼繼承承，式至今休。不意奸臣金宗直，包藏禍心，陰結黨類，欲售凶謀，爲日已久，假托項籍弑義帝之事，形諸文字，詆毁先王，滔天之惡，罪在不赦，論以大逆，剖棺斬屍。其徒金馹孫、權五福、權景裕，朋奸黨惡，同聲相濟，稱美其文, 以爲'忠憤所激', 書諸史草, 欲垂不朽, 其罪與宗直同科, 竝令凌遲處死。馹孫又與李穆、許磐、姜謙等, 誣飾先王所無之事, 傳相告語, 筆之於史, 李穆、許磐竝皆處斬, 姜謙決杖, 極邊爲奴。表沿沫、洪瀚、鄭汝昌、茂豐副正 摠等, 罪犯亂言；姜景敍、李守恭、鄭希良、鄭承祖等, 知亂言而不告, 杖流三千里。李宗準、崔溥、李黿、李胄、金宏弼、朴漢柱、任熙載、康伯珍、李繼孟、姜渾等, 俱以宗直門徒, 結爲朋黨, 互相稱譽, 或譏議國政, 謗訕時事, 竝令杖流極邊。 修史官等, 見馹孫史草而不卽啓, 魚世謙、李克墩、柳洵、尹孝孫等, 竝罷職, 洪貴達、趙益貞、許琛、安琛等, 左遷。隨其罪之輕重, 俱以處決。"

03(개요)-03(무오사화)-01(이극돈)

李監司克墩, 廣州人。戊午, 以見馹孫史草不卽啓, 與魚世謙、柳洵、尹孝孫等, 例罷職。克墩爲全羅監司, 成廟之喪, 不進香京師, 載妓而行, 馹孫書其事於史草。克墩私請改之, 馹孫不從, 故銜之。墩爲實錄廳堂上, 與柳子光、盧思愼、尹弼商等, 開史局起此禍。

03(개요)-03(무오사화)-02(부기)

附：戊午七月, 李克墩, 於濯纓之爲獻納, 重被論劾, 及修《成廟實錄》時, 爲堂上, 見史草書成廟之喪, 墩爲全羅監司, 載妓而行, 又見光廟朝事載佔畢齋〈弔義帝文〉, 欲藉爲禍胎, 問於魚世謙, 世謙不答。又謀於柳子光, 則子光嘗銜佔畢焚其所作懸板於咸陽郡, 聞克墩言, 攘臂從之。盧思愼、尹弼商、韓致亨, 亦聞而從之, 俱詣差備門, 密囑都承旨愼守勤。守勤亦嘗銜於士類, 卽啓之。燕山嘗憤爲文士所拘, 不能縱惡, 欲一施快, 而未得其釁, 聞子光等所啓, 大喜鍛鍊。子光摘畢齋〈弔義帝文〉與〈述酒詩〉, 以爲'此指世祖而作', 自爲註釋, 逐句解之, 啓以不道, 論以大逆, 卽令剖棺。金馹孫、權五福、權景裕, 以黨惡相濟, 稱美其文, 書諸史冊, 竝施極刑。李穆、許磐、姜謙, 以誣飾先王所無之事, 傳相告語, 筆之於史, 李、許極刑, 姜杖配。表沿沫、洪瀚、鄭汝昌、宗室摠，罪犯亂言；姜景敍、李守恭、鄭希良、鄭承祖，知亂言而不告，竝配遠地。李宗準、崔溥、李黿、李胄、金宏弼、朴漢柱、任熙載、康伯珍、李繼孟、姜渾，俱以門徒，朋黨謗訕，分輕重，或極邊，或遠方付處。

03(개요)-04(갑자사화)

甲子九月二十九日傳曰："戊午年史草事，其黨多分配外方，其時奸兇之徒，挾私用情，死者得生，生者反死，然此輩存之何用？竝令拿來。"又傳曰："戊午之黨，負才交結，非議朝事，例同亂臣，加罪。""其時，姜謙宮禁事傳聞於許磐，後與金馹孫相語時，馹孫先言宮禁事，謙曰'吾亦聞之'云云，罪決杖，籍沒爲孥。金宏弼、姜伯珍、崔溥、李黿，以宗直門徒，決杖付處。成重淹聽李穆言，以馹孫史草，欲編於《實錄》，決杖付處。"又傳曰："成重淹以上置極刑，李黿以下差等磨鍊以啓。"柳洵啓："謙處斬，伯珍、宏弼、重淹處絞，溥、黿爲孥。"御書曰："伯珍、宏弼處斬，重淹、謙凌遲，溥、黿決杖，配濟州爲孥。"仍傳曰："凌遲處斬者，竝梟首傳尸。"洵等又以李幼寧、卞亨良、崔叔謹、具誠加罪事啓。傳曰："凌遲籍沒傳屍。"又傳曰："謙、伯珍、宏弼、重淹、幼寧、亨良、誠、叔謹等子及兄弟竝決杖，外方出送。"王問金吾郞金熙壽、鄭有綱曰："伯珍、宏弼臨死有何言？"曰："竝無一言而死。"

03(개요)-05

丁卯六月初十日，藝文館奉敎金欽祖·鄭忠樑、待敎李希曾·金瑛、檢閱李抹·尹仁鏡·鄭熊·尹止衡等，上疏大槩"戊午修史之官，徒以私嫌，不顧公議，陰囑大臣，使之上達挑怒，柳子光從而唱之，欲售奸術，卽與二三大臣同議密啓，終致大逆，是則陰欲掩過而卒不得掩，更使暴揚於後世，累及於先王，一以毁萬世史家之法，一以啓人主喜殺之心，罪當不原而賞反及焉，臣等不勝痛悒。比來皆以戊午之禍爲戒，士氣摧折。臣等非以馹孫等爲惜，深恐史家筆法，從此盡廢，而萬世之公論，泯滅而無傳”云云。傳曰：“金宗直、金馹孫等，辭連被罪者，果有曖昧，宜追贈其職，宗直、馹孫，則得罪於先王，故不爲追贈。其時推官尹弼商、盧思愼、韓致亨、柳子光， 論賞凡賜給之物及戊午史局事漏泄人， 令日記廳考啓。”

03(제현)-01(김종직)-01

金文忠公 宗直，字季昷，號佔畢齋，善山人，司藝叔滋之子。景泰癸酉司馬，天順己卯登第。學問文章爲近代領袖，道學文章之士，皆出其門，若寒暄、一蠹、濯纓、濡溪、秋江、洪裕孫、慵齋，諸賢最拔萃，而其餘受授成就者， 亦多。嗚呼！公之〈弔義帝文〉， 出於行路偶然之作，其意所在，蓋未可知。第文之作在光廟三年，其時會適値，而又其文辭感憤激發，可以泣鬼神於冥冥之中，足以灑千古志士之淚。公之作，雖發於無心，至今見之者，莫不聲呑膽奮，今古同悲。彼奸兇之指斥，固不得免。然則公之是作可耶？不可耶？謂之可歟，則“人之云亡，邦國盡瘁”，時之不祥也；謂之不可歟，則秉彛之天，隨感而發，自不得不爾。嗚呼！天耶？命耶？此則後之人，必有能辨之者矣。公在成廟朝以考終，燕山戊午剖棺。有子□人。所著文集，廣布于世。中廟朝復爵加贈，密陽有書院。又有一說：公以癸酉司馬，登己卯第，人以出處疑之。

03(제현)-01(김종직)-02(부기)

附：成廟朝，佔畢齋辭病，歸臥密陽田庄以終。嘗築堂於金山 鳳溪，扁曰“景濂”。初娶曺梅溪女，兄居金山。

03(제현)-02(김일손)

金校理馹孫，字季雲，執義孟之子，節孝 克一之孫，號濯纓，淸道人。受業於佔畢齋之門。慷慨有大節，魁偉有器局，又文章汪汪若河海，在書堂嘗著〈秋懷賦〉，氣像於此可見。及其立朝，好盡言，不避權貴。

嘗爲史官，以佔畢齋〈弔義帝文〉書之曰：'以寓忠憤。' 書光朝事不諱，而又與李克墩不悅，嘗疏斥克墩與成俊相軋之罪而於史書墩惡甚悉。及開史局，克墩見濯纓史草，欲因此報己怨，乃與柳子光共謀。子光又是畢齋所惡者，相與締結，摘出畢齋所撰〈弔義帝文〉，逐句註解，以爲罪案，終至於罔極之地頭，是豈獨畢齋、濯纓之不幸？ 輾轉至甲子，則善類盡殲，邦國坑捏，抑亦時運之所係者歟？公之伯氏駿孫及猶子大有，竝逮謫配。《言行錄》曰"校理金馹孫，眞希世之才、廟堂之器。疏章箚子，汪洋大海；是非人物，如青天白日。惜乎！廢君忍而能棄市耶"云。戊午就市，年□□。無子，淸道有書院。南止亭挽其遷墓詩長篇三十五句，載之備矣。【出《稗官雜記》】

03(제현)-03(정여창)

鄭文獻公 汝昌，字伯勗，號一蠹，咸陽人。其友《名行錄》曰："伯勗，入智異山，三年不出，明五經，窮極其蘊，知體用之源同分殊，知善惡之性同氣異，知儒釋之道同迹差。潛心性理之學，醒狂敬之。成化庚子，上下敎成均館，求經明行修儒生，館中擧伯勗爲第一，知館事徐居正，將進伯勗而講經，伯勗退。成化癸卯進士，庚戌文科。由內翰出爲安陰縣監。其父六乙，施愛之亂死國。伯勗年少，居喪無闕，後居母喪，饘粥之飮，蔬水之食，一依《家禮》。弘治庚戌，參議尹兢薦其孝與學，士林無比，特召爲昭格署參奉，伯勗上書辭免，名益重。伯勗爲人，性端重，不飮酒醴，不茹葷菜，不食牛馬肉。少時居館，與人寢，鼾睡而不寐，人不知也。一宵見獲於崔鎭國，館中喧之，以爲'鄭某參禪不寐'。" 《丙丁錄》曰："鄭先生 伯勗，少時嗜酒，一日與友人痛飮，醉倒廣野，經宿而返。母夫人責曰：'爾如此，吾誰賴乎？' 先生深自刻厲，君賜飮福之外，更不接口。" 又曰："鄭先生少年卜築頭流山麓，以爲終老之計，成廟召爲昭格署參奉，懇辭，不允，乃出。先生律身甚嚴，終日端坐，雖盛暑，妻子未見肌肉。平生不喜作詩，只有一篇流傳於世，其詩曰：'風蒲獵獵弄輕柔，四月花開麥已秋。看盡頭流千萬疊，孤舟又下大江流。’胸中洒落，無一點塵態，可想。”【花開縣名】 戊午以佔畢門徒，謫鍾城卒，年五十五。正嫡無嗣，咸陽有藍溪書院。中廟朝贈右議政，謚文獻。

03(제현)-04(정희량)

鄭檢閱希良，字淳夫，號虛庵。自少有文聲，頗工於詩，又精於數。嘗自算其命，歎曰：“若在某干當大貴，若在某干凶惡不可言。”每有逃世之志。燕山元年乙卯登第爲藝文檢閱。戊午禍起，謫義州。蒙放未幾，丁內艱，居廬于德水縣。嘗謂子弟曰：“甲子之禍，甚於戊午，我輩亦且不免。”壬戌五月，獨步出廬墓外，久不還，家人怪而尋蹤，至江邊見兩草履棄在水際，謂赴水死。公之族海平君 鄭眘叟，啓燕山，令郡縣物色之。燕山曰：“狂奴逃死，何用尋爲？”竟絶影響，而或疑其不死。加川院壁有題詩曰：“鳥窺頹垣穴，人汲夕陽泉。山水爲家客，乾坤何處邊？風雨驚前日，文明負此時。孤笻遊宇宙，嫌鬧竝休詩。”或疑爲淳夫云。又卜者金倫遊妙香山，有一方外之士名李千年，倫從遊六七年，得授數術，斷人吉凶，百不一差。倫以覲父母辭還，千年與倫期於己亥年相待於江西縣 九龍山云。千年手書贈詩曰：“八十山中老，三彭已掃除。人間應不夢，鶴伴意無餘。雪榻蟾光冷，雪窓日影疎。誰知無累鑑，萬代自淸虛。”金倫嘗錄其師李千年五行甚詳，來京因申景洸，得見希良五行，驚曰：“此吾師李千年八字也。”以此言者，蓋信希良不死，至今在世云。

03(제현)-05(권경유)

權校理景裕，字文饒，又字子汎，安東人，成廟乙巳登第。淸直不接俗士，落落有諫臣風。以校理乞堤川，爲政淸如水，民愛吏畏。爲史官時，撰畢齋〈弔義帝文〉，柳子光、李克墩白廢朝，鞫內庭，招非情實，擲筆厲聲，抗直不屈，從容就戮。

03(제현)-06(이목)

李壯元穆, 字仲雍, 全州人。剛直敢言, 在太學時, 尹弼商以大臣當國, 穆因天旱上疏曰 : "烹弼商, 天乃雨。" 弼商遇諸道曰 : "公必欲食老夫之肉耶 ?" 穆昂然不顧而去。燕山初, 擢壯元科。及戊午禍起, 尹挾前憾, 以穆受業佔畢, 搆殺之。

03(제현)-07(권오복)

權五福, 字嚮之, 號睡軒, 醴泉人。生有異質, 穎悟夙成, 學行高潔, 文章發越, 所與交遊, 皆一時淸流。成化丙午中司馬試, 連捷同年丙科, 選補翰苑, 轉入玉堂, 歷修撰、校理。以佔畢門徒, 與金馹孫、權景裕同日死, 時年三十。

03(제현)-08(허반)

許正字磐, 字文炳, 陽川人。《秋江集》 : "磐志於性理之學, 恬於進取, 欲事事慕古, 大猷服其端雅。嘗語左相洪應曰'世子, 國之儲君, 萬姓所仰賴, 今與宦寺居處不可'云。" 戊午登第, 權知承文院副正字。禍起, 以誣飾先王所無之事, 傳相告語, 筆之於史, 與李穆極刑。

03(제현)-09(강겸)

姜正郎謙, 晉州人。登庚子科, 選入弘文館, 屢遷至正郎, 坐禍杖流。後廢主又傳曰 : "戊午之黨, 負才交結, 非議朝事, 例同亂臣, 加罪。" 且謙與馹孫言宮禁事, 柳洵啓處斬。兄詗爲大司諫, 死於甲子之禍。

03(제현)-10(표연말)

表同知沿沫, 字少游, 號藍溪, 新昌人也。成廟壬辰登第, 有文名, 所與交遊, 皆一時名流。嘗爲翰林, 同僚宴飮設牛酒, 爲上所知, 例罷。自後見禁肉, 輒去之曰 : "不忍更犯也。" 禍起, 以罪犯亂言, 與洪瀚、鄭汝昌、宗室摠遠配。服喪盡禮, 事聞, 命加一資。後官至同知中樞府事。

03(제현)-11(홍한)

洪參判瀚，字□□，南陽人。登乙巳第，官至參議。性剛直少許可。禍起以罪犯亂言，與鄭汝昌、表沿沫、茂豊副正 摠，杖流，道卒。中廟朝贈吏曹參判。

03(제현)-12(무풍부정이총)

茂豊副正 摠，字百源，太宗之曾孫。能詩善彈琴，搆別墅于楊花渡，具小艇漁網，常自刺漁船，邀詩人騷客，日致好詩，無慮千百篇，自號西湖主人。有俗士至，自棹必避，秋江詩所謂“王孫解刺舟”是也。兄文淵，弟而直、而悅、公擇、公幹，皆可人。李長坤聞五公子從父牛山君，一時就戮，談笑自若，惜其爲人而飮泣。 戊午，以罪犯亂言，與鄭汝昌、表沿沫、洪瀚，杖流邊遠。

03(제현)-13(강경서)

姜參判景敍，字子文，號草堂。成廟丁酉登第，又捷重試。戊午以畢齋門徒，杖流會寧，後放還。中廟朝，官至左承旨。有《草堂集》行于世，追贈禮曹參判。

03(제현)-14(정승조)

鄭翰林承祖，登燕山甲寅科，選補翰林。戊午杖流遠地。

03(제현)-15(이종준)

李書狀宗準，字仲鈞，號慵齋。能文章善書畫，成廟乙巳登第。嘗以書狀官赴京，見驛館畫屛不佳，以筆塗抹殆盡。驛官招通事恠詰之，通事曰：“書狀善書畫，必以不滿其意而然也。” 驛官悟而首肯之。回程至其處，張新粧素屛二坐，宗準一書一畫，俱臻其妙。戊午謫北界，路經高山驛，書李師中“孤忠自許衆不與”一律于壁上而去，監司以聞，燕山以爲有怨意，逮搆殺之。

03(제현)-16(임희재)

任熙載，字敬輿，豊川人也。登戊午科，俄而以佔畢門徒杖流。熙載，士洪之子。世說"熙載善書"。嘗題"祖舜宗堯自太平"一絶于屛上。燕山，一日猝幸士洪家，見屛問之曰："誰所書耶？"士洪對以實。燕山有怒色曰："卿子，不肖人也。我欲殺之，於卿意如何？"士洪跪而對曰："此子，性行不順，果如上敎。臣曾欲啓之而未果。"遂被禍。或曰"熙載嘗諫其父，故士洪不悅而譖之"云。

03(제현)-17(이계맹)

李贊成繼孟，字希醇，全義人。成廟己酉登第，詩文爲佔畢所取。戊午坐佔畢門徒杖流。中廟朝，起廢復用，官至贊成，謚文平。性放達不檢，初爲己卯士類所短，及士類敗，伸救不已，與權奸忤，憂懣而卒。

03(제현)-18(강혼)

姜判府事渾，字士浩，號木溪，晉州人。文名亞於濯纓。戊午以佔畢齋門徒，杖流邊遠。燕山末年，喪嬖姬，哀悼甚，令群臣誄之，渾作祭文，極稱美悲傷之狀，燕山悅，自是頗得幸，爲士論所賤。中廟朝，仕至判中樞府事。【已上戊午】

03(제현)-19(김굉필)-01

金文敬公 宏弼，字大猷，號寒暄堂，受業於佔畢齋之門，成化庚子生員。居玄風，獨行無比，平居必冠帶，人定然後始寢，鷄鳴則起，室家之外，未嘗近色，手不釋卷。人或問國家事，必曰："小學童子何知大義？"嘗作詩："業文猶未識天機，《小學》書中晤昨非。"佔畢齋先生批曰："此乃作聖之根基也。魯齋後豈無其人？"其推重如此。年三十後，始讀他書，　訓後進不倦，　如賢孫、李長吉、李勣、崔忠成、朴漢恭、尹信，皆出門下，茂才篤行如其師。年益高道益邵，熟知世之不可治、道之不可行，韜光晦跡，然人亦知之。畢齋先生爲吏曹參判，亦無建明事，大猷上詩曰：“道在冬裘夏飮氷，霽行潦止豈專能？蘭如從俗終當變，誰信牛耕馬可乘。”佔畢和韻曰：“分外官聯到伐氷，匡君救俗我何能？從敎後進嘲迂拙，勢利區區不足乘。”蓋惡之也。自是貳於畢齋。成化丁未遭父憂，饘粥哭泣之哀，絶而復穌。《丙辰丁巳錄》曰：“大猷以《小學》律身，以古聖爲準則。招來後學，恂恂然執灑掃之禮，修六藝之學者，滿於前後，謗議將興，伯勗止之，大猷不聽。嘗謂人曰：‘釋陸行設禪敎，弟子考業者千餘人，其友止之曰：「禍患可畏。」行曰：「使先知覺後知，使先覺覺後覺，吾所知者告人爾。禍福天也，吾何與焉？」行雖緇流，其言至公。’”又曰：“圃隱之後，我朝性理之學，實自金大猷先生倡，同志者，鄭先生伯勗其人也。大猷精於理，伯勗精於數。惜乎！遭時不祥，殞於非命，蒼蒼者天，謂之奈何？中廟朝，皆贈議政，致祭家廟。”《景賢錄》曰：“寒暄先生爲佐郎時，馳見辛進士景禧氏曰：‘今日吾當絶君，觀今士氣，且類東漢之末，朝夕禍起，如我則禍已迫矣，進退無及矣。請君遠遯鄉曲，否者吾卽相絶。’公忽引去稷山斜山下，號安亭。安亭嘗與南孝溫、洪裕孫輩，結爲竹林羽士，文章節義，爲一時領袖，東南行過者，無不禮於其門”云。弘治戊午，以佔畢門徒謫熙川，後甲子九月處斬，銜鬚受刃，終無一言而死，年五十一。有三子四女，玄風有道東書院。

03(제현)-19(김굉필)-02(부기)

附：栗谷〈熙川兩賢祠記〉曰：“文敬公，以《小學》律身，以古禮治家，霽行潦止，正出處之規；銜鬚受刃，承結纓之緖，挺然爲我東鉅儒。弘治戊午，謫于本郡。爰有趙文正公以金精玉潤之資，因家尊作驛官魚川，往來玆路，從文敬受業，講論正學，時人群誚，耳若不聞。”

03(제현)-20(조위)

曺參判偉，字太虛，號梅溪，昌寧人。《瑣錄》曰：“成廟命梅溪纂集佔畢齋所著文，梅溪以〈弔義帝文〉首錄於集。戊午獄起，柳子光譖燕山曰：‘曹偉首錄〈義帝文〉，頗有意。’燕山大怒。時梅溪以賀正使朝天未還，燕山命越江處斬。梅溪一行到遼東，始聞之，一行蒼黃罔極。梅溪之庶弟伸嘗聞遼東有善卜者，就問吉凶，其人推數無他言，只書一句詩曰：‘千層浪裏翻身出，也須巖下宿三宵。’伸回報，梅溪曰：‘此句似是免禍，下句難解。’相與悶默飮泣。行到義州 鴨綠江，望見江邊有官人待候之狀，一行失色，以爲金吾郎來候行刑者，相對嗚咽。梅溪曰：‘命在頃刻。’仰天呑聲。過江知李相 克均營救，只拿來推之，一行喜幸，乃悟卜者之詩‘千層浪裏翻身出’，政謂此也，第未解下句。被拿來，畢竟得不死，杖流順天，病死，返葬于金山故鄕。甲子禍起，燕山追錄前罪，剖棺斬屍，曳置墓前，暴屍三日，不許收葬，曺伸始記遼東卜者詩句，皆合首尾，怪歎不已。此亦理有難窮。”

03(제현)-21(강백진)

康司諫伯珍，字子韞，信川人也，佔畢外甥。成廟丁酉登第，官至司諫。戊午杖流。後柳洵啓，加罪，與寒暄同日處斬。

03(제현)-22(이원)

李佐郎黿，字浪翁，慶州人，益齋之後。成廟己酉登第，官至佐郎。戊午杖流遠地，死于甲子之禍。爲人堂堂有死節，可以托六尺之孤。廢主以文忠謚畢齋，處斬。中廟初，贈都承旨。秋江《師友錄》曰：“益齋之後，朴彭年之外孫，二家之賢，萃于一人。”

03(제현)-23(조지서)

趙輔德之瑞，字百符，林川人。燕山爲東宮時，許文貞 琛爲弼善，公爲輔德，東宮官雖盡心進講，燕山聽之邈邈。公性鯁直，每當進講，投冊於前曰："邸下不力學，臣當啓達於殿下。" 燕山甚苦之，視之如仇讐。文貞則不然，柔辭婉言，從容開悟，燕山好之。一日東宮官因進講入侍，仰見壁間，大書曰："趙之瑞大小人也，許琛大聖人也。" 聞者爲公危懼，甲子禍起，先誅公，投屍於江。及燕山卽位，公知不克負荷，乞昌原府，家食十餘年，猶不得免，年三十一。丙寅改玉，贈爵都承旨，有子三人。【出摭言】

雖被甲子之禍，非因史事，又非佔畢門徒，則不可以戊午之人同錄。

03(제현)-24(이수공)

李承旨守恭，字仲平，廣州人，遁村之後，議政克培之孫。成廟戊申擢狀元科，歷正言、掌令，有諍臣風。入弘文，拜校理、應教、典翰。戊午謫昌城，移光陽，甲子賜死，年四十一。中廟朝贈都承旨。

03(제현)-25(이주)

李正言 冑，字冑之，固城人，杏村之後。能文章，有氣節，詩格蒼古，有濟世材，自號忘軒。成廟戊申登第，拜正言。戊午以佔畢門徒，杖流珍島，甲子被殺。

03(제현)-26(박한주)

朴獻納漢柱，字天支，密陽人，自號迂拙子，遊學佔畢門下。成廟乙巳登第，歷正言、獻納，言事截直，出爲醴川郡守。戊午杖流碧潼，甲子被殺。中廟初，命贈都承旨。

03(제현)-27(최부)

崔校理溥，字淵淵，號錦南。博聞强記，英傑不羈。成廟朝再登第，爲校理。奉使濟州，爲風所飄，泊中原浙江 寧波府，邊臣疑倭寇，將殺之，溥應對捷給得免。成廟令上行錄，撰《漂海錄》以進。官至禮賓寺正。戊午被謫，後竟逮被殺。【已上甲子】

《雪壑謏聞》卷之四

〈己卯錄〉【正德 中廟十四年】

04(개요)-01(기묘사화)

中廟承廢朝亂政之餘，厲精圖治，側席求賢，趙文正以命世之才，抱適用之學，生於其時而得位行道，可謂有君有臣矣。魚水一堂，際會千載，知無不言，言無不從，不數年而士習丕變，治化蔚然，人皆謂至治可期，一夜㞕作，君臣行路，竟至斬伐大鎩何哉？嗚呼！王道之難行，自漢家少康而已。然況今之人，不及漢遠甚乎？王道不可遽行，大猷不可遽升，而文正必欲追踵絶軌，三代可復，志則大矣，道則純矣，其於時不然，何勢所難？何且一時之士忠賢固多，而亦未免好名雜進，論議太銳，作事無漸，不以格君爲先，徒以變更爲急. 不知勳舊銜怨奸邪伺隙，潛謀駭機卒發於遽忽之間矣。密告之日，文正以憲長入侍，兪咈未畢於榻前，而三奸已窺於北門之外，言之愕矣。文正之下吏也，館學諸生，奔走號哭，爭詣司寇，首相鄭文翼，至於牽裾泣諫，而不得止其謫也。中廟使諭以姑從廷議，以示薄譴，若有眷眷愛惜之意，而竟未閱月，賜死之命踵下。晝以兪諾於一榻之前，夜以落石於千仞之下，君臣際遇有若是乎？嗚呼！君臣際遇，豈不難哉？雖有臣如孔明而非昭烈，不能成三顧之美。必有臣如孔明，有君如昭烈，然後君臣之契，猶魚之有水，讒間不得入而行道可期。不然則其挽回世道之心，徒爲處士之大言而陰邪之入于左腹，無足怪者。噫！智不能及此，空使志士飮泣而爲爲善者戒，惜乎！密告之辭，秘而不傳，第聞諸外間，以一葉虫書入之，其書曰："木子將軍劍，走肖大夫筆。" 苟非明哲如堯舜之聖，亦安得無惑於心耶？夫蜂遇蜜則必食之如蠢，故袞、貞輩以蜜液畫諸葉以成之，其設心不亦巧且慘乎？近有栗谷 李珥論文正曰："獨惜夫光祖之出也太早，致用之學，尙未大成。” 珥之言，亦不可謂無所見，若夫行道則天也。我朝諸賢之前後屯否者，豈盡是學未成之士耶？只係乎時之幸不幸如何耳。

04(제현)-01(조광조)-01

趙文正 光祖，字孝直，自號靜庵，漢陽人。漢嶽鍾精，成化壬寅，先生生焉。先生稟受絶人，相表特出，髫齔之年而成人模範已具。及其德立也，金精玉潤如猗蘭播郁，淸明光粹若皓月揚輝，覩德者薰化，聞風者感發。少時先大夫作驛魚川，魚川與寒暄先生 熙川謫所比隣，先生因趨庭受業，始聞爲學之大方。自是，篤行益力，自得益深，持身則必欲作聖，立朝則必欲行道，至如世俗所屑者，雖千駟萬鍾，一不介意。若見人非違，則其心不安，若冠冕坐于泥塗。先生天分旣異，充養有道，榮華發外，聳動一世。噫！聖德光輝，其可量乎？先生恥於衒玉，潛居若無意者，而聲譽藹鬱，朝臣爭薦，除以司紙，先生不樂曰：“虛譽得官，不如應擧以通行道之路。” 遂意應擧，正德乙亥，一進被擢，從此知遇非常，月遷歲陞，不數年而長論思主風憲。先生感不世之遇，便以堯舜君民、興起斯文爲己任，每將入對，必宿齋戒，積其誠敬，其進侍也，亦必一心肅齋如對神明，知無不言，言無不盡，而上亦虛心傾聽，先生之得君，其可謂不至乎？肆與竝時名流，協心贊襄，將期百僚悚勵，四方風動，豈料士論欲速，鋒穎太露，而間有喜事之人，投合時好？終至於舊臣拂淸議因事見擠者，怨入骨髓，磨牙伺隙。先生深以是爲憂，欲稍存調劑以鎭浮躁，則反以色莊詆先生，至欲彈劾，於是先生知時事必敗，欲退而又不可得矣。時適廷議欲追削靖國勳封之濫者，先生旣不能退，則身爲憲長職，是糾正，迺於己卯十一月十五日，先生入侍榻前，將功卷定予奪，而駭機忽發於其夜。南袞與沈貞、洪景舟等，潛開神武門，入便殿，以虫書密告，卽下廷尉，館學諸生，奔哭闕庭，爭詣司寇，又首相鄭文翼 光弼，涕泣極諫至於牽裾，而皆不得止其謫也。中廟使近侍，諭以非私罪，姑從廷議，示譴之意，先生拜謝而歸，是年十二月二十日賜死之命又下。先生沐浴更衣，請問罪名，使者無應。先生臨命結纓，貽書於親舊曰："愛君如愛父，天日照丹衷。" 聞者慟之。當初先生之除司紙也，時有作詩嘲之者曰："一部《小學》須勤讀，司紙功名自然來。" 此時先生方居窮處約，有何招謗之道，而一時人心若是，則況後日得君行道，善善惡惡，不與流俗浮沈者乎？先生之生，何其不辰也？先生生於成化壬寅，正德己卯卒于綾城謫所，年三十八。嗚呼痛哉！有子二人：長曰"定"，早沒；次曰"容"，補蔭官至郡守，無嗣。中廟晩年，每稱先生無罪，仁廟繼明，聿追先志復爵，宣廟初服，淸論益張，贈爵領議政，謚文正公。後學追慕，楊州建道峯書院，綾城有竹樹書院，皆賜額也。先生之亡也，文純公 退溪爲行狀，盧蘇齋相公作墓誌，諸家補錄，後學疏章，不一而足，先生之學問淵源，立朝事業，闡揚已盡，復何有他說之敢贅？粗敍當年禍敗顚末如右。

04(제현)-01(조광조)-02(보유)

補：己卯五月，公復爲都憲，知道之難行，而顧時勢有大可憂者也，啓曰"國家修擧之事，皆先朝之所未遑也，他日小人，若假紹述之說而中之，則善類殆矣。近來祭魯山復昭陵等事，皆志士欲行而未得者，而至於聖世而行之，愼氏復立之議，金淨、朴祥至於上疏，此等事皆小人之所藉口而士林之禍根，潛伏於此。聖上不可不知而亦不可不言於元子也。今師道雖不立，而朝廷之士，有朋友相責之義，友道尙存也。他日有欲陷君子者，亦必指爲黨類，如宋之元祐也。自古正直之流，盛行於世，則必有大禍隨其後矣。自開國以來，士林之禍不絕，臣目覩廢朝之禍，頓無宦情，濫蒙聖恩，黽勉從仕，但其恐懼之心，人皆有之。邦國雖鞏固於一時，鮮不殆於後嗣，最可慮也"云云，則先生之所慮，在於兩世之後，豈意磨牙鼓吻者在傍而陰伺其隙乎？南袞、沈貞因先生知遇，學者同趨，小民稱善，欲藉此網打，使洪景舟夤緣椒掖，以人心悉歸趙氏，以撓上心，又以不徑讖言，假作禁苑木葉，以恐動之。及其下獄，都下香徒之上箚者，環守宮城，萬口嗷嗷，館學之士，號哭於闕庭，聲徹大內，由是讒鋒益藉焉。公恐不得復見聖顔，終夜痛哭，公之至誠，亦已極矣。供曰：“士生於世，所恃者君心而已。妄料國家病痛，在於利源，欲新國脉於無窮而已，頓無他意。”賜死之日，聞都事至，先生謂曰：“主上賜臣死，合有罪名，請恭聽而死。”就庭下，北面再拜，跪受敎旨，問上體若何，次問三公六卿臺諫侍從姓名，歷歷詳問，後修家書。金吾郎柳湙有迫促之意，先生歎曰：“古之人有抱詔書伏哭傳舍者，何其異耶？”遂正席就坐，仰藥而化。

04(제현)-01(조광조)-03

仁廟乙巳春，太學生請復先生官爵上疏，略曰“趙光祖受業於金宏弼，宏弼受業於金宗直，宗直之學，傳於其父臣叔滋；叔滋之學，傳於高麗臣吉再；吉再之學，傳於鄭夢周之門；夢周之學，實爲吾東方理學之祖。其學問之淵，行己之正，設施之方，皆類此”云。

04(제현)-01(조광조)-04

明廟戊辰太學生等上疏，其略曰：“趙光祖風雲際會，得遇我中廟，以稷契責其身，以堯舜望其君，陶鎔一世，庶幾三代之隆，而憸人娼嫉，搆禍一網，使興道致治之機，中道而壞。自是五十年間，一國人心，如聾如瞽，仇視善良者，莫非己卯之禍有以致之，而間有自奮於斬伐銷鑠之餘，猶知慕義羞利，愛親而急君，如線之氣，以至今日者，秋毫皆光祖力也。”仁廟手書答曰：“爾等居首善之地，好古而論時，疏章三上，辭懇義直，所學之正，何以加此？我先王敎育之澤，亦可想矣。然言之不從，意有所存焉。且太學雖曰‘公論所在’，是非之定，自有朝廷。爾等言是非則得矣，期於定是非則非諸生事也，姑退而思之。”諸生感泣而退。今按：“聖批曰‘言之不從，意有存焉’者，蓋三年無改之意，隱然於其中，此所以悅一世之人心也。”七月初一日夜，仁廟氣微，顧命三公，傳位於慶源大君，時又命給趙光祖職牒，薦擧科還給。

04(제현)-01(조광조)-05(보유)

補：退溪所撰〈行狀〉，其略曰："公天分甚異，絶出等夷，鸞停而鵠峙，玉潤而金精也，又如猗蘭播芬而皓月揚輝也。" 又曰："以匪躬之王臣，當九五龍飛之盛際，進則日有三接，退則人爭加額，斯可謂千載一時矣。奈之何天不能不使陰沴螮蝀於其間，而上不見其志之大行，下不蒙其澤之普被？是則關時運係邦厄，天地之所憾，鬼神之所爲戲，其於公何哉！嗚呼！天道之本有常而人心之固難誣矣；放勳之有遺意而重華之所成美矣。自是士學因可以知方，世治因可以重熙矣；斯文可賴而不墜，國脉可賴而無疆矣。由是言之，一時士林之禍，雖可爲於悒，而先生崇道倡學之功，亦可謂波及後世。又有一說焉，自周衰以來，聖賢之道，不能行於一時，而惟得行於萬世。夫以孔孟、程朱之德之才，用之而興王道，猶反手也，而其終之所就，不過曰'立言垂後而止'耳，其故何哉？在天者，固不可知而在人者，又未可以一槩論也。然則公之進，旣以是名，其不得有爲於世，無怪也。獨恨夫退不克大闡其實，以幸我東方之來者耳。且夫天將降大任於是人也，豈能一成於早而遽足哉？其必積累飽飫於中晩而後大備焉。公則未然，一不幸而登擢大驟，再不幸而求退莫遂，三不幸而謫日斯終，向之所謂積累飽飫於中晩者，皆有所不暇矣，其於立言垂後之事，又已無所逮及焉，則天之所以降大任於是人之意，終何如也？用是之故，齗齗之徒，悠悠之談，反不能脫然於禍福成敗之間，以至世道之益偸，則乃有肆作指目以相訾謷，行身者有所諱，訓子者以爲戒，仇善良者以爲嚆矢，以重吾道之病焉。嗚呼！此豈是放勳之遺志，重華之克追，以爲扶斯道、壽國脉之盛意哉？此又後來聖君賢相與凡任世道之責者，所宜深憂永鑑而力求之者也。故邇年以來，所以轉移更張而明示好惡者，非止一二，世之爲士者，猶知尊王道賤霸術，尙正學排異端，治道必本於修身，灑掃應對，可至於窮理盡性，而稍稍奮發而有爲焉，此伊誰之功？孰使之然哉？則上天之意，於是乎可見而聖朝之化，於是乎爲無窮矣。若以此爲他日秉筆者責焉，則先生之學問事業言論風旨，載之史冊，播於思詠者，尤多則安可以恨之哉？”

04(제현)-01(조광조)-06(부기)

附：〈摭言〉曰【金正國所撰】：“會寧城底野人 東古乃，潛與深處野人通謀，入甲山府，多掠人畜，南道兵使密啓：‘請出其不意，發兵掩捕。’命遣李之芳，卽日拜辭，特賜餞宴，將相諸臣環侍左右，金正國以兵房承旨。啓曰：‘副提學趙光祖請來入對。’光祖進曰：‘此事正類盜賊狙譎之謀，非王者禦戎之道。’上卽命更議。左右爭言‘兵家有奇正，詢謀僉同，不可以一人之言遽改’。兵曹判書柳聃年曰：‘耕當問奴，織當問婢，迂儒之言，不可盡從。’上猶却衆議而罷。光祖以片言感動上意，以止朝廷大議，人皆側目。”又曰：“臺諫請革昭格署，累月不允，玉堂逐日論啓。光祖以副提學自製疏，率僚員詣政院曰：‘今日未蒙允，不宜退家。’仍留，論啓至鷄鳴不止，上不得已允之。大內嚴密之地，徹夜出入，煩啓不已，人君豈無厭聽之理？人臣諫君，當納約自牖，未有逼迫如此而無事者也。光祖嘗以大憲仕衙，道遇贊成高荊山，不禮而過，疾之者切齒；漢 蕭望之爲御史，意輕承相，遇之無禮，二人賢否雖不同，均之倨傲專擅而取禍，古今一轍。君子處身，持敬謙遜，享福之基，可不愼哉？”

04(제현)-01(조광조)-07

鄭士元《僭言》曰：“金思齋以靜庵論啓昭格署，至鷄鳴不已，犯人主厭聽之意，非納約自牖之道，是不審賢者事君之誠意而汎以常人之情度之也。君子事君，引以當道，以至誠而回君之心，若逆料其君之厭聽，以待後日，則豈君子急於致君之心哉？方先生之知遇也，知無不言，言無不從，至有以先生之一言，却擧朝之衆議，得君，可謂專矣。彼昭格之革，亦正君之事也。累月論啓，尙未蒙允，則必其回天之誠，有所未盡，故先生激其敬君之義，擴其未盡之誠，累啓不已，至於夜艾。想其伏闔之時，必能齋宿豫戒，潛思存誠，冀以感動，如程夫子進講之誠意而非常人之所能窺測也。昔明道召對，報午始退；晦菴進講奏事，言無不盡，先生之所爲，亦若是也。賊衮媒孼，殄滅忠良，何與於先生而曰‘未有如此而無事者也’、‘疾之者皆切齒’？蘇軾之徒，仇視伊川，其可以程子爲有見疾之過乎？至於蕭望之、張湯事，又不知賢否邪正之異類，其爲不可經甚矣。孰謂思齋之正人而竟若是乎？”

04(제현)-02(김정)-01

金判書淨，字元沖，謚文簡，號冲菴，成化丙午生。中弘治甲子進士，正德丁卯及第壯元。公莊重寡言笑，文章灝噩，遠追西漢，詩學則有盛唐氣習，立言行事，必以聖賢爲準。以吏曹正郎爲親乞補淳昌。正德乙亥，與潭陽府使朴祥上疏，請復愼氏，大司憲權敏手、大司諫李荇，請拿推，事將叵測，左相鄭光弼伸救，止配徒役。自是廷議角立，遂貽己卯之禍。丙子夏始以公言爲是，臺諫侍從交章請放。丁丑秋擢副提學，公聞命震慄，決意辭退，靜庵思與協力贊襄，貽書敦勉，公遂强起，數年之間，特被眷遇，己卯陞拜秋卿兼藝文提學。朝廷屬望雖重，公則以充滿爲懼，欲辭榮就閒，討究典墳，培養根本，而上眷方隆，辭不得免，則其所以奮起事功者，無所不用其力而於君子小人進退之機，尤致意焉，凡建白設施，鋒鋭太露，舊臣之不容時議者，怨入骨髓，沈貞、南衮與洪景舟，交搆恐動，景舟又受諺書稱密旨，陰嗾被屈宰相，十一月十五日夜，請開神武門，怯召李長坤、金銓等，潛入密啓。公及左參贊李耔、大司憲趙光祖、副提學金絿、大司成金湜、都承旨柳仁淑、左承旨孔瑞麟、左副承旨洪彦弼、右副承旨朴世熹、同副承旨朴薰等十人俱下獄。諸公皆以爲必死，相與酌酒永訣，是夜長天無雲，明月滿庭。公有詩曰：“重泉此夜長歸客，空留明月照人間。” 金大柔 絿吟古詩曰：“埋骨白雲長已矣，空餘流水向人間。”又詠曰：“明月長天夜”，冲和曰：“嚴冬惜別時”，皆從容自得。厥明命放柳仁淑、孔瑞麟、洪彦弼，有頃，又命放沈達源、安珽、李構、李耔。諸公在獄中上疏曰："臣等俱以狂疏愚戇，遭遇聖明，出入經幄，得近耿光，展竭愚衷，冒犯群猜，只知有君，不計其他。天日照臨，無他邪心，但士類之禍一開，將不念後日邦家命脈耶？天門阻隔，無路達懷。臣等罪固萬死，幸一許躬問，萬死無恨。言溢辭蹙，莫知所云。"【或云綵所撰】金銓、李長坤、洪淑、成雲等鞫問，以靜庵、公及湜、綵，竝論死律，三公爭執，減死杖配中道。尹自任、朴世熹、朴薰，幷決杖流配，亦爲大臣救解，杖贖近道付處。十七日，命就八人等禁府。承旨成雲傳旨曰："汝等皆以侍從，上下同心，期見至治，汝等之心，非不善也，近來汝等處置，至爲過誤，使人心不平，故不得已罪之，汝等知之而去。"公所配錦山，距報恩桑鄉，百數十里許，聞母病，亟請於郡守，往見，塗聞金吾郞黃世獻，又押移珍島，卽馳來，偕進配所，後事覺，照獄，累加杖訊。公裂衣陳疏，乃許濟州安置，辛巳追論亡命，賜死。公聞命顏色不變，貽書兄弟，勉以善養老母，又吟絶命辭以見其志，其辭曰："投絶國兮作孤魂，遺慈母兮隔天倫。遭斯世兮隕余身，乘雲氣兮歷帝閽。從屈原兮高逍遙，長夜冥冥兮何時朝？炯丹衷兮埋草萊，堂堂壯氣兮中途摧。嗚呼千秋萬世兮應我哀。"時年三十六。公流濟州時，道過海南，憩路傍松下，吟成三絶，白松而書。其一："欲庇炎程暍死民，遠辭巖壑屈長身。村斧日尋商火煮，知功如政亦無人。"其二："海風吹去悲聲遠，山月孤來瘦影疎。賴有直根泉下到，雪霜標格未全除。"其三："枝條摧折葉鬖髿，斤斧餘身欲臥沙。望絶棟樑嗟已矣，查牙堪作海仙槎。"士林傳誦莫不憐之。仁廟命復爵，今上賜諡。夫人宋氏無子，取公兄洸之子哲葆爲後。公之堂姪應敎金天宇，收遺稿，爲《沖庵集》，行于世。

04(제현)-02(김정)-02(보유)

補：冲庵與訥齋議曰："章敬上賓，坤位久缺而元子在襁褓中，若遵成廟時故例，陞後宮爲正位，則必欲保其所出以爲貴，況今淑儀皆有子，莫如復立愼氏。伸無辜廢處之冤，明無以妾爲妻之義，所以全舊恩而防側位之窺也。朴元宗、柳順汀、成希顔，乘天人之會，微效其力而愓制君父，放逐國母，萬世之罪人。今雖已死，明正其罪，曉喩中外，使後世的然知大分之截然不可犯，則人倫之本，正始之道，澄澈光明，如天地晦塞而復開霽呈豁矣。今有求言之敎，不可含默以失機會。”乃合辭抗疏。於是大司諫李荇，倡言於朝曰：“章敬旣誕元子，國本已定，若復立愼氏，有王子之慶，而嘉禮先後，則愼氏居先，國本撓矣。”大司憲權敏手和之，合請拿推，事將叵測，賴文翼公伸救，止配徒役。

04(제현)-03(김식)-01

金大成湜，字老泉，成化壬寅生，中弘治辛酉進士。公性剛正聰穎，樂善好古，脫俗自奮。正德乙亥，以公薦授廣興主簿，戊寅轉拜掌令。中廟曰“金湜已欲使之進講，而臺諫之職亦重，故未果。湜之爲人，予於經筵進講時知之”云。靜庵嘗進啓曰：“湜之爲人，非謂文士中所無，只是難得之人也。”及登薦科壯元，傳曰：“金湜賢者，要得此人將爲師儒之官，而恐不與取也，今居壯元，予別有所喜焉。”超拜直提學，俄陞副提學，遷大司成。己卯十一月十六日，乃公之元舅忌日，與諸兄弟，齋宿于宗家，或問朝政。愀然不樂曰：“濫叨非分，已蹈危機，他日會宿，亦難必也。要與敍舊爾，政敎利害，非所聞也。”祭畢，夜尙未艾，金吾郎跟尋到門，遂詔獄杖配善山。十二月聞加罪事，適有客在傍曰：“姦人之事不可測也。徒死何益？當觀勢，若知加罪出於上意，則死無遺恨。”公曰：“凶謀有所不測，則挺身赴難，以報不世之遇，素所願也。”遂與客縱飮大醉，不省人事。客曰：“安忍坐視就死於姦人之手乎？不若竊負而逃。”乃使家僮亐音山，負持行數十里許，鼾睡如初，及曉乃覺。業已至此，無可奈何，遂與李信、亐音山，向靈山 李中家。公卜藏身吉凶，則爻辭有山人害事之語，不欲向山寺。中曰：“信本緇徒，卽是山人而性又不順，不如先出送。”中之弟曰：“爲大事者，不顧小仁，若或疑之，當滅口，安用先送？”公曰：“不可以卜筮先疑未萌之心。”即與之別曰：“逮捕日嚴，吾三人勢難同行。汝須先行，探問朝報，期會茂朱 吳希顔家。” 信直抵京城上變告曰：“湜今在李中家，使其子德純、德秀及門徒，謀害大臣。”金吾郎馳到李中家，則公先一日已出去矣。至茂朱，聞吳希顔亦已被拿，顧無所舍，到居昌 高梯院之東，不得食者數日矣。採蕨欲治食，使亐音山求火於村舍而遂自縊，亐音山返則已無救矣。亐音山得衣帶中草疏一張，告于縣啓聞，疏辭大槩“南袞多聚武士，朝夕盈門，志豈止於翦除士林而已？然則殿下之勢，豈不孤哉？豈不危哉？故臣隱忍亡命而竢之，姦凶危迫於君上，則挺身赴難，以報殿下不世之遇，此臣之所志也”云。或云：“朴訥齋居廬於光山，公往陳亡命之由，訥齋曰：‘南袞小人之雄，處事奸巧，使人主蠱惑，不自覺其端倪。豈有居中用事，致人議己也？’公悔恨喪心，即定一死，遂至自盡。”嘉靖乙巳，特給籍沒財産，還賜紅牌及職牒。玄軒 睦世秤著哀辭，以明行己之實；龜峯申命仁作〈哀宋玉詞〉，以著其意。孫權登文科。

04(제현)-03(김식)-02

容匿被罪金海府使河珽，亡匿被捕，杖訊誣服，以亡命處斬；寧海府使李允儉，栲訊無驗，削奪官爵；靈山儒生李中、茂朱儒生吳希顔，全家徙邊。門徒被死，洪順福、沈豊、金胤宗六人，子德純、德秀在逃免。

04(제현)-03(김식)-03

《瘦聞》曰：“老泉與靜庵，同心協贊，期臻至治，可謂盛矣。然北門夜開，駭機叵測，諸賢皆駢首就捕，視死如歸，而獨老泉匿身，其意謂‘姦臣擅弄，此非吾君本心，王庶幾改之’，其情則哀矣。然人臣事君之道，不若是。老泉雖與一時善類相從，得揚于王庭，而其中則沒見識，故畢竟爲己卯人物之羞。惜哉！ 方其在逋也，嘗一抵於金三足 大有家，時三足坐廳事，老泉賤服，拜於門外，三足知而不納，使蒼頭傳語曰：‘子何爲若是苟且累及於人耶？’時以容匿被禍者多，三足此言，揆以道理，未爲不當，而南冥 曺先生嘗論此事曰：‘天祐【三足字】此事義則義矣，無奈於情忍乎？'” 兩賢所見，若是不同何歟？愚意以爲“若使三足見老泉，握手悲慰，曉以道理，使之自處，則人情天理，方得竝行。渠以平日分義，窮蹙而來，安得不惻然於心乎？曺先生忍之之說，蓋出於此矣”。

04(제현)-04(성세창)

成政丞世昌，字蕃仲，號遯齋，昌寧人，成化辛丑生。受業於寒暄之門。中弘治辛酉進士，正德丁卯及第。公學識超邁，文章典雅，及掌文衡，爲多士矜式。筆法亦臻妙，書畫音律，莫不精曉，時人以三絶目之。己卯中廟雅尙儒術，登進名賢，舊臣之不容淸議者，側目傍伺。公見機憂危，嘗與沖菴、陰崖，以鋒穎太露爲戒。庚辰，以散班家居，沈貞意其與淸議異趣，造公第啗擬諫長，公恐其浼已，乃曰：“庸鈍豈敢其職？但前日國家罪白面書生，實涉暗昧而北門密啓，尤不正之甚。有言責者，雖在已往，當直諫以糾其失也。” 貞色變遽起，以是大忤時宰。及袞死，文翼復相，嘉靖戊子，有調劑己卯人之議，亞判詮曹。是時金安老倡輔東宮，假抑沈貞，實濟其惡。公以副學，乃奮然曰：“安老之爲人，余所深知，今若得志，必將誤國。” 率同僚劾之。安老陰嗾，反誣公黨附沈貞，搆陷非情，命囚鞫問。公怵於隕命，誣服，遂竄平海。及安老伏辜，乃召還，乙巳拜右相。奉使如京，李芑等又深嫉之，誣與柳灌等謀不軌，竣事未還，竄長淵，尋卒。嘗在謫所，聞次野之亡【次野 李陰崖 耔之字】，題詩曰：“百病千愁摠到身，存亡感慨亦相因。遙聞雲路多新輩，每見秋山葬故人。無復舊交論道義，敢期前席爲敷陳。雖存人世終何益？泉路皆歸昔日親。” 隆慶丁卯，追復官爵。孫子濟、曾孫惇，皆登文科。

04(제현)-05(김구)

金副提學絿， 字大柔。文章超古， 筆法侔擬鍾、王。中□□司馬壯元，□□文科。己卯禍作之夜，公與靜庵、陰崖、沖庵、金湜、柳仁淑、洪彦弼、朴世熹、朴薰、孔瑞麟等，俱被詔獄，諸公皆以爲必死，相與酌酒永訣。是夜長天無雲，明月滿庭。冲菴先吟一聯曰："重泉此夜長歸客，空留明月照人間。"公繼吟古詩曰："埋骨白雲長已矣，空餘流水向人間。"公又詠曰："明月長天夜"，冲菴和曰："嚴冬惜別時"，其從容自得如此。獄中上疏《己卯錄》中出於〈冲菴傳〉，而或云公之所作也。金銓、成雲等鞫問，以私相朋比，詭激成習，使國論顚倒朝政日非等語爲案，以公及靜庵、冲菴、金湜，竝論以死律，三公爭執，減死杖流謫南海。癸巳蒙放而卒。

04(제현)-06(윤자임)

尹承旨自任，字仲耕。當初承政院、弘文館入直官請囚之時，詣閤門外，進問曰："宰相入闕，不使政院知之，果是何事？"左右相目不敢言。俄而內豎申順剛出，召成雲，以小紙授判義禁曰："此人等，亟下獄。"注書安珽、檢閱李構、應敎奇遵、修撰沈達源等，竝下獄，賴鄭文翼公，得以時推照律，公與承旨朴世熹、朴薰等，流極邊。薰癸巳蒙放而卒，遵賜死，構罷職。

04(제현)-07(기준)-01

奇應敎遵，字子敬，號德陽。己卯諸賢，公爲最著，一時之選，以論思輔養爲主，故公長在玉署。歷遷至應敎，多所補益。禍作之日，公入直，漏鼓三下，內豎申順剛，以小紙御筆下曰："此人等亟下獄。"與承旨尹自任、孔瑞麟、注書安珽、檢閱李構、修撰沈達源就囚，以私附光祖等詭激之論，公及朴世熹、朴薰、尹自任四人，決杖流配牙山。是時公之兄逈爲茂長倅，陪母赴任，距牙纔五十里。請縣監裵鐵重往見，於路次而返。庚辰又移配穩城，後事覺。鐵重欲免擅放之罪，以爲逃歸自還。辛巳又追論賜死。公嘗直玉堂，夢作一律，莫知何應，及到穩城，所見物色，一似夢中作，公始覺此詩。其詩曰："異域江山故國同，天涯垂淚倚孤峯。頑雲漠漠河關閉，落木蕭蕭城郭空。野路細分秋草外，人家遙駐夕陽中。征帆萬里無回棹，碧海茫茫信不通。"未久坐黨籍，謫湖西，又移配穩城，道中所見，皆是詩中景色。噫！世間萬事，莫非前定，況死生禍福之大者乎？公之胤大恒，能繼家緒；曾孫自獻，位至政丞。

04(제현)-07(기준)-02

附：奇遵，又號服齋。忠孝出於天性，以堯舜君民自任。一見靜庵，志同道合，方期有爲，而黨禍忽作，年三十謫穩城，以朝聞道夕死爲念，講《易》不止，不以夷險易素操如此。

04(제현)-08(안정)

安注書珽，字挺然，號竹窓，判書琛之孫，佐郎處善之子。扁其堂曰"顧齋"，名其窓曰"竹窓"。擧薦科。當初內豎申順剛，招成雲入內之際，公操筆追至，順剛令閽人禁雜人，公攀雲帶，閽人扶曳出之。沈貞進執公手曰："天威方盛，姑勿入也。"有頃雲出，以小紙授判府李長坤曰："此人等亟下獄。"乃孔瑞麟、李構、奇遵、沈達源曁公等五人也，以參議以上多救，先放。竟革科後補縣監。有子一人曰'光國'蔭至縣監。

04(제현)-09(심달원)

沈校理達源，字子容，青松人。當初洪景舟請囚入直近侍之時，公與承旨孔瑞麟、注書安珽、檢閱李構、應教奇遵等，同下獄，賴鄭文翼，事得寬緩，竟以參議以上多救，先放。至乙巳，司諫郭珣殞於杖下，僚友畏累無顧者，公脫衣以襚，談者義之。及衛社錄勳時，元衡曰："必以達源竝參功臣【沈達源非衛社功臣，而鍵乃其姪也，此誤。】，然後勳籍乃固。"以公仁順至親而且有淸望，欲借重計也。公初不與於邪議，心恥之而畏禍，不能力辭錄勳，還家與妻相對而泣云。有子一人曰鍵【或曰銓】文科。孫喜壽，位至右揆，號一松。

04(제현)-10(정광필)-01

鄭文翼公 光弼，字仕勛，東萊人，天順壬午生。中弘治壬子進士，同年及第。局量宏深，德望蓋世，人疑蓍龜，國有柱石。以咸鏡監司爲右議政。當時三公有闕，朝野皆屬望於金應箕，領相成希顔大言曰：“金應箕一千，不能易一鄭光弼。”己卯歲，南袞以微服，着草笠穿破鞋，步至公家，呼門者，使急入告，但言客來。門者，卽入告：“有客到門，觀其貌，是南判書也。”公顚倒出見，則乃南也。怪問曰：“公何爲此耶？”袞俱道其所以，因曰：“此輩若遺一人，其害無窮。上必召公議之，可勉從上意，除去無遺，不然多有後悔。”或以危言恐動，或以甘言誘之。公正色曰：“公以大相爲賤服，歷都市而來，大是可愕事。謀害士林，本非余心，可忍爲此乎？”袞大怒，拂衣而去。有頃承召詣闕，袞已贊成其事，爲一網打盡之計，器物已具於殿庭。鄭相諫止，涙垂兩頰，衣袖盡濕，諸賢因是得免，罪止流竄。十一月十五日夜，承召入侍，涕泣極諫曰：“年少儒生，不知時宜，欲引古施今而已，豈有他意？少垂寬貸，請與三公議罪。”揮涙極諫。上遽起還內，公趨進引御裾，叩頭，乃命下光祖等于獄。與右議政安瑭，共請與朝廷議罪，反覆伸救，被囚諸公，惟光祖等八人，分配有差。十二月大司憲李沆、大司諫李蘋，追論加罪，又劾三十五人，請竝竄逐。公極諫不可，卽左遷爲領中樞，南袞、李惟淸爲左右相。丁亥南袞死，復入相，癸巳金安老執政，又罷。公嘗爲禧陵摠護使，卜梓宮於極處，安老托此欲殺，命竄金海府。公於逆旅中，作一律以記行，其詩曰：“積謗如山竟見原，此生無計答天恩。十登峻嶺雙垂涙，三渡長江獨斷魂。漠漠高山雲潑墨，茫茫大野雨翻盆。暮投臨海東城外，草屋蕭蕭竹作門。”丁酉安老伏罪，以領中樞召還而卒。當神武門之開也，禍機叵測，館學諸生，號哭趨庭，爭詣司寇，人欲百身，而皆不能救。公乃獨立爭之，涕泣號呼，終不能感動，則終至於挽御裾不止。雖天心一惑，片言難動，而一時大臣之風力，至今凜凜，公之事業，可謂彪炳矣。嗚呼！以靜庵誠正之學，終未免遭讒；以文翼批鱗之忠，亦不得回天，時耶命耶？公之孫曰“惟仁”，有子芝衍；曰“惟吉”，有子昌衍，克承家緒，連登黃閣，福善之天，可必於公之一家矣。

04(제현)-10(정광필)-02(보유)

補：《筆記》曰："南袞搆陷己卯諸賢，則詐稱南書房，以白衣步首相第；尹元衡謀陷乙巳名賢，則詐稱尹生員，以微服夜就鄭順朋家，小人黠黠情狀，前後一轍。"

04(제현)-10(정광필)-03(부기)

附：文翼公，賜環入京，卒年七十七。卒之日，靈光自屋宇，直上于天如虹蜺之狀。

04(제현)-11(안당)-01

安政丞瑭，字彦寶，謚貞愍，天順辛巳生。中成化庚子生員，辛丑及第。爲人莊重寡言笑，以淸儉自律。弱冠登第，補史官，氣度夙成，成廟嘗稱皃長者。守正奉公，果於爲義。與李相國長坤、申文節 鏛，相繼典選，以啓己卯明良際會。靜庵、慕齋、金湜、金大有、朴薰、冲菴、宋欽、潘碩枰諸賢，皆公所薦拔。立朝多建白，如復昭陵，從祀圃隱，追贈寒暄、一蠹，設薦擧科等事，公或主或贊，大負士林重望。己卯之禍，公爲左相，與文翼公協力伸救，竟被削奪。己卯十一月十五日夜三更，府胥來言"三更領相承召詣闕，今有召三公之命"，公驚起。有頃承命詣闕，夜尙未艾也。文翼獨坐賓廳，問事由，文翼揮淚掉頭，咄咄不忍言，但道戎器已具殿庭矣。遂與文翼力請會朝廷議罪，反覆論啓。乃命召參議以上，而多官共啓伸救，惟靜庵等八人分配。十二月，臺諫欲加罪淸流，追劾竄黜三十餘人，以公爲首，文翼極諫營救，止落職。沈貞陰嗾執義尹止衡，削公官爵。公之子處謙，憤南袞、沈貞等芟刈士林，辛巳歲潛謀除君側之惡，其弟處諴，與庶姑子宋祀連告公。公大驚，欲執以聞，恐延及士類，乃率歸陰城村舍，以沮散其謀。祀連恐事覺，詣政院，告謀害大臣。袞、貞等治獄，搆成大逆，公坐法，是年六十一，聞者莫不流涕。處謙、處謹皆被極刑，處諴獨免。己卯年處謙三兄弟，皆中薦擧科，公與夫人愀然不樂曰：“樂極生悲，此非慶也。”其言果驗。公嘗按湖西有詩曰：“攬轡澄淸吾豈敢？只將忠義不謀身。” 亦可謂言其志矣。明廟丙寅，追復公官爵，宣廟乙亥贈公謚，三子竝贈爵。

04(제현)-11(안당)-02(보유)

補：栗谷 李珥作公墓誌銘曰：“猗嘆中祖，旁顧若時。俊乂彙征，布列明廷。維時我公，爲國之禎。主張淸議，宗匠儒林。孰謂狐蜮，潛抱禍心？一夜慝作，百怪競侵。舟覆半渡，驥斃中路。五精收彩，三辰入霧。天固有定，太陽本明。伸冤錫恩，昭我令名。”

04(제현)-12(이장곤)

李贊成長坤，字希剛，號琴軒，星州人，成化甲午生。中弘治乙卯生員壯元，壬戌及第，官至右贊成兼兵曹判書。與兄長吉，俱受學於寒暄之門。己卯十一月，公以兵判兼判義禁，家住興仁門外，南袞瞰公不在，三往投刺。十五日夕，袞馳書於公曰：“國有大事，走馬入來。”公蒼皇馳到袞第，袞曰：“洪判書 景舟承密旨，待命神武門外。”公隨景舟，金銓、高荊山入門，與摠管沈貞、參知成雲，聚於閤門外。上御便殿，景舟持書啓入對。其辭曰：“鄭光弼、洪景舟、金銓、南袞、李長坤、高荊山、洪淑、沈貞、孫澍、方有寧、尹希仁、金謹思、成雲等，伏見趙光祖等，交相朋比，附己者進之，異己者斥之，聲勢相倚，盤據權要，誣上行私，罔有顧忌。引誘後進，詭激成習，以少凌長，以賤凌貴，使國勢顚倒，朝廷日非。在朝之臣，潛懷憤歎，畏其勢焰，莫敢開口，側目而行，重足而立。事勢至此，可謂寒心。請付有司，明正其罪，又請速命囚承政院、弘文館入直官。”於是政院始知之，承旨、翰林詣閤門外，則公與金銓、高荊山、沈貞、成雲，張燭會坐。承旨尹自任，進前問曰：“宰相入闕，不使政院知之，果是何事？”左右相目不語，但公且坐且立，如欲言而不敢發。俄而內豎申順剛，招成雲，成雲輒佩劍趨入。注書安珽，操筆追至，順剛令閽人禁雜人，珽攀雲帶，閽人扶曳出之。貞趨進執珽手曰："天威方盛，姑勿入也。" 有頃雲出，以小紙授公曰："此人等亟下獄。" 承旨孔瑞麟、注書安珽、檢閱李構、應教奇遵、修撰沈達源，皆下獄。沈貞等入侍，勸上命宣傳官，領軍逮捕，拿致闕門而誅之。是時假注書沈思順未入來，使翰林蔡世英，書罪黨人敎旨。世英把筆極諫曰："此人等罪目皆非死罪，不可枉殺無辜，願聞可死之罪。" 金謹思欲自書，奪世英筆。公始知當夜格殺之議，啓曰："人君不可行盜賊之謀，亦不可諱首相而行國家大事。與首相共議罪之，亦未晚也。" 反覆極諫。洪景舟欲啓事，或作起動勢，公輒揮手却之曰："公何爲至此？" 景舟不得售其謀。翰林蔡世英，還奪金謹思所攘筆，而言極正直，上意小弛，命召領相鄭光弼，由是事得寬緩。領相請推鞫定罪，公與金銓、洪淑，臺諫、承旨同推入啓，命以時推照律。趙光祖、金淨、金湜、金絿等四人，擬死律；尹自任、奇遵、朴世熹、朴薰等四人，杖流爲孥；柳仁淑、孔瑞麟、洪彦弼、沈達源、安珽、李構、李耔等七人，以參議以上多救，先放。領相與右相安瑭，面對極諫，乃命減死杖配。未幾，公辭遞禁府。臺諫論公以前日推鞫時，不嚴正，致罪人呼字呼名，請罷。當時衮、貞輩欲當夜格殺無遺，而賴公愕然進啓，馴致召大臣議罪，事至寬緩。吁！微公初在禁府得先知而力爭之，則文翼、貞愍兩相之力諍，何可得也？而公之功，當爲己卯之首也。退寓昌寧，以老終，無嗣，惜哉！

04(제현)-13(숭선부정 이총)

崇善副正名灇，字宗之，光廟之孫也。天資粹美，氣度夙成，潛心聖學，敬以持身，平生大志，惟在忠義，自奉儉素如寒士。屋後構齋，扁之曰"磨"，磨之義，深矣。游心六藝，無所不通，於樂於數尤妙。嘗述璿璣之制，著於世。正德己卯，靜庵被禍，公亦與焉。靜庵常以畏友稱之。謫蔚山者十五年嘉靖甲午蒙宥，戊戌復職，甲辰考終，時年五十七。有子六人。栗谷 李珥作公墓誌銘曰："志士有守，居不能移。公生綺紈，迥脫俗羈。親賢篤學，敬義挾持。橫罹黨禁，慨不遭時。”

04(제현)-14(정완)

鄭正郎浣，字新之。選賢良，賜特科，官至吏曹正郎。以才學見重於士林，與靜庵道義之契甚深。己卯之變，謫玄風，辛巳終於謫所，子瀌奉旅櫬以返。瀌亦韻士，知名當世，朝廷以賢士之胤，陞拜敦寧正，以爲士類勸。栗谷 李珥作瀌之墓誌銘曰：“彼美鄭侯，克家承考。厥考伊何？瑚璉是抱。堅志硏學，輔以同好。乃揚王庭，矢挽世道。運否慝作，齎志以終。”

04(제현)-15(신명인)

申命仁，字榮仲，號龜峯，弘治壬子生。禍作日，館學諸生闐咽街巷，奔波詣闕者千餘人，會于光化門外，顧時事之慘酷，鉗口結舌，無敢言者。於是，公倡言曰：“香徒之人，皆欲陳疏以伸其冤，況我諸生，日出而會，日中而不爲草疏，士氣之偸薄，不圖至此。余當任其咎。”遂秉筆草疏，諸生坌集書疏。將上達，爲門者所拒，諸生慷慨發憤，排闥攔入，公與朴光佑被傷，流血滿面，諸生或脫巾，或披髮者相半，號哭闕庭，聲徹大內。上敎曰：“諸生排闕門突入，號哭闕廷，此千古所無之事。”仍命摘發治罪。公等衆中挺身厲聲曰：“古者楊震被囚，太學生三千餘人守闕號哭則有之。殿下今日之事，誠千古所無之事。信小人之說，何至於此極耶？”承旨佯爲不聞，蓋服其讜言也。庚辰金大成尸舁至忠州，夫人不能返葬，公悲歎感慨，遂述〈哀宋玉辭〉，以明大成不得已之志。不復擧業，畏邪議，雖就試場，終日遊行，取諸生之酒，大醉而出，遺落世事，自號風流狂客。山人月潤嘗求詩，公卽題曰：“松窓岑寂日西遲，世路風波不自知。一壑晴川鳴歷耳，蒲團坐到月明時。”潤欲求冲庵詩，渡耽羅，袖軸以進，冲菴再三問作者誰，潤以姓名對，冲菴歎賞不已，仍題二絶。其一曰：“文章當世定無前，挾貴還羞不下賢。蠱九【以蠱之上九‘不事王侯’，稱之。】才名知可鎭，會須謝也井觀天。”其二曰：“杖錫秋風渡海洋，　黃柑白酒沃枯腸。孤生殘命誰相問？此別還添兩鬢霜。”【可鎭，崔壽峸字也。】　子翌登武科，官至兵使。

04(제현)-16(이약빙)-01

李通禮若氷，　字喜初，　若水之弟。己卯以吏曹正郞削奪官爵，　丁酉復叙。己亥以韓山郡守上疏，請立燕山、魯山後，以奉其祀，臺諫請罪罷職。至丁未壁書之禍，賜死。

04(제현)-16(이약빙)-02(보유)

補：世宗十九年下敎曰：“恭順公 芳蕃、昭悼公 芳碩，以懿戚，不幸無嗣。以廣平大君 璵爲恭順公後、以錦城大君 瑜爲昭悼後，立廟奉祀。”當時別無異議。丙子年，今上欲立廢主後奉祀，衆議紛然，竟不擧行。己亥年，李若氷上疏，請立燕山、魯山後，以奉其祀，而臺諫請罪，罷職，亦可以觀世變矣。

04(제현)-17(이약수)

李進士若水，字止源，中正德丁卯進士。學術修潔，才可礪俗。若氷之兄也。以公薦不得官，以薦科亦不得中。及靜庵之下獄也，館學諸生千餘人，會光化門外，公與申命仁倡義，抗章欲上達，爲閽人所拒，至於排闥闌入。上怒曰：“諸生排闕門突入，此前古所未有之事也。”仍命摘發治罪。　公以疏頭被拿，諸生爭先就獄，猶恐不及，囹圄已盈，鐵鈕亦乏，以藁索繫頸者，屯聚鍾樓下。禁府啓曰：“人衆獄窄不得囚。”大臣亦啓曰：“儒生不知事體，只欲暴白情素，請姑勿問，以鎭人心。”乃赦之。辛巳以宋祀連告書名錄，栲訊杖流平海，移禮山而卒。

04(제현)-18(성수종)-01

成守琮，字叔玉，守琛之弟。與崔猿亭 壽峸最善，爲人英特拔俗，遊靜庵之門。擧薦科，被黨累削名，沒後還給科牒。慕齋表其墓。有一男耳，見爲縣監。〈摭言〉曰："守琮，中己卯別科，議者以對策文理不屬，啓削榜中，前此所未有者也。"

04(제현)-18(성수종)-02(부기)
附：成守琮，號節孝。天資英特，骨氣淸聳，好學篤善，爲一時所推重。端居韜迹，絶意仕宦。靜菴高邁小所許，一見定交，每論當世士以公爲首。三十九以疾卒。

04(제현)-19(김대유)
金縣監大有，字天祐，號三足堂，金海人。節孝 克一之孫，提學駿孫之子，濯纓 馹孫之姪。坐濯纓禍，與提學俱謫湖南，丙寅改玉恩賜。明年丁卯中直赴科，拜正言不就。除漆原縣監，居三月化行，因謝病歸家。時群小用事，指以僞學，盡收其官爵科第。乙巳復科，不就職。公氣局宏深，言論激昻，曺南冥 植誌其墓，以'蓋世之雄、天下之士'稱之。又曰"容容大雅，討論經史之弘儒。仡仡長身，射御不違之豪士也"云。申松溪 季誠，以軒豁不拘底氣像許之，可謂間世之才也。雲門山水，遯世無悶，以考終。其終也，使歌兒舞女，奏樂而化，其氣像可見。正嫡無嗣，年七十三。
以收科第一款，疑其爲己卯人，今攷其年歲，則先己卯十餘年，改之可也。

04(제현)-20(신잠)
申牧使潛，字元亮，號靈川子，能文章善書畫，人謂之三絶，風度雅望藉藉。中正德癸酉進士壯元，己卯中賢良科，入翰苑。尋罷榜，還收紅牌，適與白牌而幷失之。仍吟一絶曰："紅牌已收白牌失，翰林進士摠虛名。從此峨嵯山下老，山人二字孰能爭？"後被召用，歷典三邑，竝有聲績。薦科革後，一時淸流，皆不復仕，而靈川獨立朝耐久，官至牧伯，又與當路權貴連婚，士論多不快云。

04(제현)-21(이희민)

李正郎希閔，字孝翁，陜川人，嘉靖丙子登第。嘗從遊靜庵門下，當群賢布列之日，公爲吏曹正郎，持一世淸望，人仰之如南斗。第公性高介寡合，不能容人，又取友必端，不如己者，若浼焉，以此好之者少，惡之者多，至竟慝作，靜庵敗而公亦不得免，是則天也？削廢家食，歲丙午以疾終，年三十四。

04(제현)-22(안처겸)

安學諭處謙及正字處謹，字靜夫，貞愍公 瑭之子，與弟處諴，俱登薦科。辛巳處謙憤南袞、沈貞芟刈士林，潛謀除君側之惡，其弟處諴與宋祀連告公。公大驚，欲上聞，恐延及士類，遂率歸陰城村舍，欲消沮其謀。祀連與鄭祥詣政院，告謀害大臣。袞、貞等治獄，搆成大逆，貞愍坐法，處謙、處謹，皆極刑，權碩、李若水、李正叔、李忠楗、韓忠等，皆死。

04(제현)-23(이윤검)-01

李同知允儉，字子文，武人，陜川人也。爲人端重，天性儉素，恬然若一書生，知名當世。與己卯諸賢相從，禍起，公亦不免，終被削奪。公嘗節度三道，歷州府亦多，淸貧如寒士。及金湜逋命之日，以公之胤希閔與湜友善，而公亦一時搜及公第，時公方府寧海，而家無甔石之儲，自此人益服公之淸德。有子三人：長曰“希曾”，十九登第，二十四卒。《儒先錄》曰：“受業一蠹，爲世大儒”；次曰“希閔”，己卯賢士；次曰“希顔”，徵遺逸，號黃江。一世稱“三玉”。

公乃余之外曾祖也，其行迹在人耳目，余今作錄，其敢有阿私者乎？悲感而記。

04(제현)-23(이윤검)-02(보유)

補：金湜容匿被推金海府使河挺，亡命被捕，受訊四百餘棍，誣服籍沒；寧海府使李允儉，拷訊無驗，放歸田里；靈山儒生李中、茂朱儒生吳希顔，全家徙邊。【已上己卯】

04(신사무옥 인물)-01(이정숙)
校理李正叔。

04(신사무옥 인물)-02(권전)
修撰權磌。

04(신사무옥 인물)-03(한충)
水使韓忠。

04(신사무옥 인물)-04(이충건)
吏曹正郎李忠楗。

04(신사무옥 인물)-05(봉천상)
參奉奉天祥。【已上辛巳】

04(첨부)-01(피죄폐고인)

〈被罪廢錮人〉

流絶島：

副提學金絿【癸巳蒙放而卒】、水使韓忠【辛巳死於獄中】。

流極邊：

承旨尹自任、朴世熹、朴薰【癸巳蒙放而卒】、應敎奇遵【尋賜死】。

竄黜：

兵使柳庸謹、典翰鄭譍、舍人崔山斗、吏曹正郎鄭浣、巴陵君　璥【復叙】、醫學敎授安瓚【道死】。

削奪官職：

右贊成崔淑生、右參贊李耔、舍人李淸【復叙, 官至參判。】、吏曹正郎李希閔、李若氷【復叙, 官至通禮, 乙巳被禍。】。

追奪職：

前監司文瑾、前參判柳雲、前府尹柳仁淑【復叙, 官至吏判。乙巳被禍。】、前府尹鄭順朋【復叙, 官至判書。上疏, 成乙巳獄, 官至右相。】、前參議李成童、前府使申光漢【復叙, 官至贊成。】、前參判朴英【復叙, 至兵使。】。

罷職：

參贊金安國【復叙, 官至贊成。】、參判金世弼、權橃【復叙, 官至贊成。】、監司金正國【復叙, 官至參判。】、佐郎具壽福【復叙, 官至縣監】、尹衢【復叙, 官至司成】、曺彦卿、柳成春、都事金光後、縣監安處順、翰林李構、及第成守琮【削科】。

革薦擧科：

佐郎趙佑【卽補，官至縣監。】、弘文博士安處謹【辛巳被死】、正言閔懷賢、修撰安處諴、弘文博士金明胤【復登甲申科。乙巳以京畿監司捕告鳳城君爲贊成。】、註書安珽【乙巳復科，補縣監。】、學諭安處謙、正言金鈛【卽補參奉，官至縣令。】、翰林申遵美【乙巳復科，不就。】、金神童【乙巳復科，拜正言。】、佐郎房貴溫、正字柳貞【乙巳復科，拜典籍，杖死於己酉之獄。】、佐郎朴公達、李準【乙巳復科授佐郎，謝恩還鄕。】、佐郎都衡【乙巳復科，授典籍。】、都事閔世貞、直長金顒【乙巳復[科]，授典籍。】、弘門著作慶世仁、李翊、修撰權磌【辛巳被死】、翰林申潛【補官至牧使】。

薦拔還罷：

縣監崔澐【以容匿金湜，全家徙邊。】、朴守良、都事盧瑾、參奉盧友明、柳孟連、金錫弘、監察李思儉、參奉奉天祥【辛巳被死】、察訪金泰巖。

04(첨부)-02-01

鄕約人伸寃疏頭典醫監前御李城、蒙學訓導鄭哲賢·李世孫、樂工宋糞、忠贊衛鄭義孫·李自逸·安崇福，各決杖；書吏崔仁碩·李仲進，各杖一百；弘文館奴鶴年與巴陵君同議，請王子諸君，欲詣闕伸救，決杖贖流。

04(첨부)-02-02(부기)

附：黃季沃，牧使瑾之子也。己卯趙文正既被竄，黃訪魚叔均，曰：“吾欲上疏救趙大憲，已具蒿。子其寫之。”遂出諸袖中而示之，曰：“疏意何如？”答曰：“此疏甚佳。非公好善，安能及此？”仍極口勸之，黃不寫而去。數日，與尹世貞、李來等，連名上疏曰：“趙某變亂舊章，朋黨誤國，請致之法。” 蓋黃作兩件疏，先以救疏示魚，見其與己不合，故不寫而去，其奸譎之狀，可勝道哉！

《雪壑謏聞》卷之五

〈乙巳錄〉【嘉靖仁廟元年】

05(개요)-01(을사·정미사화)

中廟末年，仁廟在東宮，而尹元衡與尹任搆隙，銜怨日深，於是有大尹、小尹之說，大指任，小指元衡也。元衡與李芑陰謀秘計，欲爲報怨之計，仁廟卽祚，元衡等乃造不測之飛語，欺罔文定，驚動明廟，以爲大禍朝夕將發。明廟方在冲年，外間事情，何由得知？玆不得不動於邪說。而及仁廟大漸，尹任以外舅入侍，元衡、芑等挾憾已久，欲因此爲捏造之計，而柳灌、柳仁淑，又是芑之仇怨。故元衡、芑等，與鄭順朋、林百齡，結爲腹心，譸張熒惑，搆誣萬端，至於僞投囊書，上誣恭懿殿。恭懿聖母，臣民所仰而猶欲搆陷，況於尹任之無識易與者乎？於是以任與灌、仁淑等表裏，曾於入侍之日，欲推戴桂林君 瑠、鳳城君 岏等，以諺書通於恭懿殿，相與計議而落於宮庭。夫仁廟無嗣，明廟以介弟入承大統，天命人歸，名正言順，孰敢有一毫異議於其間？設使任無狀，果有奸謀，而恭懿之塞淵，其有與任謀計之理乎？況此秘密之簡，至於入囊，則中路遺落，亦有是理乎？至今聞者莫不痛骨而腐心也。及明廟嗣位，文定以母后權臨而元衡從中威制，則何謀而不售？誰得而禁防？姦黨四起，恣行胸臆，忠順堂入侍之日，李芑進曰："尹任多有不自安之心，柳灌、柳仁淑，稍存形跡。" 又鄭順朋上疏，極言尹任丁酉禧陵之事；而林百齡誘脅任之壻李德應，教以誣服；安世遇教毛麟、內隱難等，擧以爲證，遂成大獄，終陷不測。大行王梓宮在殯，而外家之血肉狼藉，元老之妻孥竝戮，當時之事，可謂慘矣。彼尹任麤鄙無識，曾有入侍之罪而又在猜嫌之地，逆謀雖無形跡，而讒賊之口，似不得免。若柳灌之盡心國事，仁淑之好賢愛士，無毫髮可疑而其罪案尤無指的之處。順朋論二人之罪曰：“灌則與首相，附耳語曰：‘當立何人？’仁淑則默然有不悅之色。”自古安有見其辭色而便指爲叛逆者乎？獄事之鍛鍊雖巧，而一時之人心難誣。故當初李芑之進言於忠順堂也，洪相彦弼則曰：“任可竄，仁淑可罷，灌可遞。”衆議皆然，而申光漢則曰：“當此危疑之際，人心不可不鎭定，任等之罪，皆可斟酌。”李晦齋彦迪則曰：“事必光明正大，不然恐有士林之禍。”彼三人者，誠有逆謀，則芑何不大言直斥，而以不自安、形迹等疑辭，回互若是耶？又越二日加罪時，順朋曰：“任包藏禍心，罪固不赦。然若至依律則恐其太重。”夫包藏禍心，謀危社稷者，極惡大罪，順朋於彼三人有何愛惜，而救護至此乎？近有栗谷李珥論此事曰：“是不過搆造虛語，驟加大戮，則人情駭怪，莫可鎭服，故欲以浸潤之術，漸致重典耳。”斯言得之矣。權二相橃，社稷之臣也。方兇焰鴟張之日，爲任等伸救書啓之辭，皎如日星，而反被僞勳之錄，小人之欲借重於君子，於此可見。而至於沈連源之錄勳，則元衡曰：“必以連源竝參功臣，然後勳籍乃固。”連源初不與於邪議，故心耻之，而畏禍，不敢力辭錄勳，還家與其妻相對而泣。衛社之勳，果是不虛，則安富尊榮，自然有山河帶礪之固，何必借君子援外戚以爲長久之計耶？許磁、閔齊仁等，初附奸凶，欲取富貴，及其錄勳之後，方始悔悟，遂與奸凶不合，俱得重罪，齊仁至於削勳而許磁歎鬼神之難誣。凶黨之中，亦相矛盾，則況一國之公議乎？當初搆禍之時，元衡，欺罔文定，遂下密旨，順朋、百齡等，陰嗾兩司，欲罪三人，長官閔齊仁、金光準則欲隨其指嗾，而其他臺諫，持平議不撓，於是凶黨相顧，罔知所措。林百齡乃倡告變之謀，順朋之上疏，德應之誣服，毛鱗、內隱難、從伊、頓一、玉梅香之擧證，皆此類也。然而其言顚錯，率皆謬妄。方德應之訊也，百齡甘言于外，宋世珩詐泣于內，使愚妄之漢，信其利口，欲陷人而免己。今擧其供辭而言，則德應曰：“任謂自上凡事皆議於大臣，吾門可保五六年無事。”又曰：“大行王昇遐，大王大妃遣內官，勸粥於任及汝弼，‘我侍病入內，必以我圖爲不測，終無異議而傳位于上，是必感我而然也，吾心自安’。”

又曰：“任欲通於灌、仁淑，臣曰：‘安知灌等以婦翁爲無狀，反害之？’任曰：‘然。’”此等說，或以任爲心甚自安，或以灌等爲疑任之無狀，既云共謀而終不能言其共謀之事，則烏在其爲共謀也？其誣妄不足信明矣。至若毛鱗之辭，內殷難之供，尤不足取信。毛鱗乃任之老婢也，任雖無狀，亦非病風喪心之人，則叛逆，是何等事而乃與女奴相議耶？世遇曰：“任之陰謀，鄭淑儀婢內隱難可知之。”淑儀之婢，於任何如之人，而乃能知陰秘莫大之謀耶？且玉梅香之供則曰：“瑠來任家，任坐庭中，謂曰：‘汝當立矣。’”從伊則曰：“七月初三日，任謂其子興義曰：‘欲立鳳城君。’”七月初三日，乃仁廟禮陟後二日也，推戴重事，所當汲汲早定，大漸之日，既以桂林君爲戴，則二日之後，安有更擬於鳳城君者乎？是亦出於誘利而欲得告變之切者也。彼德應曾是士大夫而又與任一家，猶且爲甘心所誘，終不恤任家族滅之禍，況幺麽嗜利之一婢子乎？誅鋤既盡，又欲鉗制一世閭巷之間，或淸議間發，則輒加以護逆之名。柳堪以《武定寶鑑》不須印看之語，被謫遐裔；李元祿以諫其叔李芑之故，亦被投荒，當時風色，至今可想。而又有奸臣鄭彥慤，素以樂禍毒手，踵元衡、李芑之迹，又上驛壁之書，大開波及之禍，當初網漏之人，更爲捃摭，又作一番機阱，如宋圭菴、李若氷若干善類，終不得免，言之長痛。

05(제현)-01(유관)

柳政丞灌，字灌之，號松菴，文化人。中丁卯科，嘗盡心國事。乙巳爲左相，以稍存形迹遞，中途付處，後以鄭順朋疏論‘以謀危宗社’，竟至孥戮。

05(제현)-02(유인숙)-01

柳判書仁淑，字原明，文化人，仁貴之弟。嘗好賢愛士，曾是己卯人也。乙巳爲吏判，以連姻尹任，遠方付處，後與任、灌同死。二公不幸，與李芑有怨，芑謀欲射影，與元衡、順朋等交搆，以成此禍。二柳之事，芑雖欲聲罪而難其名，初則曰“稍存形迹”，及其加罪，則曰：“灌與首相，附耳語曰：‘當立何人？’仁淑則當定策之日，默然有不悅之色。”雖使此等語，果是眞的，斯不過臆度之發。以此置之流竄，猶不得其正，況斷以大逆，繩以梟夷之律乎？當時告變者百出，而曾無一人誣及於二柳者，二柳何嘗鉗制其口耶？只緣一忤李芑，其流禍至此，甚矣，小人之罔極也！仁淑之子希曾、希閔，竝就戮。丙寅始復爵，還其籍沒。

05(제현)-02(유인숙)-02(보유)

補：宋台叟，一日謁金慕齋，適柳仁淑、申光漢亦來，慕齋不甚欣喜。兩公去後，問其故，慕齋嚬蹙曰：“原明不學無術，未知厥終如何。申光漢，己卯與士類同貶，幸則幸矣。”

05(제현)-03(곽순)

郭司諫珣，字伯瑜，號警齋。中戊子科。淸白自勵，有大節不屈。仁廟朝，公以舒川郡守入長薇垣，而白公仁傑爲獻納。文定爲元衡所誣，遽下密旨，其時諫長金光準，欲從奸凶指嗾，而獨公與獻納，抗直不回，至竟論斥‘密旨之出於矯誣’，言論激發。元衡膽落，恐不得濟其謀，俱以庇黨論，白公謫安邊，公殞於杖下，嗚呼痛哉！宣廟初年丙寅，乙巳諸人復爵加贈，贈公爵。

05(제현)-04(백인걸)

白參贊仁傑，字士偉，號休菴，益堅之子，水原人。中丁酉科。早從師友，學有淵源，又好正直不撓。仁廟朝，以南平縣監，入爲獻納。乙巳之變，元衡簧鼓邪說，欺罔文定，遂下密旨，而猶不敢顯言尹任等返逆之狀，陰嗾兩司，因臺諫先發。時閔齊仁爲都憲、金光準爲諫長，欲隨其指嗾，獨公守正不撓，手自草啓，論破密旨之誣，風霜滿筆。文定大怒，卽令下獄，事將不測，臺諫爭以言官不可罪，只罷。丁未九月，貶安邊，俄而南遷。二十餘年，迺於宣廟初服，乙巳諸人，始復爵加贈，而在世者，惟公與盧蘇齋二老。宣廟褒以直節，大加超擢，蘇齋位一人下，公陞貳公，可見天運之回亨。公有子一人，名惟誠，登文科，階承旨。

05(제현)-05(노수신)-01

盧首相守愼，字寡悔，鴻之子，號蘇齋，光山人。文章奇古，識見高明，篤志學問，以《小學》律身。中癸卯科壯元，爲吏曹佐郎。乙巳禍作，臺諫啓，削奪，丁未追論以爲“守愼、丁熿，枉挾虛譽，鼓扇浮薄”，竄順天，尋移珍島。後五年，乙酉之禍又作，公之婦翁李延慶、友壻康惟善等，坐法。公之禍，輾轉愈錮，始於宣廟初年丁卯，三公啓“盧某學問精詣，可備經筵，勸講”云，乙巳罪籍悉蕩滌褒贈而二十年，人事一變，生還故國，復見天日者，獨公與白獻納二老。宣廟特加褒賞，拔擢異數，不多年，公已登黃閣，獻納又躋東壁，而公之母夫人，二十年倚閭之餘，尙得强康，終享台養，此世間之所未聞者。公之道可謂否於前而亨於後矣。天道福善之理，亦有所可必者乎。公正嫡無嗣，取弟之子大海，繼之。

05(제현)-05(노수신)-02(보유)

補：〈摭言〉曰：“盧佐郎守愼，嘗問余：‘子不見學問之人乎？’余歷擧當世之志學者以對，皆不然。余曰：‘子則見何人？’曰：‘李復古庶幾。’寡悔時年僅三十，已於其時得見學問大段，可謂早矣。”

05(제현)-06(정황)

丁舍人熿，字季晦，世明之子，昌原人，號遊軒，登丙申科。性至孝，遭母喪，與兄煥居廬盡禮，煥過毁滅身，爲兄制庥服期。中廟聞其孝悌，特命增秩。乙巳爲舍人，芑啓削官爵。丁未以鼓扇浮薄，與蘇齋連名貶竄，初配昆陽，戊申移置巨濟。在謫十五年，猶惓惓愛君之誠，嘗草疏極諫時弊，將上，曺南冥往見而止之。遂終於謫所。所著《壯行通考》、《負暄錄》各十餘卷，行于世。仁廟七月昇遐，八月卜因山，公抗疏以爲“送終大禮，自天子至於士，喪制一定，何汲汲於犯禮之失乎？”繼有尹潔之疏，有曰：“殿下之臣，惟丁熿一人而已。”尹任除秋官長，公與宋圭菴論之，公適在告而停啓，圭菴仕罷，訪公曰：“今日停啓，終未免爲上計也。”公曰：“主上，一國臣民所共仰戴，何爲出此言也？”圭菴慚謝。仁廟執喪踰制，日就難全，廷臣泣請，有議特推入外舅，以冀動萬一者。公獨奮然曰：“所議苟且無謂。問君父候， 一二大臣誰阻乎其入，而必借乎彼哉？”當初尹任入侍之議，爭之不得，禍終難悔，見幾之明，論事之正，多類此。子至，承蔭爲縣監。

05(제현)-07(권벌)-01

權政丞橃，字仲虛，士彬之子，號冲齋，安東人，登甲戌科。歷仕兩朝，忠毅素著，人以社稷之臣稱之。乙巳禍起，公以二相入侍忠順堂，李芑進曰：“尹任多有不自安之心，灌與仁淑，稍存形迹。”微辭發端，日漸鍛鍊，終至於叵測。公乃守正不顧，至於爲三人伸救，獨上啓劄而劄中許多說話，明白直截，皎如日星，雖凶黨，不敢怒而敢怨，乃於衛社之勳，以公及晦齋竝錄，而公之名則勳籍已啓之後，至於追錄，夫豈以兩賢爲有功？亦豈以兩賢爲相好？是不過借重於君子，以爲一身之援，而非公之人望所屬者，不可得也。小人之計，可謂深矣。噫！參勳，旣非兩賢之本情，則畢竟竄謫，得快於兩賢之心，庸何傷？兩賢一時西征，中路相値，相對而笑曰：“李二相、權二相之行，何赫赫也？”至今言者，不堪悲韙之至。在朔州謫所而卒，時年七十一。丁未九月，流朔州，戊申芑欲殺公及晦齋，啓於經筵，而文定牢拒，兩賢之得免者天也。宣廟初年，復爵加贈領議政。有二子，長曰“東輔”，次曰“東美”，俱士類也。

05(제현)-07(권벌)-02(보유)

補：忠順堂入對之日，忠定啓曰：“往者睿宗無嗣，月山當次，貞熹王后越次而援立成廟，年甫十三矣，猶終始無事。況今主上，乃仁廟嫡弟，旣已正位，豈有他虞？臣夜不能寐，知死敢啓。尹任雖被重罪，固不足惜，臣竊以王大妃於嗣王有母之道，若因此憂傷，豈不爲大累？”又曰：“柳灌、柳仁淑，俱以老病書生，位極人臣，豈復有他意？今若遠行，得病而死, 人皆曰'國殺之也'。" 又移書於尹元衡, 擧'吾不西行, 大禍不止'之語, 以責之。公平居, 和氣薰然, 及至臨利害遇事變, 義形於色, 直前擔當, 勇決如賁育。其再啓也, 通夜草啓辭, 趁早詣李公 彦迪座, 招註書, 書啓辭。李公見草本驚曰 : "勢已至此, 言之徒起不測。" 盡抹去其危言處。公却坐抱膝長噫曰 : "刪沒如此, 不如不爲之爲愈也。"

05(제현)-08(이언적)

李政丞彦迪, 字復古, 號晦齋, 慶州人。經學博文, 爲一世宗儒。乙巳之禍, 公爲二相, 及忠順堂入侍之日, 李芑進曰 : "尹任多有不自安之心, 柳灌、柳仁淑稍存形迹。" 公曰 : "事必光明正大, 不然恐有士林之禍。" 奸凶之肺肝, 於是已露矣。公守正奮忠, 不顧利害, 終始伸救, 而反生依附之計, 及其衛社之勳, 必以公及權二相 橃竝錄, 安有伸救逆徒, 而反爲參勳之理乎? 奸凶輩自知所爲不厭人心, 無以鎭服一世, 故欲援引名賢, 以爲自樹之地, 其爲計巧矣。然畢竟氷炭難容, 旋被竄謫之禍, 丁未九月流江界。參勳本非兩賢之情, 則嶺海之行, 固所甘心。只恨天日是阻, 卒于遐裔, 空使後人於悒也已。宣廟初年復爵, 以政丞加贈。東都有書院, 又從祀文廟。正嫡無嗣, 以族子應仁爲後, 傍室子全仁。年六十三。

05(제현)-09(박광우)

朴司諫光佑, 字國耳, 自少明經學能文章。登乙酉科。仁廟朝以江陵府使入爲司諫, 乙巳杖竄鳳山 洞仙驛, 到配, 因杖毒不保。公曾是己卯儒也。當靜庵下獄之日, 館學諸生, 排闕直入, 與申命仁被傷, 流血滿面。

05(제현)-10(이림·이진)

李大諫霖, 字仲望, 咸安人, 登甲辰科。乙巳爲兵曹參議, 以言母后不可臨朝, 杖流義州, 丙午賜死。南冥 曺先生稱之曰 : "公之所稟於天者, 已得六七分, 加之以學問, 其爲內也氷壺, 其爲外也玉色, 望之者, 知其爲忠信人也。” 嘗夢見而有詩曰：‘與子樹下別, 此懷誰似之。燬心猶未死, 只有半邊皮。’ 其人大槩可見。兄震, 字伯胤, 登丁酉科, 出入臺侍。乙巳以輕淺之資, 使士林不靖, 請罷, 丁未謫泰安。

05(제현)-11(이약해)

李直提學若海, 字仲容, 廣州人, 若氷之弟也。登己卯科。乙巳禍作, 以直提落職。丙午以奴事柳灌, 不有國母, 與羅湜、羅淑等同死。

05(제현)-12(나식·나숙)

羅湜, 字正源, 傑之子。豪俠好義, 薦爲參奉。乙巳之禍, 辭連李煇, 杖流興陽。後因臺諫啓, 移配江界。丙午六月, 以與李煇共倡擇賢之說, 賜死。弟淑, 字善源, 登甲申科。乙巳爲弘文館副提學, 亦爲煇所引, 杖配鐵山, 丙午賜死。

05(제현)-13(성세창)

成右相世昌, 字蕃仲, 號遯齋, 昌寧人。中正德丁卯科。公曾是己卯賢也。乙巳爲右議政, 臺諫啓‘以與仁淑、尹任交結, 兇謀無不參知’, 長淵付處, 尋卒。公受業寒暄, 天姿英偉, 學識超邁, 文章典雅, 及掌文衡爲多士矜式。筆法亦臻妙, 書畵音律, 無不精通, 時人以三絶目之。丁卯追復官爵。孫子濟, 登文科。

05(제현)-14(이황)

李贊成滉, 字景浩, 眞城人, 號退溪。晩隱恬退, 不求榮利, 性理之學, 爲世儒宗。登甲午科。乙巳爲典翰, 李芑啓削官職, 後因其姪李元祿伸救, 啓以復叙, 終至贊成。

05(제현)-15(안명세)

安檢閱名世, 字景應, 煇之子, 順興人, 登甲辰科。嘗秉史筆, 遇事直書, 有古良史風。至乙巳事書之曰：“樞前殺三大臣。” ‘樞前’, 謂仁廟梓宮,而'三大臣', 謂尹任、柳灌、柳仁淑也。所謂'殺'者, 非其罪也。'大'者, 重之之辭也。時撰《武定寶鑑》, 大臣啓請出看史, 名世書芑惡頗極其實, 芑大怒, 成罪黨逆, 置之極典。吁。自戊午以來, 史法不嚴, 或任意開局, 漏泄無忌, 故奸人之嫁禍於士林, 每出於此。元衡輩知所爲難逃於筆誅口伐, 懷疑不自安者久矣。一聞名世之書法, 便生李克墩之謀, 發局爲案, 置諸極典, 嗚呼！萬古鈇鉞, 惟在史筆, 而史筆亦不得直書, 則宇宙間正氣, 將寓於何地耶？痛矣。

05(제현)-16(심령)

沈都事苓, 字天老, 靑松人。甲午司馬, 登己亥科。乙巳爲咸鏡都事, 奉箋文來京師, 語人曰："主上幼沖, 女主臨朝, 何以爲國？" 其妻甥金明胤, 倡言於朝行, 竄碧潼, 丁未爲彦慤所搆, 栲死獄中。

05(제현)-17(구수담)

具參判壽聃, 字天老, 綾城人。登戊子科, 官至參判。丙午臺諫啓罷, 以陳復昌上疏, 伸救復敍。庚戌以'搆成邪議, 庇護乙巳逆黨, 欲啓開釋之路, 且與復昌結爲心腹, 至以口不可道之言, 筆之於書', 復竄關北, 因尹思翼啓, 賜死。壽聃曾論李芑罷相, 使芑少損威毒, 可謂剛直, 而不知復昌之奸邪, 與之爲友, 而卒爲所陷, 亦可謂損於知人者。

05(제현)-18(정자)

鄭滋, 字敏古, 惟沈之子, 延日人, 登庚子科, 官至正郞。受業於金慕齋之門, 以才行知名。士林間得禍最酷, 再經流竄, 終於謫所。當初大獄方興, 滋以桂林妻弟行鞫於慶會南門外, 惟沈以頭觸柱, 仰天大呼曰："吾兒無罪, 天實鑑臨。" 觀者酸鼻云。丁未之禍, 滋自光陽, 移配慶源, 路經東郭, 其母氏往訣, 解親膚小衣以衣滋曰："古者愛子征役, 服母衣而往, 則速還。" 因撫膺號慟, 行路聞之, 皆流涕。父惟沈, 亦被杖竄。

05(제현)-19(김저)

金持平䃴, 字學光, 世弼之子。登己亥科, 乙巳爲持平。忠順堂密旨之初, 兩司齊會, 將議启, 或言任有罪, 公大言折之, 論議不一, 各司散去。其後臺諫启, 削奪, 丙午流三水, 丁未賜死。官至吏曹正郞。

05(제현)-20(윤결)-01

尹修撰潔, 字長源, 坡平人。登癸卯科。乙巳爲修撰, 以言安名世臨刑, 從容就死, 杖流慶興, 未至, 大諫陳復昌挾憾, 請鞫, 殞于杖下。弟浚, 亦以變亂是非, 動搖群情, 處斬。

05(제현)-20(윤결)-02(보유)

補 : 具思顔密启曰"潔、浚俱以文士儒生, 交結駙馬, 出入其門, 敢議政法, 死無足惜"云。

05(제현)-21(한숙·한주)

韓參判淑, 字淳, 西原人, 澍之兄也。登乙酉科, 官至參判。乙巳禍作, 臺諫启以與尹任交厚, 請罷, 丙午追論, 流理山。弟澍, 字時仲。登癸巳科, 出入臺侍。丙午启以'與尹任同里, 長在言論之地, 聲勢相倚', 削奪, 丁未謫利城。

05(제현)-22(정원)

鄭承旨源, 字仲遠, 東萊人, 登己卯科。乙巳以院相錄衛社勳, 芑启削勳奪爵, 後以與聞逆謀, 流昌城, 竟賜死。

05(제현)-23(이준경)

李政丞浚慶, 字原吉。登辛卯科。庚戌爲判書, 李芑與陳復昌密启, 以'公伸救尹任, 且咎李洪男告變', 論配報恩, 辛亥以誕生世子, 恩釋復敍。乙巳釋奠祭飮福時, 淸流三十餘員竄謫之類, 公首與焉。鄭順朋顧見芑曰："李某言于朝，早封太弟，以定人心，何以爲罪？" 芑執筆削名，橫得免禍。終至領相。

05(제현)-24(이문건)

李承旨文楗，字子發，星州人也。登戊子科。乙巳之禍，初以承旨錄衛社勳籍，後以猶子煇辭連李德應，延坐削功，仍謫配星州。公善於書，且工於圖畫。謫二十年而終。

05(제현)-25(이염)

李奉敎爓，字孟光，星州人。登甲辰科，入史苑。乙巳以煇從兄弟罷，丁未竄慶興，在謫所製〈安邊十策〉。後放還，官至禮曹正郞。子玄培，文科，官至府尹。

05(제현)-26(신거관)

愼判書居寬，字栗而，居昌人也。登乙酉科，官至吏曹判書。丙午臺諫啓以'與柳仁淑同入銓曹，不無諂附'，削奪。

05(제현)-27(이수경)

李首慶，字伯喜，廣州人也。登戊戌科，累爲臺侍。丙午臺諫啓以'李煇、丁熿、李中悅，朋比往來'，謫穩城，首相沈連源啓，移竹山。

05(제현)-28(황박)

黃副正博，字仲約，長水人。登壬辰科。爲副正，乙巳謫遂安，後復敍爲判決事。

05(제현)-29(정희등)

鄭掌令希登，字元龍。中甲午科，乙巳爲掌令，杖流遠方，死于道。

05(제현)-30(김홍도)

金弘度, 字重遠, 希壽之子, 能文章有氣槩。中□□科別試壯元, 官至牧使。竄甲山, 未還道死。兒名歸甲, 謫此府未還而死, 人事莫不前定, 可憐。臺諫論'輕驕不根, 昵比金虯, 主張邪議'云。有子二人"瞻"、"睟", 俱文名, 知名一世。

05(제현)-31(안경우)

安縣監景祐, 廣州人。以蔭爲聞慶縣監。見忤於金光準, 謫三水。

05(제현)-32(성우)

成遇, 字仲慮, 昌寧人。以薦爲參奉, 大谷之兄也。丙午秋臺諫啓以'遇言柳灌不至逆謀, 林百齡用心不正, 中懷異心, 變亂群聽', 杖流河東, 賜死。

05(제현)-33(윤홍의)

尹上舍興義, 字剛叔, 任之子, 登癸卯司馬。性醇謹剛直。乙巳禍作, 酷受杖訊, 辭色不亂, 竟殞杖下。兄興仁、弟興禮同死。

05(제현)-34(이원록)

李正郎元祿, 字廷瑞, 德水人, 芑兄荇之子。登辛丑科, 爲兵曹正郎。以芑猶子不附芑, 且熟諫不已, 芑惡之, 嗾臺諫啓以'加罪之時, 有不平之色', 被鞫, 又配江界。祿之子告於芑曰:"某之父, 痛楚不能來辭。"芑曰:"汝父果痛乎? 我嘗廷鞫三次而猶忍之, 況一次乎? 汝父眞恸夫也。" 略無矜惻之意。噫! 一觸其鋒, 則雖骨肉不惜, 況他人乎? 當時賢哲之魚肉, 宜無所不至矣。

05(제현)-35(정렴)-01

鄭韻士䃏, 字士潔, 號北窓, 順朋之子。爲人淸虛寡慾, 無一點渣滓。詩文高迥，俯視晩唐，又精於數，感通如神。乙巳之禍，嘗見其父戕殺士類，號泣而不能感，仍憂迫成疾，至竟不起。吁。礦雖誠孝蒸蒸，聖非大舜，則豈能使頑父不格姦耶？惜乎！礦之賢不幸而生於順朋之家也。

05(제현)-35(정렴)-02(부기)

附：北窓，溫陽人。天稟淸高，聰明過人，凡書一二遍，皆暗誦，天文地理醫藥卜筮曆數音律，　無不通解。三十二中司馬。有大懷不屑科擧之業。朝廷薦主簿，年四十四卒。

05(제현)-36(외전：봉성군이완·계림군이류)-01

外傳：鳳城君 岏，中宗大王第八子。乙巳獄起，奸臣金明胤貪功樂禍，希旨生事，誣啓岏、瑠之事，排生大亂之階。任果有推戴之謀，則當初李芑之面對、順朋之密疏，何無一言之及此，而明胤獨能知之耶？又從伊之招曰：“七月初三日，尹任謂其子興義曰：‘欲立鳳城君。’” 興義供曰：“仁廟大漸時，父任言‘鳳城君以問安入內，卽使傳位，孰能禦之？’” 夫七月三日，乃仁廟賓天後二日也。大漸之日，旣以桂林君爲戴，則二日之後，豈有更生他意而以鳳城爲言耶？興義之招，實出於嚴刑錯亂之餘，而從伊之辭，明胤揑造，而亦不覺其說之牴牾。吁。形迹無一毫可疑，而大逆之典，終至於罔極，鳳城之禍，尤不滿人意云。宣廟中年丁丑復職。

05(제현)-36(외전：봉성군 이완·계림군 이류)-02(보유)

補：鳳城君聰明仁孝。乙巳秋，兩司以累登奸兇之口，請置大罪，又請禁閉其家，勿令出入，守直軍士以斷雜人往來，上不聽。文定又謂大臣曰：“岏自幼卽同己子，宮中養成，雖曰年長，今纔十七八，豈忍置大罪也？” 丙午秋，兩司請斷以大義，首相尹仁鏡與芑、順朋等，請斷以大義，命依寧山君例，竄配蔚珍地。丁未因彦慤壁書事，竟殺之。遂命復官禮葬，彦慤上箚，還收成命。

05(제현)-36(외전 : 봉성군 이완·계림군 이류)-03(부기)

附：桂林君 瑠，中宗大王第七子也。乙巳獄起，奸凶等以尹任欲爲推戴。任死，後瑠嘗削髮亡匿，以京畿監司金明胤密告，爲兎山縣監李坎男所捕。其訊也，酷加嚴刑，極其慘毒，瑠不勝其苦，欲誣服速死而不得其說，推官敎之，乃得取招。其供曰“任欲議諸朝廷，封主上爲上王，將立臣及或鳳城”云。瑠是任之近屬而其年長於仁廟十四歲，豈有以瑠爲仁廟嗣之理乎？且瑠之逆名，始於尹元老之亂言，當其時，中廟在位，仁廟在東宮而春秋尙富，此豈議嗣之日乎？人或以瑠之在逃爲疑者，是則不然。瑠之得此名，非一夕而任旣誅，則人皆知瑠之必死。知其必死，而順受正命者，君子所難，豈可以此責之於無識之宗室乎？旣以飛語成罪，又以誣服定律，人以爲瑠之死，亦可悲也。宣廟中年丁丑復職。

05(제현)-37(윤임)

尹判書任，武人，章敬王后兄也。自文定御壼之後，與元衡兄弟有隙，元衡與李芑同謀，謀爲報怨之計者久矣。一朝中廟禮陟，仁廟卽祚，而大小尹之猜嫌益深，第無隙可乘。及仁廟大漸，任以外舅入侍，則元衡謂此機可圖，與三奸，或密疏或告變，日夜羅織，終陷不測。彼任也，麤鄙無識，不能炳幾，又以外戚自處，至於入內侍疾。夫君薨無嗣，群弟在外，此何如時，此何等地，而任乃懜然不知避耶？讒徒之口，宜乎自致。但所謂陰懷不軌，欲推戴他王子云者，有大不然者。當是時也，文定以母后權臨，明廟以貴介當宁，形勢如山，統緖攸正，彼無識一武夫，乃能行伊、霍之事乎？萬萬無此理，而只被猜疑，終至於身屠家赤，三子同車，言之慘慘。宣廟中年丁丑始復官，還其籍沒。子興仁、興義、興信竝戮，獨興智待年，今爲蔭官。

05(제현)-38(정욱)

鄭郁，字從周，東萊人。登戊子科。仁廟賓天之初，以忠州牧使，奉陳慰箋文入京師，以發擇賢之說，栲死獄中。

05(제현)-39(이중열)

李正郎中悅，字習之，廣州人，登乙亥科。乙巳爲吏曹正郎，辭連李煇，悅卽書煇前後觸犯之言，詣政院以啓，冀以自免，煇坐逆而悅亦罷。丙午以與煇交通謀逆，流甲山，竟賜死。煇之罪案，所謂廣探人意，造成逆謀者，卽因悅之語而搆成也。

05(제현)-40(허자)

許贊成磁，字南仲，陽川人。登癸未科。乙巳同鄭順朋、林百齡、李芑等，入忠順堂成士禍，錄一等功臣，官至贊成。丙午論司諫陳復昌之罪，元衡等啓以排斥爲國之人，遞。庚戌臺諫啓'以錄功爲可羞，自以未免小人之名，公然倡說'，謫洪原，憂懣死。

05(제현)-41(이휘)

李正言煇，字孟明，弘健之子，星州人。登癸卯科。乙巳爲正言，爲德應辭連，與德應同死。煇嘗見李中悅，時明廟患痘疾甚苦。悅曰："主上無嗣，臣民仰戴，只此一身，今聞此言，懷抱甚惡。" 煇答曰："厥終何以知之，汝爲如此說乎？" 悅曰："是何言耶？更有何地可仰乎？" 煇作色而去。後悅言於丁熿曰："李煇誤入矣。兄亡弟及，古今通誼。只有嫡統一人，更有何議？煇之所論不正矣。" 丁熿曰："如此不善之人，更不可交也。"

05(제현)-42(민제인)

閔贊成齊仁，字希仲，驪興人。登庚辰科，乙巳以大憲錄勳。忠順堂密旨之初，奔走諸宰家有同傳令，爲白仁傑所彈，含默隨波。庚戌尹仁鏡啓'以仁柔之言，愛惜罪人，又以安名世所書，史不可改'，竟至削勳罷職。

05(제현)-43(이덕응)

李注書德應，字季潤，任之女婿。登甲辰科爲注書。乙巳以世遇密告被繫，冀以自免，誣服謀立鳳城君，竟坐逆。應中無所主者，爲林百齡、宋世珩等所誘，畢竟自陷不測，死無可惜矣。

05(제현)-44(양윤온)

梁允溫，字國和，南原人。官至南海縣令。以仁廟卒哭前，或托稱拜掃，又詐稱亡妻歸葬，尹任家三度出入，竄黜。

05(제현)-45(성자택)

成子澤，字彦淸，昌寧人。登甲辰科。中廟末年，子澤言于尹興義曰："元老上可以害東宮，下可以害士林。" 以此辭連，乙巳杖流河東，竟賜死。子澤性反覆無狀，以元老外親，初付元老，不容於士論。【已上乙巳】

05(제현)-46(송인수)-01

宋參判麟壽，字眉叟，號圭菴。登辛巳科，官至參判。樂善好學，爲士林所推仰，性又不喜女色，人服其剛。嘗受學於嚴上舍 用恭，又質於慕齋金先生。乙巳禍作，臺諫指爲浮薄徒領袖，削奪官爵，退居淸州本家。丁未因鄭彦慤壁書事，賜死。使者到門，適其生日，族親門生多聚其家。獲紙筆大書曰："皇天后土，實表此心。" 從容就死。

05(제현)-46(송인수)-02(보유)

補：元衡謂宋麒壽曰："圭菴獲罪，心甚未安。" 麒壽答曰："特地梅花，豈能久存？人之死生有數，何恨之有？" 一世之人，悲哭之。

05(제현)-46(송인수)-03(부기)

附：圭菴樂善好賢，出於天性。嘗入中朝，無一物交貿，稱公爲一片氷玉。及其賜死，年四十九。

05(제현)-47(김난상)

金大諫鸞祥，字季應，俔之子，清道人。登丁酉科。乙巳以正言罷，丁未安置南海。丁卯三公啓以某學問純備，可備經筵勸講，終至大司諫。

05(제현)-48(유희춘)

柳副提學希春，字仁仲，文化人。博學强記，趨向亦正。登戊戌科。乙巳禍作，爲正言落職，丁未安置濟州，所居縣爲隣鄉，移配鍾城。丁卯三公啓以柳某學問該博，可備經筵勸講，終至資憲副提學，後贈左贊成。

05(제현)-49(이약빙)

李正言若氷，字喜初，若海之兄也，己卯人。登丙子科，爲司僕正。乙巳禍作，臺諫請罷，丁未因彦愨啓賜死，其子洪男，亦竄寧越。己酉洪男誣告其弟洪胤謀逆忠州，無辜四十餘人，論逆伏罪。乙巳餘賢辭連就戮者亦多，慘矣。洪胤，尹任之壻，禍本於此。

05(제현)-50(김진종)

金司成振宗，字孝先，慶州人。登戊子科。乙巳爲司成，芑啓削奪。振宗爲獻納，與李潤慶論芑巉險，芑深銜之。丁未謫淳昌，憂懣死。甲辰芑爲慶尚巡邊使，以公及李中悅爲從事官。

05(제현)-51(안함)

安馠，字君晦，順興人。登甲辰科。乙巳之禍，初以注書錄功，以尹任妻兄，削功罷職。丁未竄信川，其父世亨，亦謫高原。

05(제현)-52(임형수)

林亨秀，字士遂，平澤人。材兼文武，登乙未科，累爲侍從。乙巳臺諫啓，削奪。丁未爲彦愨所告，至以尹任鷹犬，元衡當殺之言倡于稠中，竟賜死。公之父畯以武人， 官至二品， 丁未臺諫啓以事尹任， 亦削奪官爵。

05(제현)-53(송희규)
宋執義希奎，字天章，陜川人。登己卯科，乙巳以執義遞散班。丙午重試陞通政， 僅容於朝， 丁未追論謫高山縣。公性純於學識， 有忠孝大節。

05(제현)-54(이언침)
李掌令彦忱，字仲孚，彦憬之弟。登丁酉科。乙巳以掌令遞外補，丁未謫舒川，憂懣死。

05(제현)-55(민기문)
閔持平起文，字叔道，源之子，驪興人。登庚子科。乙巳以持平遞散班，丁未謫林川。後官至黃海監司。

05(제현)-56(권물)
權勿，字介之，安東人。登丁酉科，累爲臺侍。乙巳芑啓削奪，丁未謫价川，憂懣死。

05(제현)-57(권응정·권응창)
權應挺，字士遇，安東人。登戊子科，官至三品。丁未臺諫啓以指元勳李芑爲不久，又以加罪逆流爲未安，削奪，尋謫康津，旋移端川。兄應昌，字景遇，登戊子科，官至參判，亦於丁未謫順天，旋移孟山。

05(제현)-58(윤강원)
尹判校剛元，字景仁，南原人。登己亥科，爲正郎。丁未謫楊口，以出入官府，受刑訊，移康津。宣廟初復叙，累爲兩司亞長，官至承文判校。子沂文科。

05(제현)-59(조박)

趙翰林璞，字君售，漢陽人。登甲辰科。乙巳之禍，初以翰林錄功籍，未久削勳， 丁未謫泰仁。後以曾爲史官褒贊白仁傑， 減死遠謫， 竟以憂死。瑋之弟。宣廟初都堂論公性行端正，有才識，復其職。

05(제현)-60(손홍적)

孫待敎弘績， 字彦善， 密陽人。登癸卯科， 爲待敎。戊申芑等啓以史官譸張虛語，譏議君上，杖流朔州，死于道。

05(제현)-61(윤충원)

尹直長忠元，南原人。以蔭爲直長，丁未謫三登，後放還。

05(제현)-62(허충길)

許生員忠吉， 字國善， 陽川人。中庚子司馬。丁未臺諫以李德應不忍杖誣服之說，倡說於館中，受累訊，流義州。

05(제현)-63(김희년)

金正郎禧年， 字景老。中甲午司馬。丁未臺諫啓以在乙巳年間， 喜造異語以亂儒生，乃與復昌言曰："今日士禍，有同戊午、甲子之禍。" 鼓動邪說以惑人聽， 請拿鞫。初正字林復造飛語以囑大司憲尹仁恕， 旣啓之後， 方知其誣， 請停刑訊。上特命流于定平， 後遠竄昌城。官至正郎。公受刑甚酷， 脚骨碎出， 常入囊佩持， 慘矣。幾八十而考終。有子二人曰"陽鳳"、"陽瑞"，陽鳳蔭補縣監[436]。

---

436) 【校】 陽鳳蔭補縣監 : 연대본에는 이 뒤에 "號沅溪 又號克齊"가 더 있음.

05(제현)-64(김충갑)

金正字忠甲, 字恕初, 登丙午科, 權知承文正字。丁未啓以李煇妻兄, 常常詭論有附會, 削奪門外黜送。

05(제현)-65(박승임)

朴正郞承任, 字重甫, 錦城人。登庚子科。能文章, 累爲臺侍。丁未爲禮曹正郞罷, 後復叙, 官至大司諫。有子二人曰"漉"、"滓", 漉蔭補都事。

05(제현)-66(이담)

李監司湛, 字仲久, 宗虁之子, 伯持之後, 龍仁人。登戊戌科。乙巳爲校理, 芑啓削奪, 丁未謫梁山。後官至忠淸監司。

05(제현)-67(유경심)

柳修撰景深, 字太浩。登甲辰科, 爲承政院注書。丙午重試壯元, 爲弘文修撰。丁未罷, 後復敍, 官至參判。有子一人曰"成龜"。

05(제현)-68(이천계)

李舍人天啓, 字亨伯, 星州人也。登丁酉科。乙巳爲舍人, 芑啓罷, 其後削奪, 丁未謫寧海, 憂懣死。【已上丁未】

《雪壑謏聞》卷之六

〈己酉錄〉

06(개요)-01(기유사화)-01

己酉明宗四年。李洪男之父若氷被死於丁未，乙巳之禍，雖使路人聞之，莫不殞淚，況爲其子者乎？洪男之弟洪胤，憤其父寃死，時發怨言於家間。洪男與其弟忿狠鬩墻，仍上變告曰："弟洪胤陰與康惟善等謀亂，欲推戴毛山守。" 洪胤不過年少一狂童，雖其悖言或出於怨懟，有何謀計，誰與黨援而能濟其事者乎？況惟善曾是士類，豈與年少之兒，同謀不軌之理乎？且當時洪男以名官持父服，同室父母旣沒之後，無賴之弟捨其兄而疇依？設使洪胤實有是事，洪男若至誠惻怛，喩以利害，則情可以感化，勢足以禁抑，寧有幼稚之弟終至於難制而不得已也？自乙巳、丁未大鍛之後，人心不服，淸議間發，元衡等方欲立威鉗制，而洪男之告，適値奸黨相慶，遂成大獄，當時之事，言之不忍。發告之後，按獄無據，至以修稧之文軍目之書爲證，故不特善類橫罹，雖氓亦不得免。吁！洪男亦獨何心？時李致爲維新縣監，致正直人也。洪男殺弟之後，欲占其父籍沒之財，曳衰麻，日入公庭爭辨，致心賤之，嚴辭以却之。洪男卽訴于芑，致致死。觀此則鬩墻忿狠之發無足怪者。

06(개요)-01(기유사화)-02(보유)

補：嘉靖己酉夏，寧越謫人李洪男將其弟洪胤不軌之狀，通簡于其妻兄元虎變、鄭惟吉。兩人密啓，拿推論以謀逆，處斬籍沒。告廟頒赦傳旨曰"賊臣洪胤，胚胎蛇虺之腹，豢養梟獍之門，潛結不逞之徒，欲售犯上之謀，　乃與裵光義、李煇、崔大觀、李茂丁等假妖術而卜卿相之吉凶，指廢朝而欲宗社之揑抗。陰署將卒之名姓，擬竊州郡之兵戈，宜爲至親之棄， 以速天誅之加”云。康惟善、李彞、李揆、李寅丁、崔順鶴、洪峴、洪崙、邊復、禹水平、崔洽、崔大立、崔大臨、崔大受、車獻之、延百載、安邁、安喜逢、裵夢生、李有成、李福基、孫守恭、李後丁、池七同、池億年、安世章、孫守讓、延瑗、金義淳、孫守儉、茂松守彦誠、毛山守 呈琅以辭連，幷依洪胤等論。傳旨曰：“惟善一時有名之人，首謀倡率，至作約書。惟善爲大將，義淳、彦誠、呈琅、守儉衆賊，同辭援引，雖已杖斃，可示正刑。” 又曰“謂‘國家運衰’，謂‘法可讎’，謂‘命可圖’，謂‘天可射’，謂‘寡躬幼沖可除’，謂‘毛山宗室可立’，謂‘義淳、世章、光義、李煇之卜無差’，謂‘惟善、大立、大臨、李彞之筆，可藉鬼嘯白日’， 連議成冊。至欲動兵於列邑， 將以懸布於王城， 謀之三年而益熾。蓋其供庭之辭，又多觸上之說，與聞或有武士，首惡盡是儒生，夫何反逆之徒，累出詩書之門”云。 【三十五人】

06(제현)-01(유정)

柳貞，字復元，晉州人。登己卯薦科，罷，除江陰縣監。丙午臺諫啓以陰結羅湜， 共爲悖論， 請罷， 後連李洪胤滯獄， 殞于杖下。其子承善登文科。

06(제현)-02(이윤경)

李判書潤慶， 字重吉， 守貞之子。登甲午科。乙巳以承旨錄勳， 及中悅被罪，削功降職，庚戌芑密啓削黜。癸丑以首相沈連源伸救，敍命允下，終至兵曹判書。

06(제현)-03(이연경)

李校理延慶， 字長吉， 號龍灘子。中丁卯生員， 登己卯薦科。判中樞世佐之孫，都事元忠之子。世佐，燕山初橫被讒口，世佐及元忠俱禍，丁卯以寃死人子孫除參奉。與靜庵友善， 戊寅拜佐郎， 己卯登薦科， 拜持平遷校理。科罷退居藥城， 極享田園之樂， 嘉靖戊申以病卒。己卯南袞錄上續竄人，以公爲首，御筆抹去曰“延慶，予知其爲人，勿竄，只遞職”云，則明非己酉之人。當在己卯錄中，而世傳元錄不出，又革薦科錄不及，抑以抹去免禍，故然耶？蓋未可知也。公嘗訪親戚，往來都下，有人投詩不見曰：“城市風塵豈被身？鹿門高節正驚人。陰崖地下精靈在，應媿王良屑屑頻。”蓋不知公意者也。享年六十五。無子，以弟之子縣監好約爲後。

06(제현)-04(강유선)

康生員惟善，字元叔。早有時望，士類推仰。以龍灘贅客，與蘇齋同門友壻。自乙巳以來，蹤跡疑嫌，及己酉獄起，茂松守、毛山守、金義淳、孫守儉等，同辭援引，至以公爲首謀倡率，自作約書，推爲大將，坐法殞於杖下，未幾加罪追刑，與洪胤同律。子復誠補蔭，顯名當世，官至嘉善。

06(제현)-05(송순)

宋四宰純，字遂禮。登癸卯科，官至參判。庚戌臺諫啓以締結具壽聃，鼓生異議，謫舒川，及芑罷相，復叙至右參贊。

06(제현)-06(박민헌)

朴修撰民獻，字希正。登庚子科。以孝行，特受參上職，爲弘文修撰。李芑啓於經筵曰：“臣前被論，獻抵掌大笑曰‘盧守愼、丁熿，今將放還’云。”罷，後復叙，官至參判。

06(제현)-07(이해)

李觀察瀣，字景明，退溪之兄也。眞城人，登戊子科，以學行名世。嘉靖己酉出按忠淸道時，李洪男告變其弟，獄事大作，忠州降爲縣。縣監李致亦正直人也，惻其無辜蔓禍，與監司平反其獄。洪男以故，縱竝與致訴于芑，俱下司寇。時元衡主獄，欲置重典，畢竟嗾臺諫啓以維新逆賊田民, 擅給本主, 下獄窮訊, 殞于杖下, 其時都事柳涉亦杖徒。

06(제현)-08(이치)
李獻納致, 字可遠。孝友直諒, 秉直不回。嘉靖戊申爲獻納, 素憤憸人得志, 抗言無顧忌, 入對啓事, 聞者竦然而已。兩司共劾李芑之罪, 致持論尤力, 又言外戚不當與政, 元衡亦銜甚。己酉忠州獄起, 革州爲維新縣, 芑、元衡托選良吏, 左授本縣, 將瞷其所爲。時李洪男居父喪, 旣害同氣, 欲占還籍官之物, 曳衰麻日來爭辨, 致心惡之, 嚴辭以却之。時邑人經變尙告訐, 有奸民造飛語, 將擠所嗛于不測。公與監司李瀣, 恐蔓禍無辜, 平反其獄, 洪男卽訴于芑, 以致與監司李瀣故縱罪, 下禁府。元衡治獄, 必欲斃諸杖下, 獄中有疏, 拒不達。致持毋服久繫, 明廟命減死照律, 而已氣盡不復甦, 至庚戌年四十七。有子二人, 長曰"師聖"登文科。

06(제현)-09(유창문)
柳正郞昌門, 字興伯, 晉州人。登庚子科, 爲吏曹正郞。庚戌臺諫啓以仁淑同姓之親, 亦多反覆陰譎之事, 削奪。後復敍, 官至參判。

06(제현)-10(최개국)
崔蓋國, 忠州人。登庚戌科, 累爲臺侍。臺諫啓以李若氷高弟崔大立切族, 不可謂不知其謀, 削奪。【已上己酉】

06(첨부)-01
丁未九月, 副提學鄭彦慤與宣傳官李櫓同啓曰："良才驛壁, 朱書曰：'女主執政於上, 奸臣李芑弄權於下, 國之危亡, 可立而待。'" 李芑、鄭順朋、林百齡等抵掌, 欲以此爲網打之計, 啓曰："乙巳餘黨, 未盡鋤除, 故敢爲妖言至此。" 更爲捃摭, 照以前律, 或加罪或追罪, 岏、宋麟壽、李若氷賜死；李彦迪、鄭滋, 極邊安置；盧守愼、丁熿、柳希春、金鸞祥, 絶島安置；權應挺·應昌、鄭惟沈、李天啓、權勿、李湛、林亨秀、韓澍、安景祐, 遠方付處；權橃、宋希奎、白仁傑、李彦沈、閔起文、黃博、李震、李洪男、金振宗、尹剛元、趙璞、安世亨、尹忠元、安磝, 付處, 依舊又作一乙巳。論者曰："甲子之禍甚於戊午, 丁未之禍慘於乙巳, 自是士林蕭然, 元氣沮喪, 奄奄若垂絶之命, 國之不亡幸矣。"

丁卯, 疏放乙巳人四十九員。李浚慶等十二人啓曰"'新上卽位, 當施恩典。' 乙巳年被罪之人, 橫罹無辜, 陷於大惡之名。如李芑、尹元衡之徒, 懷昔日之憤, 乘主上之幼沖, 睚眦小憤, 纖芥微嫌, 必於此時而發之, 一時端人正士, 稍有知識之人, 擧加反逆之名, 牢籠搆陷, 言之可爲於悒。人心天理之公, 愈久不泯, 至今士大夫之間, 懷鬱不絶, 雪冤伸滯政在於新政之初, 聖教一下, 人心渙然一新, 實爲聖政之首。今將其時被罪之中生存殞沒之人, 區別略敍人物實迹於名下, 其時罪名, 亦皆具錄"云。

06(첨부)-02

盧守愼, 珍島安置。丁卯三公啓'學問精詣, 可備經筵'；金鸞祥, 南海安置。學行純備, 可備經筵；柳希春, 鍾城安置。學問該博, 可備經筵；韓澍, 利城安置。丁卯三公啓'有材學, 良善之人, 可備臺侍'；李震, 安置泰仁。亦良善之人, 可備臺侍；權橃, 朔州安置, 翌年春病沒, 返葬安東。丁卯三公啓'德行忠誠俱至'；李彦迪, 江界安置, 在謫七年病沒。學問精至, 爲一時理學之宗；宋麟壽, 初不付處, 賜藥於家。學行俱備, 有忠義氣節；丁熿, 安置巨濟, 在謫十五年, 終於謫所。在謫嘗草疏, 極陳時弊, 將上而止；李若氷, 初不付處在村舍, 尋賜藥；權勿, 价川安置。丁卯都堂啓以文章節義之士；安景祐, 三水安置；李彦忱, 舒川付處。學行純至, 有忠孝之節；金振宗, 淳昌付處。都堂啓學問高明, 有忠孝大節；尹忠元, 三登付處；具壽聃, 初配龍川, 再配甲山, 未久賜死。臺諫論"乙巳逆黨壽聃, 欲啓開釋之路, 招說愼蘭秀曰：'李芑殺無辜十一人，死者已矣，竄謫可引用。不然必有物論。'”；許磁，洪源付處。臺諫論“磁與閔齊仁締結，又使宋純，引致美論，此二人爲邪論之聲勢”云；金虯、李銘、金汝孚、金鎭、李龜壽等，　臺諫論以含邪凶毒之人，　朴民獻、林復，陰邪凶惡之人云。

06(첨부)-03(삭훈전지)

削勳傳旨，敎曰："小人搆怨於人而欲陷之，則不有以死置之，則無以快於心；不有以逆加之，則無以致其死；不有以藉口，則無以名其逆，其設心不亦慘乎？尹元衡以肺腑之親，與尹任權勢相傾，互生猜嫌。及仁廟禮陟，　明廟卽祚，　則元衡攘臂肆毒，　尹任特一几上肉耳。李芑、順朋、百齡等相與附會，前有宿憾之蓄而旋有貪功之心，誣陷之術，從微至重，始以任爲不自安，灌等爲稍存形跡，而投竄之。敢效惇、卞之遺智，詐爲諺書，驚動宮闈，遣元衡妖妾於大內，簧鼓邪說，浸潤於內，及順朋之疏上，任、灌、仁淑一時誅戮。反逆人臣之大罪，不取服而定罪可乎？猶恐人心之不服，假衛社之名，强要君父之尊，同歃盟盤之血，上天矯誣之怒，祖宗汚辱之憤，一鬱於冥冥之中。明胤之密告繼起，巧爲機穽，終成大獄。林百齡誘德應而誣服，安世遇敎毛麟而爲證，梓宮在殯，恣行杖烙，咫尺禁庭，血肉狼藉。至欲出宮人召罪之，先王至親，橫罹戕賊，仁廟外舅，噍類無遺。疾其異己，中傷之，端人正士，駢首就戮，一時士林，一網打盡。而明廟以仁廟介弟，入承大統，兄亡弟及，古今通誼，一時臣子，有何他意於其間哉？元衡以積年之私憾，洩之於任，洩之不足，則移之於仁廟，移之於恭懿殿，其爲兇慘，將有不忍言者。明廟念彼天顯，人無間於昆弟之言，而愚弄君父，以箝制朝廷，幻出交搆之說，誣訴可欺之方。文定在深宮之中，明廟沖年同未在位，豈知奸人之所誣罔哉？當初權橃謂'任以外舅之親，傳位之際，處事甚正'云，則權橃謀國重臣，忠直無隱，豈私護一人，發此言乎哉？任武夫，一朝失勢，誰與爲逆？瑠則迷劣無知，人所賤棄久矣，以任三寸姪，終受其禍，有何疑心？

任等果有逆狀，則忠順堂入侍之際，芑、順朋等豈只以不自安稍存形迹爲語？且曰'謀危宗社'，實無顯跡，則竟爲反逆，一出於搆捏明矣。且芑等以仁廟爲未逾年之君，其無君不道之罪極矣。當時冤枉之狀，見之者慘目，聞之者惻耳，莫不欲食肉寢皮。以此而欺天，天可欺乎；以此而誣人，人可誣乎？自有天地以來，奸兇之毒，未有如此之酷也。鄭礦以順朋之子，泣諫憂傷，而元祿以芑之姪，面爭而未免迸黜；史筆秉直，安名世、趙璞竟被誅竄；當初許磁首謀之人，於錄勳之後，以天地鬼神不可誣之辭，自底竄謫；閔齊仁初參勳籍，自知不免爲小人之歸，悔恨之色，形於言語，公論不泯，人心難誣，據此可知。擧國之人，莫不拊胸叩心，兇威赫赫，不敢開口。數十年之間，是非顚倒，刑政紊亂，國之不亡幸耳。事雖已往，其事之是非分明，人雖已死，其死之冤枉可見。先王末年，頓有開悟，量移遠謫之臣，全釋尹任之妻孥，將次第擧行，而弓劍遽捐，可勝痛哉？先后垂簾，因先王未卒之遺意，收用其舊臣，大霈鴻恩。逮至庚午，上自公卿，下至草莽之士，交章爭論，至於半歲之久。乃上告慈殿，削奪鄭順朋等四凶之官爵，洗滌柳灌、柳仁淑之逆名。丁未己酉兩年被罪人，亦皆還給職牒，而又於今年夏，恭懿殿遘癘，以四人之冤下敎，故詢及大臣，卽命還給兩柳之爵，而任、瑠則事體重大，予猶遲難。恭懿殿證候，彌留數月，日至惟幾，予罔極，而乙巳之事，本非所知，且先朝同盟大事，故不敢下手矣。今事勢至此，故本月二十八日，以復爵削勳之意，已告上殿. 罪人尹任及瑠職牒還給，鄭順朋等衛社功臣削罷，俱出於不得已也。後世其無以予爲口實。"

06(첨부)-04(정순붕의 상소)

鄭順朋上疏曰："竊聞奸賊搆亂，謀覆宗社，心常憤鬱，只緣罹病，不能自達，以待公論之發，伏聞密旨之下，不勝驚惶。與二三宰相議，喩憲長使之先啓，當時臺諫暗於緩急，反以密旨爲不正，各自退散，危亡之機，迫在朝夕，故臣力疾强起，隨同議宰相，敷陳罪狀，分輕重罪之，將以鎭人心而扶宗社也。厥後邪議竝起， 人心搖動， 雖曰‘脅從’， 不可在都下，故竝命竄逐， 是宜更無人言， 而權機以帷幄重臣， 曲爲伸救， 臣不勝寒心。大抵人臣雖有將心， 王法所不赦， 況凶謀秘計旣已著見者乎？尹任往在丁酉年間，黨附三兇，欲害國母，設若其計得售，則未有母廢子全之理也。仁廟大王孝友出天，兄弟之間，少無間隙，而任倡爲不道之言，使上下不安， 及至賓天之後， 自生疑懼， 陰結大臣， 以圖不軌， 原其情狀，死有餘罪。雖曰‘先后至親’，勢不可貸。柳灌顧命大臣，當危疑之際，不思協力輔導，曲從尹任之言，使殿下孤立無依，嗣位之日，與首相語曰‘當立何人？’ 欲自取稟。中宗大王嫡子惟殿下一人， 而仁宗大王遺教亦曰：‘有慶原大君， 可付後事。’ 灌欲更取稟何人耶？柳仁淑連婚任家，締結已久。殿下卽位之日，招潛邸師傅，問殿下之賢否，若不善，將欲何爲？李彥迪入侍經筵而退見仁淑言‘殿下英明特異’，則仁淑默然不答，不悅之色， 見於面目。平居對人， 指殿下發口不可道之言， 謂‘上有眼疾’，略無忌憚，罪惡亦大，得保首領，亦已足矣。嗣服之日，一二下官李霖承受此人等指揮，欲生殺之權，不欲歸於慈殿，公然倡說，此亦兇謀之一端也。伏願殿下明錄三人之罪，曉諭中外，以快物情，不勝幸甚。”

〈謏聞錄跋〉 李大期

士氣在天地間, 不可一日餒, 而其氣也, 易至於激, 激則必敗, 自古及今, 激之禍甚慘。噫! 不可餒者是氣, 而不可激者亦是氣也。我朝興運二百餘年, 士林之禍相尋。一起於癸酉, 再起於戊午, 以至己卯之距乙巳, 乙巳之逮己酉, 其間相距, 或近三十年, 或過四十年, 可愕可怪可慘可悲可痛者, 不一而足, 長使志士嗚咽, 而事跡或至於茫昧, 難以傳信於後人, 殆非事之可欠者乎? 余於謫居中, 日夕無事, 裒集五年間禍敗首末, 或述以前言, 或參以己見, 以成此錄, 而名之曰"《雪壑謏聞》"。雖聞見不博, 未免孤陋, 然知我者此錄, 罪我者此錄。嗚呼! 若癸酉戊午乙巳己酉四年之禍, 或出於人不勝天而召禍致孽, 或出於寓意著辭而觸諱犯忌, 或出於身處猜疑而不能知避, 或出於昧於知人而不能早絶。善良之橫罹, 無非至寃, 而讒賊之謀亂, 容或致之。至於己卯之禍, 坐於爲善, 毫無可致之嫌, 而參天豫章, 一斫斯倒, 天耶人耶? 然則己卯之君子, 君子之最不幸, 而己卯之小人, 小人之尤甚者也。噫! 禍敗之作也, 雖聖明在上, 而畢竟爲小人所誣, 徒知君子之道否而不知君子之道否, 而邦國之危亡隨之, 惜哉!

참고문헌

1. 원전류

李大期, 『國朝實錄』, 영남대학교 고문헌실 소장(필사본), 미상
李大期, 『國朝歷年士禍錄』, 고려대학교 한적실 소장(필사본), 미상
李大期, 『雪壑先生文集』, 경상대학교 남명학연구소 소장(재간본), 미상
李大期, 『雪壑先生文集』, 국립중앙도서관 소장(초간본), 1934
李大期, 『雪壑先生文集』, 성균관대학교 존경각 소장(재간본), 미상
李大期, 『雪壑謏聞記』, 한국국학진흥원도서관 소장(필사본), 미상
李大期, 『雪壑謏聞』, 고려대학교 한적실 소장(필사본), 미상
李大期, 『雪壑謏聞【全】』, 국립중앙도서관 소장(필사본), 미상
李大期, 『雪壑謏聞【全】』, 연세대학교 국학자료실 소장(필사본), 미상
李大期, 『雪壑搜聞』, 부산대학교 소눌문고 소장(필사본), 미상
李大期, 『雪壑搜聞【全】』, 성균관대학교 존경각 소장(필사본), 미상
李大期, 『雪壑廋聞【合抄】』, 성균관대학교 한문학과 안대회교수 소장(필사본), 미상
李大期, 『▨▨文拾▨』, 장서각 경주최씨 소장(필사본), 미상
鄭仁濬, 『龜潭先生實記』, 국립중앙도서관 소장, 1907

2. 단행본

국사편찬위원회, 『신편한국사』22, 탐구당문화사, 1995
국사편찬위원회, 『신편한국사』28, 탐구당문화사, 2002
국사편찬위원회, 『중국정사조선전역주』1, 대한민국 교육인적자원부·국사편찬위원회, 2007
국사편찬위원회, 『한국사』9, 탐구당, 1974
국사편찬위원회, 『한국사』12, 탐구당, 1984

김범, 『사화와 반정의 시대』, 역사비평사, 2007
김인숙, 『조선 4대 사화』, 느낌이 있는 책, 2009
박엽, 『국역장릉지』, 세종대왕기념사업회, 1979
이덕일, 『사화로 보는 조선 역사』, 석필, 2005
이성무, 『조선시대 당쟁사』1, 아름다운날, 2007
이종묵·안대회, 『절해고도에 위리안치하라』, 북스코프, 2011
임병수·이순구·권윤수·이성호·김준은·류명환, 『譯註我我錄』, 역사문화, 2016
장원철·전병철 역주, 『남명선생편년』, 景仁文化社, 2011
최영진, 『퇴계 이황』, 살림출판사, 2012
최영진 외, 『한국철학사』, 새문사, 2013
한국인물사연구원, 『甲子史禍』, 타오름, 2011
한국인물사연구원, 『戊午史禍』, 타오름, 2010
한국인물사연구원, 『己卯史禍』, 타오름, 2011
한국인물사연구원, 『을사사화』, 타오름, 2011

4. 논문류

김광순·강영숙·배계용, 「忠毅公 嚴興道의 삶과 墓所 眞僞에 關한 考察」, 『국학연구론총』3, 택민국학연구원, 2009
金德珍, 「雪壑 李大期와 濯溪 全致遠의 義兵活動」, 『南冥學硏究』 2, 慶尙大學校 南冥學硏究所, 1992
설석규, 「17세기 南冥學派의 政治的 分化와 文景虎의 역할」, 『남명학』11, 남명학연구원, 2002
손찬식, 「虛庵 鄭希良의 生涯와 行蹟」, 『국어교육』65권, 한국어교육학회, 1989
申炳周, 「『嶧陽集』 解題」, 『남명학연구』 14, 남명학연구소, 2002
신태영, 「濯纓 金馹孫의 賦에 대한 한 연구 -道友와 憂國哀情-」, 『한국한문학연구』47권, 한국한문학회, 2008
오승환, 「〈辛亥生甲會之圖〉 연구 - 연구검토 및 下段의 座目 · 序文 · 7言 律詩 2首를 중심으로 -」, 『美術史學硏究』 292, 한국미술사학회,

2016
오승환, 「士禍期의 士禍錄 『雪壑謏聞』」, 『고전번역연구』 제8집, 한국고전번역학회, 2017
오승환, 「雪壑 李大期의 『雪壑謏聞』 硏究와 譯註」,성균관대학교 박사학위논문, 2018
오승환, 「설학(雪壑) 이대기(李大期)의 학통과 학문」, 『儒學硏究』제54집, 충남대학교 유학연구소, 2021
오정환, 「조선시대 『資治通鑑』과 『資治通鑑綱目』의 간행과 유통에 관한 연구」, 중앙대학교 석사학위논문, 2012
윤정, 「숙종대 단종 추복의 정치사적 의미」, 『한국사상사학』 22권. 한국사상사학회, 2004
李根浩, 「16~18세기 '단종복위운동' 참여자의 복권 과정 연구」, 『史學硏究』 第83號, 한국사학회, 2006
이상익, 「朱子 理氣論의 二重構造」, 『철학』44, 한국철학회, 1995
李賢珍, 「조선전기 昭陵復位論의 추이와 그 의미」, 『조선시대사학보』23권, 조선시대사학회, 2002
이현진, 「조선후기 단종 복위와 충신 현창」, 『사학연구』 제98호, 한국사학회, 2010
임헌규, 「朱熹의 理氣論」, 『동방학』3권, 한서대학교 동양고전연구소, 1997
정숙인, 「金宗直의 <和陶淵明述酒詩> 고찰」, 『어문논집』제40집, 중앙어문학회, 2009

5. 전자문헌과 웹사이트

고려대학교 중앙도서관, https://library.korea.ac.kr/
국립중앙도서관, http://www.nl.go.kr/nl/index.jsp
국사편찬위원회 한국사데이터베이스, http://db.history.go.kr/
부산대학교 도서관, https://lib.pusan.ac.kr/
성균관대학교 학술정보관, https://lib.skku.edu/#/
연세대학교 학술정보원, http://library.yonsei.ac.kr/

영남대학교 중앙도서관, http://slima.yu.ac.kr/lib/
왕실도서관 장서각 디지털 아카이브, http://yoksa.aks.ac.kr/
한국학DB KRpia(http://www.krpia.co.kr.ca.skku.edu:8080/)